高等职业教育
数智化财经
— 系列教材 —

智慧化税费申报与管理

刘晓波　　陈桂华　　主编
邵可政　　陈煜　　沈丹冰　　陈树江　　副主编

清华大学出版社
北京

<h1 style="text-align:center">内 容 简 介</h1>

本书是"十四五"职业教育国家规划教材《税费计算与申报(第 3 版)》[首批"十四五"职业教育国家规划教材书目(新申报教材)(高职专科)序号 1932]的修订版,与本书配套的辽宁省职业教育精品在线开放课程在学银在线平台运行。本书按照工作过程,以项目导向、任务驱动来设计及安排教学内容。全书包括 10 个项目、45 个学习任务,以企业税务实务工作流程为主线,从税费计算与纳税申报两个角度,对现行 18 个税种、2 个附加费进行了全面阐述。最新增值税、消费税、企业所得税、个人所得税、印花税等修改内容及相关最新税收优惠政策都已体现在书中。

本书适合职业院校财经商贸大类专业税务相关课程教学使用,也可作为应用型本科院校、成人高校、本科院校举办的二级职业学院财经类专业的教材和社会从业人员的业务学习用书。

图书在版编目(CIP)数据

智慧化税费申报与管理 / 刘晓波,陈桂华主编. --北京:
清华大学出版社,2025.4. --(高等职业教育数智化财经系列
教材). --ISBN 978-7-302-68672-9

Ⅰ.F810.423;F812.42

中国国家版本馆 CIP 数据核字第 2025DT2359 号

责任编辑:左卫霞
封面设计:傅瑞学
责任校对:袁 芳
责任印制:曹婉颖

出版发行:清华大学出版社
网　　　址:https://www.tup.com.cn,https://www.wqxuetang.com
地　　　址:北京清华大学学研大厦 A 座　　　邮　编:100084
社 总 机:010-83470000　　　邮　购:010-62786544
投稿与读者服务:010-62776969,c-service@tup.tsinghua.edu.cn
质量反馈:010-62772015,zhiliang@tup.tsinghua.edu.cn
课件下载:https://www.tup.com.cn,010-83470410
印 装 者:三河市人民印务有限公司
经　　销:全国新华书店
开　　本:185mm×260mm　　印　张:22　　字　数:562 千字
版　　次:2025 年 6 月第 1 版　　印　次:2025 年 6 月第 1 次印刷
定　　价:69.00 元

产品编号:104897-01

前　言

党的二十大报告首次明确提出"深化教育领域综合改革,加强教材建设和管理",近年来,我国税收法治化进程明显加快,对现行税法教材提出了修订的迫切需求。本次修订以党的二十大精神为指引,以最新税收法律、法规为依据,结合企业税务工作和职业教育实际情况,培养学生树立正确的世界观、人生观和价值观,养成热爱祖国、诚实守信、遵守法律、精通业务的职业操守,提高学生法治思维、底线思维等能力,培养堪当民族复兴大任的新时代办税人。

本书具有以下特色。

1. 以党的二十大精神为指引,践行立德树人之根本

习近平总书记指出,要坚持以人民为中心发展教育。高等职业教育要更加牢记为国育才的初心使命和立德树人之根本,本书全面贯彻以社会主义核心价值观铸魂育人,按照教育部《高等学校课程思政建设指导纲要》要求,遴选企业案例、官方报道、德育短视频、专业影视剧等相关资源,充分提炼专业知识框架体系中所蕴含的思想价值与精神内核,嵌入每个知识点和技能点之中,进一步培养学生的专业素养和职业道德。

2. 推进数字化资源建设,构建新形态立体化教材

本书是"十四五"职业教育国家规划教材《税费计算与申报(第3版)》的修订版,与本书配套的辽宁省职业教育精品在线开放课程在学银在线平台运行。本书以数字化、智慧化教育为新的探索点,积极落实国家教育数字化战略行动,运用智慧化税费的理念,突出各个税种的纳税申报,结合"人工智能+"技术,为相关税种配套了网报流程,为每个项目配备了微课、动画、视频、教学案例、教学课件等数字化资源,适应线上线下混合式教学和个性化的自主学习需求,扫描下页下方二维码即可在线学习该课程。

3. 坚持能力培养为本,强化执业技能为先

本书根据高等职业教育培养高技能型人才的中心目标,突出"以能力为本位,以学生为主体,以实践为导向"的教学指导理念,做到弱化理论、突出实践,充分把握工作过程,以案例情境导向、任务驱动规划体例,组织教学内容。全书共分10个项目:认识税收、增值税计算与申报、消费税计算与申报、附加税费计算与申报、进口税费计算与申报、资源税类和环境保护税类计算与申报、财产和行为税类计算与申报、特定目的税类计算与申报、企业所得税计算与申报、个人所得税计算与申报。各项目以导入案例开篇,以工作任务为载体,引导学生学习纳税岗位的税法知识和基本技能。每个项目按照税法知识、技能提升、税费申报和素养课堂的环节编写,

融"教、学、做"于一体。通过本书的学习,学生可以掌握各种税费计算与申报业务的基本流程,学会税费计算的方法和纳税申报表的填制。

4. 助推产教有机融合,深化校企双元开发

为了更好地促进产教融合,本次修订由院校教师和企业专家组成编写团队共同完成,团队成员具有注册会计师资格及企业实务工作经验,并与厦门网中网软件有限公司合作,依托 EPC金税仿真教学平台,融入了更加具有现实意义的税费操作规范和流程。

本书由辽宁经济职业技术学院刘晓波、陈桂华担任主编;辽宁经济职业技术学院邵可政、陈煜、沈丹冰,辽宁中鼎盛华税务师事务所陈树江担任副主编;辽宁经济职业技术学院王捷舒、孙畅、戚丽影参编。本书具体分工如下:刘晓波拟订编写大纲及体例,并负责全书统稿和最终总纂,陈桂华负责全书职业素养框架体系建设,沈丹冰负责微课资源建设,戚丽影编写项目一,陈煜编写项目二、项目三,陈树江编写项目四,王捷舒编写项目六~项目八,邵可政编写项目五、项目九,孙畅编写项目十。本书由容诚会计师事务所(特殊普通合伙)辽宁分所所长吴宇和辽宁中鼎盛华税务师事务所所长葛中共同担任主审。

本书在编写过程中,借鉴了专家和学者的研究成果,谨向这些文献作者表示衷心的谢意!衷心期望能为学生、教师及实务工作者提供一本既可靠又实用的教材,增强他们对现行有效的税制内容的理解与应用能力。

受时间、精力、学识所限,本书存在的不足之处敬请读者赐教,以使本书进一步完善。

编 者

2025 年 1 月

辽宁省职业教育
精品在线开放课
程税务管理实务

目 录

◖ 项目一　认识税收 ……………………………………………………………… 1

　　任务一　税收体系概述 …………………………………………………… 3
　　任务二　税收法律关系双方的权利与义务 …………………………… 16
　　任务三　税务信息采集 ………………………………………………… 20
　　任务四　发票与增值税防伪税控系统管理 …………………………… 55

◖ 项目二　增值税计算与申报 ………………………………………………… 71

　　任务一　增值税基本原理 ……………………………………………… 73
　　任务二　增值税的税收优惠 …………………………………………… 86
　　任务三　一般计税方法应纳税额计算 ………………………………… 93
　　任务四　简易计税方法应纳税额计算 ……………………………… 103
　　任务五　出口货物退（免）税 ………………………………………… 107
　　任务六　增值税征收管理 …………………………………………… 110

◖ 项目三　消费税计算与申报 ……………………………………………… 129

　　任务一　消费税基本原理 …………………………………………… 130
　　任务二　消费税应纳税额计算 ……………………………………… 138
　　任务三　出口退（免）税 ……………………………………………… 146
　　任务四　消费税征收管理 …………………………………………… 147

◖ 项目四　附加税费计算与申报 …………………………………………… 152

　　任务一　附加税费的税收优惠及计算 ……………………………… 153
　　任务二　附加税费征收管理 ………………………………………… 157

◖ 项目五　进口税费计算与申报 …………………………………………… 161

　　任务一　进口关税应纳税额计算 …………………………………… 162
　　任务二　进口环节增值税计算 ……………………………………… 169

任务三　进口环节消费税计算 ·· 171

任务四　进口关税的纳税申报 ·· 174

◗ **项目六　资源税类和环境保护税类计算与申报** ································ **177**

任务一　资源税计算与申报 ·· 179

任务二　城镇土地使用税计算与申报 ·· 185

任务三　环境保护税计算与申报 ··· 190

◗ **项目七　财产和行为税类计算与申报** ·· **197**

任务一　房产税计算与申报 ·· 199

任务二　契税计算与申报 ··· 205

任务三　车船税计算与申报 ·· 209

任务四　土地增值税计算与申报 ··· 213

任务五　印花税计算与申报 ·· 222

◗ **项目八　特定目的税类计算与申报** ·· **231**

任务一　车辆购置税计算与申报 ··· 232

任务二　耕地占用税计算与申报 ··· 235

任务三　船舶吨税计算与申报 ·· 241

任务四　烟叶税计算与申报 ·· 245

◗ **项目九　企业所得税计算与申报** ··· **249**

任务一　企业所得税的要素 ·· 251

任务二　资产的税务处理 ··· 253

任务三　企业所得税的税收优惠 ··· 257

任务四　企业所得税应纳税所得额计算 ··· 259

任务五　企业所得税应纳税额计算 ··· 266

任务六　企业所得税纳税申报 ·· 271

◗ **项目十　个人所得税计算与申报** ··· **302**

任务一　个人所得税的要素 ·· 304

任务二　个人所得税的税收优惠 ··· 309

任务三　个人所得税综合所得计算 ··· 312

任务四　个人所得税经营所得计算 ··· 319

任务五　个人所得税其他所得计算 ··· 322

任务六　个人所得税预缴申报 ·· 326

任务七　个人所得税汇算清缴申报 ··· 336

◗ **参考文献** ·· **346**

知识目标

1. 熟悉我国税收体系的组成。
2. 了解税收法律关系双方的权利与义务。
3. 熟悉税务信息采集的流程。
4. 熟悉发票及增值税防伪税控系统的管理办法。

技能目标

1. 能够明确不同企业和个人具体业务应缴纳的税种。
2. 能够办理税务登记操作。
3. 能够完成纳税申报操作。
4. 能够完成企业有关发票的日常管理。

素养目标

1. 践行教育的初心和使命,树立正确的价值观,坚守责任,无私奉献。
2. 努力成为奉公守法、认真严谨、能保守商业秘密、具有优秀职业道德水准和高度责任感的财经专业人才。
3. 养成"守底线、知敬畏"的良好品质。
4. 认识税收"取之于民,用之于民"的政策逻辑。
5. 树立制度自信,充分认识到税收强国的原理。

导入案例

甲汽车集团股份有限公司是一家位于市区的汽车生产企业,其相关基本信息如下。

1. 公司基本情况

企业名称:甲汽车集团股份有限公司。

纳税人类型:一般纳税人。

登记注册类型:股份有限公司。

企业法定代表人:李四。

注册资金:5 000 000 万元。

企业经营范围:汽车制造与销售。

税款缴纳:辽宁省沈阳市沈北新区国家税务局。

2. 主要产品及经营模式

公司拥有独立的采购、生产和销售体系,主要通过汽车产品实现盈利。采购方面,公司通过严格的评估和考核程序遴选合格供应商,并通过技术合作、长期协议、合资合作等方式与供应商紧密合作,以保证原料、设备、技术的先进性、可靠性以及成本竞争力;生产销售方面,公司综合考虑客户需求安排生产;售后服务方面,根据客户的采购合同及具体订单需求,通过各地设立的售后服务站向客户提供完善的产品及售后服务;产业链布局方面,公司通过参股、合资、控股等多种方式,开展与产业链上下游相关企业的深度合作。

甲汽车集团股份有限公司(简称"甲公司")是目前国内产销规模比较大的汽车集团之一,主要分为整车、零部件、移动出行和服务、金融、国际经营五个业务板块,向社会公众提供包括整车(乘用车、商用车)与零部件的研发、生产、销售;物流、移动出行、汽车生活服务;汽车相关金融、保险、投资;汽车相关海外经营、国际商贸等在内的产品与服务。下设全资子公司两个:A建筑有限公司主要从事工程服务、安装服务、装饰服务等建筑服务;B石油天然气有限公司主要从事国内外石油天然气勘探开发、炼油化工、油气销售等业务。甲汽车集团股份有限公司为增值税一般纳税人,其经营过程中涉及增值税、消费税、关税、房产税、车船税、印花税、城市维护建设税、教育费附加、地方教育费附加、企业所得税、代扣代缴个人所得税。因其存在自产自用汽车的情形,因此涉及车辆购置税缴纳;企业占地以及自办子弟学校等用地需缴纳城镇土地使用税;占用耕地新建厂房需缴纳耕地占用税;外购办公楼需缴纳契税;出售办公楼需缴纳土地增值税。其下设的子公司B石油天然气有限公司涉及资源税以及环境保护税缴纳。

随着近年来世界汽车工业的深刻变革,以电动智能网联为主要特征的发展新动能正在加速形成,下一轮产业竞争的新赛道正在加快构建。面对重构中的行业竞争格局,公司在继续更新现有业务发展动能的同时,着力培育壮大发展新动能。一方面,全力推进电动智能网联汽车技术的产业化发展,不断推出"科技含量高"的新品,积极探索"应用场景广"的示范项目,同步抓好电池、电驱、电控、感知、决策、执行等核心产业链建设。另一方面,加快提高数据决策体验与软件定义汽车的技术能力,有序布局软件开发、大数据、人工智能、云计算、网络安全等新兴技术领域,着力提升汽车产品、出行服务、运营体系等的数字化水平,持续完善以用户为中心的商业模式创新,推动公司全面向技术升级化、业务全球化、品牌高档化、体验极致化的移动出行服务与产品的高科技企业转型。

3. 2024 年 12 月发生业务情况

(1) 张三是甲公司员工,每月从甲公司取得工资薪金 8 000 元。

(2) 甲公司销售汽车,增值税销项税额计算公式:销项税额=不含税销售额×13%。

(3) 甲公司与乙公司签订汽车买卖合同,乙公司购买汽车自用,已完成汽车交付。

(4) 甲公司占用耕地自建厂房。

要求:

(1) 按照规定张三的工资需要缴纳个人所得税,在个人所得税的缴纳过程中,张三与甲公司分别是什么身份? 按照什么税目缴纳个人所得税? 工资在计算个人所得税时适用哪种税率形式?

(2) 甲公司增值税销项税额中涉及的是哪种税率形式?

（3）甲公司与乙公司买卖汽车过程中，双方分别需要缴纳哪些税？

（4）甲公司占用耕地自建厂房，甲公司需要缴纳哪些税？

思维导图

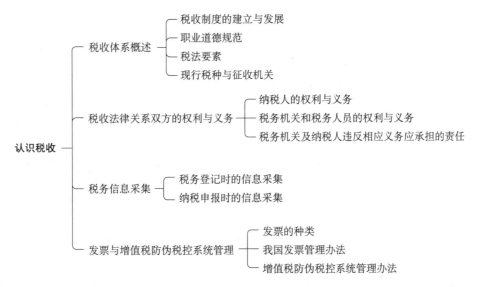

任务一 税收体系概述

一、税收制度的建立与发展

1. 中国历史上的税收制度

夏代的土贡又称"九贡"，是我国最早的税收形式。现存的《尚书·禹贡》，是中国历史上第一部税法。商代仍沿袭夏的贡制。到了西周开始实行井田制，就是九百亩井田，将其中一百亩公田的收获上缴国家。周代还实行"贡法"，是各国诸侯和平民定期向周天子献纳物品的制度。此外还有"九赋"，包括关税、市税和各种资源开发税、物产税等。春秋战国时期，井田制逐步瓦解，无公田私田之分，按田亩数收税，这是古代田赋制度的重大变化。

秦朝先后颁布了《田律》《仓律》《徭律》，主要征收田赋、户赋和口赋。秦统一后，设立"三公九卿"执行财政税收管理。汉代承袭和发展了秦制，并对某些税种设立专管官员，如盐官和铁官等。

唐朝中期税法最大的改革是实行"两税法"。"两税法"开辟了税收"以资产为宗"的新阶段，是我国赋税史上的重大改革。宋初颁布《商税则例》，规定了应税物的名目和住税（商品交易税）、过税（货物流通税）的税率。

明代实物税被货币税逐步代替，明万历九年（公元 1581 年），首辅张居正颁行"一条鞭法"，将田赋和各种名目的徭役合并征收，由历代对人征税转为对物征税，由缴纳实物到缴纳货币，简化了税制，同时促进商品流通，盐税、酒税、茶课、商课、矿课等税收，仍然继续分别课征。清朝主要实行"摊丁入亩"制度，即不再单独征收人丁税，将其并入田赋一并征收，从而减轻了无地、少地农民的负担，税制进一步简化。清朝末期，为了应付大量赔款、军费开支和洋务运动带来的财政压力,清政府在加重田赋、盐税等旧税的同时,陆续开征了关税、厘金税等新税种。

1913年,北洋政府财政部订立了《国家地方税法草案》,规定中央税包括田赋、关税、常税、统捐、厘金、矿税、契税、盐税、烟税、酒税、茶税、糖税和渔业税等,地方税包括田赋附加、商税、牲畜税、粮米捐、土膏捐、油捐及杂货捐、店捐等。但这一时期国家的主要税收为帝国主义列强所控制,地方军阀各自为政,没有形成真正统一有效的税收制度。

1935年国民政府通过的《财政收支系统法》规定,中央税包括关税、盐税、统税、烟酒税、印花税、矿税、交易所税及收益税、所得税等税种,而以关税、盐税和统税三税为支柱。这一时期的税制,一方面对原有税种进行整理改革;另一方面为适应社会经济情况的变化,开征了一些新税种。

2. 中华人民共和国成立后税收制度的建立与发展

1950年1月,推出《全国税政实施要则》,建立了中央和地方由14个税种组成的新的复合税制。

1952年12月31日,中央人民政府政务院财政经济委员会颁发了《关于税制若干修正及实行日期的通告》,从1953年1月1日起实施。

1958年9月,全国人大常委会第101次会议通过、国务院发布《中华人民共和国工商统一税条例(草案)》。

1973年,我国实施了自新中国成立以来的第三次大规模税制改革,其主要内容是简化税制,试行工商税。

1980年9月,第五届全国人民代表大会第三次会议通过了《中华人民共和国中外合资经营企业所得税法》以及《中华人民共和国个人所得税法》,并于当月10日公布实施。

1981年,第五届全国人民代表大会第四次会议于12月13日通过了《中华人民共和国外国企业所得税法》,从1982年1月1日实施。

1983年4月29日,财政部下发了《关于对国营企业征收所得税的暂行规定》,确定从1983年6月1日起,正式开征国营企业所得税。

1985—1989年,国务院先后发布了多个税种的暂行条例,并决定开征特别消费税。

1991年,第七届全国人民代表大会第四次会议将《中华人民共和国中外合资经营企业所得税法》与《中华人民共和国外国企业所得税法》合并,制定了《中华人民共和国外商投资企业和外国企业所得税法》。同年,国务院将建筑税改为固定资产投资方向调节税,发布了《中华人民共和国固定资产投资方向调节税暂行条例》。

1994年1月1日起,全面推行新税制,同时进行分税制改革。

自2004年7月1日起,我国在东北、中部等部分地区先后实行了增值税改革试点。

2005—2006年,国务院先后取消了牧业税、屠宰税,对过去征收农业特产农业税的烟叶产品改征烟叶税,公布了《中华人民共和国烟叶税暂行条例》。2006年1月1日起我国全面取消农业税。

2007年3月16日,第十届全国人民代表大会第五次会议审议通过《中华人民共和国企业所得税法》,统一了内外资企业所得税,税率由33%降为25%。

2009年1月1日,全国全面推开增值税转型,实现增值税由生产型向消费型的转变。

2012年1月1日,在上海交通运输业和部分现代服务业开展营业税改征增值税试点。

2016年5月1日,全国全面推行"营改增"。

2018年8月31日,第十三届全国人民代表大会常务委员会第五次会议通过了《关于修改〈中华人民共和国个人所得税法〉的决定》,初步建立了"综合与分类相结合"的税制模式,引入了"差别化"的专项附加扣除制度。

至今,中国的税制有18个税种,即增值税、消费税、车辆购置税、关税、企业所得税、个人所得税、土地增值税、房产税、城镇土地使用税、耕地占用税、契税、资源税、车船税、船舶吨税、印花税、城市维护建设税、烟叶税和环境保护税。

二、职业道德规范

1. 敬畏法律,遵纪守规

从业人员应遵从宪法,对相关法律法规、部门规章、监管规定、自律规则、机构规章制度、道德准则和行为准则心存敬畏,自觉接受监管和自律管理,抵制违反规则及道德准则的行为,坚持依法诚信纳税,严禁偷税、抗税、骗税和其他违反税收法律法规的行为。

2. 诚实守信,勤勉尽责

牢固树立诚信理念,以诚立身、以信立业,严于律己、心存敬畏。公私分明、克己奉公,树立良好职业形象,维护行业声誉,维护国家利益和公共利益。同时做到爱岗敬业、勤勉高效,认真履行工作职责,坚持原则,自觉抵制造假行为,不屈从于外部压力,不歪曲事实。

3. 守正笃实,严谨专业

从业人员应恪守职业操守,规矩做事、踏实做人、不偏不倚,客观、审慎、专业地提供专业服务,自觉抵制利用资源、信息不对称等损害客户及其他利益相关方合法权益的行为。实际工作中应做到实事求是,不得由于偏见、利益冲突而影响职业判断。

4. 审慎稳健,严控风险

从业人员应牢固树立风险底线意识,提高风险识别、应对和化解能力,审慎执业,主动履行报告义务,严防因不当行为带来的各类业务风险,自觉抵制侥幸心理与短视行为。

5. 公正清明,廉洁自律

从业人员应树立正确的世界观、人生观、价值观和利益观,清廉自律,在开展工作中,不得存在利用职务之便获取相关内部数据,并利用其谋取不正当利益的行为,自觉抵制直接或者间接向他人输送或者谋取不正当利益的行为。

6. 持续精进,追求卓越

从业人员应树立持续学习理念,秉持专业精神,勤于学习、锐意进取,坚持与时俱进、不断更新业务知识与技能,守正创新,努力推动行业高质量发展。

7. 爱岗敬业,忠于职守

从业人员应热爱自己的工作岗位,热爱自己的本职工作,以严谨的工作态度、工作作风对待自己的工作,认真负责,任劳任怨,尽职尽责。

8. 尊重包容,共同发展

从业人员应遵从社会公德,尊重客户、合作伙伴、竞争对手及社会公众等利益相关方,尊重和包容不同的意见及文化、语言、专业等背景差异,共同营造没有歧视和偏见的行业发展环境、职业氛围。

9. 关爱社会,益国利民

从业人员应自觉维护国家利益和金融安全、税务信息安全、会计信息安全,自觉践行社会责任,做有担当、有格局、令人尊重的专职人员。

10. 保守秘密,专业胜任

从业人员应当自觉保守其知悉的国家秘密、商业秘密、个人隐私信息,以及未经领导批准不得对外提供和披露的相关信息。从业人员应具备其工作需要的审计、会计、财务、税务、经济、金融、统计、管理、内部控制、风险管理、法律和信息技术等专业知识,以及与组织业务活动相关的专业知识,具备良好的沟通能力、问题分析能力,积极主动参加继续教育等培训学习,保持其专业胜任能力。

三、税法要素

(一)纳税义务人

纳税义务人简称"纳税人",是税法中规定的直接负有纳税义务的单位和个人,也称"纳税主体"。无论征收什么税,其税负总要由有关的纳税人来承担。每一种税都有关于纳税义务人的规定,通过规定纳税义务人落实税收法律责任。纳税义务人一般分为自然人和法人两种,如表 1-1 所示。

表 1-1　纳税义务人分类

纳税义务人	概　念	举　例
自然人	依法享有民事权利,并承担民事义务的公民个人	在我国从事工商业活动的个人,以及工资薪金和劳务报酬的获得者等,都是以个人身份来承担法律规定的民事责任及纳税义务
法人	依法成立,能够独立地支配财产,并能以自己的名义享受民事权利和承担民事义务的社会组织	我国的国有企业、集体企业、合资企业等,都是以其社会组织的名义承担民事责任的,称为法人

💦 **注意** 法人同自然人一样,负有依法向国家纳税的义务。

实际纳税过程中与纳税义务人相关的概念如表 1-2 所示。

表 1-2　与纳税义务人相关的概念

纳税义务人	概　念	举　例
负税人	实际负担税款的单位和个人	如某些商品供不应求时,纳税人可以通过提高价格把税款转嫁给消费者,从而使纳税人与负税人不一致
代扣代缴义务人	有义务从持有的纳税人收入中扣除其应纳税款并代为缴纳的企业、单位或个人	个人所得税以所得人为纳税义务人,以支付所得的单位或个人为扣缴义务人(代扣代缴义务人持有纳税人的收入,因此代扣)
代收代缴义务人	有义务借助与纳税人的经济交往而向纳税人收取应纳税款并代为缴纳的单位	委托加工的应税消费品,除受托方为个人外,由受托方在向委托方交货时代收代缴税款(代收代缴义务人不持有纳税人的收入,因此需要代收)
代征代缴义务人	因税法规定,受税务机关委托而代征税款的单位和个人	进口环节增值税、消费税由海关代征

💦 **注意** 为了征管和缴纳税款的方便,可以允许在法律上负有纳税义务的同类型纳税人作为一个纳税单位,填写一份申报表纳税。

（二）课税对象

课税对象又称征税对象，是税法中规定的征税的目的物，是国家据以征税的依据。通过规定课税对象，解决对什么征税这一问题。

每一种税都有自己的课税对象，否则这一税种就失去了存在的意义。被列为课税对象的，就属于该税种的征收范围；未被列为课税对象的，就不属于该税种的征收范围。例如，我国增值税的课税对象包括货物和应税劳务，所得税的课税对象是企业利润和个人工资、薪金等项所得，房产税的课税对象是房屋等。总之，每一种税首先要确定它的课税对象，因为它体现着不同税种征税的基本界限，决定着不同税种名称的由来以及各个税种在性质上的差别，并对税源、税收负担问题产生直接影响。

课税对象随着社会生产力的发展变化而变化。自然经济中，土地和人丁是主要的课税对象。商品经济中，商品的流转额、企业利润和个人所得成为主要的课税对象。在可以作为课税对象的客体比较广泛的情况下，选择课税对象一般应遵循有利于保证财政收入、有利于调节经济和适当简化的原则。要保证财政收入，就必须选择经常而普遍存在的经济活动及其成果作为课税对象。要调节国民经济中生产、流通、分配和消费，课税对象就不能是单一的，而应该多样化。但为了节省税收成本和避免重复征税，又必须注意进行适当简化和合理设计。

课税对象是构成税收实体法各要素中的基础性要素，其原因有三个。第一，课税对象是一种税区别于另一种税的最主要标志。也就是说，税种的不同最主要是源于课税对象的不同。正是由于这一原因，各种税的名称通常都是根据课税对象确定的。例如，增值税、所得税、房产税、车船税等。第二，课税对象体现着各种税的征税范围。第三，其他要素的内容一般都是以课税对象为基础确定的。例如，国家开征一种税，之所以要选择这些单位和个人作为纳税人，而不选择其他单位和个人作为纳税人，是因为这些单位和个人拥有税法或税收条例中规定的课税对象，或者是发生了规定的课税行为。凡拥有课税对象或发生了课税行为的单位和个人，都有可能成为纳税人。又如，税率这一要素，也是以课税对象为基础确定的。税率本身表示对课税对象征的比率或征税数额，没有课税对象，也就无从确定税率。此外，纳税环节、减税免税等，也都是以课税对象为基础确定的。与课税对象相关的概念有计税依据、税源和税目。

1. 计税依据

计税依据又称税基，是指税法中规定的据以计算各种应征税款的依据或标准。正确掌握计税依据，是税务机关贯彻执行税收政策、法令，保证国家财政收入的重要工作，也是纳税人正确履行纳税义务，合理负担税收的重要标志。

不同税种的计税依据是不同的。我国增值税的计税依据是货物和应税劳务的增值额，所得税的计税依据是企业和个人的利润、工资或薪金所得额，消费税的计税依据是应税产品的销售额等。计税依据在表现形态上一般有两种：一种是价值形态，即以征税对象的价值作为计税依据。在这种情况下，课税对象和计税依据一般是一致的，如所得税的课税对象是所得额，计税依据也是所得额。另一种是实物形态，就是以课税对象的数量、重量、容积、面积等作为计税依据。在这种情况下，课税对象和计税依据一般是不一致的，如我国的车船税，它的课税对象是各种车辆、船舶，而计税依据则是车船的吨位等。

课税对象与计税依据的关系：课税对象是指征税的目的物，计税依据则是在目的物已经确定的前提下，对目的物据以计算税款的依据或标准；课税对象是从质的方面对征税所作的规定，而计税依据则是从量的方面对征税所作的规定，是课税对象量的表现。

2. 税源

税源是指税款的最终来源,或者说税收负担的最终归宿。税源的大小体现着纳税人的负担能力。纳税人缴纳税款的直接来源是一定的货币收入,而一切货币收入都是由社会产品价值派生出来的。在社会产品价值中,能够成为税源的只能是国民收入分配中形成的各种收入,如工资、奖金、利润、利息等。当某些税种以国民收入分配中形成的各种收入为课税对象时,税源和课税对象就是一致的,如对各种所得课税。但是,很多税种的课税对象并不是或不完全是国民收入分配中形成的各种收入,如消费税、房产税等。可见,只有在少数情况下,课税对象同税源才是一致的。对于大多数税种来说,两者并不一致,税源并不等于课税对象。课税对象是据以征税的依据,税源则表明纳税人的负担能力。

3. 税目

税目是课税对象的具体化,反映具体的征税范围,代表征税的广度。不是所有的税种都规定税目,有些税种的征税对象简单、明确,没有另行规定税目的必要,如房产税、土地增值税等。但是,从大多数税种来看,一般课税对象都比较复杂,且税种内部不同课税对象之间又需要采取不同的税率档次进行调节。这样就需要对课税对象做进一步的划分,作出具体的界限规定,这个规定的界限范围,就是税目。一般来说,在只有通过划分税目才能够明确本税种内部哪些项目征税、哪些项目不征税,并且只有通过划分税目,才能对课税对象进行归类,并按不同类别和项目设计高低不同的税率,平衡纳税人负担的情况下,对这类税种才有必要划分税目。

划分税目的主要作用有两个:一是进一步明确征税范围。凡列入税目的都征税,未列入的不征税,如消费税。二是解决课税对象的归类问题,并根据归类确定税率。每一个税目都是课税对象的一个具体类别或项目,通过这种归类可以为确定差别税率打下基础。实际工作中,确定税目与确定税率是同步考虑的,并以"税目税率表"的形式将税目和税率统一表示出来。例如,消费税税目税率表、资源税税目税率表。

税目一般可分为列举税目和概括税目。列举税目就是将每一种商品或经营项目采用一一列举的方法,分别规定税目,必要时还可以在税目之下划分若干个细目。列举税目的优点是界限明确,便于征管人员掌握;缺点是税目过多,不便于查找,不利于征管。

在我国现行税法中,列举税目的方法也可分为两类:一类是细列举,即在税法中按每一产品或项目设计税目,本税目的征税范围仅限于列举的产品或项目,属于本税目列举的产品或项目,则按照本税目适用的税率征税。否则,就不能按照本税目适用的税率征税,如消费税中的"小汽车"等税目。另一类是粗列举,即在税种中按两种以上产品设计税目,本税目的征税范围不体现为单一产品,而是列举的两种以上产品都需按本税目适用的税率征税,如消费税中的"鞭炮、焰火"税目。

概括税目就是按照商品大类或行业采用概括方法设计税目。概括税目的优点是税目较少,查找方便;缺点是税目过粗,不便于贯彻合理负担政策。

在我国现行税法中,概括税目又可分为两类:一类是小概括,即在本税目下属的各个细目中,凡不属于规定细目内的征税范围,但又属本税目征税范围的产品,在材质上、用途上或生产工艺方法上相近的,则另增列一个细目,把其划归为本细目的征收范围,如消费税"酒"税目中的"其他酒"等;另一类是大概括,即在本税种下属的各个税目中,凡不属于规定税目内的征税范围,但又确属本税种征税范围的产品,则另增列一个税目,将其全部划归为本税目的征税范围,如消费税中的"其他贵重首饰和珠宝玉石"税目。在税法中适当采用概括性税目,可以大大简化税种的复杂性,但过于概括,又不利于充分发挥税收的经济杠杆作用。所以,在具体运用上,应注意把概括税目同列举税目有机结合起来。

(三) 税率

税率是应纳税额与计税依据之间的比例,是计算税额的尺度,代表课税的深度,关系着国家的收入多少和纳税人的负担程度。

各税种的职能作用,主要是通过税率来体现的,因此,税率是税收制度的核心和灵魂。合理地设计税率,正确地执行有关税率的规定,是依法治税的重要内容。我国税率设计的总体原则是合理负担,取之适度。不同税种之间,税率的设计原则并不完全一致,但总的设计原则是一致的,即税率的设计要体现国家政治、经济政策,如消费税税率设计原则之一是体现国家消费政策,限制某些商品的消费;税率的设计要公平、简化。

税率是一个总的概念,在实际应用中可分为两种形式:一种是按绝对量形式规定的固定征收额度,即定额税率,它适用于从量计征的税种;另一种是按相对量形式规定的征收比例,这种形式又可分为比例税率和累进税率,它适用于从价计征的税种。

1. 比例税率

比例税率是指对同一征税对象或同一税目,不论数额大小只规定一个比例,都按同一比例征税,税额与课税对象呈正比例关系。

在具体运用上,比例税率又可分为以下几种。

(1) 产品比例税率,即一种(或一类)产品采用一个税率。我国现行的消费税、增值税等都采用这种税率形式。分类、分级、分档比例税率是产品比例税率的特殊形式,是按课税对象的性质、用途、质量、设备、生产能力等规定不同的税率。如消费税中,酒按类设计税率,卷烟按级设计税率,小汽车依照排气量分档设计税率等。

(2) 行业比例税率,即对不同行业采用不同的税率。如增值税中,交通运输业、有形动产租赁服务适用不同税率。

(3) 地区差别比例税率,即对同一课税对象,按照不同地区的生产建设水平和收益水平,采用不同的税率,如城市维护建设税。

(4) 有幅度的比例税率,即对同一课税对象,税法只规定最低税率和最高税率,在这个幅度内,各地区可以根据自己的实际情况确定适当的税率,如资源税。

比例税率的基本特点是税率不随课税对象数额的变动而变动。这就便于按不同的产品设计不同的税率,有利于调整产业(产品)结构,实现资源的合理配置。同时,课税对象数额越大,纳税人相对税负越轻,从而在一定程度上推动经济的发展。但是,从另一个角度来看,这种情况有悖于税收公平的原则。这表明比例税率调节纳税人收入的能力不及累进税率,这是它的不足。比例税率的另一个优点是计算简便。

2. 累进税率

累进税率是指对于同一课税对象,随着数量的增大,征收比例也随之增高的税率,表现为将课税对象按数额大小分为若干等级,不同等级适用由低到高的不同税率,包括最低税率、最高税率和若干等级的中间税率,一般多在收益课税中使用。它可以更有效地调节纳税人的收入,正确处理税收负担的纵向公平问题。按照税率累进依据的性质,我国现行税制中,累进税率分为"额累"和"率累"两种。额累是按课税对象数量的绝对额分级累进,如所得税一般按所得额大小分级累进。率累是按与课税对象有关的某一比率分级累进,如我国目前征收的土地增值税就是按照增值额与扣除项目金额的比率实行四级超率累进税率。额累和率累按累进依据的构成又可分为"全累"和"超累"。如额累分为全额累进和超额累进,率累分为全率累进和超率累进。全累是对课税对象的全部数额,都按照相应等级的累进税率征税。超累是对课税对象数额超过前级数额的部分,分别按照各自对应的累进税率计征税款。两种方式相比,全累的计算方法比较简单,但在累进分界点上税负呈跳跃式递增,不够合理。超累的计算方法复杂一些,但累进程度比较缓和,因而比较合理。

全额累进税率是以课税对象的全部数额为基础计征税款的累进税率。它有两个特点:一是对具体纳税人来说,在应税所得额确定以后,相当于按照比例税率计征,计算方法简单;二是税收负担不合理,特别是在各级征税对象数额的分界处负担相差悬殊,甚至会出现增加的税额超过增加的课税对象数额的现象,不利于鼓励纳税人增加收入。

超额累进税率是分别以课税对象数额超过前级的部分为基础计算应纳的累进税率。采用超额累进税率征税的特点有三个:①计算方法比较复杂,征税对象数量越大,包括等级越多,计算步骤也越多;②累进幅度比较缓和,税收负担较为合理,特别是在征税对象级次分界点上下,只就超过部分按高一级税率计算,一般不会发生增加的税额超过增加的征税对象数额的不合理现象,有利于鼓励纳税人增产增收;③边际税率和平均税率不一致,税收负担的透明度较差。

目前,我国个人所得税对经营所得、综合所得(包括工资薪金所得、劳务报酬所得、稿酬所得、特许权使用费所得)实行超额累进税率。为解决超额累进税率计算税款比较复杂的问题,在实际工作中引进了"速算扣除数"这个概念,通过预先计算出的速算扣除数,即可直接计算应纳税额,不必再分级分段计算。

速算扣除数是为简化计税程序,而按全额累进税率计算超额累进税额时所使用的扣除数额,反映的具体内容是按全额累进税率和超额累进税率计算的应纳税额的差额。采用速算扣除数方法计算的应纳税额同分级分段计算的应纳税额,其结果完全一样,但方法简便得多。通常,速算扣除数事先计算出来后,附在税率表中,并与税率表一同颁布。

超率累进税率是指以课税对象数额的相对率为累进依据,按超累方式计算应纳税额的税率。采用超率累进税率,首先需要确定课税对象数额的相对率,如在对利润征税时以销售利润率为相对率,对工资征税时以工资增长率为相对率,然后把课税对象的相对率从低到高划分为若干级次,分别规定不同的税率。计税时,先按各级相对率计算出应税的课税对象数额,再按对应的税率分别计算各级税款,最后汇总求出全部应纳税额。现行税制中的土地增值税即采用超率累进税率计税。

超倍累进税率是指以课税对象数额相当于计税基数的倍数为累进依据,按超累方式计算应纳税额的税率。采用超倍累进税率,首先必须确定计税基数,然后把课税对象数按相当于计税基数的倍数划分为若干级次,分别规定不同的税率,再分别计算应纳税额。计税基数可以是绝对数,也可以是相对数。当其是绝对数时,超倍累进税率实际上是超额累进税率,因为可以把递增倍数换算成递增额;当其是相对数时,超倍累进税率实际上是超率累进税率,因为可以把递增倍数换算成递增率。我国曾实行的个人收入调节税采用过此税率方式。

3. 定额税率

定额税率又称固定税额,这种税率是根据课税对象计量单位直接规定固定的征税数额。课税对象的计量单位可以是重量、数量、面积、体积等自然单位,也可以是专门规定的复合单位。例如,现行税制中的城镇土地使用税、耕地占用税分别以"平方米"和"亩"这些自然单位为计量单位,消费税中的汽油、柴油分别以"升"为计量单位。按定额税率征税,税额的多少只同课税对象的数量有关,同价格无关。当价格普遍上涨或下跌时,仍按固定税额计税。定额税率适用于从量计征的税种。

定额税率在表现形式上可分为单一定额税率和差别定额税率两种。在同一税种中只采用一种定额税率的,为单一定额税率;同时采用几个定额税率的,为差别定额税率。差别定额税率又有以下两种形式。

(1)地区差别定额税率,即对同一课税对象按照不同地区分别规定不同的征税数额。该税率具有调节地区之间级差收入的作用。现行税制中的城镇土地使用税、耕地占用税等都属于这种定额税率,而且又是有幅度的地区差别税率。

(2)分类分项定额税率,即首先按某种标志把课税对象分为几类,每一类再按一定标志分为若干项,然后对每一项分别规定不同的征税数额,如现行税制中的车船税。

定额税率的基本特点:税率与课税对象的价值量脱离了联系,不受课税对象价值量变化的影响。这使它适用于对价格稳定、质量等级和品种规格单一的大宗产品征收的税种。同时对某些产品采用定额税率,有助于提高产品质量或改进包装。但是,如果对价格变动频繁的产品采用定额税率,由于产品价格变动的总趋势是上升的,那么产品的税负就会呈现累退性。从宏观上看,将无法保证国家财政收入随国民收入的增加而持续稳定地增长。

4.其他有关税率的概念

(1)名义税率与实际税率。名义税率与实际税率是分析纳税人负担时常用的概念。名义税率是指税法规定的税率。实际税率是指实际负担率,即纳税人在一定时期内实际缴纳税额占其计税依据实际数额的比例。由于某些税种中计税依据与征税对象不一致、减免税政策的享受等因素的实际存在,实际税率常常低于名义税率。这时,区分名义税率和实际税率,确定纳税人的实际负担水平和税负结构,为设计合理可行的税制提供依据是十分必要的。

(2)边际税率与平均税率。边际税率是指在增加一些收入时,增加的这部分收入所纳税额同增加收入之间的比例。在这里,平均税率是相对于边际税率而言的,它是指全部税额与全部收入之比。

在比例税率条件下,边际税率等于平均税率。在累进税率条件下,边际税率往往要大于平均税率。边际税率的提高还会带动平均税率的上升。边际税率上升的幅度越大,平均税率提高就越多,调节收入的能力也就越强,但对纳税人的反激励作用也越大。因此,通过两者的比较易于表明税率的累进程度和税负的变化情况。

(3)零税率与负税率。零税率是以零表示的税率,表明课税对象的持有人负有纳税义务,但无须缴纳税款。通常适用于两种情况:一是在所得课税中,对部分所得规定税率为零,目的是保证所得少者的生活和生产需要;二是在商品税中,对出口商品规定税率为零,即退还出口商品的产、制和流转环节已缴纳的商品税,使商品以不含税价进入国际市场,以增强商品在国际市场上的竞争力。

负税率是指政府利用税收形式对所得额低于某一特定标准的家庭或个人予以补贴的比例。负税率主要用于负所得税的计算。所谓负所得税,是指现代一些西方国家把所得税和社会福利补助制度结合的一种主张和试验,即对那些实际收入低于维持一定生活水平所需费用的家庭或个人,按一定比例给付所得税。负税率的确定是实施负所得税计划的关键。西方经济学家一般认为,负税率的设计必须依据社会意愿加以运用的社会福利函数来衡量。百分之百的负税率,将会严重削弱人们对于工作的积极性,成为阻碍工作的因素。因此,确定负税率必须适度,应使其对工作的阻碍作用降到最低。

（四）减税、免税

减税、免税是对某些纳税人或课税对象的鼓励或照顾措施。减税是从应征税款中减征部分税款,免税是免征全部税款。减税、免税规定是为了解决按税制规定的税率征税时所不能解决的具体问题而采取的一种措施,是在一定时期内给予纳税人的一种税收优惠,同时也是税收的统一性和灵活性相结合的具体体现。正确制定并严格执行减免税规定,可以更好地贯彻国家的税收政策,发挥税收调节经济的作用。按照《中华人民共和国税收征收管理法》的规定,减税、免税依照法律的规定执行,法律授权国务院的,依照国务院制定的行政法规的规定执行。

1. 减免税的基本形式

（1）税基式减免,即通过直接缩小计税依据的方式实现的减税、免税。具体包括起征点、免征额、项目扣除以及跨期结转等。其中,起征点是征税对象达到一定数额开始征税的起点,免征额是在征税对象的全部数额中免予征税的数额。起征点与免征额同为征税与否的界限,对纳税人来说,在其收入没有达到起征点或没有超过免征额的情况下,都不征税,两者是一样的。但是,它们又有明显的区别。其一,当纳税人收入达到或超过起征点时,就其收入全额征税;而当纳税人收入超过免征额时,则只就超过的部分征税。其二,当纳税人的收入恰好达到起征点时,就要按其收入全额征税;而当纳税人收入恰好与免征额相同时,则免予征税。两者相比,享受免征额的纳税人就要比享受同额起征点的纳税人税负轻。此外,起征点只能照顾一部分纳税人,而免征税额则可以照顾适用范围内的所有纳税人。项目扣除,是指在课税对象中扣除一定项目的数额,以其余额作为依据计算税额。跨期结转是将以前纳税年度的经营亏损等在本纳税年度经营利润中扣除,也等于直接缩小了税基。

（2）税率式减免,即通过直接降低税率的方式实行的减税、免税。具体包括重新确定税率、选用其他税率等形式。

（3）税额式减免,即通过直接减少应纳税额的方式实行的减税、免税。具体包括全部免征、减半征收、核定减免率、抵免税额以及另定减征税额等。

在上述三种形式的减税、免税中,税基式减免使用范围最广泛,从原则上说,它适用于所有生产经营情况;税率式减免比较适合于对某个行业或某种产品这种“线”上的减免,所以货物劳务税中运用最多;税额式减免适用范围最窄,它一般仅限于解决“点”上的个别问题,往往仅在特殊情况下使用。

2. 减免税的分类

（1）法定减免,凡是由各种税的基本法规定的减税、免税都称为法定减免。它体现了该种税减免的基本原则规定,具有长期的适用性。法定减免必须在基本法规中明确列举减免税项目、减免税的范围和时间。如《中华人民共和国增值税暂行条例》明确规定,农业生产者销售的自产农产品等免税。

（2）特定减免,是根据社会经济情况发展变化和发挥税收调节作用的需要,而规定的减税、免税。特定减免主要有两种情况:一是在税收的基本法确定以后,随着国家政治经济情况的发展变化所作出的新减免税补充规定;二是在税收基本法中,不能或不宜一一列举,而采用补充规定的减免税形式。

以上两种特定减免,通常是由国务院或作为国家主管业务部门的财政部、国家税务总局、海关总署作出规定。特定减免可分为无限期的和有限期的两种。大多数的特定减免都是有限期的,减免税到了规定的期限,就应该按规定恢复征税。

（3）临时减免，又称"困难减免"，是指除法定减免和特定减免以外的其他临时性减税、免税，主要是为了照顾纳税人的某些特殊的暂时的困难，而临时批准的一些减税、免税。它通常是定期的减免税或一次性的减免税。

国家之所以在税法中要规定减税、免税，是因为各税种的税收负担是根据经济发展的一般情况下的社会平均负担能力来考虑的，税率基本上是按平均销售利润率来确定的，而在实际经济生活中，不同的纳税人之间或同一纳税人在不同时期，由于受各种主、客观因素的影响，在负担能力上会出现一些差别，在有些情况下这些差别比较悬殊，因此，在统一税法的基础上，需要有某种与这些差别相适应的灵活的调节手段，即减税、免税政策来加以补充，以解决一般规定所不能解决的问题，照顾经济生活中的某些特殊情况，从而达到调节经济和促进生产发展的目的。

（五）税收附加与税收加成

减税、免税是减轻税负的措施。相反，税收附加和税收加成是加重纳税人负担的措施。

税收附加也称为地方附加，是地方政府按照国家规定的比例随同正税一起征收的列入地方预算外收入的一种款项。正税是指国家正式开征并纳入预算内收入的各种税收。税收附加由地方财政单独管理并按规定的范围使用，不得自行变更。例如，教育费附加只能用于发展地方教育事业。税收附加的计算方法是以正税税款为依据，按规定的附加率计算附加额。

税收加成是指根据税法规定的税率征税以后，再以应纳税额为依据加征一定成数的税额。加征一成相当于纳税额的10%，加征成数一般规定在一成到十成之间。和加成相对应的还有税收加倍，即在应纳税额的基础上加征一定倍数的税款。加成和加倍没有实质性区别。税收加成或加倍实际上是税率的延伸，但因这种措施只是针对个别情况，所以没有采取提高税率的办法，而是以已征税款为基础再加征一定的税款。

无论是税收附加还是税收加成，都增加了纳税人的负担，但这两种加税措施的目的是不同的。实行地方附加是为了给地方政府筹措一定的机动财力，用于发展地方建设事业；实行税收加成则是为了调节和限制某些纳税人获取的过多收入，或者是对纳税人违章行为进行处罚。

（六）纳税环节

纳税环节是指税法上规定的课税对象从生产到消费的流转过程中应当缴纳税款的环节。纳税环节有广义和狭义之分。广义的纳税环节是指全部课税对象在再生产中的分布情况。例如，资源税分布在生产环节，商品税分布在流通环节，所得税分布在分配环节等。狭义的纳税环节是指应税商品在流转过程中应纳税的环节，具体指每一种税的纳税环节，是商品课税中的特殊概念。商品经济条件下，商品从生产到消费要经过许多环节。如工业品一般要经过产制、批发和零售环节，农产品一般要经过产制、收购、批发和零售环节。这些环节都存在商品流转额，都可以成为纳税环节。但是，为了更好地发挥税收促进经济发展、保证财政收入的作用，以及便于征收管理，国家对不同的商品课税往往确定不同的纳税环节。按照纳税环节的多少，可将税收课征制度划分为两类：一次课征制和多次课征制。一次课征制是指同一税种在商品流转的全过程中只选择某一环节课征的制度，是纳税环节的一种具体形式，如车辆购置税。实行一次课征制，纳税环节多选择在商品流转的必经环节和税源比较集中的环节，以便既避免重复课征，又避免税款流失。多次课征制是指同一税种在商品流转全过程中选择两个或两个以上环节课征的制度，如消费税中的卷烟。

（七）纳税期限

纳税期限是纳税人向国家缴纳税款的法定期限。国家开征的每一种税都有纳税期限的规定。合理确定和严格执行纳税期限，对于保证财政收入的稳定性和及时性有重要作用。不同性质的税种以及不同情况的纳税人，其纳税期限也不相同，这主要是由以下两个因素决定的。

（1）税种的性质。不同性质的税种，其纳税期限也不同。例如，货物劳务税，据以征税的是经常发生的销售收入或营业收入，故纳税期限比较短；所得税，据以征税的是企业利润和个人的工资、奖金等各项所得，企业利润通过年终决算才能确定，个人所得一般是按月或按次计算，因此，企业所得税是按年征收，个人所得税是按月或按次征收。

（2）应纳税额的大小。同一种税，纳税人生产经营规模大、应纳税额多的，纳税期限短，反之则纳税期限长。

我国现行税制的纳税期限有以下三种形式。

（1）按期纳税，即根据纳税义务的发生时间，通过确定纳税间隔期，实行按日纳税。如《中华人民共和国增值税暂行条例》规定，增值税按期纳税的纳税期限分别为 1 日、3 日、5 日、10日、15 日、1 个月或者 1 个季度。

（2）按次纳税，即根据纳税行为的发生次数确定纳税期限。如车辆购置税、耕地占用税以及临时经营者发生应税行为，个人所得税中的劳务报酬所得等均采取按次纳税的办法。

（3）按年计征，分期预缴或缴纳。例如，企业所得税按规定的期限预缴税款，年度结束后汇算清缴，多退少补；房产税、城镇土地使用税实行按年计算、分期缴纳。这是为了对按年度计算税款的税种及时、均衡地取得财政收入而采取的一种纳税期限。分期预缴一般是按月或按季预缴。

采取哪种形式的纳税期限缴纳税款，同课税对象的性质有着密切关系。一般来说，商品课税大多采取"按期纳税"形式，所得课税采取"按年计征，分期预缴"形式。无论采取哪种形式，如纳税期限的最后一天是法定节假日，或期限内有连续三日以上法定节假日，都可以顺延。

（八）纳税地点

纳税地点主要是指根据各个税种纳税对象的纳税环节和有利于对税款的源泉控制而规定的纳税人（包括代征、代扣、代缴义务人）的具体申报缴纳税收的地点。

四、现行税种与征收机关

1. 我国现行的征收机关

现阶段，我国税收征收管理机关有税务机关和海关。

税务机关具体是指各级税务局、税务分局、税务所和按照国务院规定设立的并向社会公告的税务机构，包括国家税务总局，省、自治区、直辖市税务局，地、市、州税务局，县、区税务局，税务所等，以及根据中共中央办公厅、国务院办公厅印发的《关于进一步深化税收征管改革的意见》设立的各级稽查局、涉外税收管理局等机构。

海关是国家的进出关境监督管理机关，实行垂直管理体制。海关总署负责全国海关工作，组织推动口岸"大通关"建设、海关监管工作，进出口关税及其他税费征收管理，出入境卫生检疫和出入境动植物及其产品检验检疫,进出口商品法定检验,海关风险管理,国家进出口货物贸易等海关统计,全国打击走私综合治理工作,制定并组织实施海关科技发展规划以及实验室建设和技术保障规划,海关领域国际合作与交流,垂直管理全国海关,完成党中央国务院交办的其他任务。

2. 税务机关征收和管理的税种

税务机关主要负责下列税种的征收和管理。

(1)增值税。在中华人民共和国境内销售货物或者加工、修理修配劳务,销售服务、无形资产、不动产以及进口货物的单位和个人,为增值税的纳税人,应当缴纳增值税。

(2)消费税。在中华人民共和国境内生产、委托加工和进口《中华人民共和国消费税暂行条例》规定的消费品的单位和个人,以及国务院确定的销售《中华人民共和国消费税暂行条例》规定的消费品的其他单位和个人,为消费税的纳税人,应当缴纳消费税。

(3)企业所得税。在中华人民共和国境内,企业和其他取得收入的组织为企业所得税的纳税人,应当按规定缴纳企业所得税。

(4)个人所得税。在中国境内有住所,或者无住所而一个纳税年度内在中国境内居住累计满183天的个人,为居民个人。居民个人从中国境内和境外取得的所得,应当按规定缴纳个人所得税。

(5)资源税。在中华人民共和国领域和中华人民共和国管辖的其他海域开发应税资源的单位和个人,为资源税的纳税人,应当按规定缴纳资源税。

(6)城镇土地使用税。在城市、县城、建制镇、工矿区范围内使用土地的单位和个人,为城镇土地使用税的纳税人,应当按规定缴纳城镇土地使用税。

(7)城市维护建设税。在中华人民共和国境内缴纳增值税、消费税的单位和个人,为城市维护建设税的纳税人,应当按规定缴纳城市维护建设税。

(8)印花税。在中华人民共和国境内书立应税凭证、进行证券交易的单位和个人,为印花税的纳税人,应当按规定缴纳印花税。

(9)土地增值税。转让国有土地使用权、地上的建筑物及其附着物并取得收入的单位和个人,为土地增值税的纳税义务人,应当按规定缴纳土地增值税。

(10)房产税。房产税在城市、县城、建制镇和工矿区征收。房产税由产权所有人缴纳。产权属于全民所有的,由经营管理的单位缴纳。产权出典的,由承典人缴纳。产权所有人、承典人不在房产所在地的,或者产权未确定及租典纠纷未解决的,由房产代管人或者使用人缴纳。

(11)车船税。在中华人民共和国境内属于车船税税目税额表规定的车辆、船舶的所有人或者管理人,为车船税的纳税人,应当按规定缴纳车船税。

(12)车辆购置税。在中华人民共和国境内购置汽车、有轨电车、汽车挂车、排气量超过150毫升的摩托车的单位和个人,为车辆购置税的纳税人,应当按规定缴纳车辆购置税。

(13)烟叶税。在中华人民共和国境内,依照《中华人民共和国烟草专卖法》的规定收购烟叶的单位为烟叶税的纳税人,应当按规定缴纳烟叶税。

(14)耕地占用税。在中华人民共和国境内占用耕地建设建筑物、构筑物或者从事非农业建设的单位和个人,为耕地占用税的纳税人,应当按规定缴纳耕地占用税。

(15)契税。在中华人民共和国境内转移土地、房屋权属,承受的单位和个人为契税的纳税人,应当按规定缴纳契税。

(16)环境保护税。在中华人民共和国领域和中华人民共和国管辖的其他海域,直接向环境排放应税污染物的企业事业单位和其他生产经营者为环境保护税的纳税人,应当按规定缴纳环境保护税。

出口产品退税(增值税、消费税)由税务机关负责办理,部分非税收入和社会保险费的征收也由税务机关负责。

3. 海关征收和管理的税种

海关主要负责下列税种的征收和管理。

(1) 关税。关税是由海关根据国家制定的有关法律,以准许进出口的货物和进出境物品为征税对象而征收的一种税收。

(2) 船舶吨税。自中华人民共和国境外港口进入境内港口的船舶,应当按规定缴纳船舶吨税。

进口环节的增值税、消费税由海关代收。

【例 1-1】 甲公司进口小汽车,海关需要征收哪些税?

解:海关需要征收关税,同时代收进口环节的增值税、消费税。

任务二　税收法律关系双方的权利与义务

一、纳税人的权利与义务

1. 纳税人的权利

(1) 知情权。

(2) 保密权。

(3) 税收监督权。

(4) 纳税申报方式选择权。

(5) 申请延期申报权。

(6) 申请延期缴纳税款权。

(7) 申请退还多缴税款权。

(8) 依法享受税收优惠权。

(9) 委托税务代理权。

(10) 陈述与申辩权。

(11) 对未出示税务检查证和税务检查通知书的拒绝检查权。

(12) 税收法律救济权。

(13) 依法要求听证的权利。

(14) 索取有关税收凭证的权利。

2. 纳税人的义务

(1) 依法进行税务登记的义务。

(2) 依法设置账簿、保管账簿和有关资料以及依法开具、使用、取得和保管发票的义务。

(3) 财务会计制度和会计核算软件备案的义务。

(4) 按照规定安装、使用税控装置的义务。

(5) 按时、如实申报的义务。

（6）按时缴纳税款的义务。

（7）代扣、代收税款的义务。

（8）接受依法检查的义务。

（9）及时提供信息的义务。

（10）报告其他涉税信息的义务。

诚信纳税 依法诚信纳税是企业信用的最好体现,也是企业最好的市场名片。纳税人应自觉履行法定义务,及时准确足额纳税,为经济社会发展和改善民生作出了重要贡献,把守法经营、依法纳税作为企业生产经营活动的"生命线",牢固树立依法诚信纳税理念,认真履行纳税义务,以良好的纳税信用赢得社会的尊重。

二、税务机关和税务人员的权利与义务

1. 税务机关和税务人员的权利

（1）负责税收征管工作。

（2）税务机关依法执行职务,任何单位和个人不得阻挠。

2. 税务机关和税务人员的义务

（1）税务机关应当广泛宣传税收法律、行政法规。普及纳税知识,无偿地为纳税人提供纳税咨询服务。

（2）税务机关应当加强队伍建设,提高税务人员的政治业务素质。

（3）税务机关、税务人员必须秉公执法忠于职守、清正廉洁、礼貌待人、文明服务,尊重和保护纳税人、扣缴义务人的权利,依法接受监督。

（4）税务人员不得索贿受贿、徇私舞弊、玩忽职守,不征或者少征应征税款,不得滥用职权多征税款或者故意刁难纳税人和扣缴义务人。

（5）各级税务机关应当建立、健全内部制约和监督管理制度。

（6）上级税务机关应当对下级税务机关的执法活动依法进行监督。

（7）各级税务机关应当对其工作人员执行法律、行政法规和廉洁自律准则的情况进行监督检查。

（8）税务机关负责征收、管理、稽查,行政复议人员的职责应当明确,并相互分离、相互制约。

（9）税务机关应为检举人保密,并按照规定给予奖励。

（10）税务人员在制定应纳税额、调整税收定额、进行税务检查、实施税务行政处罚、办理税务行政复议时,与纳税人扣缴义务人或者其法定代表人、直接责任人有下列关系之一的,应当回避:①夫妻关系;②直系血亲关系;③三代以内旁系血亲关系;④近姻亲关系;⑤可能影响公正执法的其他利益关系。

三、税务机关及纳税人违反相应义务应承担的责任

（1）纳税人有下列行为之一的,由税务机关责令限期改正,可以处 2 000 元以下的罚款;情节严重的,处 2 000 元以上 10 000 元以下的罚款。

① 未按照规定的期限申报办理税务登记、变更或者注销登记的。

② 未按照规定设置、保管账簿或者保管记账凭证和有关资料的。

③ 未按照规定将财务、会计制度或者财务、会计处理办法和会计核算软件报送税务机关备查的。

④ 未按照规定将其全部银行账号向税务机关报告的。

⑤ 未按照规定安装、使用税控装置，或者损毁或者擅自改动税控装置的。

纳税人不办理税务登记的，由税务机关责令限期改正；逾期不改正的，经税务机关提请，由工商行政管理机关吊销其营业执照。

纳税人未按照规定使用税务登记证件，或者转借、涂改、损毁、买卖、伪造税务登记证件的，处 2 000 元以上 10 000 元以下的罚款；情节严重的，处 10 000 元以上 50 000 元以下的罚款。

(2) 扣缴义务人未按照规定设置、保管代扣代缴、代收代缴税款账簿或者保管代扣代缴、代收代缴税款记账凭证及有关资料的，由税务机关责令限期改正，可以处 2 000 元以下的罚款；情节严重的，处 2 000 元以上 5 000 元以下的罚款。

(3) 纳税人未按照规定的期限办理纳税申报和报送纳税资料的，或者扣缴义务人未按照规定的期限向税务机关报送代扣代缴、代收代缴税款报告表和有关资料的，由税务机关责令限期改正，可以处 2 000 元以下的罚款；情节严重的，可以处 2 000 元以上 10 000 元以下的罚款。

(4) 纳税人伪造、变造、隐匿、擅自销毁账簿、记账凭证，或者在账簿上多列支出或者不列、少列收入，或者经税务机关通知申报而拒不申报或者进行虚假的纳税申报，不缴或者少缴应纳税款的，是偷税。对纳税人偷税的，由税务机关追缴其不缴或者少缴的税款、滞纳金，并处不缴或者少缴的税款 50% 以上 5 倍以下的罚款；构成犯罪的，依法追究刑事责任。

扣缴义务人采取前款所列手段，不缴或者少缴已扣、已收税款，由税务机关追缴其不缴或者少缴的税款、滞纳金，并处不缴或者少缴的税款 50% 以上 5 倍以下的罚款；构成犯罪的，依法追究刑事责任。

(5) 纳税人、扣缴义务人编造虚假计税依据的，由税务机关责令限期改正，并处 50 000 元以下的罚款。

纳税人不进行纳税申报，不缴或者少缴应纳税款的，由税务机关追缴其不缴或者少缴的税款、滞纳金，并处不缴或者少缴的税款 50% 以上 5 倍以下的罚款。

(6) 纳税人欠缴应纳税款，采取转移或者隐匿财产的手段，妨碍税务机关追缴欠缴的税款的，由税务机关追缴欠缴的税款、滞纳金，并处欠缴税款 50% 以上 5 倍以下的罚款；构成犯罪的，依法追究刑事责任。

(7) 以假报出口或者其他欺骗手段，骗取国家出口退税款的，由税务机关追缴其骗取的退税款，并处骗取税款 1 倍以上 5 倍以下的罚款；构成犯罪的，依法追究刑事责任。

对骗取国家出口退税款的，税务机关可以在规定期间内停止为其办理出口退税。

(8) 以暴力、威胁方法拒不缴纳税款的，是抗税，除由税务机关追缴其拒缴的税款、滞纳金外，依法追究刑事责任。情节轻微，未构成犯罪的，由税务机关追缴其拒缴的税款、滞纳金，并处拒缴税款 1 倍以上 5 倍以下的罚款。

(9) 纳税人、扣缴义务人在规定期限内不缴或者少缴应纳或者应解缴的税款，经税务机关责令限期缴纳，逾期仍未缴纳的，税务机关除采取强制执行措施追缴其不缴或者少缴的税款外，可以处不缴或者少缴的税款 50% 以上 5 倍以下的罚款。

(10) 扣缴义务人应扣未扣、应收而不收税款的，由税务机关向纳税人追缴税款，对扣缴义务人处应扣未扣、应收未收税款 50％以上 3 倍以下的罚款。

(11) 纳税人、扣缴义务人逃避、拒绝或者以其他方式阻挠税务机关检查的,由税务机关责令改正,可以处 10 000 元以下的罚款;情节严重的,处 10 000 元以上 50 000 元以下的罚款。

(12) 从事生产、经营的纳税人、扣缴义务人有税收违法行为,拒不接受税务机关处理的,税务机关可以收缴其发票或者停止向其发售发票。

(13) 纳税人、扣缴义务人的开户银行或者其他金融机构拒绝接受税务机关依法检查纳税人、扣缴义务人存款账户,或者拒绝执行税务机关作出的冻结存款或者扣缴税款的决定,或者在接到税务机关的书面通知后帮助纳税人、扣缴义务人转移存款,造成税款流失的,由税务机关处 100 000 元以上 500 000 元以下的罚款,对直接负责的主管人员和其他直接责任人员处 1 000 元以上 10 000 元以下的罚款。

(14) 税务机关、税务人员查封、扣押纳税人个人及其所抚养家属维持生活必需的住房和用品的,责令退还,依法给予行政处分;构成犯罪的,依法追究刑事责任。

(15) 税务人员与纳税人、扣缴义务人勾结,唆使或者协助纳税人、扣缴义务人有第(4)、(6)、(7)项规定的行为,构成犯罪的,依法追究刑事责任;尚不构成犯罪的,依法给予行政处分。

(16) 税务人员利用职务上的便利,收受或者索取纳税人、扣缴义务人财物或者谋取其他不正当利益,构成犯罪的,依法追究刑事责任;尚不构成犯罪的,依法给予行政处分。

(17) 税务人员徇私舞弊或者玩忽职守,不征或者少征应征税款,致使国家税收遭受重大损失,构成犯罪的,依法追究刑事责任;尚不构成犯罪的,依法给予行政处分。

税务人员滥用职权,故意刁难纳税人、扣缴义务人的,调离税收工作岗位,并依法给予行政处分。

税务人员对控告、检举税收违法违纪行为的纳税人、扣缴义务人以及其他检举人进行打击报复的,依法给予行政处分;构成犯罪的,依法追究刑事责任。

税务人员违反法律、行政法规的规定,故意高估或者低估农业税计税产量,致使多征或者少征税款,侵犯农民合法权益或者损害国家利益,构成犯罪的,依法追究刑事责任;尚不构成犯罪的,依法给予行政处分。

(18) 违反法律、行政法规的规定提前征收、延缓征收或者摊派税款的,由其上级机关或者行政监察机关责令改正,对直接负责的主管人员和其他直接责任人员依法给予行政处分。

(19) 违反法律、行政法规的规定,擅自作出税收的开征、停征或者减税、免税、退税、补税以及其他同税收法律、行政法规相抵触的决定的,除依照《中华人民共和国税收征收管理法》规定撤销其擅自作出的决定外,补征应征未征税款,退还不应征收而征收的税款,并由上级机关追究直接负责的主管人员和其他直接责任人员的行政责任;构成犯罪的,依法追究刑事责任。

(20) 税务人员在征收税款或者查处税收违法案件时,未按照《中华人民共和国税收征收管理法》规定进行回避的,对直接负责的主管人员和其他直接责任人员,依法给予行政处分。

(21) 违反税收法律、行政法规应当给予行政处罚的行为,在五年内未被发现的,不再给予行政处罚。

(22) 未按照《中华人民共和国税收征收管理法》规定为纳税人、扣缴义务人、检举人保密的,对直接负责的主管人员和其他直接责任人员,由所在单位或者有关单位依法给予行政处分。

任务三　税务信息采集

一、税务登记时的信息采集

链接:新办纳税
人开业第一课

税务登记是指纳税人为依法履行纳税义务就有关纳税事宜依法向税务机关办理登记的一种法定手续,它是税收征收管理的首要环节。纳税人必须按照税法规定的期限办理设立税务登记、变更税务登记或注销税务登记等。税务登记有助于税务部门进行税源监控,同时方便纳税人开立银行账户、领购发票以及办理其他税务事项。

(一)税务设立登记

(1)企业,企业在外地设立的分支机构和从事生产、经营的场所,个体工商户和从事生产、经营的事业单位(以下统称从事生产、经营的纳税人),向生产、经营所在地税务机关申报办理税务登记。

① 从事生产、经营的纳税人领取工商营业执照的,应当自领取工商营业执照之日起 30 日内申报办理税务登记,税务机关发放税务登记证及副本。

② 从事生产、经营的纳税人未办理工商营业执照但经有关部门批准设立的,应当自有关部门批准设立之日起 30 日内申报办理税务登记,税务机关发放税务登记证及副本。

③ 从事生产、经营的纳税人未办理工商营业执照也未经有关部门批准设立的,应当自纳税义务发生之日起 30 日内申报办理税务登记,税务机关发放临时税务登记证及副本。

④ 有独立的生产经营权、在财务上独立核算并定期向发包人或者出租人上交承包费或租金的承包承租人,应当自承包承租合同签订之日起 30 日内,向其承包承租业务发生地税务机关申报办理税务登记,税务机关发放临时税务登记证及副本。

⑤ 境外企业在中国境内承包建筑、安装、装配、勘探工程和提供劳务的,应当自项目合同或协议签订之日起 30 日内,向项目所在地税务机关申报办理税务登记,税务机关发放临时税务登记证及副本。

(2)上述纳税人以外的其他纳税人,除国家机关、个人和无固定生产、经营场所的流动性农村小商贩外,均应当自纳税义务发生之日起 30 日内,向纳税义务发生地税务机关申报办理税务登记,税务机关发放税务登记证及副本。

(3)纳税人在申报办理税务登记时,应当根据不同情况向税务机关如实提供以下证件和资料。

① 工商营业执照或其他核准执业证件。

② 有关合同、章程、协议书。

③ 组织机构统一代码证书。

④ 法定代表人或负责人或业主的居民身份证、护照或者其他合法证件。

其他需要提供的有关证件、资料,由省、自治区、直辖市税务机关确定。

(4)纳税人在申报办理税务登记时,应当如实填写税务登记表。

税务登记表的主要内容如下。

① 单位名称、法定代表人或者业主姓名及其居民身份证、护照或者其他合法证件的号码。

② 住所、经营地点。

③ 登记类型。

④ 核算方式。

⑤ 生产经营方式。

⑥ 生产经营范围。

⑦ 注册资金（资本）、投资总额。

⑧ 生产经营期限。

⑨ 财务负责人、联系电话。

⑩ 国家税务总局确定的其他有关事项。

（5）税务登记证件的主要内容包括纳税人名称、税务登记代码、法定代表人或负责人、生产经营地址、登记类型、核算方式、生产经营范围（主营、兼营）、发证日期、证件有效期等。

（6）已办理税务登记的扣缴义务人应当自扣缴义务发生之日起 30 日内，向税务登记地税务机关申报办理扣缴税款登记。税务机关在其税务登记证件上登记扣缴税款事项，税务机关不再发放扣缴税款登记证件。

根据税收法律、行政法规的规定可不办理税务登记的扣缴义务人，应当自扣缴义务发生之日起 30 日内，向机构所在地税务机关申报办理扣缴税款登记。税务机关发放扣缴税款登记证件。

诚信纳税 纳税人应按规定及时进行税务登记，这有利于税务机关了解纳税人的基本情况，掌握税源，加强征收与管理，防止漏管漏征，建立税务机关与纳税人之间正常的工作联系，强化税收政策和法规的宣传，增强纳税意识。

【例 1-2】 甲公司要开通网上申报业务，需要做哪些准备？如何操作？（以国家税务总局辽宁省电子税务局为例）

解：（1）准备工作：①纳税人携带企业和个人证件，前往办税服务厅，申请开通网上申报、网上缴款业务；②纳税人获取"电子税务局办税用户注册凭证"，以及电子税务局客户端下载地址；③若电子税务局的登录方式为短信登录，还需准备通过税务大厅实名认证的手机号，如图 1-1 所示。

电子税务局办税用户注册凭证			
纳税人名称：	房地产测试		
经营地址：	123		
主管税务机关：	本溪市平山区地方税务局		
纳税人识别号：	210502221050202	法人：	123
注册用户名：	210502221050202	密码：	EyozHm

温馨提示：建议您登录系统后更改默认密码

图 1-1 电子税务局办税用户注册凭证

（2）操作流程如下。

① 登录。进入电子税务局客户端登录页面，选择密码登录（图 1-2）或短信登录（图 1-3）。

两种登录方式第一行均为输入纳税人识别号，第二行分别为登录密码或手机号，输入验证码后，单击"登录"按钮，系统提交到税务机关服务器进行身份验证。

图 1-2　密码登录页面

图 1-3　短信登录页面

登录成功后,进入电子税务局客户端首页,如图 1-4 所示。

图 1-4　电子税务局客户端首页

② 纳税人信息查询。在首页,单击"我的信息"→"纳税人信息"按钮,可分别查询注册信息(图 1-5)、登记信息(图 1-6)、税(费)种认定信息(图 1-7)、核定信息(图 1-8)、资格信息(图 1-9)。

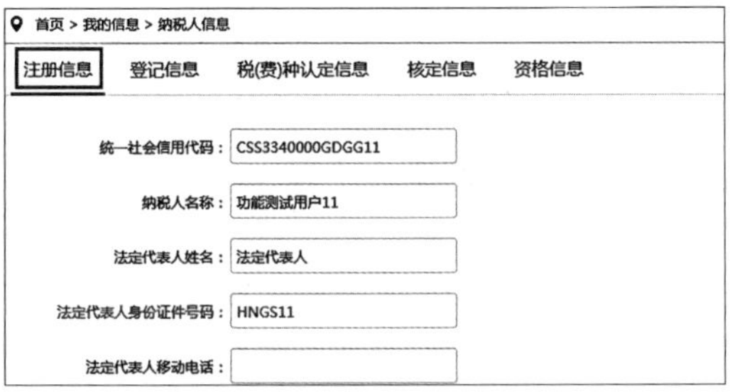

图 1-5　查询注册信息

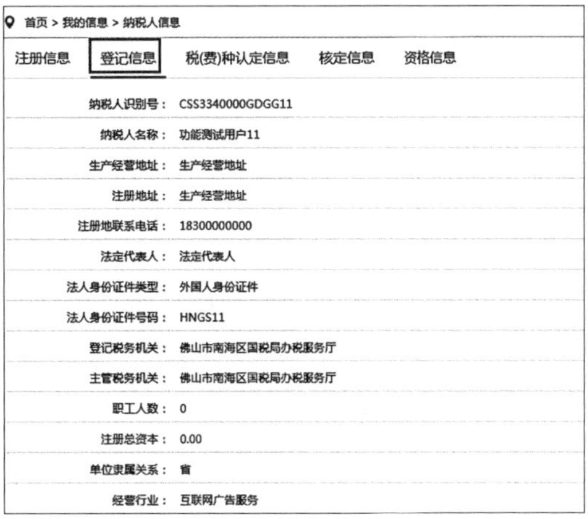

图 1-6　查询登记信息

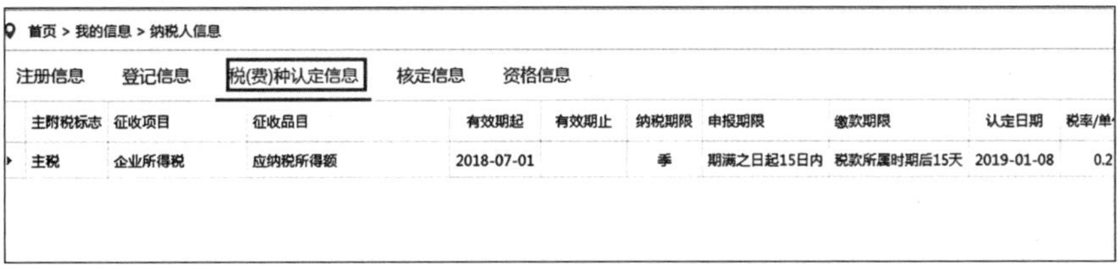

图 1-7　查询税(费)种认定信息

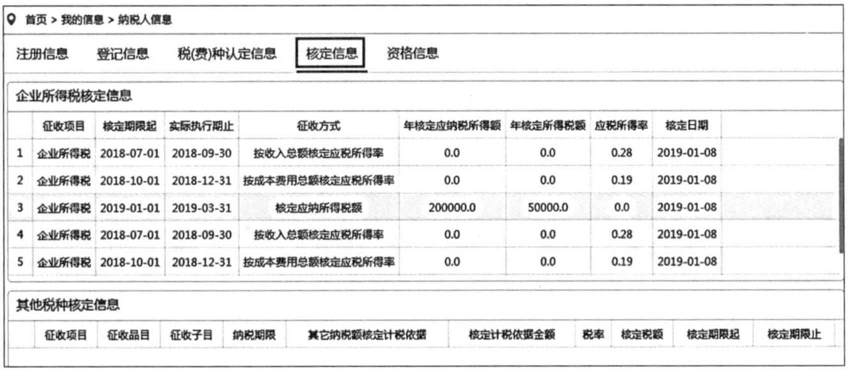

图 1-8　查询核定信息

图 1-9　查询资格信息

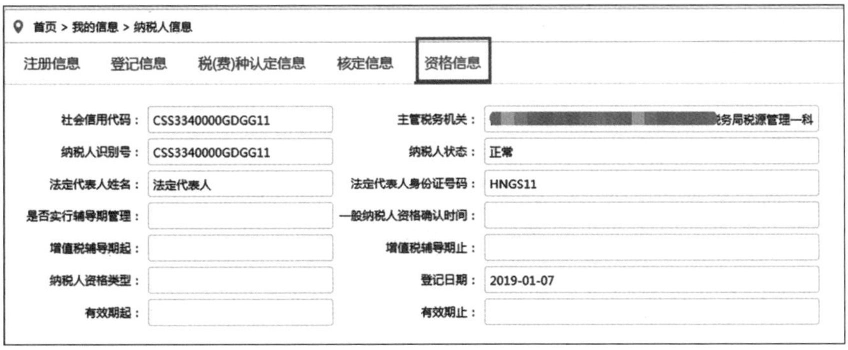

（二）税务变更登记

（1）纳税人税务登记内容发生变化的，应当向原税务登记机关申报办理变更税务登记。

（2）纳税人已在工商行政管理机关办理变更登记的，应当自工商行政管理机关变更登记之日起 30 日内，向原税务登记机关如实提供下列证件、资料，申报办理变更税务登记。

① 工商登记变更表。

② 纳税人变更登记内容的有关证明文件。

③ 税务机关发放的原税务登记证件（登记证正、副本和登记表等）。

④ 其他有关资料。

（3）纳税人按照规定不需要在工商行政管理机关办理变更登记，或者其变更登记的内容与工商登记内容无关的，应当自税务登记内容实际发生变化之日起 30 日内，或者自有关机关批准或者宣布变更之日起 30 日内，持下列证件到原税务登记机关申报办理变更税务登记。

① 纳税人变更登记内容的有关证明文件。

② 税务机关发放的原税务登记证件（登记证正、副本和税务登记表等）。

③ 其他有关资料。

（4）纳税人提交的有关变更登记的证件、资料齐全的，应如实填写税务登记变更表，符合规定的，税务机关应于当日办理；不符合规定的，税务机关应通知其补正。

（5）税务机关应当于受理当日办理变更税务登记。纳税人税务登记表和税务登记证中的内容都发生变更的，税务机关按变更后的内容重新发放税务登记证件；纳税人税务登记表的内容发生变更而税务登记证中的内容未发生变更的，税务机关不重新发放税务登记证件。

【例 1-3】　甲公司需要变更税务登记，如何在电子税务局进行操作？（以国家税务总局辽宁省电子税务局为例）

解：操作步骤如下。

（1）单击"我要办税"→"综合信息报告"按钮，如图 1-10 所示。

图 1-10　综合信息报告

（2）单击"身份信息报告"→"变更税务登记"按钮，如图 1-11 所示。

（3）在"变更项目"栏次下，选择需要变更的数据项，"变更前内容"栏次会自动带出已经登记的数据信息，在"变更后内容"栏次下输入需要更改的信息。如果不想修改该条信息，可以单

图 1-11 变更税务登记

击"删除"按钮将该条信息删除。如果需要修改多条信息,可以单击左侧"＋"按钮进行增行,如图 1-12 所示。

图 1-12 变更项目内容选择及增删

（4）如果需要变更"投资方信息""分支机构信息""投资总额信息""注册资本信息""附行业信息""办税人信息""总机构信息"等项目,在"变更项目"栏次下,选择变更的数据项,需要在下方对应的栏次修改相应的信息。如果需要修改多条信息,可以单击左侧"＋"按钮进行增行,如图 1-13 所示。

图 1-13 变更投资方相关信息

（5）单击"经办人身份证件"对应的"添加文件"按钮，在打开的对话框中单击"添加文件"按钮，选择需要上传的文件，单击"关闭"按钮（图 1-14），如果文件上传错误，单击"清空文件"按钮（图 1-15）。

图 1-14　添加经办人身份证件

图 1-15　清空文件

（6）单击"保存"→"确定"按钮，如图 1-16 所示。

图 1-16　保存数据

（7）单击"提交"→"确定"按钮，如图1-17所示。

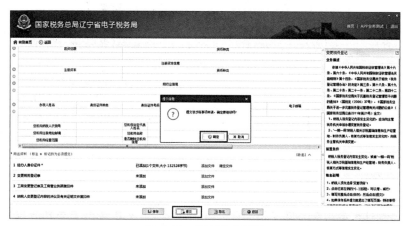

图 1-17　确定提交页面

（三）停业、复业登记

（1）实行定期定额征收方式的个体工商户需要停业的，应当在停业前向税务机关申报办理停业登记。纳税人的停业期限不得超过一年。

（2）纳税人在申报办理停业登记时，应如实填写停业复业报告书，说明停业理由、停业期限、停业前的纳税情况和发票的领、用、存情况，并结清应纳税款、滞纳金、罚款。税务机关应收存其税务登记证件及副本、发票领购簿、未使用完的发票和其他税务证件。

（3）纳税人在停业期间发生纳税义务的，应当按照税收法律、行政法规的规定申报缴纳税款。

（4）纳税人应当于恢复生产经营之前，向税务机关申报办理复业登记，如实填写停业复业报告书，领回并启用税务登记证件、发票领购簿及其停业前领购的发票。

（5）纳税人停业期满不能及时恢复生产经营的，应当在停业期满前到税务机关办理延长停业登记，并如实填写停业复业报告书，如表1-3所示。

表 1-3　停业复业报告书

填表日期：　　年　　月　　日

纳税人基本情况	纳税人名称			纳税人识别号			经营地点		
停业期限				复业时间					
缴回发票情况	种　类	号　码	本　数	领回发票情况	种　类	号　码	本　数		
缴存税务资料情况	发票领购簿 是（否）	税务登记证 是（否）	其他资料 是（否）	领用税务资料情况	发票领购簿 是（否）	税务登记证 是（否）	其他资料 是（否）		

续表

结清税款情况	应纳税款	滞纳金	罚款	停业期是(否)纳税	已缴应纳税款	已缴滞纳金	已缴罚款
	是(否)	是(否)	是(否)	是(否)	是(否)	是(否)	是(否)
				纳税人(签章): 年 月 日			
税务机关复核	经办人: 年 月 日			负责人: 年 月 日		税务机关(签章) 年 月 日	

注：① 已缴还或领用税务资料的纳税人，在"是"字上画钩，未缴还或未领用税务资料的纳税人，在"否"字上画钩。

② 纳税人在停业期间有义务缴纳税款的，在"停业期是(否)纳税"项目的"是"字上画钩，然后填写后面内容；没有纳税义务的，在"停业期是(否)纳税"项目的"否"字上画钩，后面内容不用填写。

【例 1-4】 实行定期定额征收方式的个体工商户停业,如何在电子税务局进行停业登记操作?(以国家税务总局辽宁省电子税务局为例)

解:操作步骤如下。

(1) 登录电子税务局,单击"我要办税"→"综合信息报告"按钮,如图 1-18 所示。

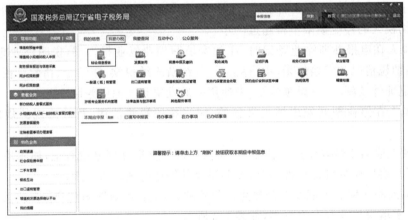

图 1-18 综合信息报告页面

(2) 单击"停业登记"按钮,如图 1-19 所示。

图 1-19 停业登记

（3）根据实际情况选择停业期限起、止时间，如图 1-20 所示。

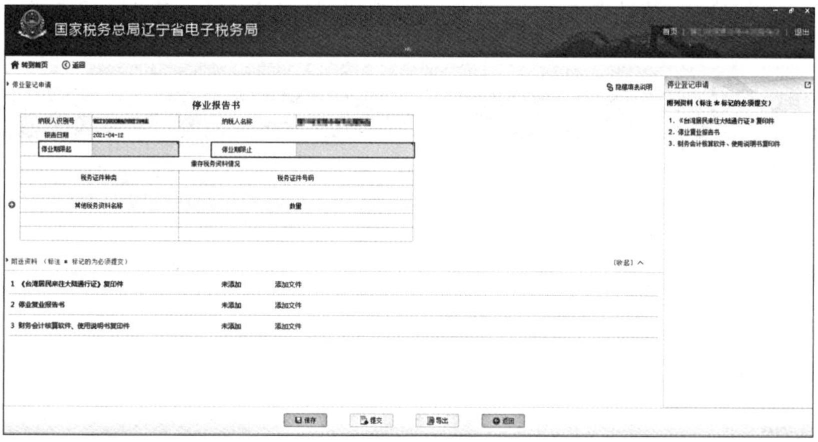

图 1-20 选择停业期限起、止时间

（4）单击"保存"按钮，系统提示"数据保存成功"，如图 1-21 所示，单击"提交"按钮，如图 1-22 所示。

图 1-21 数据保存页面

图 1-22 提交页面

（5）纳税人提交申请后，可在首页"在办事项"中单击"同步信息"按钮，查看办税进度，如图 1-23 所示。也可通过"我要查询"→"办税进度查询"（图 1-24）中单击"同步信息"按钮进行查看，如图 1-25 所示。

图 1-23　同步信息

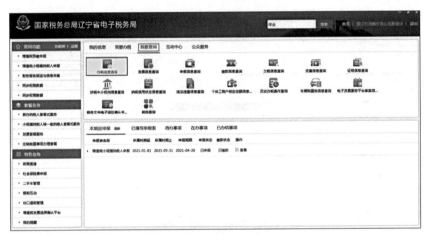

图 1-24　办税进度查询

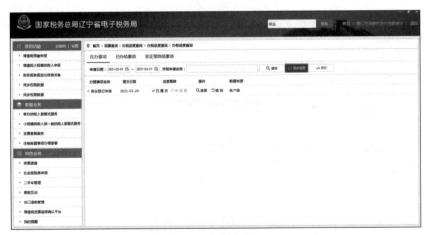

图 1-25　同步信息页面

【例 1-5】 接例 1-4,该纳税人需要办理复业登记,如何在电子税务局进行操作?(以国家税务总局辽宁省电子税务局为例)

解:操作步骤如下。

(1) 登录电子税务局,单击"我要办税"→"综合信息报告"按钮,如图 1-26 所示。

图 1-26 综合信息报告页面

(2) 单击"复业登记"按钮,如图 1-27 所示。

图 1-27 复业登记

(3) 选择"复业日期",如图 1-28 所示。

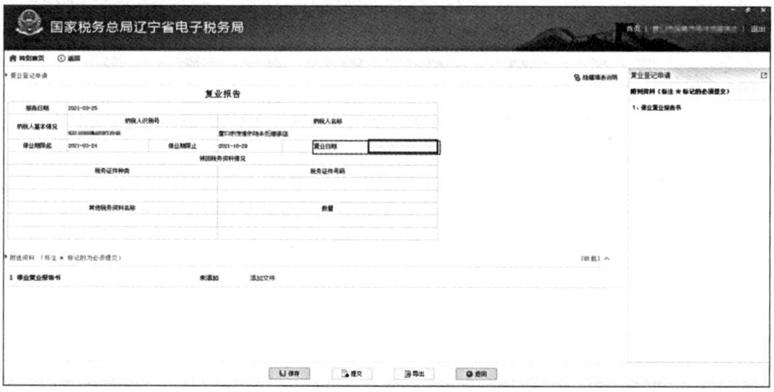

图 1-28 复业日期

（4）单击"保存"按钮，系统提示"数据保存成功"。单击"确定"按钮，然后单击"提交"按钮，如图1-29和图1-30所示。

图 1-29 复业报告保存

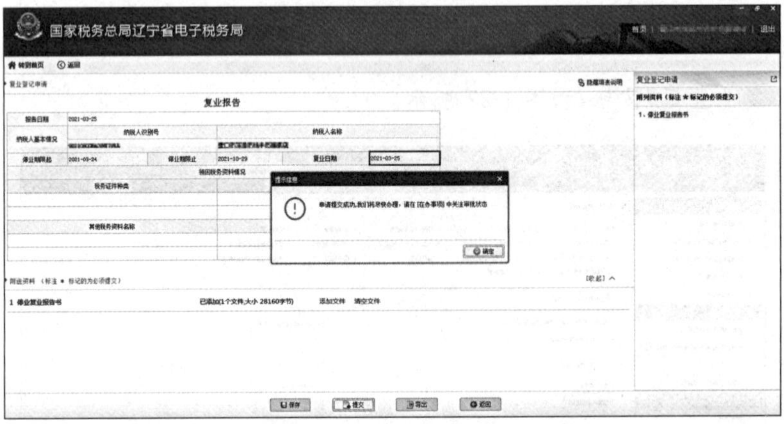

图 1-30 复业报告提交

（5）纳税人提交申请后，可在首页"在办事项"中单击"同步信息"按钮查看办税进度，如图1-31和图1-32所示。也可通过"我要查询"→"办税进度查询"中单击"同步信息"按钮进行查看，如图1-33所示。

图 1-31 同步信息

图 1-32　办税进度查询

图 1-33　同步信息页面

（四）税务注销登记

（1）纳税人发生解散、破产、撤销以及其他情形,依法终止纳税义务的,应当在向工商行政管理机关或者其他机关办理注销登记前,持有关证件和资料向原税务登记机关申报办理注销税务登记;按规定不需要在工商行政管理机关或者其他机关办理注册登记的,应当自有关机关批准或者宣告终止之日起 15 日内,持有关证件和资料向原税务登记机关申报办理注销税务登记。

纳税人被工商行政管理机关吊销营业执照或者被其他机关予以撤销登记的,应当自营业执照被吊销或者被撤销登记之日起 15 日内,向原税务登记机关申报办理注销税务登记。

（2）纳税人因住所、经营地点变动,涉及改变税务登记机关的,应当在向工商行政管理机关或者其他机关申请办理变更、注销登记前,或者住所、经营地点变动前,持有关证件和资料,向原税务登记机关申报办理注销税务登记,并自注销税务登记之日起 30 日内向迁达地税务机关申报办理税务登记。

（3）境外企业在中国境内承包建筑、安装、装配、勘探工程和提供劳务的,应当在项目完工、离开中国前 15 日内,持有关证件和资料,向原税务登记机关申报办理注销税务登记。

（4）纳税人办理注销税务登记前,应当向税务机关提交相关证明文件和资料,结清应纳税款、多退（免）税款、滞纳金和罚款,缴销发票、税务登记证件和其他税务证件,经税务机关核准后,办理注销税务登记手续。

诚信纳税 终止经营的纳税人应依法办理注销税务登记,从而避免因未按规定进行纳税申报等工作而产生不必要的处罚,同时依法办理注销税务登记也有助于监管部门合理配置资源提升监管效益。

【例 1-6】 甲公司出现解散等情形需要办理注销登记,如何在电子税务局进行操作?(以国家税务总局辽宁省电子税务局为例)

解:操作步骤如下。

(1)单击"我要办税"→"综合信息报告"按钮,如图 1-34 所示。

图 1-34 综合信息报告页面

(2)单击"状态信息报告"→"注销税务登记"按钮,如图 1-35 所示。

图 1-35 注销税务登记

(3)纳税人阅读"简易注销告知"内容,勾选"已阅读,并同意"复选框,单击"下一步"按钮,页面跳转,如图 1-36 所示。

(4)选择注销原因,如图 1-37 所示。

注意 若注销原因是依法破产,则需要携带相关材料到主管税务机关进行办理。

(5)页面显示当前用户的Ⅰ类监控、Ⅱ类监控(图 1-38)、Ⅲ类监控情况(图 1-39),在不同情况下,处理方式不同,具体包括以下四种情况。

① 即时注销办理(当Ⅰ类监控、Ⅱ类监控、Ⅲ类监控均验证通过时)。

步骤一:单击"申请注销"按钮,页面跳转到"注销税务登记_受理信息",如图 1-40 所示。

步骤二:填写受理信息中的各项信息,单击"提交申请"按钮,简易注销申请即成功提交,此

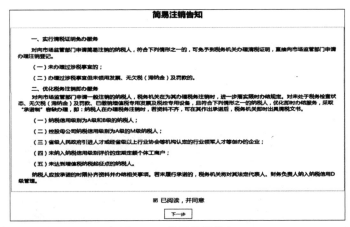

图 1-36 简易注销告知

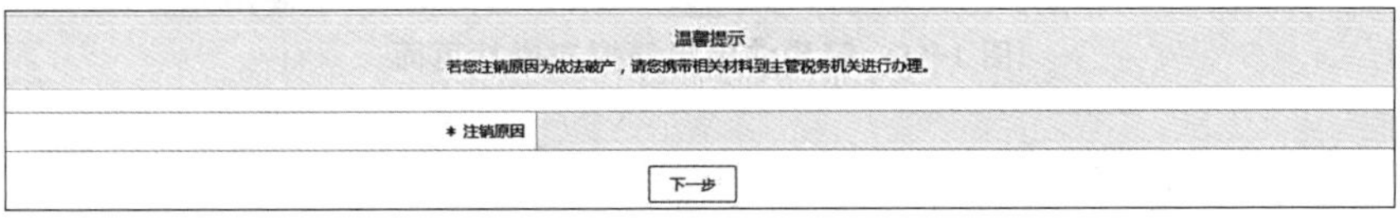

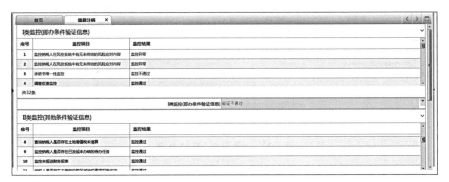

图 1-37 注销原因

图 1-38 Ⅰ类、Ⅱ类监控

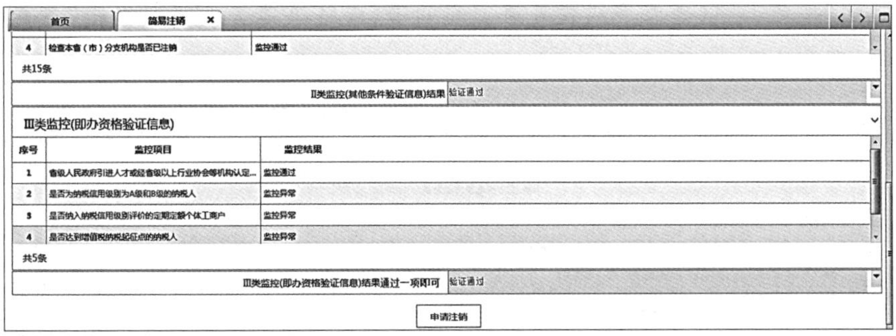

图 1-39 Ⅲ类监控

时立即注销成功,受理结果会以短信方式进行提示,如图 1-41 所示。

②"承诺制"容缺办理(当Ⅰ类监控验证通过、Ⅱ类监控验证不通过、Ⅲ类监控验证通过时),如图 1-42 所示。

图 1-40　注销税务登记_受理信息

图 1-41　简易注销申请提交成功页面

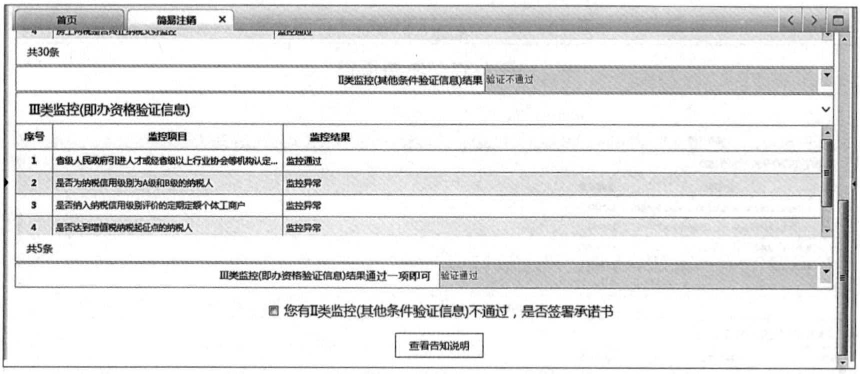

图 1-42　"承诺制"容缺办理

步骤一：单击"查看告知说明"按钮，可以查看下载税务事项通知书（未结事项告知书）。

步骤二：勾选"您有Ⅱ类监控（其他条件验证信息）不通过，是否签署承诺书"复选框，单击"查看告知说明"按钮，可以查看下载税务事项通知书（未结事项告知书）；单击"签署承诺书"按钮，页面跳转，如图 1-43 所示。

图 1-43　签署承诺书

步骤三：填写"承诺日期""承诺到期日"，单击"打印《清算证明》承诺书"按钮，下载并打印，如图 1-44 所示。

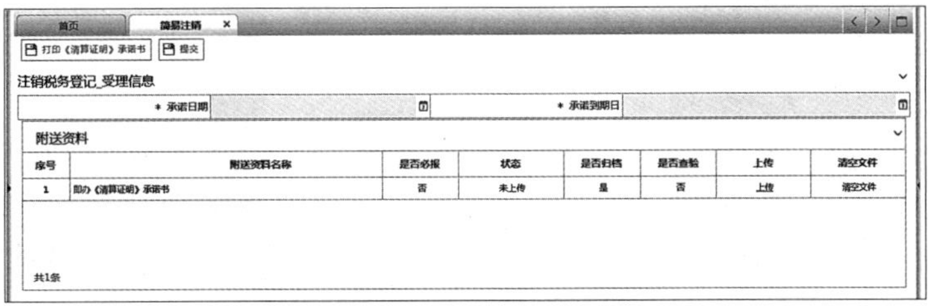

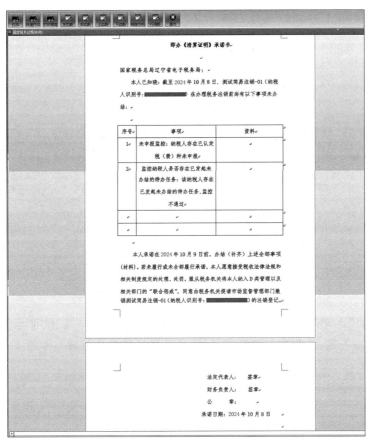

图 1-44　打印《清算证明》承诺书

承诺书样式如图 1-45 所示。

图 1-45　承诺书样式

步骤四：已打印的《承诺书》由法定代表人和财务负责人签名，并加盖公章后，拍照或扫描，作为附送资料上传，单击"上传"按钮，选择本地文件，上传成功后，单击"提交"按钮，页面跳转，如图 1-46 所示。

步骤五：填写页面中的"受理信息"，如图 1-47 所示。

步骤六：单击"提交申请"按钮，申请成功后，等待税务机关审核，受理结果会以短信的形式发送给纳税人，如图 1-48 所示。

图 1-46　上传承诺书

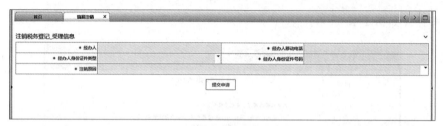

图 1-47　注销税务登记_受理信息

图 1-48　简易注销申请提交成功页面

③"告知说明"办理（当Ⅰ类监控验证不通过、Ⅱ类监控验证不通过、Ⅲ类监控验证通过时；或当Ⅰ类监控验证不通过、Ⅱ类监控验证通过、Ⅲ类监控验证通过时），如图 1-49 所示。

图 1-49　"告知说明"办理

单击"查看告知说明"按钮，可以查看下载税务事项通知书（未结事项告知书），完成未办结事项后进行办理。

④ 不予办理(当Ⅰ类监控验证通过、Ⅱ类监控验证通过、Ⅲ类监控验证不通过时;或当Ⅰ类监控验证通过、Ⅱ类监控验证不通过、Ⅲ类监控验证不通过时;或当Ⅰ类监控验证不通过、Ⅱ类监控验证通过、Ⅲ类监控验证不通过时;或当Ⅰ类监控验证不通过、Ⅱ类监控验证不通过、Ⅲ类监控验证不通过时),此时无任何操作按钮,如图 1-50 所示。

图 1-50　不予办理页面

(五)跨区域涉税事项报验管理

(1)纳税人跨省(自治区、直辖市和计划单列市)临时从事生产经营活动的,向机构所在地的税务机关填报跨区域涉税事项报告表,如表 1-4 所示。

表 1-4　跨区域涉税事项报告表

纳税人名称		纳税人识别号 (统一社会信用代码)			
经办人		座机		手机	
跨区域涉税事项联系人		座机		手机	
跨区域经营地址	＿＿＿＿省(自治区/市)＿＿＿＿市(地区/盟/自治州)＿＿＿＿县(自治县/旗/自治旗/市/区)＿＿＿＿乡(民族乡/镇/街道)＿＿＿＿村(路/社区)＿＿＿＿号				
经营方式	建筑安装□　装饰修饰□　修理修配□　加工□ 批发□　零售□　批零兼营□　零批兼营□　其他□				
合同名称				合同编号	
合同金额		合同有效期限	年　月　日至　年　月　日		
合同相对方名称		合同相对方纳税人识别号 (统一社会信用代码)			
延长有效期	跨区域涉税事项报验管理编号		税跨报〔　〕号		
	最新有效期止		至　年　月　日		
纳税人声明:我承诺,上述填报内容是真实的、可靠的、完整的,并愿意承担相应法律责任。 　　　　　　　　　　经办人:　　　　　纳税人(盖章) 　　　　　　　　　　　　　　　　　　　年　月　日					
税务机关事项告知:纳税人应当在跨区域涉税事项报验管理有效期内在经营地从事经营活动,若合同延期,可向经营地或机构所在地的税务机关办理报验管理有效期的延期手续。					

续表

以下由税务机关填写	
跨区域涉税事项报验管理编号：　　　　　　　税跨报〔　　〕　　号	
经办人： 　　　　　　　　　　　　　　　　　　　负责人： 　　　　　　　　　　　　　　　　　　　税务机关(盖章) 　　　　　　　　　　　　　　　　　　　　　年　月　日 税务机关联系电话：	
跨区域涉税事项报验管理有效日期	自　　年　　月　　日起至　　年　　月　　日
延长后的跨区域涉税事项报验管理有效日期	自　　年　　月　　日起至　　年　　月　　日

（2）纳税人跨区域经营合同延期的，可以向经营地或机构所在地的税务机关办理报验管理有效期限延期手续。

（3）跨区域报验管理事项的报告、报验、延期、反馈等信息，通过信息系统在机构所在地和经营地的税务机关之间传递，实时共享。

（4）纳税人首次在经营地办理涉税事宜时，向经营地的税务机关报验跨区域涉税事项。

（5）纳税人跨区域经营活动结束后，应当结清经营地税务机关的应纳税款以及其他涉税事项，向经营地的税务机关填报经营地涉税事项反馈表，如表1-5所示。

表1-5　经营地涉税事项反馈表

纳税人名称						
纳税人识别号 (统一社会信用代码)			跨区域涉税事项 报验管理编号	税跨报〔　　〕　　号		
实际经营期间	自　　年　　月　　日起至　　年　　月　　日					
货物存放地点						
合同包含的项目名称	预缴税款 征收率	已预缴 税款金额	实际合同 执行金额	开具发票金 额(含自开 和代开)	应补预缴 税款金额	
合计金额						

续表

	税务机关意见:
经办人: 纳税人(盖章): 　　　　　　　　年　月　日	经办人: 税务机关(盖章): 　　　　　　　　年　月　日

经营地的税务机关核对经营地涉税事项反馈表后,及时将相关信息反馈给机构所在地的税务机关。纳税人不需要另行向机构所在地的税务机关反馈。

(6)机构所在地的税务机关要设置专岗,负责接收经营地的税务机关反馈信息,及时以适当方式告知纳税人,并适时对纳税人已抵减税款、在经营地已预缴税款和应预缴税款进行分析、比对,发现疑点的,及时推送至风险管理部门或者稽查部门组织应对。

【例 1-7】 甲公司需要进行跨区域报验管理事项的报告,如何在电子税务局进行操作? (以国家税务总局辽宁省电子税务局为例)

解: 操作步骤如下。

(1)单击"我要办税"→"综合信息报告"按钮,如图 1-51 所示。

图 1-51　综合信息报告

(2)单击"税源信息报告"→"跨区域涉税事项报告"按钮,如图 1-52 所示。

图 1-52　跨区域涉税事项报告

（3）输入内容，如图 1-53 所示。

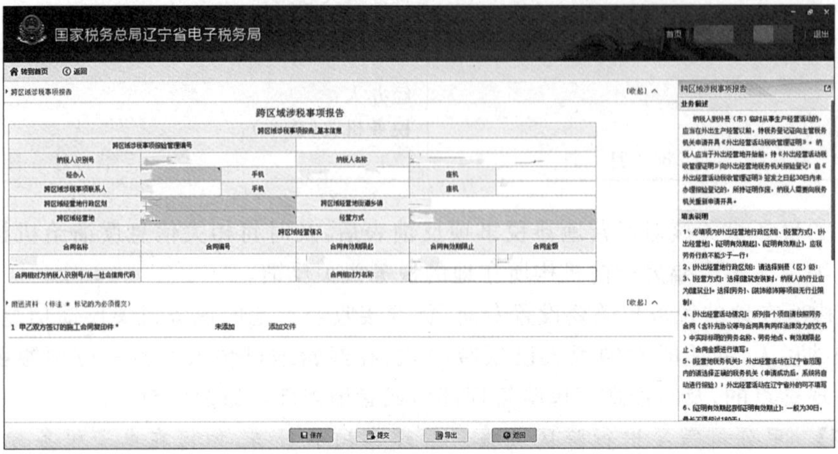

图 1-53　跨区域涉税事项报告内容

（4）单击"添加文件"按钮上传合同相关电子资料信息，如图 1-54 和图 1-55 所示。

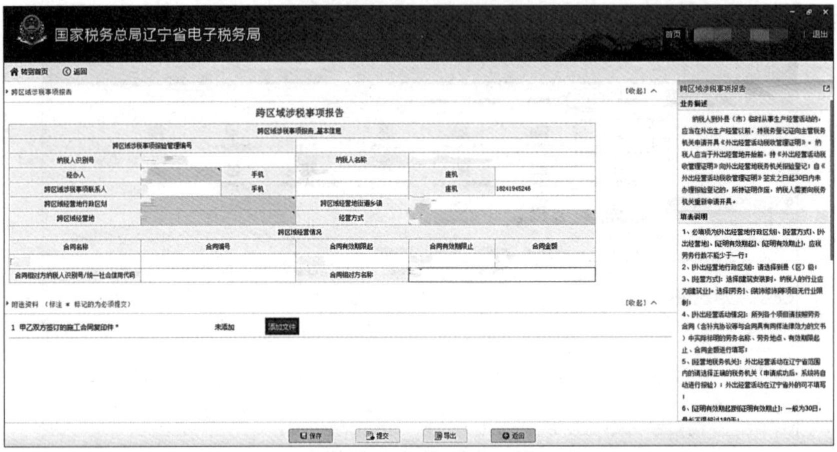

图 1-54　添加合同文件

图 1-55　上传合同相关电子资料信息

（5）单击"保存"按钮，系统提示"数据保存成功"，如图1-56所示。

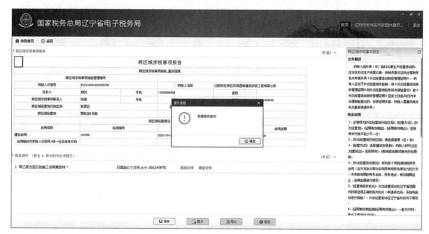

图1-56 数据保存成功页面

（6）单击"提交"按钮，然后单击"确定"按钮，如图1-57所示。

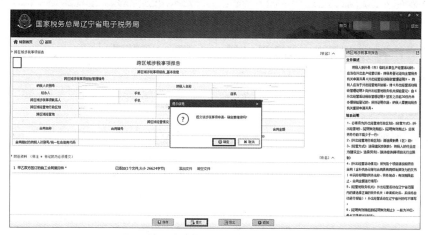

图1-57 确定提交涉税事项申请页面

注意

（1）跨区域涉税事项报告为纳税人端即办事项，即时生效。

（2）合同对方纳税人若为辽宁省内纳税人，输入纳税人识别号后自动带出纳税人名称；若为非辽宁省纳税人，则需手动录入纳税人名称。

（3）跨区域涉税事项报告开具后，需自行下载打印跨区域涉税事项报告表。

【例1-8】 甲公司需要进行跨区域报验管理事项的报验，如何在电子税务局进行操作？（以国家税务总局辽宁省电子税务局为例）

解：操作步骤如下。

（1）单击"我要办税"→"综合信息报告"按钮，如图1-58所示。

（2）单击"税源信息报告"→"跨区域涉税事项报验"按钮，如图1-59所示。

（3）选择已开具的跨区域涉税事项报验，如图1-60所示。

（4）填写页面信息，注意"主管税务局"与"主管税务所（科、分局）"的选择，如图1-61所示。

图 1-58　综合信息报告

图 1-59　跨区域涉税事项报验

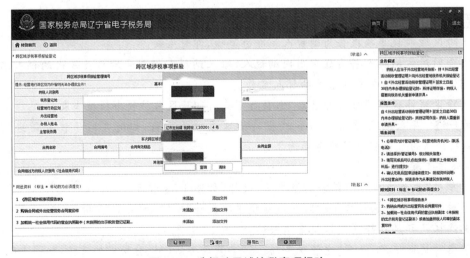

图 1-60　选择跨区域涉税事项报验

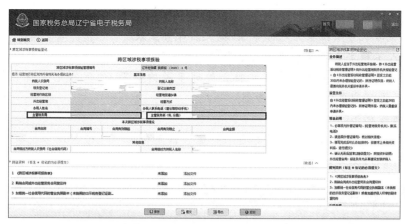

图 1-61　主管税务局与主管税务所(科、分局)的选择

(5) 页面信息填写完整后,单击"保存"按钮,系统提示保存成功,单击"确定"按钮,如图 1-62 所示。

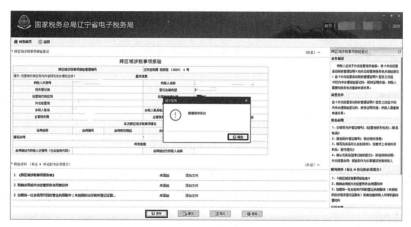

图 1-62　保存

(6) 无必报资料可以选择不上传,单击"提交"按钮,然后单击"确定"按钮,等待报验地税务机关受理,如图 1-63 所示。

图 1-63　提交报验

📢 **注意**

（1）跨区域涉税事项报验为即办事项，提交后即可生效。

（2）纳税人不确定主管税务所（科、分局）时，可电话进行咨询，避免错误登记。

【例1-9】 甲公司需要进行跨区域报验管理事项的延期，如何在电子税务局进行操作？（以国家税务总局辽宁省电子税务局为例）

解：操作步骤如下。

（1）登录电子税务局，单击"我要办税"→"综合信息报告"→"跨区域涉税事项延期"按钮，如图1-64和图1-65所示。

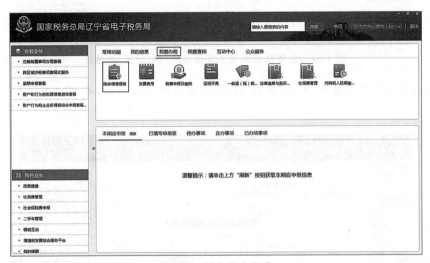

图1-64 综合信息报告

图1-65 跨区域涉税事项延期

（2）进入该功能后，选择需要延期的跨区域涉税事项报验管理编号，如图1-66所示。

（3）选择"最新有效期限止"，如图1-67所示。

（4）单击"保存"按钮，系统提示"数据保存成功"，单击"确定"按钮后，再单击"提交"按钮，如图1-68所示。

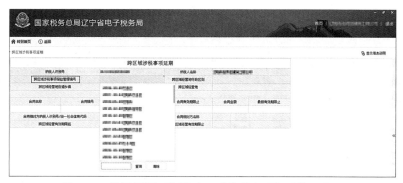

图 1-66　选择需要延期的跨区域涉税事项报验管理编号

图 1-67　选择"最新有效期限止"

图 1-68　数据保存提交

注意 该事项为即办事项,提交成功即可生效。

【例 1-10】 甲公司需要进行跨区域报验管理事项的反馈,如何在电子税务局进行操作? (以国家税务总局辽宁省电子税务局为例)

注意 只有想终止当前报验户的经营活动时,方可使用此功能终止报验登记的经营活动。 需要先进行身份切换,再进行跨区域涉税事项反馈。

解: 操作步骤如下。

1. 身份切换

（1）登录电子税务局首页，单击"我的信息"→"用户管理"按钮，如图1-69所示。

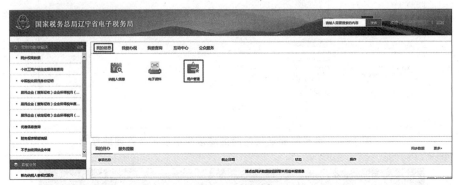

图1-69　用户管理

（2）单击"纳税人身份切换"按钮，如图1-70所示。

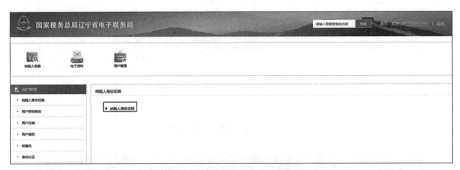

图1-70　纳税人身份切换

（3）选择需要进行跨区域涉税事项信息反馈的纳税人，单击"切换"按钮，如图1-71所示。

图1-71　身份切换

2. 跨区域涉税事项信息反馈

（1）以报验户身份单击"我要办税"→"综合信息报告"→"跨区域涉税事项信息反馈"按钮，如图1-72和图1-73所示。

（2）选择"到达日期"，如图1-74所示。

注意　到达日期即为报验日期。

（3）在"经营地涉税事项反馈-外出经营情况"栏次下，填写经营情况相关信息，如图1-75所示。

图 1-72 综合信息报告

图 1-73 跨区域涉税事项信息反馈

图 1-74 选择"到达日期"

(4) 在"经营地涉税事项反馈-缴纳税款情况"栏次下,填写税费缴纳相关信息,如图 1-76 所示。

(5) 页面信息填写完整后,单击"保存"按钮,如图 1-77 所示。

图 1-75　填写经营情况相关信息

图 1-76　填写税费缴纳相关信息

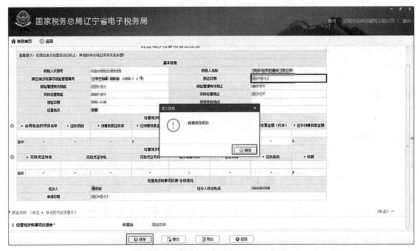

图 1-77　信息填写完毕并保存

注意 当前日期若超过了跨区域涉税事项报告的有效期止,是无法自行进行跨区域涉税事项反馈的,此时纳税人可以选择跨区域涉税事项延期,延长期限后,再进行其他操作。

(六)法律责任

(1)纳税人不办理税务登记的,税务机关应当自发现之日起3日内责令其限期改正,可以处2 000元以下的罚款;情节严重的,处2 000元以上10 000元以下的罚款。逾期不改正的,经税务机关提请,由工商行政管理机关吊销其营业执照。

(2)纳税人通过提供虚假的证明资料等手段骗取税务登记证的,处2 000元以下的罚款;情节严重的,处2 000元以上10 000元以下的罚款。纳税人涉嫌其他违法行为的,按有关法律、行政法规的规定处理。

(3)扣缴义务人未按照规定办理扣缴税款登记的,税务机关应当自发现之日起3日内责令其限期改正,并可处以1 000元以下的罚款。

(4)纳税人、扣缴义务人违反规定,拒不接受税务机关处理的,税务机关可以收缴其发票或者停止向其发售发票。

(5)税务人员徇私舞弊或者玩忽职守,违反规定为纳税人办理税务登记相关手续,或者滥用职权,故意刁难纳税人、扣缴义务人的,调离工作岗位,并依法给予行政处分。

诚信纳税 纳税人、扣缴义务人必须按照规定及时办理税务登记,税务机关工作人员需积极配合其完成登记工作,任何违反法律、法规以及规章制度的行为将承担相应的责任,纳税人、税务机关及其工作人员需建立法律意识,共同维护市场经济有效运行。

二、纳税申报时的信息采集

纳税申报是指纳税人按照税法规定定期或按次就计算缴纳税款的有关事项向税务机关提出的书面报告,是税收征收管理的一项重要制度。

纳税人必须依照法律、行政法规规定或者税务机关依照法律、行政法规的规定确定的申报期限、申报内容如实办理纳税申报,报送纳税申报表、财务会计报表以及税务机关根据实际需要要求纳税人报送的其他纳税资料。应根据不同情况相应报送下列资料。

(1)财务会计报表及说明材料。

(2)与纳税有关的合同、协议书及凭证。

(3)税控装置的电子报税资料。

(4)跨区域涉税事项报告表和异地完税凭证。

(5)境内或者境外公证机构出具的有关证明文件。

(6)税务机关规定应当报送的其他有关证件、资料。

扣缴义务人必须依照法律、行政法规的规定或者税务机关依照法律、行政法规的规定确定的申报期限、申报内容如实报送代扣代缴、代收代缴税款报告表以及税务机关根据实际需要要求扣缴义务人报送的其他有关资料。具体包括税种、税目,应纳税项目或者应代扣代缴、代收代缴税款项目,计税依据,扣除项目及标准,适用税率或者单位税额,应退税项目及税额,应减免税项目及税额,应纳税额或者应代扣代缴、代收代缴税额,税款所属期限、延期缴纳税款、欠税、滞纳金等。

【例 1-11】 甲公司需要进行财产和行为税合并纳税申报,如何在电子税务局进行操作?
(以国家税务总局辽宁省电子税务局为例)

解: 操作步骤如下。

(1) 选择常用的方式,登录辽宁省电子税务局,如图 1-78 所示。

图 1-78　登录页面

(2) 单击"我要办税"→"税费申报及缴纳"→"综合申报"→"财产和行为税合并纳税申报"
按钮或在搜索栏输入关键字,进行模糊查询,如图 1-79 和图 1-80 所示。

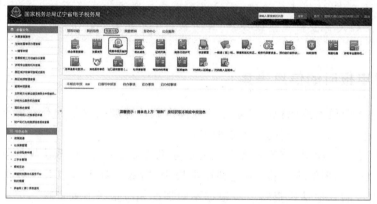

图 1-79　税费申报及缴纳

图 1-80　财产和行为税合并纳税申报

（3）单击"财产和行为税合并纳税申报"按钮后进入"财产和行为税合并纳税申报"页面,对页面标注 ＊ 的区域进行填写,同时勾选需要进行申报的税种,并单击"选择未申报税源"按钮（图 1-81）,弹出"税源选择"对话框,对于需要申报的税源信息进行勾选（图 1-82）,然后单击左上角"下一步"按钮,进入申报页面（图 1-83）。

图 1-81　选择未申报税源

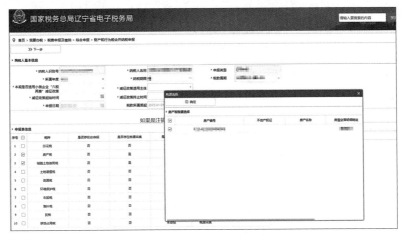

图 1-82　勾选需要申报的税源信息

图 1-83　申报页面

（4）单击位于左上角的"表单列表"按钮，单击出现下拉框，其中包括申报表的主表和附表（图1-84），单击表单进行跳转填写信息（图1-85）。

图1-84　表单列表

图1-85　填写信息

（5）将表格内容全部填写完毕，单击"保存"按钮（图1-86），保存成功后，单击"检查"按钮（图1-87），若出现检查不通过的错误提示，则需对应右侧菜单栏"检测校验"出现的标红提示，查找错误并进行修改。检查通过后，单击"申报"按钮，申报成功（图1-88）。

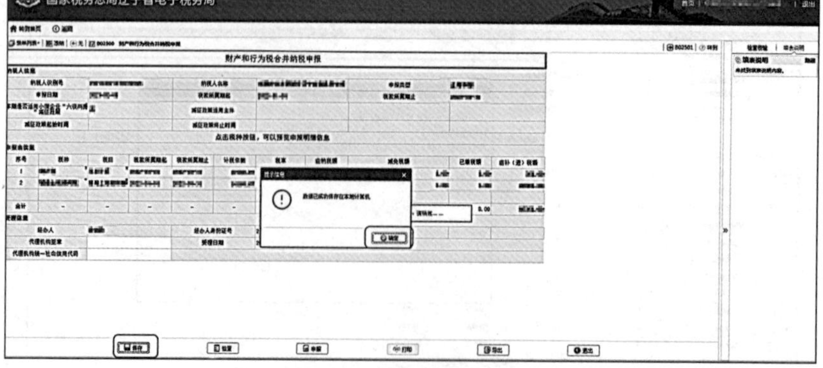

图1-86　填写完毕并保存

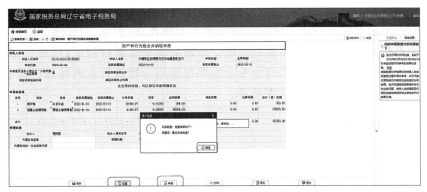

图 1-87　检查和申报页面

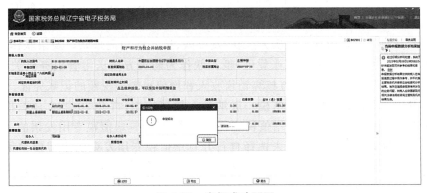

图 1-88　申报成功页面

> **诚信纳税**　纳税人应按规定及时进行纳税申报、缴纳税款,只有履行纳税义务,才能在合法、合规的经营范围内长远发展,守法经营、诚信纳税不仅能够提高企业声誉和形象,增强合作伙伴和客户的信任,还能够获得政府提供的各种税收优惠政策、补贴以及其他形式的支持,实现双赢,更好地为我国的发展贡献力量。

任务四　发票与增值税防伪税控系统管理

一、发票的种类

发票可以从多种角度进行分类,每种发票都有特定的使用范围。

(一) 按适用发票管理办法分类

根据《中华人民共和国发票管理办法》的规定,国务院税务主管部门可以根据有关行业特殊的经营方式和业务需求,会同国务院有关主管部门制定该行业的发票管理办法。由此相对应的发票可以分为适用特殊行业发票管理办法的行业专业发票和常规发票。

行业专业发票是国家税务总局会同行业主管部门依据相应行业特殊的经营方式和业务需

链接:一分钟
教你开具数电票

求制定适合行业特点的发票,这类发票有的套印全国统一的发票监制章,有的不套印全国统一的发票监制章。目前常见的行业专业发票有金融企业的存贷、汇兑、转账凭证;公路、铁路和水上运输企业的客运发票;航空运输企业提供航空运输的电子客票行程单;收费公路通行费增值税电子普通发票等。必须注意的是,行业专业发票仅适用于特殊行业的特殊经营业务,对于特殊行业的常规经营业务,仍应使用常规发票。

(二)按增值税抵扣凭证分类

按照增值税抵扣凭证分类,增值税发票可分为增值税专用发票和增值税普通发票两类。

1.增值税专用发票

增值税专用发票是增值税一般纳税人销售货物、劳务、服务、无形资产和不动产开具的发票,是购买方支付增值税额并可按照增值税有关规定据以抵扣增值税进项税额的凭证。增值税专用发票分为纸质发票和电子发票。

增值税纸质专用发票的基本联次为三联:发票联、抵扣联和记账联。发票联作为购买方核算采购成本和增值税进项税额的记账凭证;抵扣联作为购买方报送主管税务机关认证确认和留存备查的凭证;记账联作为销售方核算销售收入和增值税销项税额的记账凭证。

增值税专用发票通常只限于增值税一般纳税人领用使用,自2020年2月1日起,增值税小规模纳税人(其他个人除外)发生增值税应税行为,需要开具增值税专用发票的,可以自愿使用增值税发票管理系统自行开具。未选择自行开具增值税专用发票的小规模纳税人,可以向税务机关申请为其代开增值税专用发票;选择自行开具增值税专用发票的小规模纳税人,税务机关不再为其代开增值税专用发票。

然而,并不是所有的一般纳税人都可以领用增值税专用发票。不符合增值税专用发票有关规定的,不得领用增值税专用发票。

一般纳税人有下列情形之一的,不得领用开具增值税专用发票。

(1)会计核算不健全,不能向税务机关准确提供增值税销项税额、进项税额、应纳税额数据及其他有关增值税税务资料的。其他有关增值税税务资料的内容,由省、自治区、直辖市和计划单列市税务局确定。

(2)有《中华人民共和国税收征收管理法》规定的税收违法行为,拒不接受税务机关处理的。

(3)有下列行为之一,经税务机关责令限期改正而仍未改正的:虚开增值税专用发票;私自印制增值税专用发票;向税务机关以外的单位和个人买取增值税专用发票;借用他人增值税专用发票;未按规定要求开具增值税专用发票;未按规定保管增值税专用发票和专用设备;未按规定申请办理防伪税控系统变更发行;未按规定接受税务机关检查。

2.增值税普通发票

增值税普通发票是相对于增值税专用发票而言的,是增值税小规模纳税人销售货物、劳务、服务、无形资产和不动产开具的发票(小规模纳税人如有需要,也可以开具增值税专用发票),一般纳税人在销售货物或者提供应税劳务而不能开具增值税专用发票时,也可以使用增值税普通发票。

增值税普通发票种类很多,格式、规格和联次不尽一致。增值税普通发票的基本联次包括存根联、发票联、记账联。存根联由收款方或开票方留存备查;发票联由付款方或受票方作为付款原始凭证;记账联由收款方或开票方作为记账原始凭证。

目前,常用增值税普通发票主要有增值税纸质普通发票、机动车销售统一发票、增值税电子普通发票、收费公路通行费增值税电子普通发票、增值税普通发票(卷式)、增值税普通发票(折叠式)、门票、过路(过桥)费发票、定额发票、二手车销售统一发票和印有本单位名称的增值税普通发票等。

除机动车销售统一发票、农产品销售发票、通行费发票、收费公路通行费增值税电子普通发票,以及国内旅客运输服务的增值税电子普通发票、航空运输电子客票行程单、铁路车票和公路、水路等其他客票外,增值税普通发票不能作为抵扣增值税进项税额的凭证。

二、我国发票管理办法

在全国范围内统一式样的发票,由国家税务总局确定。在省、自治区、直辖市范围内统一式样的发票,由省、自治区、直辖市税务局确定。

电子发票与纸质发票的法律效力相同,任何单位和个人不得拒收。税务机关建设电子发票服务平台,为用票单位和个人提供数字化等形态电子发票开具、交付、查验等服务。

税务机关应当按照法律、行政法规的规定,建立健全发票数据安全管理制度,保障发票数据安全。单位和个人按照国家税务总局有关规定开展发票数据处理活动,依法承担发票数据安全保护义务,不得超过规定的数量存储发票数据,不得违反规定使用、非法出售或非法向他人提供发票数据。

纸质发票的基本联次包括存根联、发票联、记账联。存根联由收款方或开票方留存备查;发票联由付款方或受票方作为付款原始凭证;记账联由收款方或开票方作为记账原始凭证。省级以上税务机关可根据纸质发票管理情况以及纳税人经营业务需要,增减除发票联以外的其他联次,并确定其用途。

发票的基本内容包括发票的名称、发票代码和号码、联次及用途、客户名称、开户银行及账号、商品名称或经营项目、计量单位、数量、单价、大小写金额、税率(征收率)、税额、开票人、开票日期、开票单位(个人)名称(章)等。省级以上税务机关可根据经济活动以及发票管理需要,确定发票的具体内容。

1. 发票的印制

(1)增值税专用发票由国务院税务主管部门确定的企业印制;其他发票,按照国务院税务主管部门的规定,由省、自治区、直辖市税务机关确定的企业印制。禁止私自印制、伪造、变造发票。税务机关根据政府采购合同和发票防伪用品管理要求对印制发票企业实施监督管理。

(2)印制发票的企业应当具备下列条件。

① 取得印刷经营许可证和营业执照。

② 设备、技术水平能够满足印制发票的需要。

③ 有健全的财务制度和严格的质量监督、安全管理、保密制度。

税务机关应当按照政府采购有关规定确定印制发票的企业。

(3)印制发票应当使用国务院税务主管部门确定的全国统一的发票防伪专用品。禁止非法制造发票防伪专用品。

纸质发票防伪专用品应当按照规定专库保管,不得丢失。次品、废品应当在税务机关监督下集中销毁。

全国统一的纸质发票防伪措施由国家税务总局确定,省、自治区、直辖市税务局可以根据需要增加本地区的纸质发票防伪措施,并向国家税务总局备案。

(4)发票应当套印全国统一发票监制章。全国统一发票监制章的式样和发票版面印刷的要求,由国务院税务主管部门规定。发票监制章由省、自治区、直辖市税务机关制作。禁止伪造发票监制章。全国统一发票监制章是税务机关管理发票的法定标志,其形状、规格、内容、印色由国家税务总局规定。

发票实行不定期换版制度。全国范围内发票换版由国家税务总局确定;省、自治区、直辖市范围内发票换版由省税务局确定。发票换版时,应当进行公告。

(5)印制发票的企业按照税务机关的统一规定,建立发票印制管理制度和保管措施。

发票监制章和发票防伪专用品的使用和管理实行专人负责制度。

(6)印制发票的企业必须按照税务机关确定的式样和数量印制发票。监制发票的税务机关根据需要下达发票印制通知书,印制企业必须按照要求印制。发票印制通知书应当载明印制发票企业名称、用票单位名称、发票名称、发票代码、种类、联次、规格、印色、印制数量、起止号码、交货时间、地点等内容。印制发票企业印制完毕的成品应当按照规定验收后专库保管,不得丢失。废品应当及时销毁。

(7)发票应当使用中文印制。民族自治地方的发票,可以加印当地一种通用的民族文字。有实际需要的,也可以同时使用中外两种文字印制。

(8)各省、自治区、直辖市内的单位和个人使用的发票,除增值税专用发票外,应当在本省、自治区、直辖市内印制;确有必要到外省、自治区、直辖市印制的,应当由省、自治区、直辖市税务机关商印制地省、自治区、直辖市税务机关同意后确定印制发票的企业。

禁止在境外印制发票。

2. 发票的领用

(1)需要领用发票的单位和个人,应当持设立登记证件或者税务登记证件,以及经办人身份证明,向主管税务机关办理发票领用手续。领用纸质发票的,还应当提供按照国务院税务主管部门规定式样制作的发票专用章的印模。主管税务机关根据领用单位和个人的经营范围、规模和风险等级,在5个工作日内确认领用发票的种类、数量以及领用方式。其中,①经办人身份证明是指经办人的居民身份证、护照或者其他能证明经办人身份的证件。②发票专用章是指领用发票单位和个人在其开具纸质发票时加盖的有其名称、统一社会信用代码或者纳税人识别号、发票专用章字样的印章。③领用方式是指批量供应、交旧领新、验旧领新、额度确定等方式。④发票使用情况是指发票领用存情况及相关开票数据。

税务机关根据单位和个人的税收风险程度、纳税信用级别、实际经营情况确定或调整其领用发票的种类、数量、额度以及领用方式。

单位和个人领用发票时,应当按照税务机关的规定报告发票使用情况,税务机关应当按照规定进行查验。税务机关对领用纸质发票单位和个人提供的发票专用章的印模应当留存备查。

(2)需要临时使用发票的单位和个人,可以凭购销商品、提供或者接受服务以及从事其他经营活动的书面证明、经办人身份证明,直接向经营地税务机关申请代开发票。依照税收法律、行政法规规定应当缴纳税款的,税务机关应当先征收税款,再开具发票。税务机关根据发票管理的需要,可以按照国务院税务主管部门的规定委托其他单位代开发票。其中,书面证明是指有关业务合同、协议或者税务机关认可的其他资料。

禁止非法代开发票。税务机关应当与受托代开发票的单位签订协议,明确代开发票的种类、对象、内容和相关责任等内容。

（3）临时到本省、自治区、直辖市以外从事经营活动的单位或者个人，应当凭所在地税务机关的证明，向经营地税务机关领用经营地的发票。

临时在本省、自治区、直辖市以内跨市、县从事经营活动领用发票的办法，由省、自治区、直辖市税务机关规定。

【例 1-12】　甲公司需要领用发票，如何使用手机 App 进行操作？

解：操作步骤如下。

（1）用户完成登录后，点击"办税"→"发票使用"→"发票领用"功能模块，如图 1-89 所示。

（2）进入"发票领用"功能页面，选择和录入购票信息、申领信息后，点击"下一步"按钮，如图 1-90 所示。

图 1-89　发票领用

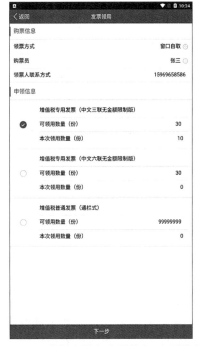

图 1-90　选择和录入购票信息、申领信息

（3）跳转查看生成的发票单信息，确认无误后，点击"保存提交"按钮提交登记，并弹出"提交成功，是否上传附列资料？"提示框，点击"是"按钮，可跳转上传附列资料，如图 1-91 所示。

3. 发票的开具和保管

（1）销售商品、提供服务以及从事其他经营活动的单位和个人，对外发生经营业务收取款项，收款方应当向付款方开具发票；特殊情况下，由付款方向收款方开具发票。

其中，特殊情况下，由付款方向收款方开具发票，是指下列情况。

① 收购单位和扣缴义务人支付个人款项时。

② 国家税务总局认为其他需要由付款方向收款方开具发票的。

向消费者个人零售小额商品或者提供零星服务的，是否可免予逐笔开具发票，由省税务局确定。

填开发票的单位和个人必须在发生经营业务确认营业收入时开具发票。未发生经营业务

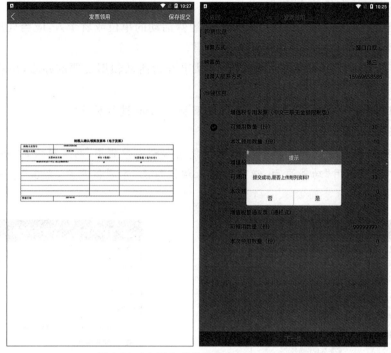

图 1-91　查看生成的发票单信息并提交

一律不准开具发票。

（2）所有单位和从事生产、经营活动的个人在购买商品、接受服务以及从事其他经营活动支付款项，应当向收款方取得发票。取得发票时，不得要求变更品名和金额（包括不得变更涉及金额计算的单价和数量）。

开具纸质发票后，如发生销售退回、开票有误、应税服务中止等情形，需要作废发票的，应当收回原发票全部联次并注明"作废"字样后作废发票。

开具纸质发票后，如发生销售退回、开票有误、应税服务中止、销售折让等情形，需要开具红字发票的，应当收回原发票全部联次并注明"红冲"字样后开具红字发票。无法收回原发票全部联次的，应当取得对方有效证明后开具红字发票。

开具电子发票后，如发生销售退回、开票有误、应税服务中止、销售折让等情形的，应当按照规定开具红字发票。

（3）不符合规定的发票，不得作为财务报销凭证，任何单位和个人有权拒收。

（4）开具发票应当按照规定的时限、顺序、栏目，填写项目齐全，内容真实，全部联次一次打印，内容完全一致，并在发票联和抵扣联加盖发票专用章。

任何单位和个人不得有下列虚开发票行为。

① 为他人、为自己开具与实际经营业务情况不符的发票。

② 让他人为自己开具与实际经营业务情况不符的发票。

③ 介绍他人开具与实际经营业务情况不符的发票。

其中，与实际经营业务情况不符是指具有下列行为之一的。

① 未购销商品、未提供或者接受服务、未从事其他经营活动，而开具或取得发票。

② 有购销商品、提供或者接受服务、从事其他经营活动，但开具或取得的发票载明的购买

方、销售方、商品名称或经营项目、金额等与实际情况不符。

开具发票应当使用中文。民族自治地方可以同时使用当地通用的一种民族文字。

（5）安装税控装置的单位和个人，应当按照规定使用税控装置开具发票，并按期向主管税务机关报送开具发票的数据。

使用非税控电子器具开具发票的，应当将非税控电子器具使用的软件程序说明资料报主管税务机关备案，并按照规定保存、报送开具发票的数据。

单位和个人开发电子发票信息系统自用或者为他人提供电子发票服务的，应当遵守国务院税务主管部门的规定。

单位和个人向委托人提供发票领用、开具等服务，应当接受税务机关监管，所存储发票数据的最大数量应当符合税务机关的规定。

开发电子发票信息系统为他人提供发票数据查询、下载、存储、使用等涉税服务的，应当符合税务机关的数据标准和管理规定，并与委托人签订协议，不得超越授权范围使用发票数据。

（6）任何单位和个人应当按照发票管理规定使用发票，不得有下列行为。

① 转借、转让、介绍他人转让发票、发票监制章和发票防伪专用品。

② 知道或者应当知道是私自印制、伪造、变造、非法取得或者废止的发票而受让、开具、存放、携带、邮寄、运输。

③ 拆本使用发票。

④ 扩大发票使用范围。

⑤ 以其他凭证代替发票使用。

⑥ 窃取、截留、篡改、出售、泄露发票数据。

税务机关应当提供查询发票真伪的便捷渠道。

（7）除国务院税务主管部门规定的特殊情形外，纸质发票限于领用单位和个人在本省、自治区、直辖市内开具。

省、自治区、直辖市税务机关可以规定跨市、县开具纸质发票的办法。

（8）除国务院税务主管部门规定的特殊情形外，任何单位和个人不得跨规定的使用区域携带、邮寄、运输空白发票。其中，使用区域是指国家税务总局和省税务局规定的区域。

禁止携带、邮寄或者运输空白发票出入境。

（9）开具发票的单位和个人应当建立发票使用登记制度，配合税务机关进行身份验证，并定期向主管税务机关报告发票使用情况。其中，身份验证是指单位和个人在领用、开具、代开发票时，其经办人应当实名办税。

（10）开具发票的单位和个人应当在办理变更或者注销税务登记的同时，办理发票的变更、缴销手续。

（11）开具发票的单位和个人应当按照国家有关规定存放和保管发票，不得擅自损毁。已经开具的发票存根联，应当保存5年。发生发票丢失情形时，应当于发现丢失当日书面报告税务机关。

4. 发票的检查

（1）税务机关在发票管理中有权进行下列检查。

① 检查印制、领用、开具、取得、保管和缴销发票的情况。

② 调出发票查验。

③ 查阅、复制与发票有关的凭证、资料。

④ 向当事各方询问与发票有关的问题和情况。

⑤ 在查处发票案件时,对与案件有关的情况和资料,可以记录、录音、录像、照相和复制。

(2) 印制、使用发票的单位和个人,必须接受税务机关的依法检查,如实反映情况,提供有关资料,不得拒绝、隐瞒。

税务人员进行检查时,应当出示税务检查证。

(3) 税务机关需要将已开具的发票调出查验时,应当向被查验的单位和个人开具发票换票证。发票换票证与所调出查验的发票有同等的效力。发票换票证仅限于在本县(市)范围内使用。被调出查验发票的单位和个人不得拒绝接受。需要调出外县(市)的发票查验时,应当提请该县(市)税务机关调取发票。

税务机关需要将空白发票调出查验时,应当开具收据;经查无问题的,应当及时返还。用票单位和个人有权申请税务机关对发票的真伪进行鉴别。收到申请的税务机关应当受理并负责鉴别发票的真伪;鉴别有困难的,可以提请发票监制税务机关协助鉴别。

在伪造、变造现场以及买卖地、存放地查获的发票,由当地税务机关鉴别。

(4) 单位和个人从中国境外取得的与纳税有关的发票或者凭证,税务机关在纳税审查时有疑义的,可以要求其提供境外公证机构或者注册会计师的确认证明,经税务机关审核认可后,方可作为记账核算的凭证。

诚信纳税 企业加强发票管理,有利于企业提升内外部协同工作效率,规范财务信息的质量,及时纠正税收方面的违规行为,保障企业的合法经营。

5. 网络发票管理办法

为加强普通发票管理,保障国家税收收入,规范网络发票的开具和使用,根据《中华人民共和国发票管理办法》规定,制定《网络发票管理办法》,具体规定如下。

(1) 税务机关应加强网络发票的管理,确保网络发票的安全、唯一、便利,并提供便捷的网络发票信息查询渠道;应通过应用网络发票数据分析,提高信息管税水平。

(2) 税务机关应根据开具发票的单位和个人的经营情况,核定其在线开具网络发票的种类、行业类别、开票限额等内容。

开具发票的单位和个人需要变更网络发票核定内容的,可向税务机关提出书面申请,经税务机关确认,予以变更。

(3) 开具发票的单位和个人开具网络发票应登录网络发票管理系统,如实完整填写发票的相关内容及数据,确认保存后打印发票。

开具发票的单位和个人在线开具的网络发票,经系统自动保存数据后即完成开票信息的确认、查验。

(4) 单位和个人取得网络发票时,应及时查询验证网络发票信息的真实性、完整性,对不符合规定的发票,不得作为财务报销凭证,任何单位和个人有权拒收。

(5) 开具发票的单位和个人需要开具红字发票的,必须收回原网络发票全部联次或取得受票方出具的有效证明,通过网络发票管理系统开具金额为负数的红字网络发票。

(6) 开具发票的单位和个人作废开具的网络发票,应收回原网络发票全部联次,注明"作废",并在网络发票管理系统中进行发票作废处理。

(7) 开具发票的单位和个人应当在办理变更或者注销税务登记的同时,办理网络发票管理系统的用户变更、注销手续并缴销空白发票。

(8) 税务机关根据发票管理的需要,可以按照国家税务总局的规定委托其他单位通过网络发票管理系统代开网络发票。

税务机关应当与受托代开发票的单位签订协议,明确代开网络发票的种类、对象、内容和相关责任等内容。

(9) 开具发票的单位和个人必须如实在线开具网络发票,不得利用网络发票进行转借、转让、虚开发票及其他违法活动。

(10) 开具发票的单位和个人在网络出现故障,无法在线开具发票时,可离线开具发票。开具发票后,不得改动开票信息,并于 48 小时内上传开票信息。

6. 罚则

(1) 税务机关对违反发票管理法规的行为依法进行处罚的,由县级以上税务机关决定;罚款额在 2 000 元以下的,可由税务所决定。

(2) 有下列情形之一的,由税务机关责令改正,可以处 10 000 元以下的罚款;有违法所得的予以没收。

① 应当开具而未开具发票,或者未按照规定的时限、顺序、栏目,全部联次一次性开具发票,或者未加盖发票专用章的。

② 使用税控装置开具发票,未按期向主管税务机关报送开具发票的数据的。

③ 使用非税控电子器具开具发票,未将非税控电子器具使用的软件程序说明资料报主管税务机关备案,或者未按照规定保存、报送开具发票的数据的。

④ 拆本使用发票的。

⑤ 扩大发票使用范围的。

⑥ 以其他凭证代替发票使用的(具体包括:a. 应当开具发票而未开具发票,以其他凭证代替发票使用;b. 应当取得发票而未取得发票,以发票外的其他凭证或者自制凭证用于抵扣税款、出口退税、税前扣除和财务报销;c. 取得不符合规定的发票,用于抵扣税款、出口退税、税前扣除和财务报销)。

⑦ 跨规定区域开具发票的。

⑧ 未按照规定缴销发票的。

⑨ 未按照规定存放和保管发票的。

(3) 跨规定的使用区域携带、邮寄、运输空白发票,以及携带、邮寄或者运输空白发票出入境的,由税务机关责令改正,可以处 10 000 元以下的罚款;情节严重的,处 10 000 元以上 30 000 元以下的罚款;有违法所得的予以没收。

丢失发票或者擅自损毁发票的,比照本规定处罚。

(4) 违反规定虚开发票的,由税务机关没收违法所得;虚开金额在 10 000 元以下的,可以并处 50 000 元以下的罚款;虚开金额超过 10 000 元的,并处 50 000 元以上 500 000 元以下的罚款;构成犯罪的,依法追究刑事责任。

非法代开发票的,比照本规定处罚。

(5) 私自印制、伪造、变造发票,非法制造发票防伪专用品,伪造发票监制章,窃取、截留、篡改、出售、泄露发票数据的,由税务机关没收违法所得,没收、销毁作案工具和非法物品,并处 10 000 元以上 50 000 元以下的罚款;情节严重的,并处 50 000 元以上 500 000 元以下的罚款;构成犯罪的,依法追究刑事责任。

前款规定的处罚,《中华人民共和国税收征收管理法》有规定的,依照其规定执行。

(6)有下列情形之一的,由税务机关处 10 000 元以上 50 000 元以下的罚款;情节严重的,处 50 000 元以上 500 000 元以下的罚款;有违法所得的予以没收。

① 转借、转让、介绍他人转让发票、发票监制章和发票防伪专用品的。

② 知道或者应当知道是私自印制、伪造、变造、非法取得或者废止的发票而受让、开具、存放、携带、邮寄、运输的。

(7)对违反发票管理规定 2 次以上或者情节严重的单位和个人,税务机关应当在办税场所或者广播、电视、报纸、期刊、网络等新闻媒体上公告纳税人发票违法的情况。公告内容包括纳税人名称、统一社会信用代码或者纳税人识别号、经营地点、违反发票管理法规的具体情况。

(8)违反发票管理法规,导致其他单位或者个人未缴、少缴或者骗取税款的,由税务机关没收违法所得,可以并处未缴、少缴或者骗取的税款 1 倍以下的罚款。

(9)当事人对税务机关的处罚决定不服的,可以依法申请行政复议或者向人民法院提起行政诉讼。

(10)税务人员利用职权之便,故意刁难印制、使用发票的单位和个人,或者有违反发票管理法规行为的,依照国家有关规定给予处分;构成犯罪的,依法追究刑事责任。

诚信纳税 纳税人及税务人员应做到敬畏法律,遵纪守规,深刻意识到没有零成本的违法行为,任何不合法合规的行为终将受到惩罚,积极履行其义务,保证经济秩序有效运行。

三、增值税防伪税控系统管理办法

为保证增值税防伪税控系统(以下简称防伪税控系统)的顺利推行和正常运转,防范利用增值税专用发票(以下简称专用发票)偷骗税的不法行为,进一步加强增值税征收管理,2018 年 6 月 15 日国家税务总局官网发布《增值税防伪税控系统管理办法》,具体内容如下。

1. 认定登记

(1)主管税务机关根据防伪税控系统推行计划确定纳入防伪税控系统管理的企业(以下简称防伪税控企业),下达增值税防伪税控系统使用通知书(图 1-92)。

(2)防伪税控企业认定登记事项发生变化,应到主管税务机关办理变更认定登记手续。

(3)防伪税控企业发生下列情形,应到主管税务机关办理注销认定登记,同时由主管税务机关收缴金税卡和 IC 卡。

① 依法注销税务登记,终止纳税义务。

② 被取消一般纳税人资格。

③ 减少分开票机。

2. 系统发行

(1)防伪税控系统发行实行分级管理。总局负责发行省级税务发行子系统以及省局直属征收分局认证报税子系统、企业发行子系统和发票发售子

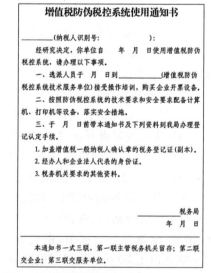

图 1-92 增值税防伪税控系统使用通知书

系统。

省级税务机关负责发行地级税务发行子系统以及地级直属征收分局认证报税子系统、企业发行子系统和发票发售子系统。

地级税务机关负责发行县级认证报税子系统、企业发行子系统和发票发售子系统。

地级税务机关经省级税务机关批准,可发行县级所属征收单位认证报税子系统、企业发行子系统和发票发售子系统。

(2)防伪税控企业办理认定登记后,由主管税务机关负责向其发行开票子系统。

(3)防伪税控企业发生第(1)项情形的,应同时办理变更发行。

3.发放发售

(1)防伪税控系统专用设备(以下简称专用设备)包括金税卡、IC卡、读卡器、延伸板及相关软件等。防伪税控系统税务专用设备由总局统一配备并逐级发放;企业专用设备由防伪税控系统技术服务单位(以下简称服务单位)实施发售管理。

(2)主管税务机关需要增配专用设备的,应填制防伪税控系统专用设备需求表(表1-6)报上级税务机关核发。

表 1-6 防伪税控系统专用设备需求表

填报单位:　　　　　　　　　　　填表日期:

设备名称	单位	数量	使用单位
需求原因说明:			
			填报单位签章

填报人:　　　　　　　　电话:

(3)地级以上税务机关接收和发放专用设备,应严格交接制度,分别填写防伪税控系统专用设备入库单(表1-7)和防伪税控系统专用设备出库单(表1-8),及时登记防伪税控系统(专用设备)收、发、存台账(表1-9)。

各级税务机关对库存专用设备实行按月盘存制度,登记增值税防伪税控专用设备盘存表(表1-10)。

(4)服务单位凭主管税务机关下达的增值税防伪税控系统使用通知书向防伪税控企业发售专用设备。

(5)服务单位应参照第(3)项的规定,加强企业专业设备的仓储发售管理,认真记录收发存情况。对库存专用设备实行按月盘点制度,登记增值税防伪税控专用设备盘存表(表1-10),并报同级税务机关备案。

表 1-7　防伪税控系统专用设备入库单

设备名称	单位	数量	编　号		备注
			起始号码	终止号码	

交货人：　　　　　　　验收人：　　　　　　　入库日期：　　年　月　日

表 1-8　防伪税控系统专用设备出库单

接收单位：　　　　　　　发放日期：　　年　月　日

设备名称	单位	数量	编　号		备注
			起始号码	终止号码	

提货人：　　　　　　　库管员：

表 1-9　防伪税控系统（专用设备）收、发、存台账

时　间			摘要	接　收			发　出			结　存		
年	月	日		数量	起号	止号	数量	起号	止号	数量	起号	止号

表 1-10　增值税防伪税控专用设备盘存表

盘存日期：　　年　月　日

设备名称	计量单位	账面数量	实际数量	实际比账面增（＋）减（－）	备注

盘点人（单位签章）：　　　　　　　监盘人（签章）：

4. 购票开票

（1）防伪税控企业凭税控 IC 卡向主管税务机关领购计算机版专用发票。主管税务机关核对企业出示的相关资料与税控 IC 卡记录内容，确认无误后，按照专用发票发售管理规定，通过企业发票发售子系统发售专用发票，并将专用发票的起始号码及发售时间登录在税控 IC 卡内。

（2）新纳入防伪税控系统的企业，在系统启用后十日内将启用前尚未使用完的专用发票（包括误填作废的专用发票）报主管税务机关缴销。

（3）防伪税控企业必须使用防伪税控系统开具专用发票，不得以其他方式开具手工版或计算机版专用发票。

（4）防伪税控企业应按照《增值税专用发票使用规定》开具专用发票，打印压线或错格的，应作废重开。

5. 认证报税

（1）防伪税控企业应在纳税申报期限内将抄有申报所属月份纳税信息的 IC 卡和备份数据软盘向主管税务机关报税。

（2）防伪税控企业和未纳入防伪税控系统管理的企业取得的防伪税控系统开具的专用发票抵扣联，应根据增值税有关扣税规定核算当期进项税额，如期申报纳税，属于扣税范围的，应于纳税申报时或纳税申报前报主管税务机关认证。

（3）主管税务机关应在企业申报月份内完成企业申报所属月份的防伪税控专用发票抵扣联的认证。对因褶皱、揉搓等无法认证的加盖"无法认证"戳记，认证不符的加盖"认证不符"戳记，属于利用丢失被盗金税卡开具的加盖"丢失被盗"戳记。认证完毕，应将认证相符和无法认证的专用发票抵扣联退还企业，并同时向企业下达认证结果通知书（图1-93）。对认证不符和确认为丢失、被盗金税卡开具的专用发票应及时组织查处。

认证戳记式样由各省级税务机关统一制定。

（4）防伪税控企业应将税务机关认证相符的专用发票抵扣联连同认证结果通知书和认证清单一起按月装订成册备查。

认证结果通知书

_____（单位名称）：

你单位于 月 日报送的防伪税控系统开具的专用发票抵扣联共 份。经过认证，认证相符的专用发票 份，税额 ；无法认证的 份，税额 ；认证不符的 份，税额 ；属于丢失被盗金税卡开具的 份，税额 。现将认证相符和无法认证的专用发票抵扣联退还给你单位，请查收。认证不符和利用丢失被盗金税卡开具的发票抵扣联暂留我局检查。

请将认证相符专用发票抵扣联与本通知书一起装订成册，作为纳税检查的备查资料。对无法认证、认证不符和利用丢失、被盗金税卡开具的专用发票，如已申报扣税的，应调减本月进项税额。

认证详细情况请见本通知所附清单。

_____税务局（盖章）
年 月 日

图 1-93　认证结果通知书

注：本通知书一式两联，第一联税务机关留存，第二联送达企业。

（5）经税务机关认证确定为"无法认证""认证不符"以及"丢失被盗"的专用发票，防伪税控企业如已申报扣税的，应调减当月进项税额。

（6）报税子系统采集的专用发票存根联数据和认证子系统采集的专用发票抵扣联数据应按规定传递到增值税计算机稽核系统。

（7）防伪税控企业金税卡需要维修或更换时，其存储的数据，必须通过磁盘保存并列印出清单。税务机关应核查金税卡内尚未申报的数据和软盘中专用发票开具的明细信息，生成专用发票存根联数据传递到增值税计算机稽核系统；企业计算机主机损坏不能抄录开票明细信息的，税务机关应对企业开具的专用发票存根联通过防伪税控认证子系统进行认证，产生专用发票存根联数据传递到增值税计算机稽核系统。

6. 技术服务

（1）防伪税控系统研制生产单位应按照总局制订的推行计划组织专用设备的生产，确保产品质量。严格保密、交接等各项制度。金税卡和 IC 卡等关键设备在出厂时要进行统一编号，标贴国家密码管理委员会办公室核发的"商密产品认证标识"。

（2）各地税务机关技术部门应做好税务机关内部防伪税控系统的技术支持和日常维护工作。

（3）系统研制生产单位应在各地建立服务单位，负责防伪税控系统的安装调试、操作培训、维护服务和企业用防伪税控系统专用设备的销售。

（4）税务机关应与当地服务单位签订协议，明确工作程序、业务规范和双方的权利义务等事项。

（5）服务单位在向防伪税控企业发售专用设备时，应和企业签订系统维护合同，按照税务机关的有关要求明确服务标准和违约责任等事项，并报当地税务机关备案。

（6）防伪税控系统使用过程中出现的技术问题，税务机关、服务单位应填制防伪税控系统故障登记表（表 1-11），分别逐级上报总局和系统研制生产单位，重大问题及时上报。

表 1-11　防伪税控系统故障登记表

出现故障的子系统名称		出现故障的单位	
故障现象		发生次数	
发现日期		填报人	
故障原因描述：			
解决办法：			
意见或建议：			
备注：			

填报单位：　　　　填表日期：　　　　联系人：　　　　电话：

7. 安全措施

（1）税务机关用金税卡和 IC 卡应由专人使用保管，使用或保管场所应有安全保障措施。发生丢失、被盗的，应立即报公安机关侦破追缴，并报上级税务机关进行系统处理。

（2）按照密码安全性的要求，总局适时统一布置更换系统密钥，部分地区由于金税卡和 IC 卡丢失被盗等原因需要更换密钥的，由上一级税务机关决定。

（3）有关防伪税控系统管理的表、账、册及税务文书等资料保存期为五年。

（4）防伪税控企业应采取有效措施保障开票设备的安全，对税控 IC 卡和专用发票应分开专柜保管。

（5）任何单位和个人未经总局批准不得擅自改动防伪税控系统软、硬件。

（6）服务单位和防伪税控企业专用设备发生丢失被盗的，应迅速报告公安机关和主管税务机关。各级税务机关按月汇总上报丢失、被盗金税卡情况表（表 1-12）。总局建立丢失被盗金税卡数据库下发各地录入认证子系统。

表 1-12　丢失、被盗金税卡情况表

企业名称	
纳税人识别号	
法人代表	
联系电话	

续表

金税卡编号	
案情经过：	

基层征收机关 （签章）	县级税务机关 （签章）	地级税务机关 （签章）	省级税务机关 （签章）

（7）税务机关或企业损坏的金税卡和 IC 卡以及在办理注销认定登记的同时由主管税务机关收缴金税卡和 IC 卡,由省级税务机关统一登记造册并集中销毁。

8. 监督检查

（1）税务机关应定期检查服务单位的金税卡和 IC 卡收发存和技术服务情况。督促服务单位严格金税卡和 IC 卡发售工作程序,落实安全措施。严格履行服务协议,不断改进服务工作。

（2）防伪税控企业逾期未报税,经催报仍不报的,主管税务机关应立即进行实地查处。

（3）防伪税控企业未按规定使用保管专用设备,发生下列情形之一的,视同未按规定使用和保管专用发票处罚。

① 因保管不善或擅自拆装专用设备造成系统不能正常运行。

② 携带系统外出开具专用发票。

（4）各级税务机关应定期检查系统发行情况,地级以上税务机关对下一级税务机关的检查按年进行,地级对县级税务机关的检查按季进行。

技能提升

本项目导入案例解析如下。

（1）张三是个人所得税的纳税义务人,甲公司是个人所得税的代扣代缴义务人。张三按照"工资薪金所得"税目缴纳个人所得税。工资在计算个人所得税时适用超额累进税率。

（2）甲公司增值税销项税额中涉及的税率形式是比例税率。

（3）甲公司需要缴纳印花税、增值税、消费税、城市维护建设税(若年终企业应纳税所得额为正数,还需缴纳企业所得税);乙公司需要缴纳印花税、车辆购置税、契税、汽车使用过程中需要缴纳车船税。

（4）甲公司需要缴纳耕地占用税、契税、印花税,自批准征用之日起满一年时开始缴纳城镇土地使用税。

素养课堂

国家税务总局曝光 5 起虚开发票违法典型案例

为了维护正常的经济税收秩序,在国家税务总局统一部署下,各地税务部门联合公安等部门重拳出击,在开展打击虚开骗税违法犯罪行为专项行动中,破获多起虚开发票案件,净化了税收环境,对不法分子形成有力震慑。

（1）深圳查处"护航 1 号"电子普通发票虚开案。2021 年年初,深圳税务部门依托智慧稽查系统发现一起涉嫌虚开电子普通发票案件线索,警税联合成立专案组开展查处,运用信息化战法快速锁定异地虚开窝点。2021年2月,深圳警税同时在深圳和广东陆丰、普宁等地开展"护航1号"收网行动,成功打掉电子普通发票虚开团伙1个,抓获犯罪嫌疑人5名,摧毁犯罪窝点4个。初步查明,该犯罪团伙控制了580余家注册在深圳的空壳企业,利用电子普通发票便利属性,采取异地开票的手段,对外虚开增值税普通发票15.8万余份,涉案金额10亿多元。其中虚开电子普通发票37 734份,虚开金额2.35亿元。

(2)北京查处"8·27"增值税发票虚开案。2021年6月,北京税务稽查部门与公安部门联手,成功破获"8·27"虚开案。该团伙直接或间接控制30余家虚开企业,针对客户多为个体工商户、个人且部分人员不需要发票这一特点,将销售收入打入个人账户形成票货分离,利用大量发票富余额度,从事虚开发票犯罪活动。该团伙2013—2019年涉嫌对外虚开增值税专用发票7万余份,涉案金额109亿元;涉嫌对外虚开增值税普通发票2万余份,涉案金额3.23亿元。

(3)湖南查处"1·23"增值税发票虚开案。2021年1月,湖南娄底税务部门在日常巡查过程中,发现3家汽车销售公司存在重大虚开增值税发票嫌疑,迅速会同公安部门成立联合专案组进行立案查处。经查,以张某为首的犯罪团伙自2020年年底以来,在娄底成立22家空壳公司虚开发票,涉及发票500余份,虚开金额6亿余元。2021年1月底,联合专案成功收网,捣毁作案窝点3个,抓获嫌疑人5名。

(4)重庆查处"4·01"增值税发票虚开案。2020年4月初,重庆税务、公安部门运用大数据开展虚开风险扫描研判时,发现一虚开发票团伙线索,随即会同税务总局驻重庆特派办联合开展查处工作。2020年5月,重庆市公安局、重庆市税务局和税务总局驻重庆特派办联合,对"4·01"专案涉及的7个虚开团伙跨省虚开发票案实施统一收网行动,打掉窝点12个,抓获犯罪嫌疑人63名,查获作案工具若干。经查,该团伙采取注册若干户空壳企业的方式,对外虚开增值税专用发票和普通发票金额71.8亿元。

(5)江苏查处利用软件产品税收优惠政策虚开发票,骗取政府补贴案。2020年12月,江苏警税协同配合,成功破获某软件科技公司虚开案,抓获犯罪嫌疑人2人。经查,2019年7月以来,该公司控制人利用国家对软件产品增值税实际税负超3%部分即征即退的优惠政策,以虚高的软件产品价格向当地37家实体企业开具增值税专用发票3 518万元,同时与受票单位勾结,共同制作虚假材料骗取当地工信部门鼓励企业技术升级的财政补贴。截至案发,已有21家受票单位向政府申报政策补贴100余万元。

国家税务总局稽查局有关负责人表示,税务部门将全面贯彻落实中办、国办印发的《关于进一步深化税收征管改革的意见》,会同公安机关精准有效打击"假企业"虚开发票、"假出口"骗取退税、"假申报"骗取税费优惠等行为,对损害国家利益的税收违法犯罪个人或团伙,坚持以零容忍的态度"露头就打"。同时充分发挥税收大数据作用,实现对虚开骗税等违法犯罪行为惩处,从事后打击向事前事中精准防范转变,保障国家税收安全。

资料来源:https://www.gov.cn/xinwen/2021-05/06/content_5604843.htm.

项目一即测即评

项目一参照规范

项目二　增值税计算与申报

知识目标

1. 掌握增值税的概念、计税原理。
2. 掌握增值税纳税人的分类及管理。
3. 掌握增值税的征税范围、税目、税率。
4. 熟悉增值税税收优惠政策。
5. 掌握增值税一般计税方法、增值税应纳税额计算原理,掌握增值税进项税额不可抵扣情形,能够正确计算应纳税额。
6. 掌握简易计税方法增值税应纳税额计算原理,能够正确计算应纳税额。
7. 掌握增值税的纳税义务发生时间、纳税期限和纳税地点。
8. 熟悉增值税出口退(免)税政策。
9. 掌握正确的增值税发票开具要求。

技能目标

1. 能够正确区分一般纳税人和小规模纳税人。
2. 能够正确判定增值税征税范围及适用税率。
3. 能够正确计算一般计税方法下增值税的销项税额、进项税额、应纳税额,简易计税方法下应纳增值税税额。
4. 能够正确计算增值税免抵退税和免退税办法下的应退税额。
5. 能够正确使用增值税发票,能够合法合规接收、开具增值税发票。
6. 能够正确确定增值税纳税义务发生时间、纳税期限和纳税地点,完成增值税申报业务及税款缴纳流程。

素养目标

1. 通过学习我国增值税改革过程,了解相关税制改革、减税降费和征管改革等一系列举措,深刻理解税收服务经济社会发展的重要意义,增强制度自信。
2. 通过学习增值税税收优惠政策及税收优惠导向,深刻理解税收发挥其调节功能促进社会经济发展、实现全体人民共同富裕的意义。

3. 通过学习税务事项、纳税申报等业务网上办、线上办、掌上办，体会税收征管数字化升级、智能化改造带来的便捷高效，感受税收征管现代化建设发展新阶段。

4. 树立正确使用和开具增值税发票的法律意识，牢记虚开增值税发票是一种违法行为，增强法律、法规意识，维护国家经济利益。

5. 通过学习增值税征收管理知识，增强按时申报纳税、纳税光荣的意识。

❘ 导入案例 ········

企业名称：甲汽车集团股份有限公司。

纳税人身份：一般纳税人。

登记注册类型：股份有限公司。

甲汽车集团股份有限公司是一家位于市区的汽车生产企业，生产 A 型燃料汽车和 B 型燃料汽车及纯电动汽车；丁企业为位于县城的外贸企业，专营进出口业务。上述企业均为增值税一般纳税人。

2024 年 12 月发生业务情况如下。

（1）甲集团购入一批货物，取得增值税专用发票，注明价款为 1 400 万元，增值税进项税额为 182 万元，另支付给运输企业含税运输费 30.52 万元，取得一般纳税人开具的增值税专用发票。

（2）甲集团自行申报进口一批汽车零件，支付给国外的买价 240 万元、包装费 4 万元，支付到达我国海关前的装卸费、运输费、保险费 16 万元，支付购货佣金 6 万元，由甲集团向海关缴纳税金后（取得海关进口增值税专用缴款书），海关放行。

（3）甲集团当月上旬销售自产 A 型汽车 400 辆，取得不含税收入 4 000 万元，开具增值税专用发票，根据协议甲集团负责将该批汽车运输至指定地点后，视为交易完成。并将 10 辆 A 型汽车赠送给协作单位，2 辆 A 型汽车移送管理部门使用。

（4）丁企业当月下旬收购甲集团 A 型汽车 40 辆、B 型汽车 160 辆出口，甲集团给丁企业开具增值税专用发票注明 A 型汽车金额 400 万元、B 型汽车金额 960 万元，丁企业申报该批汽车出口的离岸价格合计 1 500 万元。

（5）甲集团将一座 2022 年 9 月购置的生产线以 460 万元不含税价格转让，并开具增值税专用发票，购买时取得增值税专用发票注明不含税价格 500 万元。

（6）甲集团由于管理不善，12 月底有 400 万元货物被盗。

（7）甲集团当月购入一辆运输车辆，既用于货物运输，也用于职工食堂采购，取得增值税专用发票注明税额 5.2 万元。

（8）甲集团销售一批旧货汽车，销售额 250 万元，另收取包装费 5 万元，未开具增值税发票。

（9）甲集团购买办公用品、计算机等，取得增值税专用发票注明进项税额 10 万元。

（10）甲集团一套门市房对外出租，本月一次性收取 6 个月含税租金 36 万元，暂未开具发票。

（11）甲集团为修建职工食堂领用上个月从一般纳税人处购进的一批钢材，成本 14 万元（含向一般纳税人支付的运输费用计入成本金额 0.558 万元），钢材购入时已按规定抵扣了进项税额。

✍ **提示** 甲汽车集团股份有限公司于 2024 年 12 月期初留抵税额 0 元，汽车销售增值税税率为 13%，进口零件的关税 6%，汽车增值税出口退税率 13%，假定相关可抵扣进项税均在当期抵扣,当期出口业务均完成报关及收汇过程。

要求:

(1)计算甲汽车集团股份有限公司 2024 年 12 月应纳的增值税税额。

(2)计算丁外贸企业出口退税金额。

思维导图 ·········

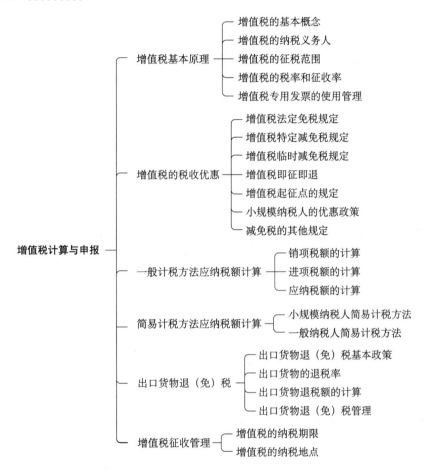

任务一　增值税基本原理

一、增值税的基本概念

1. 增值税的概念

增值税是以销售货物,提供加工修理修配劳务,销售服务、无形资产或者不动产过程中产生的增值额作为计税依据而征收的一种流转税。根据《中华人民共和国增值税暂行条例》,在中华人民共和国境内销售货物或者加工、修理修配劳务(以下简称劳务),销售服务、无形资产、不动产以及进口货物的单位和个人,为增值税的纳税人。

我国现行增值税的基本法律规范是 2017 年 11 月 19 日国务院公布的《中华人民共和国增

值税暂行条例》(国务院令第 691 号)、2016 年 3 月财政部和国家税务总局发布的《关于全面推开营业税改征增值税试点的通知》(财税〔2016〕36 号)以及 2008 年 12 月财政部和国家税务总局发布的《中华人民共和国增值税暂行条例实施细则》(财政部　国家税务总局第 50 号)。

2. 增值税的特点

(1) 普遍征收。增值税的征税范围广泛,对从事商品生产销售和劳务提供的所有单位与个人,在商品增值的各个生产流通环节向纳税人普遍征收。

(2) 实行税款抵扣制度。逐环节征税,逐环节扣税,最终消费者是全部税款的承担者。在计算纳税人应纳税款时,要扣除商品在以前生产环节已负担的税款,以避免重复征税。经营者在出售货物的同时也出售了该货物所承担的增值税税款,直到货物卖给最终消费者时,货物在以前环节已纳的税款连同本环节的税款也一并转嫁给了最终消费者。

(3) 不重复征收。增值税实行税款抵扣制度,在计算企业应纳增值税税额时,要扣除商品或劳务在以前生产经营环节负担的增值税,避免了重复征税。

(4) 价外征收。增值税实行价税分离,在计算增值税时作为计税依据的销售额不包括增值税税额,这是增值税区别于传统的以全部流转额为计税依据的税种的重要标志。

3. 增值税的类型

(1) 生产型增值税。生产型增值税是指计算增值税时,不允许扣除任何外购固定资产的价款。我国在 2009 年 1 月 1 日前实行此类增值税。

(2) 收入型增值税。收入型增值税是指计算增值税时,对外购固定资产价款只允许扣除当期计入产品价值的折旧费部分。

(3) 消费型增值税。消费型增值税是指计算增值税时,允许将当期购入的固定资产价款一次全部扣除。我国从 2009 年 1 月 1 日起开始实行消费型增值税。

消费型增值税是三种类型中最简便、最能体现增值税优越性的一种类型,凭固定资产的外购发票可以一次将其已纳税款全部扣除,便于操作和管理。

二、增值税的纳税义务人

在中华人民共和国境内销售货物或者加工、修理修配劳务,销售服务、无形资产、不动产以及进口货物的单位和个人,为增值税的纳税人。

📌注意　单位是指企业、事业单位、行政单位、军事单位、社会团体及其他单位;个人是指个体工商户和其他个人。

特殊情况下纳税人的确定如下。

(1) 单位以承包、承租、挂靠方式经营的,承包人"以发包人名义对外经营并由发包人承担相关法律责任"的,以该发包人为纳税人。否则,以承包人为纳税人。

(2) 对报关进口的货物,以进口货物的收货人或办理报关手续的单位和个人为进口货物的纳税人;对代理进口货物,以海关开具的完税凭证上的纳税人为增值税纳税人。

(3) 资管产品运营过程中发生的增值税应税行为,以"资管产品管理人"为增值税纳税人。

(4) 建筑企业与发包方签订建筑合同后,以内部授权或者三方协议等方式,授权集团内其他纳税人(以下称第三方)为发包方提供建筑服务并由第三方直接与发包方结算工程款的,由第三方缴纳增值税,与发包方签订建筑合同的建筑企业不缴纳增值税。

增值税纳税人分为小规模纳税人和一般纳税人。对增值税纳税人进行分类征收管理,主要是为了适应纳税人经营管理规模差异大、财务核算水平不一的实际情况。分类管理有利于税务机关加强重点税源管理,简化小型企业的计算缴纳程序。

(一)小规模纳税人

根据《财政部 税务总局关于统一增值税小规模纳税人标准的通知》(财税〔2018〕33 号)规定,增值税小规模纳税人标准为年应征增值税销售额 500 万元及以下。

对于年应税销售额,应注意以下几点。

(1)年应税销售额是指纳税人在连续不超过 12 个月或 4 个季度的经营期内累计应征增值税销售额,包括纳税申报销售额、稽查查补销售额、纳税评估调整销售额。

(2)销售服务、无形资产或者不动产有扣除项目的纳税人,其应税行为年应税销售额按未扣除之前的销售额计算。

(3)纳税人偶然发生的销售无形资产、转让不动产的销售额,不计入应税行为年应税销售额。

小规模纳税人实行简易征税办法。

根据《国家税务总局关于增值税发票管理等有关事项的公告》(国家税务总局公告 2019 年第 33 号),自 2020 年 2 月 1 日起,所有小规模纳税人(其他个人除外),均可以选择使用增值税发票管理系统自行开具增值税专用发票。选择自行开具增值税专用发票的小规模纳税人,税务机关不再为其代开增值税专用发票。

(二)一般纳税人

根据《增值税一般纳税人登记管理办法》规定,增值税纳税人,年应税销售额超过财政部、国家税务总局规定的小规模纳税人标准的,除按规定选择按照小规模纳税人纳税的以外,应当向主管税务机关办理一般纳税人登记。

下列纳税人不属于一般纳税人,无须办理一般纳税人登记。

(1)按照政策规定,选择按照小规模纳税人纳税的。

(2)年应税销售额超过规定标准的其他个人(自然人)。

(3)非企业性单位。

(4)不经常发生增值税应税行为的企业、单位和个体工商户。

一般纳税人自被认定的次月起(新开业纳税人自主管税务机关受理申请的当月起),按增值税法规定计算增值税税款,并且领购、使用增值税专用发票。实行登记制,除另有规定外,应当向税务机关办理登记手续。

(三)小规模纳税人与一般纳税人之间的转换

1. 小规模纳税人转为一般纳税人

(1)增值税纳税人,年应征增值税销售额超过财政部、国家税务总局规定的小规模纳税人标准的,除另有规定外,应当向主管税务机关申请一般纳税人资格认定。

(2)年应税销售额未超过规定标准的纳税人,会计核算健全,能够提供准确税务资料的,可以向主管税务机关办理一般纳税人登记。

✎ **注意** 会计核算健全,是指能够按照国家统一的会计制度规定设置账簿,根据合法、有效凭证进行核算。

2. 纳税人登记为一般纳税人后是否可转为小规模纳税人

(1) 一般纳税人符合以下条件的,在 2020 年 12 月 31 日前,可选择转登记为小规模纳税人:转登记日前连续 12 个月(以 1 个月为 1 个纳税期)或者连续 4 个季度(以 1 个季度为 1 个纳税期)累计销售额未超过 500 万元。其未抵扣的进项税额做转出处理。

(2) 除国家税务总局另有规定外,增值税纳税人登记为一般纳税人后,不得再转为小规模纳税人。

> **诚信纳税** 纳税人履行纳税义务,及时足额缴纳各项税款,这是纳税人享有国家提供公共产品和公共服务的前提和基础。国家通过税收筹集财政收入,通过预算安排将之用于财政支出,进行交通、水利等基础设施和城市公共建设,支持农村和地区协调发展,用于环境保护和生态建设,促进教育、科学、文化、卫生等社会事业发展,用于社会保障和社会福利,用于政府行政管理,进行国防建设,维护社会治安,保障国家安全,促进经济社会发展,满足人民群众日益增长的物质文化等方面的需要。

三、增值税的征税范围

(一) 增值税征税范围的一般规定

增值税的征税范围包括在境内发生应税销售行为以及进口货物等。现行增值税征税范围包括境内销售货物或者劳务,销售服务、无形资产、不动产以及进口货物。

1. 销售货物

销售货物是指有偿转让货物的所有权。货物是指有形动产,包括电力、热力、气体在内。有偿,不仅指从购买方取得货币,还包括取得货物或其他经济利益。

2. 销售劳务

销售劳务是指提供加工和修理修配的劳务活动。加工即通常所说的委托加工业务,是指由委托方提供原料及主要材料,受托方按照委托方的要求制造货物并收取加工费的业务。修理修配是指受托对损伤和丧失功能的货物进行修复,使其恢复原状和功能的业务。

> **注意** 提供加工、修理修配劳务,是指有偿提供加工、修理修配劳务。单位或者个体工商户聘用的员工为本单位或者雇主提供加工、修理修配劳务,不包括在内。

3. 销售服务、无形资产、不动产

销售服务、无形资产、不动产是指有偿提供服务、有偿转让无形资产或不动产。

(1) 销售服务是指提供交通运输服务(包括陆路运输服务、水路运输服务、航空运输服务、管道运输服务)、邮政服务(包括邮政普遍服务、邮政特殊服务、其他邮政服务)、电信服务(包括基础电信服务、增值电信服务)、建筑服务(包括工程服务、安装服务、修缮服务、装饰服务、其他建筑服务)、金融服务(包括贷款服务、直接收费金融服务、保险服务、金融商品转让)、现代服务(包括研发和技术服务、信息技术服务、文化创意服务、物流辅助服务、租赁服务、鉴证咨询服务、广播影视服务、商务辅助服务、其他现代服务)、生活服务(包括文化体育服务、教育医疗服务、旅游娱乐服务、餐饮住宿服务、居民日常服务、其他生活服务)。

(2) 销售无形资产是指转让无形资产所有权或者使用权的业务活动。无形资产是指不具实物形态,但能带来经济利益的资产,包括技术、商标、著作权商誉、自然资源使用权和其他权益性无形资产。

① 技术包括专利技术和非专利技术。

② 自然资源使用权包括土地使用权、海域使用权、探矿权、采矿权取水权和其他自然资源使用权。

③ 其他权益性无形资产包括基础设施资产经营权、公共事业特许权、配额经营权（包括特许经营权、连锁经营权、其他经营权）、经销权分销权代理权会员权、席位权、网络游戏虚拟道具、域名、名称权、肖像权、冠名权、转会费等。

（3）销售不动产是指转让不动产所有权的业务活动，包括建筑物、构筑物。

转让建筑物有限产权或者永久使用权的，转让在建的建筑物或者构筑物所有权的，以及在转让建筑物或者构筑物时一并转让其所占土地的使用权的，按照销售不动产缴纳增值税。

4. 进口货物

进口货物是指申报进入中华人民共和国海关境内的货物。确定一项货物是否属于进口货物，必须看其是否办理了报关进口手续。只要是报关进口的应税货物均属于增值税征税范围。

（二）增值税征税范围的特殊规定

1. 属于增值税征税范围的特殊项目

（1）货物期货（包括商品期货和贵金属期货），应当征收增值税，在期货的实物交割环节纳税。

（2）银行销售金银的业务，应当征收增值税。

（3）典当业的死当物品销售业务和寄售业代委托人销售寄售物品的业务，均应征收增值税。

（4）电力公司向发电企业收取的过网费，应当征收增值税。

2. 属于增值税征税范围的特殊行为

（1）视同销售货物。为了保证增值税税款抵扣制度的实施及避免造成货物销售增值税税收负担的不平衡，体现增值税计算的配比性，也为了防止逃避纳税的现象，单位或个体经营者从事的下列行为，视同销售货物，征收增值税。

① 将货物交付其他单位或者个人代销。

② 销售代销货物。

③ 设有两个以上机构并实行统一核算的纳税人，将货物从一个机构移送至其他机构用于销售，但相关机构设在同一县（市）的除外。

④ 将自产、委托加工的货物用于非增值税应税项目。

⑤ 将自产、委托加工的货物用于集体福利或者个人消费。

⑥ 将自产、委托加工或者购进的货物作为投资、提供给其他单位或者个体工商户。

⑦ 将自产、委托加工或者购进的货物分配给股东或者投资者。

⑧ 将自产、委托加工或者购进的货物无偿赠送其他单位或者个人。

提示 企业在春节将外购的 500 箱啤酒作为福利发放给职工，该种情况是否属于视同销售？购进的货物用于集体福利不属于视同销售行为，但属于不得从销项税额中抵扣进项税额的情况。因此，发放给员工的 500 箱啤酒对应的进项税额应做进项税转出处理。

（2）视同销售服务、无形资产或者不动产。下列情形视同销售服务、无形资产或者不动产。

① 单位或者个体工商户向其他单位或者个人无偿提供服务，但用于公益事业或者以社会

公众为对象的除外。

② 单位或者个人向其他单位或者个人无偿转让无形资产或者不动产,但用于公益事业或者以社会公众为对象的除外。

③ 财政部和国家税务总局规定的其他情形。

纳税人出租不动产,租赁合同中约定免租期的,不属于视同销售服务。

(3) 混合销售行为。一项销售行为如果既涉及货物又涉及服务,则称为混合销售。

从事货物的生产、批发或者零售的单位和个体工商户的混合销售行为,按照销售货物缴纳增值税;其他单位和个体工商户的混合销售行为,按照销售服务缴纳增值税。

上述从事货物的生产、批发或者零售的单位和个体工商户,包括以从事货物的生产、批发或者零售为主,并兼营销售服务的单位和个体工商户在内。

☞ **注意** 自2017年5月1日起,纳税人销售活动板房、机器设备、钢结构件等自产货物的同时提供建筑、安装服务,不属于混合销售,应分别核算货物和建筑服务的销售额,分别适用不同的税率或者征收率。

(4) 兼营行为。兼营行为是指纳税人的经营范围既包括销售货物和劳务,又包括销售服务、无形资产或者不动产。

根据《中华人民共和国增值税暂行条例》和《营业税改征增值税试点实施办法》的规定,纳税人兼营不同税率或者征收率的销售货物、劳务、服务、无形资产或者不动产的,应分别核算适用不同税率或者征收率的销售额;未分别核算的,由主管税务机关按照以下方法适用税率或者征收率。

① 兼有不同税率的销售货物、加工修理修配劳务、服务、无形资产或者不动产,从高适用税率。

② 兼有不同征收率的销售货物、加工修理修配劳务、服务、无形资产或者不动产,从高适用征税率。

③ 兼有不同税率和征收率的销售货物、加工修理修配劳务、服务、无形资产或者不动产、从高适用税率。

☞ **注意** ①兼营行为是企业同时兼做适用不同税率或征收率的销售行为,该行为是多项销售行为;②混合销售行为和兼营行为的区分。

【例2-1】 引用本项目导入案例,请分析甲汽车集团销售汽车并负责将该批汽车运输至指定地点后视为交易完成的行为属于兼营行为还是混合销售行为?

解:双方协定由汽车生产企业将汽车配送至经销商,只有配送至指定地点时汽车的销售行为才能完成。这种情况下汽车销售、配送属于一项销售行为。根据《财政部 税务总局关于全面推开营业税改征增值税试点的通知》附件1第四十条规定:"一项销售行为如果既涉及服务又涉及货物,为混合销售。从事货物的生产、批发或者零售的单位和个体工商户的混合销售行为,按照销售货物缴纳增值税;其他单位和个体工商户的混合销售行为,按照销售服务缴纳增值税。"甲企业这项销售行为中既涉及销售货物又涉及运输服务,属于混合销售行为,应按照销售货物一并缴纳增值税。

▋ **诚信纳税** 《最高人民法院 最高人民检察院关于办理危害税收征管刑事案件适用法律若干问题的解释》于2024年3月18日发布,该司法解释首次将签订"阴阳合同"作为逃税的手段明确列举。司法解释规定,纳税人进行虚假纳税申报,以签订"阴阳合同"等形式隐匿或者以他人名义分解收入、财产的,应当认定为《中华人民共和国刑法》第二百零一条第一款规定的

"欺骗、隐瞒手段"。司法解释同时列举了"伪造、变造、转移、隐匿、擅自销毁账簿、记账凭证或者其他涉税资料的""虚列支出、虚抵进项税额或者虚报专项附加扣除的"等其他逃税情形。近年来人民法院始终保持对涉税犯罪从严打击的高压态势,有效维护了国家税收征管秩序和国家财产安全。

四、增值税的税率和征收率

我国现行增值税采用了适用一般计税方法的基本税率、低税率和零税率三档税率,以及适用简易计税方法的征收率。

(一)增值税的税率

1. 基本税率

增值税的基本税率为13%。增值税一般纳税人销售或者进口货物,提供加工、修理修配劳务,提供有形动产租赁服务,除适用低税率和特殊情况外,均采用基本税率。

2. 低税率

(1)增值税一般纳税人销售或者进口下列货物,税率为9%。

① 粮食等农产品、食用植物油、食用盐。

② 自来水、暖气、冷气、热水、煤气、石油液化气、天然气、二甲醚、沼气、居民用煤炭制品。

③ 图书、报纸、杂志、音像制品、电子出版物。

④ 饲料、化肥、农药、农机、农膜。

⑤ 国务院及其有关部门规定的其他货物。

(2)提供交通运输业服务、邮政服务、基础电信服务、建筑服务、不动产租赁服务、销售不动产、转让土地使用权,税率为9%。

(3)提供现代服务、生活服务、金融服务、增值电信服务、销售无形资产(土地使用权除外),税率为6%。

3. 零税率

纳税人出口货物,税率为零,国务院另有规定的除外。

根据《中华人民共和国增值税暂行条例》和《营业税改征增值税试点实施办法》的规定,境内单位和个人跨境销售国务院规定范围内的服务、无形资产,税率为零。

提示 税率为零不等同于免税。我国目前也没有对全部出口产品都完全实行零税率。不适用零税率的货物有原油、柴油、天然牛黄、麝香、铜及铜基合金、白银、新闻纸和援外物资等。

(二)增值税的征收率

增值税征收率是指特定纳税人发生应税销售行为在某一生产流通环节应纳税额与销售额的比率。增值税征收率适用于两种情况:一是小规模纳税人;二是一般纳税人发生应税销售行为按规定可以选择简易计税方法计税的。

纳税人发生按简易计税方法计税的情形,除按规定适用5%征收率以外,其应税销售行为均适用3%的征收率。按简易办法征收增值税的,不得抵扣进项税额。

增值税税率或征收率简表如表2-1所示。

表 2-1　增值税税率或征收率简表

增值税纳税人	应税行为	具体征税范围		增值税税率或征收率/%
一般纳税人	销售货物、提供加工修理修配劳务、进口货物的行为	销售货物、提供加工修理修配劳务、进口货物(另有列举的货物除外)		13
	销售货物、进口货物	① 粮食等农产品、食用植物油、食用盐		9
		② 自来水、暖气、冷气、热水、煤气、石油液化气、天然气、二甲醚、沼气、居民用煤炭制品		
		③ 图书、报纸、杂志、音像制品、电子出版物		
		④ 饲料、化肥、农药、农机(整机)、农膜		
		⑤ 国务院规定的其他货物		
	出口货物	出口货物(国家禁止出口货物、限制出口货物除外)		0
	交通运输服务	陆路运输服务	铁路运输服务其他陆路运输服务	9
		水路运输服务	水路运输的程租、期租业务	
		航空运输服务	航天运输、航空运输的湿租业务	
		管道运输服务	管道输送气体、液体、固体物质	
	邮政服务	邮政普遍服务	函件、包裹、邮票发行、报刊发行等	
		邮政特殊服务	义务兵平常信函、机要通信等	
		其他邮政服务	邮册等邮品销售、邮政代理等	
	电信服务	基础电信服务	基础电信服务,语音通话、出租或出售宽带、波长等网络元素等	
		增值电信服务	增值电信服务、短信、彩信服务、电子数据和信息的传输及应用服务等	6
	建筑服务	工程服务	工程服务	9
		安装服务	安装服务	
		修缮服务	修缮服务	
		装饰服务	装饰服务	
		其他建筑服务	其他建筑服务	
	金融服务	贷款服务	贷款	6
			金融商品保本收益	
			融资性售后回租	
		直接收费金融服务	直接收费金融服务	
		保险服务	人身保险服务	
			财产保险服务	
		金融商品转让	金融商品转让	
			其他金融商品转让	
	现代服务	研发和技术服务	研发服务	
			合同能源管理服务	
			工程勘察勘探服务	
			专业技术服务	

续表

增值税 纳税人	应税行为	具体征税范围		增值税税率 或征收率/%
一般 纳税人	现代服务	信息技术服务	软件服务	6
			电路设计及测试服务	
			信息系统服务	
			业务流程管理服务	
			信息系统增值服务	
		文化创意服务	设计服务	
			知识产权服务	
			广告服务	
			会议展览服务	
		物流辅助服务	航空服务(航空地面、通用航空)	
			港口码头服务(含港口设施保安费)	
			货运客运场站服务	
			打捞救助服务	
			装卸搬运服务	
			仓储服务	
			收派服务(收件、分拣、派送)	
		租赁服务	有形动产租赁(融资、经营)	13
			不动产租赁(融资、经营)	9
		鉴证咨询服务	认证服务	6
			鉴证服务	
			咨询服务	
		广播影视服务	节目(作品)制作	
			节目(作品)发行	
			节目(作品)播映(含放映)	
		商务辅助服务	企业管理服务(如物业管理)	
			经纪代理服务(知识产权代理、货物运输代理、代理报关、房产中介服务)	
			人力资源服务	
			安全保护服务	
		其他现代服务	其他现代服务	
	生活服务	文化体育服务	文化服务	
			体育服务	
		教育医疗服务	教育服务	
			医疗服务	
		旅游娱乐服务	旅游服务	
			娱乐服务	
		餐饮住宿服务	餐饮服务	
			住宿服务	
		居民日常服务		
		其他生活服务		

续表

增值税纳税人	应税行为	具体征税范围		增值税税率或征收率/%
一般纳税人	销售无形资产	技术	专利技术	6
			非专利技术	
		商标		
		著作权		
		商誉		
		其他权益性无形资产		
		自然资源使用权	海域使用权	
			探矿权	
			采矿权	
			取水权	
			其他自然资源使用权	
			土地使用权	
	销售不动产	建筑物		9
		构筑物		
小规模纳税人	销售货物、提供加工修理修配劳务、销售服务、销售无形资产、进口货物	① 销售货物、提供加工修理修配劳务、销售服务、销售无形资产、进口货物等销售行为中未达到增值税一般纳税人标准的纳税人； ② 达到一般纳税人标准但选择简易征收方式的纳税人		3（征收率）
	销售不动产、不动产经营租赁服务	(1) 销售不动产： ① 一般纳税人销售其 2016 年 4 月 30 日前取得的不动产，可以选择适用简易计税方法，按照 5% 的征收率计算纳税额； ② 小规模纳税人销售其取得的不动产（不含个体工商户销售购买的住房和其他个人销售不动产），按照 5% 的征收率计算纳税额； ③ 房地产开发企业中的一般纳税人，销售自行开发的房地产老项目，可以选择适用简易计税方法按照 5% 的征收率计税； ④ 房地产开发企业中的小规模纳税人，销售自行开发的房地产项目，按照 5% 的征收率计税； ⑤ 其他个人销售其取得（不含自建）的不动产（不含其购买的住房），按照 5% 的征收率计算应纳税额。 (2) 不动产经营租赁服务： ① 一般纳税人出租其 2016 年 4 月 30 日前取得的不动产，可以选择适用简易计税方法，按照 5% 的征收率计算应纳税额。小规模纳税人出租其取得的不动产（不含个人出租住房），应按照 5% 的征收率计算应纳税额； ② 其他个人出租其取得的不动产（不含住房），应按照 5% 的征收率计算应纳税额； ③ 个人出租住房，应按照 5% 的征收率减按 1.5% 计算应纳税额		5（征收率）

五、增值税专用发票的使用管理

增值税实行凭国家印制的专用发票抵扣的制度，因此增值税专用发票不仅是纳税人经济活动中的重要商业凭证,而且是进行税款抵扣的重要凭证,对增值税的计算和管理起着决定性的作用,因此正确使用和管理增值税专用发票十分重要。

(一)增值税专用发票的使用

增值税专用发票是增值税一般纳税人销售货物、提供加工修理修配劳务以及销售服务、无形资产或者不动产开具的发票,是购买方支付增值税额并可按照增值税有关规定据以抵扣增值税进项税额的凭证。一般纳税人应通过增值税防伪税控系统使用专用发票。

防伪税控系统是指经国务院同意推行的,使用专用设备(指金税卡、IC卡、读卡器和其他设备)和通用设备(指计算机、打印机、扫描器具和其他设备),运用数字密码和电子存储技术管理专用发票的计算机管理系统。

增值税专用发票的使用包括领用、开具、缴销、认证纸质专用发票及其相应的数据电文。

(二)增值税专用发票的领购

根据国家税务总局发布的 2019 年第 33 号《关于增值税发票管理等有关事项的公告》,自 2020 年 2 月 1 日起,增值税小规模纳税人(其他个人除外)发生增值税应税行为,需要开具增值税专用发票的,可以自愿使用增值税发票管理系统自行开具。增值税一般纳税人和增值税小规模纳税人均可以领购和使用增值税专用发票。

首次申请时,办理的主要涉税事项包括发票票种核定、专用发票(增值税税控系统)最高开票限额审批、增值税税控系统专用设备初始发行、发票领用等。

一般纳税人需要在领购专用设备后,凭增值税专用发票最高开票限额申请单(表 2-2)、发票领购簿到主管税务机关办理初始发行。所称"初始发行",是指纳税人在初次使用或重新领购税控设备开具发票之前,税务机关需要对税控设备进行初始化处理,即主管税务机关将一般纳税人的企业名称、税务登记代码、开票限额、购票数量、购票人员姓名、密码、开票机数量等国家税务总局规定的开票所需的各种信息载入金税盘(税控盘)、报税盘的行为。

表 2-2　增值税专用发票最高开票限额申请单

申请事项(由纳税人填写)	纳税人名称		纳税人识别号	
	地　址		联系电话	
	购票人信息			
	申请增值税专用发票(增值税税控系统)最高开票限额	□初次　　□变更　　(请选择一个项目并在□内打"√")		
		□一亿元　□一千万元　□一百万元　□十万元　□一万元　　□一千元　(请选择一个项目并在□内打"√")		
	申请货物运输业增值税专用发票(增值税税控系统)最高开票限额	□初次　　□变更　　(请选择一个项目并在□内打"√")		
		□一亿元　□一千万元　□一百万元　□十万元　□一万元　　□一千元　(请选择一个项目并在□内打"√")		
	申请理由: 经办人(签字):　　　　　　　　　　纳税人(印章): 　年　月　日　　　　　　　　　　　　年　月　日			

续表

区县税务机关意见	发票种类	批准最高开票限额
	增值税专用发票（增值税税控系统）	
	货物运输业增值税专用发票 （增值税税控系统）	
	经办人（签字）：　　　　批准人（签字）：　　　　税务机关（印章）： 　年　月　日　　　　　　　年　月　日　　　　　　　年　月　日	

注：本申请表一式两联；第一联由申请纳税人留存；第二联由区县税务机关留存。

（三）增值税专用发票的开具范围

一般纳税人发生应税行为，应向索取增值税专用发票的购买方开具增值税专用发票，并在增值税专用发票上分别注明销售额和销项税额。

但下列情形不得开具增值税专用发票。

（1）商业企业一般纳税人零售烟、酒、食品、服装、鞋帽（不包括劳保专用部分）、化妆品等消费品。

（2）销售免税货物或者提供免征增值税的销售服务、无形资产或者不动产。

（3）向消费者个人销售货物或者提供销售服务、无形资产或者不动产。

（4）部分适用增值税简易征收政策规定的：

① 增值税一般纳税人的单采血浆站销售非临床用人体血液选择简易计税的。

② 销售旧货，按简易办法依 3% 征收率减按 2% 征收增值税的。

③ 销售自己使用过的固定资产，按简易办法依 3% 征收率减按 2% 征收增值税的（纳税人销售自己使用过的固定资产，放弃减税，依照 3% 征收率缴纳增值税，可以开具专用发票）。

（5）收取款项未发生销售行为：

① 预付卡销售和充值。

② 销售自行开发的房地产项目预收款。

③ 已申报缴纳营业税未开票补开票。

④ 通行费电子发票的不征税发票。

⑤ 建筑服务预收款。

⑥ 不征税自来水。

⑦ 代理进口免税货物货款。

（6）法律、法规及国家税务总局规定的其他情形。

（四）增值税专用发票的开具要求

（1）项目齐全，与实际交易相符。

（2）字迹清楚，不得压线、错格。

（3）发票联和抵扣联加盖发票专用章。

（4）按照增值税纳税义务的发生时间开具。

不符合上述要求的专用发票，购买方有权拒收。

（五）增值税专用发票开具后发生退货或开具错误的处理

增值税一般纳税人开具增值税专用发票后，发生销售退回、销售折让以及发票开具错误等情况，要根据不同情况分别按以下方法处理。

一般纳税人取得专用发票后发生销货退回、开票有误等情形但不符合作废条件的，购买方应向主管税务机关填开并上传开具红字增值税专用发票信息表（表 2-3），主管税务机关接收并系统自动校验通过后，生成带有"红字发票信息表编号"的开具红字增值税专用发票信息表，并将信息同步至纳税人端系统中。销售方凭税务机关系统校验通过的带有"红字发票信息表编号"的开具红字增值税专用发票信息表开具红字专用发票，在增值税发票管理新系统中以销项负数开具。红字专用发票应与带有"红字发票信息表编号"的开具红字增值税专用发票信息表一一对应。

表 2-3　开具红字增值税专用发票信息表

销售方	名　称		购买方	名　称			
	纳税人识别号			纳税人识别号			
开具红字专用发票内容	货物（劳务服务）名称	数　量	单价	金　额		税率	税额
	合　计	＿＿＿	＿＿＿	＿＿＿			＿＿＿
说明	一、购买方□ 对应蓝字专用发票抵扣增值税销项税额情况： 1. 已抵扣□ 2. 未抵扣□ （1）无法认证□ （2）纳税人识别号认证不符□ （3）增值税专用发票代码、号码认证不符□ （4）所购货物或劳务、服务不属于增值税扣税项目范围□ 对应蓝字专用发票的代码：＿＿＿＿　号码：＿＿＿＿ 二、销售方□ 1. 购买方拒收发票□ 2. 发票尚未交付□ 对应蓝字专用发票的代码：＿＿＿＿　号码：＿＿＿＿						
红字发票信息表编号							

填开日期：　　年 月 日

　　一般纳税人取得专用发票后发生销货退回、开票有误等情形符合作废条件的,应在收到退回的发票联和抵扣联后,在增值税发票管理新系统中将相应的数据电文按作废处理,在纸制专用发票(含未打印的专用发票)各联次上注明"作废"字样,全联次留存。

　　作废条件是指同时具有下列情形。

　　(1) 收到退回的发票联、抵扣联时间未超过销售方开具当月。

　　(2) 销售方未抄税且未记账。

　　(3) 购买方未认证或者认证结果为"纳税人识别号认证不符""专用发票代码、号码认证不符"。

(六)加强增值税专用发票的管理

　　1. 关于丢失发票或者擅自损毁增值税专用发票的处理

　　(1) 纳税人必须严格按照《增值税专用发票使用规定》保管使用专用发票,对丢失发票或者擅自损毁发票的,按《中华人民共和国税收征收管理法》和《中华人民共和国发票管理办法》的规定,由税务机关责令改正,可以处 1 万元以下的罚款;情节严重的,处 1 万元以上 3 万元以下的罚款;有违法所得的予以没收。

　　(2) 纳税人丢失专用发票后,应当于发现丢失当日书面报告税务机关。

　　2. 关于非法代开、虚开增值税专用发票的处理

　　非法代开发票是指为与自己没有发生直接购销关系的他人开具发票的行为。虚开发票是指在没有任何购销事实的前提下,为他人、为自己或让他人为自己或介绍他人开具与实际经营业务情况不符的发票的行为。非法代开、虚开发票的行为都是严重的违法行为。对非法代开、虚开专用发票的,一律按票面所列货物的金额和所适用税率全额征缴税款,并按《中华人民共和国税收征收管理法》和《中华人民共和国发票管理办法》的规定给予处罚。对纳税人取得非法代开、虚开的增值税专用发票,不得作为增值税合法抵扣凭证抵扣进项税额。

任务二　增值税的税收优惠

一、增值税法定免税规定

　　(1) 农业生产者销售的自产农业产品。

　　农业生产者包括从事农业生产的单位和个人。对单位和个人销售的外购农产品(蔬菜、部分鲜活肉蛋产品除外),以及单位和个人外购农产品生产、加工后销售的仍属于规定范围的农业产品,不属于免税的范围。

　　农产品是指初级农产品。

　　(2) 避孕药品和用具。

　　(3) 古旧图书。

　　(4) 直接用于科学研究、科学试验和教学的进口仪器、设备。

　　(5) 外国政府、国际组织无偿援助的进口物资和设备。

　　(6) 由残疾人组织直接进口供残疾人专用的物品。

　　(7) 销售个人(不包括个体工商户)自己使用过的物品(动产)。

二、增值税特定减免税规定

（1）对承担粮食收储任务的国有粮食购销企业销售的粮食免征增值税。

（2）自 2014 年 5 月 1 日起，对承担粮食收购的国有粮食购销企业销售的粮食增值税免税政策适用范围由粮食扩大到粮食和大豆，并可对免税业务开具增值税专用发票。

（3）政府储备食用植物油的销售免征增值税，对其他销售食用植物油的业务，一律照章征收增值税。

（4）销售饲料免征增值税，免征范围包括单一大宗饲料、混合饲料、配合饲料、复合预混料、浓缩饲料。

（5）蔬菜（不包括蔬菜罐头）流通环节免征增值税。

（6）部分鲜活肉蛋产品流通环节免征增值税。

（7）对供热企业向居民个人供热而取得的采暖费收入免征增值税。

（8）托儿所、幼儿园提供的保育和教育服务免征增值税。

（9）婚姻介绍服务免征增值税。

（10）养老机构提供的养老服务免征增值税。

（11）医疗机构提供的医疗服务免征增值税。

（12）残疾人福利机构提供的育养服务免征增值税。

（13）殡葬服务免征增值税。

（14）从事学历教育的学校提供的教育服务免征增值税。

① 提供学历教育的学校提供的教育服务收入。

② 境外教育机构与境内从事学历教育的学校开展中外合作办学，提供学历教育服务取得的收入。

③ 政府举办的从事学历教育的高等、中等和初等学校（不含下属单位），举办进修班、培训班取得的全部归该学校所有的收入。

④ 政府举办的职业学校设立的主要为在校学生提供实习场所并由学校出资自办、由学校负责经营管理、经营收入归学校所有的企业，从事现代服务（不含融资租赁服务、广告服务和其他现代服务）、生活服务（不含文化体育服务、其他生活服务和桑拿、氧吧）业务活动取得的收入。

（15）残疾人员本人为社会提供的服务免征增值税。

（16）学生勤工俭学提供的服务免征增值税。

（17）军队转业干部就业（3 年内免征增值税）。

（18）随军家属就业（3 年内免征增值税）。

（19）纪念馆、博物馆、文化馆、文物保护单位管理机构、美术馆、展览馆、书画馆、图书馆在自己的场所提供文化体育服务取得的第一道门票收入免征增值税。

（20）寺院、宫观、清真寺和教堂举办文化、宗教活动的门票收入免征增值税。

（21）农业机耕、排灌、病虫害防治、植物保护、农牧保险以及相关技术培训业务，家禽、牲畜、水生动物的配种和疾病防治服务免征增值税。

（22）行政事业单位之外的其他单位收取的符合规定的政府性基金和行政事业性收费免征增值税。

（23）福利彩票、体育彩票的发行收入免征增值税。

（24）社会团体收取的会费免征增值税。

（25）符合条件的合同能源管理服务免征增值税。

（26）台湾航运公司、航空公司从事海峡两岸海上直航、空中直航业务在大陆取得的运输收入免征增值税。

（27）纳税人提供的直接或间接国际货物运输代理服务免征增值税。

（28）铁路系统内部单位为本系统修理货车的业务免征增值税。

（29）法律援助人员按照规定获得的法律援助补贴免征增值税。

（30）个人转让著作权免征增值税。

（31）纳税人提供技术转让、技术开发和与之相关的技术咨询、技术服务免征增值税。

（32）个人销售自建自用住房取得的收入免征增值税。

（33）涉及家庭财产分割的个人无偿转让不动产、土地使用权取得的收入免征增值税。

（34）将土地使用权转让给农业生产者用于农业生产取得的收入免征增值税。

（35）土地所有者出让土地使用权和土地使用者将土地使用权归还给土地所有者取得的收入免征增值税。

土地所有者依法征收土地，并向土地使用者支付土地及其相关有形动产、不动产补偿费的行为，属于土地使用者将土地使用权归还给土地所有者的情形。

（36）县级以上地方人民政府或自然资源行政主管部门出让、转让或收回自然资源使用权（不含土地使用权）取得的收入免征增值税。

（37）军队空余房产租赁收入免征增值税。

（38）国家助学贷款、国债或地方政府债、人民银行对金融机构贷款、住房公积金管理中心用住房公积金在指定的委托银行发放的个人住房贷款、外汇管理部门在从事国家外汇储备经营过程中委托金融机构发放的外汇贷款、统借统还业务中的平价借款六种行为的利息收入免征增值税。

（39）被撤销金融机构以货物、不动产、无形资产、有价证券、票据等财产清偿债务免征增值税。

（40）保险公司开办的一年期以上人身保险产品取得的保费收入免征增值税。

（41）合格境外投资者（QFII）委托境内公司在我国从事证券买卖业务、香港市场投资者（包括单位和个人）通过沪港通买卖上海证券交易所上市A股、香港市场投资者（包括单位和个人）通过基金互认买卖内地基金份额、证券投资基金（封闭式证券投资基金、开放式证券投资基金）管理人运用基金买卖股票债券、个人从事金融商品转让业务五项金融商品转让收入免征增值税。

（42）金融同业往来利息收入免征增值税。

（43）转让创新企业境内发行存托凭证（CDR）取得的差价收入，暂免征收增值税。

（44）对中国经济图书进出口公司、中国出版对外贸易总公司为大专院校和科研单位免税进口的图书、报刊等资料，在其销售给上述院校和单位时，免征国内销售环节的增值税。

（45）中国教育图书进出口公司、北京中科进出口公司、中国国际图书贸易总公司销售给高等学校、科研单位和北京图书馆的进口图书、报刊资料免征增值税。

（46）对中国科技资料进出口总公司为科研单位、大专院校进口的用于科研、教学的图书文献、报刊及其他资料（包括只读光盘、缩微平片、胶卷、地球资源卫星照片、科技和教学声像制品）免征国内销售环节增值税。

（47）中国图书进出口总公司销售给国务院各部委、各直属机构及各省、自治区、直辖市所属科研机构和大专院校的进口科研、教学书刊免征增值税。

（48）家政服务企业由员工制家政服务员提供家政服务的收入免征增值税。

三、增值税临时减免税规定

（1）根据《关于继续实施科技企业孵化器、大学科技园和众创空间有关税收政策的公告》（财政部 税务总局 科技部 教育部公告 2023 年第 42 号），自 2019 年 1 月 1 日至 2027 年 12 月 31 日，对国家级、省级科技企业孵化器、大学科技园和国家备案众创空间对其向在孵对象提供孵化服务取得的收入，免征增值税。

（2）根据《财政部 税务总局关于继续实施公共租赁住房税收优惠政策的公告》（财政部 税务总局公告 2023 年第 33 号），自 2019 年 1 月 1 日至 2025 年 12 月 31 日，对经营公房所取得的租金收入免征增值税。

（3）根据财政部 税务总局《关于延续实施支持文化企业发展增值税政策的公告》（财政部 税务总局公告 2023 年第 61 号），自 2019 年 1 月 1 日至 2027 年 12 月 31 日，对电影主管部门（包括中央、省、地市及县级）按照职能权限批准从事电影制片、发行、放映的电影集团公司（含成员企业）、电影制片厂及其他电影企业取得的销售电影拷贝（含数字拷贝）收入、转让电影版权（包括转让和许可使用）收入、电影发行收入以及在农村取得的电影放映收入，免征增值税。

对广播电视运营服务企业收取的有线数字电视基本收视维护费和农村有线电视基本收视费，免征增值税。

（4）根据《财政部 税务总局 发展改革委 民政部 商务部 卫生健康委关于养老、托育、家政等社区家庭服务业税费优惠政策的公告》（财政部公告 2019 年第 76 号），自 2019 年 6 月 1 日至 2025 年 12 月 31 日，为社区提供养老、托育、家政等服务的机构提供社区养老、托育、家政服务取得的收入，以及符合条件的家政服务企业提供家政服务取得的收入，免征增值税。

（5）根据《财政部 税务总局关于延续实施边销茶增值税政策的公告》（财政部 税务总局公告 2023 年第 59 号），自 2021 年 1 月 1 日至 2027 年 12 月 31 日，对边销茶生产企业销售自产的边销茶及经销企业销售的边销茶，免征增值税。边销茶是指以黑毛茶、老青茶、红茶末、绿茶为主要原料，经过发酵、蒸制、加压或者压碎、炒制，专门销往边疆少数民族地区的紧压茶。

（6）根据财政部 税务总局《关于继续实施农村饮水安全工程税收优惠政策的公告》（财政部 税务总局公告 2023 年第 58 号），自 2019 年 1 月 1 日至 2027 年 12 月 31 日，对饮水工程运营管理单位向农村居民提供生活用水取得的自来水销售收入，免征增值税。

（7）根据《关于延续实施宣传文化增值税优惠政策的公告》（财政部 税务总局公告 2023 年第 60 号），自 2018 年 1 月 1 日至 2027 年 12 月 31 日，对科普单位的门票收入，以及县级及以上党政部门和科协开展科普活动的门票收入，免征增值税。

（8）根据财政部 税务总局《关于金融机构小微企业贷款利息收入免征增值税政策的公告》（财政部 税务总局公告 2023 年第 16 号），至 2027 年 12 月 31 日，对金融机构向农户、小型企业、微型企业和个体工商户发放小额贷款取得的利息收入，免征增值税。

（9）根据财政部 税务总局《关于延续实施宣传文化增值税优惠政策的公告》（财政部 税务总局 2023 年第 60 号），自 2021 年 1 月 1 日至 2027 年 12 月 31 日前，免征图书批发、零售环节增值税。

四、增值税即征即退

(1) 资源综合利用产品和劳务增值税即征即退。增值税一般纳税人销售自产的资源综合利用产品和提供资源综合利用劳务,可享受增值税即征即退政策,退税比例有 30%、50%、70%、90%和 100%等档次,详见《资源综合利用产品和劳务增值税优惠目录》。

(2) 飞机维修劳务增值税即征即退。飞机维修劳务增值税实际税负超过 6%的部分实行即征即退。

(3) 软件产品增值税即征即退。增值税一般纳税人销售其自行开发生产的软件产品,按 13%的税率征收增值税后,对其增值税实际税负超过 3%的部分实行即征即退政策;增值税一般纳税人将进口软件产品进行本地化改造后对外销售,其销售的软件产品可享受规定的增值税即征即退政策(单纯对进口软件产品进行汉字化处理不包括在内)。

享受退税的软件销售,软件需至税务局备案,备案所需材料包括软件著作权证书或软件产品证书、软件测试报告。

注意 此处增值税实际税负是指纳税人当期提供应税服务实际缴纳的增值税额占纳税人当期提供应税服务取得的全部价款和价外费用的比例。

(4) 安置残疾人就业增值税即征即退。增值税纳税人依据以下五条安置残疾人,所缴纳的增值税可享受即征即退。

① 纳税人(除盲人按摩机构外)月安置的残疾人占在职职工人数的比例不低于 25%(含 25%),并且安置的残疾人人数不少于 10 人(含 10 人);盲人按摩机构月安置的残疾人占在职职工人数的比例不低于 25%(含 25%),并且安置的残疾人人数不少于 5 人(含 5 人)。

② 依法与安置的每位残疾人签订了一年以上(含一年)的劳动合同或服务协议。

③ 为安置的每位残疾人按月足额缴纳了基本养老保险、基本医疗保险、失业保险、工伤保险和生育保险的社会保险。

④ 通过银行等金融机构向安置的每位残疾人,按月支付了不低于纳税人所在区县适用的经省人民政府批准的月最低工资标准的工资。

⑤ 该纳税人信用级别为 B 级(含 B 级)以上。

按照《财政部 国家税务总局关于促进残疾人就业增值税优惠政策的通知》(财税〔2016〕52 号)文件的规定,安置的每位残疾人每月可退还的增值税具体限额,由县级以上税务机关根据纳税人所在区县(含县级市、旗)适用的经省(含自治区、直辖市、计划单列市)人民政府批准的月最低工资标准的 4 倍规定。

(5) 管道运输服务增值税即征即退。一般纳税人提供管道运输服务,对其增值税实际税负超过 3%的部分实行增值税即征即退。

(6) 有形动产租赁和融资性售后回租。经人民银行、银监会或者商务部批准从事融资租赁业务的试点纳税人中的一般纳税人,提供有形动产融资租赁服务和有形动产融资性售后回租服务,对其增值税实际税负超过 3% 的部分实行增值税即征即退政策。

(7) 风力发电。自 2015 年 7 月 1 日起,对纳税人销售自产的利用风力生产的电力产品,实行增值税即征即退 50% 的政策。

五、增值税起征点的规定

增值税起征点的适用范围仅限于个人,不包括登记为一般纳税人的个体工商户。起征点的调整由财政部和国家税务总局规定。现行规定如下。

(1) 按期纳税的,为月销售额 5 000~20 000 元(含本数)。

(2) 按次纳税的,为每次(日)销售额 300~500 元(含本数)。

六、小规模纳税人的优惠政策

(1) 自 2023 年 1 月 1 日至 2027 年 12 月 31 日,对月销售额未超过 10 万元(以 1 个季度为 1 个纳税期的,季度销售额未超过 30 万元)的小规模纳税人,免征增值税。

① 适用上述免税政策的,纳税人可就该笔销售收入选择放弃免税并开具增值税专用发票。

② 按固定期限纳税的小模税纳税人可以选择以 1 个月或 1 个季度为纳税期限,一经选择,1 个会计年度内不得变更。

③ 适用差额征税的,以差额后的销售额确定是否可以享受上述的免税政策。

④ 合计月销售额超过 10 万元,但扣除本期发生的销售不动产的销售额后未超过 10 万元的,其销售货物、劳务、服务、无形资产取得的销售额免征增值税。

(2) 自 2023 年 1 月 1 日至 2027 年 12 月 31 日,其他个人采取一次性收取租金形式出租不动产取得的租金收入,可在对应的租赁期内平均分摊,分摊后的月租金收入未超过 10 万元的,免征增值税。

(3) 自 2023 年 1 月 1 日至 2027 年 12 月 31 日,小规模纳税人适用 3% 征收率的应税销售收入,减按 1% 征收率征收增值税;适用 3% 预征率的预缴增值税项目,减按 1% 预征率预缴增值税。

① 减按 1% 征收率征收增值税的,应按照 1% 征收率开具增值税发票。纳税人也可就该笔销售收入选择放弃减税并(按照 3% 征收率)开具增值税专用发票。

② 减按 1% 征收增值税时,应纳增值税税额计算公式如下:

$$应纳增值税 = 含税销售额 \div (1 + 1\%) \times 1\%$$

(4) 按照规定应当预缴增值税税款的小规模纳税人,凡在预缴地实现的月销售额未超过 10 万元的,当期无须预缴税款。在预缴地实现的月销售额超过 10 万元的,适用 3% 预征率的预缴增值税项目,减按 1% 预征率预缴增值税。

【例 2-2】 下列小规模纳税人发生经济业务,请分析其适用的税收优惠政策。

(1) 某个体工商户小规模纳税人,2024 年第三季度 7 月、8 月、9 月销售额分别是 6 万元、8 万元和 12 万元,如果该纳税人为按月申报纳税人,如何享受税收优惠政策?

(2) 如上述小规模纳税人为按季申报纳税人,如何享受税收优惠政策?

(3) 某个体工商户小规模纳税人,2024 年第三季度 7 月、8 月、9 月销售额分别是 6 万元、8 万元和 20 万元,试分析按月申报、按季申报分别适用的税收优惠政策。

(4) 某个人出租商铺,2024 年 12 月一次性收取 2025 年 12 个月租金 96 万元。

（5）某个体工商户属于按季申报的增值税小规模纳税人，2024年第四季度销售额25万元，如全部开具增值税专用发票，是否可以享受税收优惠政策？

（6）个体工商户属于按季申报的增值税小规模纳税人，2024年第四季度销售额40万元，适用3%征收率，如上述销售额全部开具3%征收率增值税专用发票能否享受税收优惠政策？

解：（1）根据《财政部 税务总局关于明确增值税小规模纳税人减免增值税等政策的公告》第一条规定，自2023年1月1日起，增值税小规模纳税人发生增值税应税销售行为，合计月销售额未超过10万元（以1个季度为1个纳税期的，季度销售额未超过30万元）的，免征增值税。如该个体工商户为按月申报纳税人，7月、8月可享受免税政策，9月销售额12万元超过免税标准应全额申报纳税。

（2）如该个体工商户为按季申报纳税人，2024年第三季度销售额合计26万元，未超过30万元，可全额享受免税政策。按固定期限纳税的小规模纳税人可以选择以1个月或1个季度为纳税期限，一经选择，一个会计年度内不得变更。

（3）如该个体工商户按月申报纳税，7月、8月可享受免税政策，9月销售额20万元超过免税标准应全额申报纳税；如按季申报纳税，2024年第三季度销售额合计34万元，超过季度销售额免税标准，无法享受免税政策，应按34万元全额申报增值税。

（4）根据《财政部 税务总局关于明确增值税小规模纳税人减免增值税等政策的公告》第三条规定，《中华人民共和国增值税暂行条例实施细则》第九条所称的其他个人，采取一次性收取租金形式出租不动产取得的租金收入，可在对应的租赁期内平均分摊，分摊后的月租金收入未超过10万元的，免征增值税。该个人收取2025年租金96万元，平均每月租金收入8万元，分摊后的月租金收入未超过10万元的，免征增值税。

（5）该纳税人季度销售额未超过30万元，因增值税专用发票具有抵扣功能，如想享受免税政策，则不能开具增值税专用发票。如需要开具增值税专用发票，需要放弃减免税政策，可减按1%征收率或者按3%征收率开具增值税专用发票并计算缴纳增值税。

（6）根据《财政部 税务总局关于明确增值税小规模纳税人减免增值税等政策的公告》规定，小规模纳税人取得应税销售收入，适用减按1%征收率征收增值税政策的，应按照1%征收率开具增值税发票。因增值税专用发票具有抵扣功能，该纳税人应将3%征收率增值税专用发票全部联次追回予以作废或者按规定开具红字增值税专用发票后，方可就此笔业务适用减征增值税政策。否则，需要就已开具增值税专用发票的应税销售收入按3%征收率申报缴纳增值税。

七、减免税的其他规定

（1）纳税人发生应税销售行为适用免税规定的，放弃免税优惠后，在36个月内不得再申请免税；其他个人代开增值税发票时，放弃免税权不受"36个月不得享受减免税优惠限制"，仅对当次代开发票有效，不影响以后申请免税代开。

（2）纳税人发生应税行为同时适用免税和零税率规定的，纳税人可以选择适用免税或者零税率。

（3）纳税人一经放弃免税权，其生产销售的全部增值税应税货物或劳务均应按照适用税征税，不得选择某一免税项目放弃免税权，也不得根据不同的销售对象选择部分货物或劳务放弃免税权，另有规定除外。

诚信纳税 "粮食产量 1.3 万亿斤以上"是 2024 年《政府工作报告》提出的发展主要预期目标之一。抓好春耕备耕,对于确保粮食丰产和粮食安全至关重要。各地税务部门发挥税收职能作用,派出税务干部深入田间地头和涉农企业,送政策、优服务,广大税务驻村干部也奔走在春耕备耕一线。国家税务总局宜宾市税务局负责人介绍,税务部门综合运用税收大数据,将全市涉农经营主体按行业、性质、规模进行立体"画像",分析涉农企业高频业务、高频咨询问题等具体情况,通过征纳互动平台、税企微信等渠道,实现税惠政策精准推送,并主动上门开展宣传辅导。

任务三　一般计税方法应纳税额计算

增值税的计税方法主要包括一般计税方法和简易计税方法。一般纳税人通常采用一般计税方法,特殊情况下采用或者选择采用简易计税方法;小规模纳税人采用简易计税方法。

一般计税方法下,应纳税额等于当期销项税额减去当期进项税额。增值税一般纳税人当期应纳税额的多少,取决于当期销项税额和当期进项税额这两个因素。计算公式为

$$应纳税额＝当期销项税额－当期进项税额$$

一、销项税额的计算

销项税额是指纳税人发生应税销售行为时,按照销售额与规定税率计算并向购买方收取的增值税税额。计算公式为

$$销项税额＝销售额×增值税税率$$

(一)一般销售方式下销售额的确定

销售额是指纳税人发生应税销售行为时收取的全部价款和价外费用。价外费用包括价外向购买方收取的手续费、补贴、基金、集资费、返还利润、奖励费、违约金、滞纳金、延期付款利息、赔偿金、代收款项、代垫款项、包装费、包装物租金、储备费、优质费、运输装卸费以及其他各种性质的价外收费。

自 2020 年 1 月 1 日起,纳税人取得的财政补贴收入,与其销售货物、劳务、服务、无形资产、不动产的收入或者数量直接挂钩的,应按规定计算缴纳增值税。纳税人取得的其他情形的财政补贴收入,不属于增值税应税收收入,不征收增值税。

但下列项目不包括在销售额中。

(1)受托加工应税消费品代收代缴的消费税。

提示 在委托加工应税消费品的业务中,由于受托方代收代缴的消费税不是受托方取得的收入,因此不涉及缴纳增值税问题。

(2)同时符合以下两个条件的代垫运输费用。

① 承运部门的运输费用发票开具给购买方。

② 由纳税人将该项发票转交给购买方。

(3)同时符合以下条件代为收取的政府性基金或者行政事业性收费。

① 由国务院或者财政部批准设立的政府性基金,由国务院或者省级人民政府及其财政、价

格主管部门批准设立的行政事业性收费。

② 收取时开具省级以上(含省级)财政部门监(印)制的财政票据。

③ 所收款项全额上缴财政。

(4) 以委托方名义开具发票代委托方收取的款项。

(5) 销售货物的同时代办保险等而向购买方收取的保险费,以及向购买方收取的代购买方缴纳的车辆购置税、车辆牌照费。

需要强调的是,增值税是价外税。公式中的"销售额"是不包括收取的销项税额的销售额。如果纳税人发生的应税销售行为采用销售额和销项税额合并定价方法的,则要将含税销售额换算为不含税销售额。含税销售额的换算式为

$$不含税销售额 = 含税销售额 \div (1 + 税率)$$

注意 价外费用、逾期包装物押金、零售收入、混合销售中的非应税劳务销售额均为含税收入,在并入销售额征税时,应将其换算为不含税收入再并入销售额征税。

【例 2-3】 某增值税一般纳税人本月向某企业销售货物一批,开具增值税专用发票上注明的价款为 300 000 元,税款为 39 000 元;另开具一张普通发票收取运费 5 000 元,该企业经营范围中既有货物销售项目又有交通运输项目,且销售货物和运输服务分别核算。计算该企业本月的应税销售额。

解:应税销售额 = 300 000 + 5 000 ÷ (1 + 9%) = 304 587.16(元)

(二) 特殊销售方式下销售额的确定

在企业的实际销售活动中,为促进销售,会采用多种销售方式。不同的销售方式,销售额的确定有所不同。税法对以下几种销售方式销售额的确定作出规定。

(1) 采取折扣方式销售。折扣销售是在实现销售时同时发生的,是销售方在发生应税销售行为时,因购货方购货数量较大等原因而给予购货方的价格优惠。如果销售额和折扣额在同一张发票上的"金额"栏分别注明的,可按折扣后的余额作为销售额计算增值税;如果将折扣额另开发票,不得从销售额中减除折扣额。

注意 如销售额和折扣额未在同一张发票"金额"栏注明折扣额,而仅在发票的"备注"栏注明折扣额的,折扣额不得从销售额中减除。

在实际工作中要注意以下两点。

第一,折扣销售不同于销售折扣。销售折扣,又称现金折扣,是指销货方发生应税销售行为后,为了鼓励购货方及时偿还货款而给予购货方的一种折扣优待。表现形式如 2/10、1/20、*n*/30 等,销售折扣不得从销售额中减除。销售折扣又不同于销售折让。销售折让是指货物销售后,由于其品种、质量等原因购货方未予退货,但销货方需给予购货方的一种价格折让。对销售折让税法规定,应从当期的销项税额中扣减。销售折让可以通过开具红字增值税专用发票从销售额中减除,未按规定开具红字增值税专用发票的,不得扣减销项税额或销售额。

第二,折扣销售仅限于货物价格的折扣。如果销货方将自产、委托加工或购买的应税销售行为用于实物折扣的,则该实物款额不能从应税销售行为的销售额中减除,并且该实物应按视同销售货物中的"赠送他人"计算征收增值税。

【例 2-4】 某增值税一般纳税人甲公司销售给乙公司 2 000 套服装,每套不含税价格为 200 元,由于乙公司购买数量多,甲企业按原价的 8 折优惠销售(销售额和折扣额开具在同一张发票,在"金额"栏分别注明),并且为鼓励买方尽快付款,提供 1/10、*n*/20 的现金折扣,乙公司

于 10 日内支付货款。计算甲企业本月销售货物的销售额。

解:应税销售额＝2 000×200×80％＝320 000(元)

✎ **注意**

① 采取折扣方式销售,如果销售额和折扣额在同一张发票上的"金额"栏分别注明的,可按折扣后的余额作为销售额计算增值税。

② 销售折扣,又称现金折扣,是为了鼓励购货方及时偿还货款而给予的一种折扣优待,不得从销售额中减除。

(2) 采取以旧换新方式销售。采取以旧换新方式销售货物的,应按新货物的同期销售价格确定销售额,不得扣减旧货物的收购价格。对金银首饰以旧换新业务,可以按销售方实际收到的不含增值税的全部价款征收增值税。

✎ **注意** 以旧换新业务销售额的规定,一是考虑到销售货物与收购货物是两个不同的业务活动,销售额与收购额不能相互抵减;二是为了严格执行增值税的计算征收制度,防止出现销售额不实、减少纳税的现象。

(3) 采取还本销售方式销售。还本销售是指纳税人在销售货物后,到一定期限由销售方一次或分次退还给购货方全部或部分价款。这种方式实际上是一种筹资,是以货物换取资金的使用价值,到期还本不付息的方法。采用还本销售方式销售货物,其销售额就是货物的销售价格,不得从销售额中减除还本支出。

(4) 采取以物易物方式销售。以物易物是一种较为特殊的购销活动,是指购销双方不是以货币结算,而是以同等价款的货物相互结算,实现货物购销的一种方式。在实务中,有的纳税人认为以物易物不是购销行为,销货方收到购货方抵顶货款的货物,认为自己不是购货;购货方发出抵顶货款的货物,认为自己不是销货。这样的认识都是错误的。正确的处理方法应当是:采取以物易物方式销售的,以物易物双方都应做购销处理,以各自发出的货物核算销售额并计算销项税额;双方是否能够抵扣进项税额,主要依据是否能够取得对方开具的增值税专用发票或其他合法扣税凭证、换入的货物是否用于可抵扣进项税额的用途等因素。

(5) 包装物押金是否计入销售额。根据税法规定,纳税人为销售货物而出租出借包装物收取的押金,单独记账核算的,时间在 1 年以内且未过期的,不并入销售额征税。

但下列情况的包装物押金并入销售额征税。

① 逾期未退还的押金。"逾期"是指按合同约定实际逾期或以 1 年为期限,逾期未退还的押金并入销售额征税。

② 收取 1 年以上的押金,无论是否退还均并入销售额征税。

③ 对销售除啤酒、黄酒以外的其他酒类产品而收取的包装物押金,无论是否返还以及会计上如何核算,均应并入当期销售额征税。对销售啤酒、黄酒所收取的押金,按上述一般押金的规定处理。

✎ **注意** 在将包装物押金并入销售额征税时,需要先将该押金换算为不含税价,再并入销售额征税。

✎ **提示** 包装物租金不同于包装物押金,包装物租金作为价外费用计征增值税。

【例 2-5】 某白酒生产企业为增值税一般纳税人,本月向某商场批发白酒,开具增值税专用发票注明金额 200 万元,并收包装物押金 2 万元,约定 6 个月之后退还包装物。计算该企业本月的增值税计税销售额。

解:增值税计税销售额＝200＋2÷(1＋13％)＝201.77(万元)

注意 对销售除啤酒、黄酒以外的其他酒类产品而收取的包装物押金,无论是否返还以及会计上如何核算,均应并入当期销售额征税。

【例 2-6】 某啤酒生产企业为增值税一般纳税人,本月销售啤酒,开具增值税专用发票上注明金额 400 万元,收取包装物押金 11.3 万元,本月逾期未退还包装物押金 22.6 万元。计算该企业本月增值税销项税额。

解: 增值税销项税额＝400×13％＋22.6÷(1＋13％)×13％＝54.6(万元)

注意 啤酒包装物押金在逾期或收取超过 1 年时才缴纳增值税,收取时不征收增值税。

(6) 视同销售行为销售额的确定。视同销售行为是增值税税法规定的特殊销售行为。由于视同销售行为一般不以资金形式反映出来,因而会出现视同销售而无销售额的情况。根据《中华人民共和国增值税暂行条例》,纳税人发生应税销售行为的价格明显偏低并无正当理由的,由主管税务机关按照下列顺序核定其计税销售额。

① 按纳税人最近时期同类货物的平均销售价格确定。

② 按其他纳税人最近时期同类货物的平均销售价格确定。

③ 按组成计税价格确定。组成计税价格公式为

$$组成计税价格＝成本×(1＋成本利润率)$$

若征收增值税的货物同时又是应征消费税的应税货物时,其组成计税价格中还应包括消费税。其组成计税价格公式为

$$组成计税价格＝成本＋利润＋消费税税额$$

或

$$组成计税价格＝成本×(1＋成本利润率)÷(1－消费税税率)$$

其中,成本是指自产货物的实际生产成本或外购货物的实际采购成本;成本利润率按照国家税务总局的规定。但属于应从价定率征收消费税的货物,其组成计税价格公式中的成本利润率,则须按消费税的有关规定计算。

【例 2-7】 某服装厂将自产的一批服装作为福利发给本厂职工,该批产品生产成本共计 20 万元,成本利润率为 10％。

假设 1:该服装厂最近时期同类产品的不含增值税平均售价为 28 万元。

假设 2:该服装厂没有最近时期同类产品的销售价格。

分别计算两种假设下计征增值税的销售额。

解: 假设 1:计税销售额＝28 万元。

假设 2:计税销售额＝组成计税价格＝20×(1＋10％)＝22(万元)。

注意 有最近时期同类货物销售价格的,视同销售行为的销售额按同类货物销售价格确定;没有最近时期同类货物销售价格的,视同销售行为的销售额按组成计税价格确定。

(三) 销项税额的计算

销项税额是在确定销售额的基础上,用不含税销售额乘以税率(或征收率)即为增值税销项税额。计算公式为

$$销项税额＝销售额×适用税率$$

诚信纳税 为推进会计诚信体系建设、提高会计人员职业道德水平,财政部制定印发了《会计人员职业道德规范》,这是我国首次制定全国性的会计人员职业道德规范。一是"坚持诚

信,守法奉公",这是对会计人员的自律要求,做一个干净的会计从业人员。二是"坚持准则,守责敬业",这是对会计人员的履职要求,做一个担当的会计从业人员。三是"坚持学习,守正创新",这是对会计人员的发展要求,做一个进取的会计从业人员。

二、进项税额的计算

进项税额是指纳税人购进货物、加工修理修配劳务、服务、无形资产或者不动产,支付或者负担的增值税额。

(一)准予从销项税额中抵扣的进项税额

根据《中华人民共和国增值税暂行条例》的规定,准予从销项税额中抵扣的进项税额,限于下列增值税扣税凭证上注明的增值税税额和按规定的扣除率计算的进项税额。

(1)从销售方取得的增值税专用发票(含税控机动车销售统一发票)上注明的增值税税额。

(2)从海关取得的海关进口增值税专用缴款书上注明的增值税税额。

(3)购进农产品进项税的扣除。

① 纳税人购进农产品,取得一般纳税人开具的增值税专用发票或海关进口增值税专用缴款书的,以增值税专用发票或海关进口增值税专用缴款书上注明的增值税税额为进项税额。

② 从按照简易计税方法依照3%征收率计算缴纳增值税的小规模纳税人取得增值税专用发票的,以增值税专用发票上注明的金额和9%的扣除率计算进项税额。

③ 纳税人取得(开具)农产品销售发票或收购发票的,以农产品销售发票或收购发票上注明的农产品买价和9%的扣除率计算进项税额。

④ 纳税人购进用于生产或者委托加工13%税率货物的农产品,按照10%的扣除率计算进项税额。其中,9%是凭票据实抵扣或凭票计算抵扣进项税额,1%是在生产领用农产品当期加计抵扣进项税额。

以取得农产品销售发票或收购发票按照农产品买价计算抵扣为例,如果是超市(一般纳税人)从果园购进水果后直接对外销售,其可以抵扣的进项税额为

$$进项税额=购进水果的买价×9\%$$

如果是食品加工企业(一般纳税人)从果园购进水果加工生产果汁,其可以抵扣的进项税额如下。

购入当期凭票计算抵扣:

$$进项税额=购进水果的买价×9\%$$

生产领用当期加计抵扣:

$$进项税额=购进水果的买价×9\%÷9\%×1\%$$

即购进时按9%,生产领用当期加计1%。

提示 所谓"农产品",是指直接从事植物的种植、收割和动物的饲养、捕捞的单位与个人销售的自产农业产品。

(4)对烟叶税纳税人按规定缴纳的烟叶税,准予并入烟叶产品的买价计算增值的进项税额,并在计算缴纳增值税时予以抵扣。计算公式如下:

$$准予抵扣的进项税额=(烟叶收购金额+烟叶税应纳税额)×扣除率$$

烟叶收购金额包括纳税人支付给烟叶销售者的烟叶收购价款和价外补贴,价外补贴统一

按烟叶收购价款的 10% 计算。

$$烟叶收购金额＝烟叶收购价款×(1+10\%)$$
$$烟叶税应纳税额＝烟叶收购金额×烟叶税税率(20\%)$$

(5) 自境外单位或者个人购进劳务、服务、无形资产或者境内的不动产,从税务机关或者扣缴义务人处取得的代扣代缴税款的完税凭证上注明的增值税税额。

(6) 纳税人取得不动产或者不动产在建工程的进项税额不再分 2 年抵扣,而是采取一次性抵扣。此前按照上述规定尚未抵扣完毕的待抵扣进项税额,可自 2019 年 4 月税款所属期起从销项税额中抵扣。

(7) 纳税人购进国内旅客运输服务,其进项税额允许从销项税额中抵扣。抵扣凭证包括增值税专用发票、增值税电子普通发票、注明旅客身份信息的航空运输电子客票行程单、铁路车票、公路、水路等其他客票。

① 取得增值税电子普通发票的,为发票上注明的税额。电子普通发票上注明的购买方"名称""纳税人识别号"等信息,应当与实际抵扣税款的纳税人一致,否则不予抵扣。

② 取得注明旅客身份信息的航空运输电子客票行程单的,按照下列公式计算项税额:

$$航空旅客运输进项税额＝(票价+燃油附加费)÷(1+9\%)×9\%$$

注意 不包括代收的"民航发展基金"。

③ 取得注明旅客身份信息的铁路车票的,按照下列公式计算进项税额:

$$铁路旅客运输进项税额＝票面金额÷(1+9\%)×9\%$$

④ 取得注明旅客身份信息的公路、水路等其他客票的,按照下列公式计算进项税额:

$$公路、水路等其他旅客运输进项税额＝票面金额÷(1+3\%)×3\%$$

⑤ 国内旅客运输服务,限于与本单位签订了劳动合同的员工,以及本单位作为用工单位接受的劳务派遣员工发生的国内旅客运输服务。

(8) 纳税人支付的收费公路通行费(道路、桥、闸通行费),其中,支付的道路通行费按照收费公路通行费增值税电子普通发票上注明的增值税税额抵扣进项税额;支付的桥、闸通行费,暂凭取得的通行费发票上注明的收费金额计算可抵扣的进项税额。计算公式为

$$桥、闸通行费可抵扣进项税额＝桥、闸通行费发票上注明的金额÷(1+5\%)×5\%$$

注意 一般纳税人购买或销售免税货物(购进免税农业产品除外)所发生的运输费用,不得计算进项税额进行抵扣。

(9) 纳税人租入固定资产、不动产,既用于一般计税方法计税项目,又用于简易计税方法计税项目、免征增值税项目、集体福利或者个人消费的,其进项税额准予从销项税额中全额抵扣。

提示 若涉及的固定资产、无形资产(不包括其他权益性无形资产)、不动产专用于简易计税方法计税项目、免征增值税项目、集体福利或者个人消费,则不能抵扣。

【例 2-8】 某企业为增值税一般纳税人,本月发生如下业务。

(1) 购进一批货物,取得的增值税专用发票上注明的金额为 20 万元,增值税税额为 2.6 万元。

(2) 从农民手中购入免税农产品一批,用于直接对外销售,税务机关批准使用的收购发票上注明收购金额为 8.5 万元。

(3) 购置生产用机器设备 2 台,取得的增值税专用发票上注明的增值税税额为 13 万元,支付运输费用取得运输公司开具的增值税专用发票注明金额为 2 万元。

计算该企业本月购进货物可以抵扣的进项税额。

解：(1)增值税专用发票上注明的金额为不含税销售额，增值税额为可抵扣进项税额：

$$进项税额=2.6 万元$$

(2)购进免税农产品直接销售，按照收购发票上注明的农产品买价和9%的扣除率计算进项税额：

$$进项税额=8.5\times9\%=0.765(万元)$$

(3)购置生产用机器设备2台，取得的增值税专用发票上注明的增值税税额为13万元；取得运输公司开具的增值税专用发票注明金额为2万元：

$$进项税额=13+2\times9\%=13.18(万元)$$

$$该企业本月购进货物可以抵扣的进项税额=2.6+0.765+13.18=16.545(万元)$$

(二)不得从销项税额中抵扣的进项税额

按《中华人民共和国增值税暂行条例》和《财政部国家税务总局关于全面推开营业税改征增值税试点的通知》规定，下列项目的进项税额不得从销项税额中抵扣。

(1)用于简易计税方法计税项目的购进货物、加工修理修配劳务、服务、无形资产和不动产的进项税额。简易计税方法是指一般纳税人发生财政部和国家税务总局规定的特定应税行为，可以选择适用简易计税方法计税，适用简易计税方法计税的一般纳税人，其取得的用于简易计税方法计税项目的进项税额不得抵扣。例如，房地产开发企业一般纳税人销售自行开发的房地产老项目、一般纳税人为建筑工程老项目提供的建筑服务等。

【例2-9】 某房地产开发企业为增值税一般纳税人，本月购买涂料用于开发建设的房地产项目，该项目使用简易计税方法计税。取得增值税专用发票注明金额为100 000元，进项税额为13 000元，请分析该笔业务能否抵扣进项税额。

解：该批材料用于适用简易计税方法的房地产老项目，进项税额不得抵扣，应直接计入成本。

(2)用于免征增值税项目的购进货物、加工修理修配劳务、服务、无形资产和不动产的进项税额。免征增值税是指财政部及国家税务总局规定的免征增值税的项目。例如，养老机构提供的养老服务、婚姻介绍服务、从事学历教育的学校提供的教育服务、农业生产者销售的自产农产品等。

(3)用于集体福利的购进货物、加工修理修配劳务、服务、无形资产和不动产的进项税额。集体福利是指纳税人为内部职工提供的各种内设福利部门所发生的设备、设施等费用，包括职工食堂、职工浴室、理发室、医务所、托儿所、疗养院等集体福利部门的设备、设施及维修保养费用。

(4)用于个人消费的购进货物、加工修理修配劳务、服务、无形资产和不动产的进项税额。个人消费是指纳税人内部职工个人消费的货物、劳务及服务等所发生的费用。例如，交际应酬消费、职工个人的车辆加油费等。纳税人的交际应酬消费属于个人消费。

上述(1)至(4)情形中，如涉及固定资产、无形资产、不动产的，仅指专用于上述项目的固定资产、无形资产(不包括其他权益性无形资产)、不动产。若纳税人取得的进项税额同时用于正常缴纳增值税项目和简易计税方法计税项目、免征增值税项目、集体福利或者个人消费的，则进项税额可以抵扣。

提示 以一般纳税人某企业购入汽车为例，如该汽车专门用于接送职工上下班，进项税额不得抵扣；如该汽车既用于生产经营活动(一般计税方法计税项目)，又用于接送职工上下班，进项税额准予全额抵扣。

（5）非正常损失的购进货物及相关的加工修理修配劳务和交通运输服务的进项税额。非正常损失的购进货物是指因管理不善造成货物被盗、丢失、霉烂变质，以及因违反法律、法规造成货物或不动产被依法没收、销毁、拆除的情形。该货物及相关的加工修理修配劳务和交通运输服务所对应的进项税额不得抵扣。

👉 **注意** 非正常损失是由纳税人自身原因造成导致征税对象实体的灭失，为保证税负公平，其损失不应由国家承担，因而纳税人无权要求抵扣进项税额。

【例 2-10】 某企业为增值税一般纳税人，本月因管理不善霉烂变质材料一批，该批材料购买时，取得增值税专用发票注明金额为 100 000 元，进项税额为 13 000 元，该笔进项税额已抵扣。假设无相关责任人赔偿，分析该批材料的进项税额如何处理。

解：本题因管理不善造成货物霉烂变质，属于非正常损失。非正常损失的购进货物，其取得的进项税额不得抵扣，故该笔进项税额应做进项税额转出处理。

（6）非正常损失的在产品、产成品所耗用的购进货物（不包括固定资产）、加工修理修配劳务和交通运输服务的进项税额。非正常损失的在产品、产成品所耗用的购进货物、加工修理修配劳务和交通运输服务是指因管理不善造成在产品、产成品被盗、丢失、霉烂变质，以及因违反法律、法规造成在产品、产成品被依法没收、销毁、拆除的情形。该在产品、产成品所耗用的购进货物、加工修理修配劳务和交通运输服务所对应的进项税额不得抵扣。

（7）非正常损失的不动产，以及该不动产所耗用的购进货物、设计服务、建筑服务的进项税额。非正常损失的不动产是指因管理不善造成不动产被盗、丢失、霉烂变质，以及因违反法律、法规造成不动产被依法没收、销毁、拆除的情形。该不动产以及该不动产所耗用的购进货物、设计服务和建筑服务所对应的进项税额不得抵扣。

上述所称货物，是指构成不动产实体的材料和设备，包括建筑装饰材料和给排水、采暖、卫生、通风、照明、通信、煤气、消防、中央空调、电梯、电气、智能化楼宇设备及配套设施。

（8）非正常损失的不动产在建工程所耗用的购进货物、设计服务和建筑服务的进项税额。纳税人新建、改建、扩建、修缮、装饰不动产，均属于不动产在建工程。非正常损失的不动产在建工程所耗用的购进货物、设计服务和建筑服务是指因管理不善造成不动产在建工程被盗、丢失、霉烂变质，以及因违反法律、法规造成不动产在建工程被依法没收、销毁、拆除的情形。该不动产在建工程所耗用的购进货物、设计服务和建筑服务所对应的进项税额不得抵扣。所称货物，是指构成不动产实体的材料和设备，包括建筑装饰材料和给排水、采暖、卫生、通风、照明、通信、煤气、消防、中央空调、电梯、电气、智能化楼宇设备及配套设施。

（9）购进的贷款服务的进项税额。贷款服务是指将资金贷与他人使用而取得利息收入的业务活动。例如：银行提供的贷款服务、金融商品持有期间利息收入、信用卡透支利息收入、买入返售金融商品利息收入、融资融券收取的利息收入，以及融资性售后回租、押汇、罚息、票据贴现、转贷等业务取得的利息及利息性质的收入。纳税人取得的贷款服务的进项税额不得抵扣。

（10）购进的餐饮服务的进项税额。餐饮服务是指通过同时提供饮食和饮食场所的方式为消费者提供饮食消费服务的业务活动，纳税人取得的餐饮服务的进项税额不得抵扣。

（11）购进的居民日常服务的进项税额。居民日常服务是指主要为满足居民个人及其家庭日常生活需求提供的服务，包括市容市政管理、家政、婚庆、养老、殡葬、照料和护理、救助救济、美容美发、按摩、桑拿、氧吧、足疗、沐浴、洗染、摄影扩印等服务。纳税人取得的居民日常服务的进项税额不得抵扣。

（12）购进的娱乐服务的进项税额。娱乐服务是指为娱乐活动同时提供场所和服务的业务，具体包括歌厅、舞厅、夜总会、酒吧、台球、高尔夫球、保龄球、游艺（包括射击、狩猎、跑马、游戏机、蹦极、卡丁车、热气球、动力伞、射箭、飞镖）。纳税人取得的娱乐服务的进项税额不得抵扣。

（13）纳税人取得的增值税扣税凭证不符合法律、行政法规或者国家税务总局有关规定的，其进项税额不得从销项税额中抵扣。纳税人凭完税凭证抵扣进项税额的，应当具备书面合同、付款证明和境外单位的对账单或者发票。资料不全的，其进项税额不得从销项税额中抵扣。

【例 2-11】 A 企业为增值税一般纳税人，本月境外 B 企业向其提供咨询服务，A 企业对 B 企业代扣代缴增值税 6 000 元，但 A 企业不能够提供与该业务相关的境外单位的对账单或者发票。A 企业能否对该业务抵扣增值税进项税额？

解：因 A 企业不能够提供与该业务相关的境外单位的对账单或者发票，故该笔进项税额不得抵扣。

（14）国务院财政部、国家税务总局规定的其他情形。

三、应纳税额的计算

（一）增值税应纳税额计算

一般纳税人在计算出销项税额和进项税额后，两者相减就可以得出当期实际应纳税额：

$$应纳税额＝当期销项税额－当期进项税额$$

提示 销项税额与进项税额相减的结果有三种情况。

销项税额－进项税额＞0，即为当期实际应纳税额。

销项税额－进项税额＝0，当期实际应纳税额为零。

销项税额－进项税额＜0，形成留抵税额，待下期继续抵扣。

（二）增值税纳税义务发生的时间

对于一般纳税人计算销项税额的时间，《中华人民共和国增值税暂行条例》做了严格规定。

1. 一般规定

（1）销售货物、劳务、服务、无形资产或不动产，纳税义务发生时间为收讫销售款或取得索取销售款凭据的当天。先开具发票的，为开具发票的当天。

（2）进口货物，纳税义务发生时间为报关进口的当天。

（3）增值税扣缴义务发生时间为增值税纳税义务发生的当天。

2. 具体规定

（1）纳税人采取直接收款方式销售货物，不论货物是否发出，均为收到销售款或者取得索取销售款凭据的当天。

（2）采取托收承付和委托银行收款方式销售货物，为发出货物并办妥托收手续的当天。

（3）纳税人采取赊销或者分期收款方式销售货物，签订书面合同的，为书面合同约定的收款日期的当天，无书面合同的或者书面合同没有约定收款日期的，为货物发出的当天。

（4）纳税人采取预收货款方式销售货物，为货物发出的当天。生产销售生产工期超过 12 个月的大型机械设备、船舶、飞机等特定货物，为收到预收款或者书面合同约定的收款日期的当天。

（5）纳税人委托其他纳税人代销货物，为收到代销单位的代销清单或者收到全部或者部分货款的当天。未收到代销清单及货款的，为发出代销货物满180天的当天。

（6）纳税人销售应税劳务，为提供劳务同时收讫销售款或取得索取销售款的凭据的当天。

（7）纳税人发生除将货物交付其他单位或者个人代销和销售代销货物以外的视同销售货物行为，为货物移送的当天。

（8）纳税人提供（有形动产和不动产）租赁服务采取预收款方式的，为收到预收款的当天。

（9）纳税人从事金融商品转让的，为金融商品所有权转移的当天。

（10）纳税人发生视同销售服务、无形资产或者不动产情形的，其纳税义务发生时间为服务、无形资产转让完成的当天或者不动产权属变更的当天。

（11）纳税人提供建筑服务，被工程发包方从应支付的工程款中扣押的质押金、保证金，未开具发票的，以纳税人实际收到质押金、保证金的当天为纳税义务发生时间。

（三）增值税进项税额的抵扣期限

（1）自2020年3月1日起，增值税一般纳税人取得2017年1月1日及以后开具的增值税专用发票、海关进口增值税专用缴款书、机动车销售统一发票、收费公路通行费增值税电子普通发票，取消认证确认、稽核比对、申报抵扣的期限。纳税人在进行增值税纳税申报时，应当通过本省（自治区、直辖市和计划单列市）增值税发票综合服务平台对上述扣税凭证信息进行用途确认。

（2）增值税一般纳税人取得2016年12月31日及以前开具的增值税专用发票、海关进口增值税专用缴款书、机动车销售统一发票，超过认证确认、稽核比对、申报抵扣期限，但符合规定条件的，仍可按照《国家税务总局关于逾期增值税扣税凭证抵扣问题的公告》（2011年第50号，国家税务总局公告2017年第36号、2018年第31号修改）、国家税务总局《关于未按期申报抵扣增值税扣税凭证有关问题的公告》（2011年第78号，国家税务总局公告2018年第31号修改）规定，继续抵扣进项税额。

（3）自2019年4月1日起，纳税人购进国内旅客运输服务的进项税额允许抵扣。

（4）扣减发生期进项税额（又称进项税额转出）的规定：如果已经抵扣进项税额的购进货物、劳务、服务、无形资产或不动产，事后又发生了税法规定的不得抵扣进项税额的情况，如用于非应税项目、免税项目、集体福利或者个人消费、购进货物发生非正常损失、在产品或产成品发生非正常损失等，应将该项购进货物或应税劳务的进项税额从当期发生的进项税额中扣减，无法准确确定该项进项税额的，按当期实际成本计算应扣减的进项税额。

注意 所称"从当期发生的进项税额中扣减"，是指已抵扣进项税额的购进货物、劳务、服务、无形资产或不动产是在哪一个时期发生不得抵扣进项税额的情况的，就从这个发生期内纳税人的进项税额中扣减，而无须追溯到这些购进货物或应税劳务抵扣进项税额的那个时期。

（5）销货退回或折让涉及销项税额和进项税额的税务处理。一般纳税人销售货物或应税劳务，在开具增值税专用发票后，发生销货退回或折让、开票有误等情形，应按国家税务总局有关规定开具红字增值税专用发票。

税法规定，一般纳税人因销货退回或折让而退还给购买方的增值税税额，应从发生销货退回或折让当期的销项税额中扣减；因进货退出或折让而收回的增值税税额，应从发生进货退出或折让当期的进项税额中扣减。

诚信纳税 近日,上海税务部门与上海市历史博物馆深度合作,联合组织"跟着文物学税法"青少年税收普法专题活动,邀请中学生走进博物馆探文物、学税法。"如果税收文物会说话,那么它会告诉你,中国历史上最早的税务机构诞生于何时"活动中,来自国家税务总局上海市长宁区税务局的税务干部,结合馆藏税收文物,从发票的前世今生、印花税等税种的变迁等方面为学生们普及税法知识。上海市税务局党委委员、总会计师余静表示,下阶段,该市税务部门将持续深化与上海历史博物馆的税收普法共建,积极拓展税收普法阵地,创新打造精品税收普法项目,建立青少年税收法治宣传教育长效机制,进一步完善税务部门、学校和社会共同参与的青少年税收法治宣传教育格局。

任务四　简易计税方法应纳税额计算

一、小规模纳税人简易计税方法

(一)应纳税额计算公式

小规模纳税人销售货物或者应税劳务,实行简易办法计算增值税税额。应纳税额计算公式如下:

$$应纳税额＝销售额×征收率$$

这里的"销售额"与一般纳税人计算销项税额时的销售额是一致的,都是销售货物或提供应税劳务向购买方收取的全部价款和价外费用,但是不含按征收率收取的增值税税额。

小规模纳税人按简易办法计征增值税,其购进货物取得的增值税专用发票,不得抵扣进项税额。

自 2004 年 12 月 1 日起,增值税小规模纳税人购置税控收款机经主管税务机关审核批准后,可凭购进税控收款机取得的增值税专用发票,按照发票上注明的增值税税额,抵免当期应纳增值税,或者按照购进税控收款机取得的增值税普通发票上注明的价款,依下列公式计算可抵免的税额,当期应纳税额不足抵免的,未抵免的部分可在下期继续抵免:

$$可抵免的税额＝价款÷(1＋适用税率)×适用税率$$

(二)小规模纳税人的征收率

除按规定适用 5% 征收率的以外,其他应税销售行为均适用 3% 的征收率,自 2023 年 1 月 1 日至 2027 年 12 月 31 日减按 1% 的征收率。

1. 适用 5% 征收率的情形

(1)销售不动产、开展不动产租赁、转让土地使用权选择简易计税的,提供劳务派遣服务、安全保护服务选择差额纳税的,征收率为 5%。

(2)个人出租住房,按照 5% 的征收率减按 1.5% 计算应纳税额。

(3)小规模纳税人销售自己使用过的固定资产、旧货,减按 2% 的征收率计算增值税。销售自己使用过的除固定资产、旧货以外的物品,应按 3% 的征收率计算增值税。

提示 旧货是指进入二次流通的具有部分使用价值的货物(含旧汽车、旧摩托车和旧游艇),但不包括自己使用过的物品。

(4) 其他个人销售其取得(不含自建)的不动产(不含其购买的住房),按照 5% 的征收率计算应纳税额。

(5) 其他个人出租其取得的不动产(不含住房),应按照 5% 的征收率计算应纳税额。

2. 其他应税销售行为均适用 3% 的征收率

【例 2-12】 某个体工商户为按月申报的增值税小规模纳税人,2024 年 12 月发生如下业务。

(1) 从另一个体工商户处购进一批运动服,货款为 12 万元,增值税税额为 0.12 万元。

(2) 销售 1 000 套运动服,每套销售价格为 101 元,12 月共取得销售额为 10.1 万元。

计算该个体工商户当月增值税应纳税额。

解:该小规模纳税人适用简易计税方法计税,购进商品进项税额不能抵扣。

自 2023 年 1 月 1 日至 2027 年 12 月 31 日,增值税小规模纳税人适用 3% 征收率的应税销售收入,减按 1% 的征收率征收增值税。

$$不含税销售额=10.1\div(1+1\%)=10(万元)$$
$$应纳税额=10\times1\%=0.1(万元)$$

诚信纳税 在早康枸杞股份有限公司的枸杞地里,茨农正在给枸杞苗施肥、培土、剪枝。"一年之计在于春,2024 年又是信心饱满的一年。"早康枸杞股份有限公司财务负责人魏玉华说,2023 年,在税务部门辅导下,精准享受各项税费减免达 454 万余元,这份税惠红利推动企业做大做强,实现了枸杞产品从种植到分拣、加工、包装、冷藏保鲜的一条龙式产业链发展。2024 年,宁夏税务部门聚焦企业、专业合作社涉税需求,送政策,为春耕备耕提供税务支持,让政策红利尽快从"纸上"落到企业"账上"。为助力农业发展,帮助农户增收,税务部门了解涉农企业办税难题,现场解决纳税人"急难愁盼"问题。同时还依托大数据平台深入筛选研判,分类整理制作涉农企业税费优惠政策专属"礼包",开展送政策上门活动,精准"浇灌"税费"活水",为纳税人送上"真金白银"。此外,税务部门持续畅通线上各类沟通渠道,帮助纳税人"一次不用跑"解决网上通办业务,同时积极推广延时服务制度,为纳税人提供便利的税费服务。

二、一般纳税人简易计税方法

(一)应纳税额计算公式

一般纳税人发生以下应税行为可选择适用简易计税办法计算增值税税额。应纳税额计算公式为

$$应纳税额=销售额\times征收率$$

提示 一般纳税人选择简易办法计算缴纳增值税后,36 个月内不得变更。

(二)一般纳税人的征收率

1. 适用 3% 征收率的范围

(1) 增值税一般纳税人生产销售下列货物,可以选择简易计税方法计税,征收率是 3%。

① 县级及县级以下小型水力发电单位生产的电力。

② 建筑用和生产建筑材料所用的沙、土、石料。

③ 自己采掘的沙、土、石料或其他矿物生产的砖、瓦、石灰(不含黏土实心砖、瓦)。

④ 商品混凝土(仅限于以水泥为原料生产的水泥混凝土)。

⑤ 用微生物、微生物代谢产物、动物毒素、人或动物的血液或组织制成的生物制品。

⑥ 自来水。

⑦ 典当业销售死当物品。

⑧ 寄售商店代销寄售物品(包括居民个人寄售的物品)。

⑨ 经国务院或国务院授权机关批准的免税商店零售的免税品。

⑩ 生产销售和批发零售罕见病药品及抗癌药。

上述①至⑥项须是纳税人自产货物。

(2) 增值税一般纳税人销售下列服务,可以选择简易计税方法计税,征收率为3%。

① 公共交通运输服务。公共交通运输服务包括轮客渡、公交客运、地铁、城市轻轨、出租车、长途客运班车。

② 经认定的动漫企业为开发动漫产品提供的动漫脚本编撰、形象设计、背景设计、动画设计、分镜、动画制作、摄制、描线、上色、画面合成、配音、配乐、音效合成、剪辑、字幕制作、压缩转码(面向网络动漫、手机动漫格式适配)服务,以及在境内转让动漫版权(包括动漫品牌、形象或者内容的授权及再授权)。

③ 电影放映服务、仓储服务、装卸搬运服务、收派服务和文化体育服务。

④ 以纳入"营改增"试点之日前取得的有形动产为标的物提供的经营租赁服务。

⑤ 在纳入"营改增"试点之日前签订的尚未执行完毕的有形动产租赁合同。

⑥ 提供物业管理服务的纳税人,向服务接受方收取的自来水水费。

⑦ 非企业性单位中的一般纳税人提供的研发和技术服务、信息技术服务、鉴证咨询服务,以及销售技术、著作权等无形资产,提供技术转让、技术开发和与之相关的技术咨询、技术服务。

⑧ 一般纳税人提供非学历教育服务、教育辅助服务。

⑨ 公路经营企业中的一般纳税人收取营改增试点前开工的高速公路的车辆通行费。

(3) 增值税一般纳税人提供的建筑服务,可以选择简易计税方法计算应纳增值税额,征收率为3%。

① 一般纳税人以清包工方式提供的建筑服务,可以选择适用简易计税。以清包工方式提供建筑服务,是指施工方不采购建筑工程所需的材料或只采购辅助材料,并收取人工费、管理费或者其他费用的建筑服务。

② 一般纳税人为甲供工程提供的建筑服务,可以选择适用简易计税方法计税。甲供工程是指全部或部分设备、材料、动力由工程发包方自行采购的建筑工程。

③ 一般纳税人销售自产机器设备的同时提供安装服务,应分别核算机器设备和安装服务的销售额,安装服务可以按照甲供工程选择适用简易计税方法计税。

④ 一般纳税人销售外购机器设备的同时提供安装服务,如果已经按照兼营的有关规定,分别核算机器设备和安装服务的销售额,安装服务可以按照甲供工程选择适用简易计税方法计税。

⑤ 一般纳税人为建筑工程老项目提供的建筑服务,可以选择适用简易计税方法计税。

建筑工程老项目是指建筑工程施工许可证注明的合同开工日期在2016年4月30日以前

的建筑工程项目;未取得建筑工程施工许可证的,建筑工程承包合同注明的开工日期在 2016 年 4 月 30 日以前的建筑工程项目。

⑥ 一般纳税人跨县(市)提供建筑服务,选择适用简易计税方法计税的,应以取得的全部价款和价外费用扣除支付的分包款后的余额为销售额,按照 3% 的征收率计算应纳税额。

⑦ 建筑工程总承包单位为房屋建筑的地基与基础、主体结构提供工程服务,建设单位自行采购全部或部分钢材、混凝土、砌体材料、预制构件的,适用简易计税方法计税。

(4) 一般纳税人销售未经抵扣过进项税的固定资产按照简易办法 3% 征收率减按 2% 征收增值税。

✍ **注意** ①一般纳税人销售自己使用过的固定资产,购进时抵扣进项的,销售时按照适用税率计算增值税;购进时未抵扣进项的,按照简易办法依照 3% 征收率减按 2% 征收增值税。②销售自己使用过的除固定资产以外的物品,按照适用税率计算增值税。

(5) 一般纳税人销售旧货,按照简易办法依照 3% 征收率减按 2% 征收增值税。

2. 适用 5% 征收率的范围

(1) 销售不动产。

① 一般纳税人销售其 2016 年 4 月 30 日前取得的不动产,可以选择适用简易计税方法,按照 5% 的征收率计算应纳税额。

② 房地产开发企业中的一般纳税人销售自行开发的房地产老项目,可以选择适用简易计税方法按照 5% 的征收率计税。

(2) 不动产经营租赁服务。一般纳税人出租其 2016 年 4 月 30 日前取得的不动产,可以选择适用简易计税方法,按照 5% 的征收率计算应纳税额。小规模纳税人出租其取得的不动产(不含个人出租住房),应按照 5% 的征收率计算应纳税额。

(3) 一般纳税人转让 2016 年 4 月 30 日前取得的土地使用权,可以选用简易方法计税,按照 5% 的征收率计算缴纳增值税。

(4) 一般纳税人提供劳务派遣服务,选择按照差额计税的,征收率为 5%。

(5) 一般纳税人提供人力资源外包服务,选择简易计税方法计税的,按照 5% 的征收率计算缴纳增值税。

(6) 纳税人提供安全保护服务,选择差额纳税的,按照 5% 的征收率计算缴纳增值税。

(7) 中外合作油(气)田开采的原油、天然气按实物征收增值税,征收率为 5%。

诚信纳税 西部陆海新通道北接丝绸之路经济带,南连 21 世纪海上丝绸之路,协同衔接长江经济带,逐渐成为共建"一带一路"的标志性项目,跨山越海让西部联结世界。2024 年 4 月 26 日,在国家税务总局和重庆市委市政府指导支持下,西部陆海新通道沿线的重庆、广西、贵州、甘肃、青海、新疆、云南、宁夏、陕西、四川、内蒙古、西藏、海南 13 个省(区、市)及广东省湛江市、湖南省怀化市税务机关,在重庆共同签署《高水平服务西部陆海新通道建设跨区域税务合作框架协议》,明确 8 项合作内容,建立跨区域税务合作机制,携手助力西部陆海新通道加快成为内畅外联的开放通道、发展通道、战略通道。根据《高水平服务西部陆海新通道建设跨区域税务合作框架协议》,"13+2"省区市税务局将围绕西部陆海新通道经营主体的实际涉税(费)需求,以着眼构建国内大市场,推动政策执行协同、税收管理协作、优化税收营商环境等 8 项合作,促进将区位优势、通道优势转化为开放发展的优势,为高质量推进中国式现代化税务实践注入新动力,开辟新篇章。

任务五　出口货物退(免)税

增值税的出口货物退(免)税是国家为了鼓励出口,增强本国出口货物在国际市场上的竞争能力而采用的一种税收措施。出口货物退税是国家对报关出口的货物在出口前所缴纳的税金退还给出口企业。出口货物免税是国家对报关出口的符合规定的货物在出口环节实行零税率或免税,从而实现出口环节不纳税。

一、出口货物退(免)税基本政策

我国出口货物退(免)税政策目前分为以下三种形式。

1. 出口免税并退税

出口免税是指对货物、劳务和跨境应税行为在出口销售环节免征增值税,这是把货物、劳务和跨境应税行为出口环节与出口前的销售环节都同样视为一个征税环节;出口退税是指对货物、劳务和跨境应税行为在出口前实际承担的税收负担,按规定的退税率计算后予以退还。

2. 出口免税但不退税

出口不退税是指适用这个政策的出口货物、劳务和跨境应税行为因在前一道生产、销售环节或进口环节是免税的,因此,出口时该货物、劳务和跨境应税行为的价格中本身就不含税,也无须退税。

3. 出口不免税也不退税

出口不免税是指对国家限制或禁止出口的某些货物、劳务和跨境应税行为的出口环节视同内销环节,照常征税;出口不退税是指对这些货物、劳务和跨境应税行为出口不退还出口前其所负担的税款。

> **诚信纳税**　向新质生产力要增长新动能,是山东建设绿色低碳高质量发展先行区的一条明确路径。2024年山东省税务部门推出"一揽子"服务举措,全面落实五大类96项支持绿色发展的税费优惠政策,帮助企业抢占新一轮绿色发展新高地。不仅如此,山东税务部门持续完善"便民利企"服务机制,推进跨区通办,以"春雨润苗"专项行动助力科技型中小企业发展,多项举措叠加,为培育发展新质生产力蓄势赋能。

二、出口货物的退税率

除财政部和国家税务总局根据国务院规定而明确的增值税出口退税率和特殊规定外,出口货物、服务和无形资产的退税率为其适用税率。

出口货物的退税率,是出口货物的实际退税额与退税计税依据的比例。现行出口货物的增值税退税率有13%、10%、9%、6%和零税率五档。

适用不同退税率的货物、劳务、服务,应分开报关、核算并申报退(免)税,未分开报关、核算或划分不清的,从低适用退税率。

三、出口货物退税额的计算

适用增值税退(免)税政策的出口货物、劳务、服务和无形资产,按照下列规定实行增值税"免、抵、退"税或"免、退"税办法。

(一)"免、抵、退"的计算方法

"免、抵、退"税办法适用境内增值税一般计税方法的生产企业出口自产货物和视同自产货物及对外提供加工修理修配劳务,以及《财政部 国家税务总局关于出口货物劳务增值税和消费税政策的通知》(财税〔2012〕39号)附件5列名生产企业出口非自产货物,免征增值税,相应的进项税额抵减应纳增值税税额(不包括适用增值税即征即退、先征后退政策的应纳增值税税额),未抵减完的部分予以退还。

"免、抵、退税"办法的适用范围:

(1) 生产企业自产货物和视同自产货物及对外提供加工修理修配劳务。

(2) 列名生产企业出口非自产货物。

(3) 适用一般计税方法的零税率应税服务提供者提供零税率应税服务。

(4) 外贸企业直接将服务或自行研发的无形资产出口。

实行"免、抵、退"税管理办法的"免"税是指免征出口环节增值税;"抵"税是指外销相应的进项税额抵减内销应纳增值税额(不包括适用增值税即征即退、先征后退政策的应纳增值税额);"退"税是指未抵减完的部分予以退还。具体计算方法如下。

1. 当期应纳税额的计算

当期应纳税额=当期销项税额-(当期进项税额-当期不得免征和抵扣税额)

当期不得免征和抵扣税额=当期出口货物离岸价格×外汇人民币折合率

×(出口货物适用税率-出口货物退税率)

-当期不得免征和抵扣税额抵减额

当期不得免征和抵扣税额抵减额=当期免税购进原材料价格×(出口货物适用税率

-出口货物退税率)

2. 当期"免、抵、退"税额的计算

当期"免、抵、退"税额=当期出口货物离岸价×外汇人民币折合率

×出口货物退税率-当期"免、抵、退"税额抵减额

当期"免、抵、退"税额抵减额=当期免税购进原材料价格×出口货物退税率

3. 当期应退税额和免抵税额的计算

(1) 若当期期末留抵税额≤当期"免、抵、退"税额,则

当期应退税额=当期期末留抵税额

当期免抵税额=当期"免、抵、退"税额-当期应退税额

(2) 若当期期末留抵税额>当期"免、抵、退"税额,则

当期应退税额=当期"免、抵、退"税额

当期免抵税额=0

当期期末留抵税额为当期增值税纳税申报表中"期末留抵税额"。

【例2-13】 具有进出口经营权的甲汽车集团股份有限公司为增值税一般纳税人,其自产

汽车同时内销及出口。2024 年 12 月,甲企业从国内购入原材料,取得的增值税专用发票注明的价款为 1 000 万元,税款为 130 万元,当月内销货物取得不含税收入 800 万元,出口货物离岸价折合人民币 400 万元。已知,甲集团出口货物的征税率为 13%,退税率为 10%,期初留抵税额金额为零。计算甲汽车集团股份有限公司当期应退税额。

解:(1) 当期不得免征和抵扣税额 = 400×(13%−10%) = 12(万元)

(2) 当期应纳税额 = 0+800×13%−(130−12) = −14(万元)

(3) 当期免抵退税额 = 400×10% = 40(万元)

(4) 当期期末留抵税额 14 万元 < 当期免抵退税额 40 万元,按 14 万元予以退还,当期应退税额 14 万元,免抵税额 26 万元。

提示 如当期免抵退税额为 40 万元,当期期末留抵税额为 50 万元,则按 40 万元退税,本期的免抵税额为 0,留抵的 10 万元留待下期在内销销项税额中继续抵扣。

(二)"免、退税"的计算方法

实行"免、退税"管理办法的出口环节免征增值税,相应的进项税额予以退还。

"免、退税"办法适用范围:

(1) 外贸企业或其他单位出口货物劳务。

(2) 外贸企业外购服务和无形资产出口。

增值税"免、退税"的计算公式如下。

(1) 外贸企业出口委托加工修理修配货物以外的货物:

$$增值税应退税额 = 增值税退(免)税计税依据 × 出口货物退税率$$

(2) 外贸企业出口委托加工修理修配货物:

$$\begin{matrix}出口委托加工修理修配\\货物的增值税应退税额\end{matrix} = \begin{matrix}出口委托加工修理修配货物的\\增值税退(免)税计税依据\end{matrix} × \begin{matrix}出口货物\\退税率\end{matrix}$$

外贸企业出口货物增值税的计算应该依据购进出口货物增值税专用发票上所注明的进项金额和退税率计算。

【例 2-14】 某进出口公司 2024 年 12 月购进牛仔布委托加工成服装出口,取得牛仔布增值税发票一张,注明计税金额 10 000 元;取得服装加工费计税金额 2 000 元,受托方将原材料成本并入加工修理修配费用并开具增值税专用发票。假设增值税出口退税率为 13%。计算当期应退增值税税额。

解:应退增值税税额 = (10 000+2 000)×13% = 1 560(元)

四、出口货物退(免)税管理

(1) 适用增值税退(免)税或免税政策的出口企业或其他单位,应办理退(免)税认定。

(2) 经过认定的出口企业及其他单位,应在规定的增值税纳税申报期向主管税务机关申报增值税退(免)税和免税、消费税退(免)税和免税。委托出口的货物,由委托方申报增值税退(免)税和免税、消费税退(免)税和免税。

(3) 纳税人出口货物劳务、发生跨境应税行为,未在规定期限内申报出口退(免)税或者开具代理出口货物证明的,在收齐退(免)税凭证及相关电子信息后,即可申报办理出口退(免)税;未在规定期限内收汇或办理不能收汇手续的,在收汇或者办理不能收汇手续后,即可申报办理退(免)税。

(4) 出口企业或其他单位骗取国家出口退税的,经省级以上税务机关批准可以停止其退（免）税资格。

诚信纳税 为丰富税法宣传形式,加强青少年税法知识的普及教育,在开学第一天,国家税务总局青海省税务局积极搭建"税校联动"桥梁,通过形式多样的"税官讲税法"活动,讲好税收普法的"开学第一课"。海西蒙古族藏族自治州税务局"开学第一课"重点面向小学生,围绕税法基础知识,从普法基地——德令哈市长江路小学的税收小课堂出发,走进茫崖市冷湖镇火星营地、格尔木市察尔汗盐湖,最后回到税收小课堂。担任主讲人的税务工作人员通过浅显易懂的语言、生动有趣的例子讲授税收的含义、主要职能、本质特征、主要税种以及税收给家乡带来的发展变化等知识,让孩子们在实景体验中理解税收、感知税收,领略奇妙的"税力量",在青少年心中播种下税法的"种子",号召大家积极争当"小小税法宣传员"。这样的"开学第一课"很有意义,不仅丰富了学生的课外知识,还以寓教于乐的方式,让学生们对税收有了更直观的感受,帮助学生深刻认识到税收"取之于民,用之于民"的深刻含义,有利于引导学生们从小树立税收法治观念。

任务六　增值税征收管理

一、增值税的纳税期限

增值税的纳税期限分别为 1 日、3 日、5 日、10 日、15 日、1 个月或者 1 个季度。纳税人的具体纳税期限,由主管税务机关根据纳税人应纳税额的大小分别核定。不能按照固定期限纳税的,可以按次纳税。

以 1 个季度为纳税期限的规定适用于银行、财务公司、信托投资公司、信用社以及财政部和国家税务总局规定的其他纳税人。

按固定期限纳税的小规模纳税人可以选择以 1 个月或 1 个季度为纳税期限,一经选择,1 个会计年度内不得变更。

纳税人以 1 个月或者 1 个季度为 1 个纳税期的,自期满之日起 15 日内申报纳税;以 1 日、3 日、5 日、10 日或者 15 日为 1 个纳税期的,自期满之日起 5 日内预缴税款,于次月 1 日起 15 日内申报纳税并结清上个月应纳税款。

纳税人进口货物,应当自海关填发进口增值税专用缴款书之日起 15 日内缴纳税款。

二、增值税的纳税地点

(1) 固定业户应当向其机构所在地主管税务机关申报纳税。机构所在地是指纳税人的注册登记地。

(2) 固定业户到外县(市)销售货物或者劳务,应当向其机构所在地的主管税务机关报告外出经营事项,并向其机构所在地的主管税务机关申报纳税;未报告的,应当向销售地或者劳务发生地的主管税务机关申报纳税,未向销售地或者劳务发生地的主管税务机关申报纳税的,由其机构所在地的主管税务机关补征税款。

（3）非固定业户销售货物或者劳务应当向销售地或者劳务发生地主管税务机关申报纳税；未向销售地或者劳务发生地的主管税务机关申报纳税的，由其机构所在地或者居住地主管税务机关补征税款。

（4）进口货物，应当向报关地海关申报纳税。

（5）扣缴义务人应当向其机构所在地或者居住地主管税务机关申报缴纳扣缴的税款。

技能提升

本项目导入案例解析如下。

（一）甲汽车集团股份有限公司 12 月应纳的增值税税额

（1）支付运费不含税金额＝305 200÷（1＋9%）＝280 000（元）。

进项税额＝280 000×9%＝25 200（元）

购入货物进项税额＝1 820 000＋25 200＝1 845 200（元）

（2）购货佣金是买方为购买进口货物向自己的采购代理人支付的劳务费用，不计入关税完税价格。

进口汽车零件应向海关缴纳关税＝（2 400 000＋40 000＋160 000）×6%

＝156 000（元）

甲汽车集团进口汽车零件应向海关缴纳增值税＝（240＋4＋16）×10 000×（1＋6%）×13%

＝358 280（元）

（3）赠送和管理部门使用的自产汽车属于增值税视同销售行为，应计算缴纳增值税。

销售行为销项税额＝40 000 000×13%＝5 200 000（元）

增值税视同销售行为销售价格按纳税人最近时期同类货物的平均销售价格确定。

A 型汽车平均销售价格＝40 000 000÷400＝100 000（元/辆）

赠送、管理部门使用视同销售行为销项税额＝100 000×（10＋2）×13%＝156 000（元）

销项税额合计＝5 200 000＋156 000＝5 356 000（元）

（4）甲汽车集团销售给丁企业 A 型汽车、B 型汽车销项税＝（400＋960）×10 000×13%＝1 768 000（元）。

（5）自 2009 年 1 月 1 日起，对外购固定资产允许将当期购入固定资产价款一次性全部抵扣。甲汽车集团生产线购置于 2022 年，购置当期进项税已全额抵扣。2024 年 12 月转让时应按转让价格全额计税。

甲汽车集团转让生产线销项税额＝4 600 000×13%＝598 000（元）

（6）因管理不善造成货物被盗、丢失、霉烂变质属于非正常损失，其进项税额不得从销项税额抵扣，需要做进项税转出处理。

管理不善货物被盗进项税转出金额＝4 000 000×13%＝520 000（元）

（7）购入运输车辆既用于货物运输也用于职工食堂采购进项税可以抵扣。

购入运输车辆进项税额＝52 000 元

购入运输车辆不含税金额＝52 000÷13%＝400 000（元）

（8）旧货是指进入二次流通的具有部分使用价值的货物（含旧汽车、旧摩托车和旧游艇）。一般纳税人销售旧货按照简易计税办法依照 3%征收率减按 2%征收增值税。收取包装物费用属于价外费用并入销售额。

　　　　选择简易计税应纳税额＝(2 500 000＋50 000)÷(1＋3％)×2％＝49 514.56(元)

　　(9) 甲汽车集团购买办公用品、计算机进项税额＝100 000 元

　　　　甲汽车集团购买办公用品、计算机不含税金额＝100 000÷13％＝769 230.77(元)

　　(10) 甲汽车集团出租门市房收取租金销项税额＝360 000÷(1＋9％)×9％
　　　　　　　　　　　　　　　　　　　　　　　　＝29 724.77(元)

　　(11) 用于修建职工食堂的钢材已改变用途,已抵扣的钢材和运输费用进项税需要做进项税转出处理。

　　修建食堂进项税转出金额＝(14－0.558)×13％×10 000＋0.558×9％×10 000
　　　　　　　　　　　　　＝17 976.80(元)

　　甲汽车集团股份有限公司 12 月增值税销项税额＝358 280＋5 200 000＋156 000
　　　　　　　　　　　　　　　　　　　　　　　　＋1 768 000＋598 000＋29 724.77
　　　　　　　　　　　　　　　　　　　　　　　　＝8 110 004.77(元)

　　甲汽车集团股份有限公司 12 月增值税进项税额＝1 845 200－520 000＋52 000
　　　　　　　　　　　　　　　　　　　　　　　　＋100 000－17 976.80
　　　　　　　　　　　　　　　　　　　　　　　　＝1 459 223.2(元)

　　甲汽车集团股份有限公司 12 月增值税简易计税应纳税额＝49 514.56 元

　　甲汽车集团股份有限公司 12 月应纳增值税税额＝8 110 004.77－1 459 223.2
　　　　　　　　　　　　　　　　　　　　　　　　＋49 514.56
　　　　　　　　　　　　　　　　　　　　　　　　＝6 700 296.13(元)

　　(二) 丁外贸企业出口退税金额

　　丁外贸企业收购汽车出口增值税采用免、退税方法,其出口退税的依据是收购时取得的增值税专用发票注明的金额。

　　　　丁企业申请退还增值税＝(400＋960)×10 000×13％＝1 768 000(元)

税费申报

链接:增值税
一般纳税人申报

一、纳税申报流程

　　一般纳税人办理纳税申报,需要经过抄报税、发票认证、纳税申报、税款缴纳、清卡解锁等工作。

　　1. 抄报税

　　抄税是指开票纳税人在次月的纳税申报期内将防伪税控系统中本月开具的增值税发票的信息读入纳税人开发票使用的金税盘中;报税是指纳税人将金税盘中的开票信息报送给税务机关。纳税人在征期内登录开票软件,通过“汇总上传”功能自动实现抄报税功能,将纳税人的开票信息上报给税务机关。实务中,金税盘联网后会自动进行抄报税。

　　2. 发票认证

　　增值税一般纳税人本期申报抵扣的增值税专用发票必须先进行认证确认或用途确认,未经认证的,不得申报抵扣。

　　纳税人购进货物、接受劳务或服务取得的专用发票、机动车销售统一发票和通行费电子发票,在抵扣进项税额或用于出口退税时,自 2020 年 1 月起,改在增值税发票综合服务平台进行用途确认。纳税人取得符合条件的海关进口增值税专用缴款书后,也可通过增值税发票综合

服务平台进行用途确认。

3. 纳税申报

纳税申报工作可分为上门申报和网上申报。纳税人在次月 1 日起 15 日内,不论有无销售额,均应按主管税务机关核定的纳税期限按期向当地税务机关申报,无销售额进行零申报。

上门申报是指纳税人到办税服务大厅纳税申报窗口申报,纳税人携带填写完整并加盖公司公章的纸质版增值税纳税申报表(一般纳税人适用)或增值税及附加税费申报表(小规模纳税人适用)和相关资料到办税服务厅纳税窗口进行纳税申报。

网上申报是指纳税人通过电子税务局申报客户端或纳税登记所在省份国家税务总局电子税务局网上申报系统,填写增值税纳税申报相关表格,向主管税务机关提交纳税申报表等资料的一种纳税申报方法。目前,我国绝大多数地区已经实行网上申报。

4. 税款缴纳

对于通过电子税务局网上申报实行税库银联网(签订三方协议)的纳税人,可以通过三方协议网上划款缴纳;对于未实行税库银联网的纳税人,应当到税务机关指定的银行进行现金缴纳或通过银联扫描申报网页中的缴款二维码进行直接缴纳。

对于上门申报的纳税人,可在申报完成后刷卡缴纳税款。

5. 清卡解锁

网上申报成功后,纳税人需再次登入开票软件,执行"远程清卡"操作,本步操作是将开票信息进行整理,纳税人可以转入下期进行开票处理。如果企业在征期内没有按期进行纳税申报或执行"远程清卡"操作,金税盘将自动锁死,纳税人将无法进行下期的购买发票和开票处理。

二、纳税申报提交资料

增值税一般纳税人对增值税进行纳税申报时,必须实行电子信息采集。使用防伪税控系统开具增值税专用发票的纳税人必须在抄报税成功后,方可进行纳税申报。

三、纳税申报表填报举例

(一)增值税一般纳税人纳税申报表填报举例

根据"技能提升"导入案例的计算结果,对甲汽车集团股份有限公司 12 月增值税进行纳税申报,暂不考虑进口环节增值税的申报缴纳及抵扣问题。

第一步:填写增值税纳税申报表附列资料(一)(本期销售情况明细)(表 2-4)。填制的数据确定如下。

第 1 栏次中第 1 列的销售额填列开具增值税专用发票销售额＝40 000 000＋13 600 000＋4 600 000＝58 200 000(元)

第 1 栏次中第 2 列的销项(应纳)税额填列开具增值税专用发票税额＝5 200 000＋1 768 000＋598 000＝7 566 000(元)

第 3、4 列填列开具增值税普通发票销售额、销项税额,本案例不涉及。

第 1 栏次中第 5 列的销售额填列视同销售未开具增值税发票销售额＝1 200 000 元

第 1 栏次中第 6 列的销项税额填列视同销售未开具增值税发票税额＝156 000 元

第 4 栏次中第 5 列的销售额填列不动产租赁未开具增值税发票销售额＝330 275.23 元

第 4 栏次中第 6 列的销项税额填列不动产租赁售未开具增值税发票税额＝29 724.77 元

第 11 栏次中第 5 列的销售额填列销售旧货适用简易计税办法的销售额＝2 475 728.16 元

第 11 栏次中第 6 列的销项税额填列销售旧货适用简易计税办法的税额＝74 271.84 元,

按 3% 申报应纳税额,减征金额与减征项目分别填列主表第 23 栏"应纳税额减征额"和增值税减免税申报明细表(表 2-5)。

第二步:填写增值税纳税申报表附列资料(二)(本期进项税额明细)(表 2-6)。填制的数据确定如下。

第 1 栏次中的合计金额=15 449 230.8 元,合计税额=1 997 200 元

第 2 栏次中的金额填列本期认证相符且本期申报抵扣的发票金额=14 000 000+280 000+400 000+769 230.77=15 449 230.8(元)

税额填列本期认证相符且本期申报抵扣的发票税额=1 820 000+25 200+52 000+100 000=1 997 200(元)

第 13 栏次中的税额=537 976.80 元

第 15 栏次中的税额填列购进钢材用于集体福利、个人消费进项税转出税额=17 976.8 元

第 16 栏次中的税额填列因管理不善导致的非正常损失进项税转出税额=520 000 元

第 35 栏次中的金额=第 1 栏次中的金额=15 449 230.8 元,税额=第 1 栏次中的税额=1 997 200元

第三步:增值税及附加税费申报表(表 2-7)根据增值税纳税申报表附列资料(一)、(二)填列内容自动带出申报数据。

填写主表第 23 栏=24 757.28 元

填写增值税减免税申报明细表(表 2-5)。

第四步:检查无误后确认申报。

增值税及附加税费申报表附列资料(五)在项目四"附加税费计算与申报"详细讲解。

(二) 增值税小规模纳税人纳税申报表填报举例

链接:增值税小规模纳税人申报

【例 2-15】 乙贸易有限公司为按季申报增值税的小规模纳税人,2024 年第四季度 10、11、12 月不含增值税销售额分别是 6 万元、8 万元和 20 万元,销售商品适用税率 3%,享受税收优惠政策开具税率 1% 的增值税发票。第四季度累计开具增值税专用发票注明金额 10 万元,税额 0.1 万元。累计开具增值税普通发票注明金额 24 万元,税额 0.24 万元。对乙贸易有限公司第四季度销售行为进行纳税申报。

解:1. 计算乙贸易有限公司第四季度销售商品应纳税额

开具增值税普通发票应纳增值税=240 000×1%=2 400(元)

开具增值税专用发票应纳增值税=100 000×1%=1 000(元)

乙贸易有限公司第四季度销售商品应纳税额=2 400+1 000=3 400(元)

2. 填写增值税及附加税费申报表(小规模纳税人适用)申报表

第 1 栏次中的货物及劳务应征增值税不含税销售额(3% 征收率)=100 000+240 000

=340 000(元)

按季申报的小规模纳税人季度销售额超过 30 万元的,减按 1% 征收率征收增值税的销售额应填写在增值税及附加税费申报表(小规模纳税人适用)(表 2-8)"应征增值税不含税销售额(3% 征收率)"相应栏次;对应减征的增值税应纳税额按销售额的 2% 计算填写在增值税及附加税费申报表(小规模纳税人适用)(表 2-8)"本期应纳税额减征额"及增值税减免税申报明细表(表 2-9)减税项目相应栏次,并选择正确的免税性质代码及名称。

表 2-4　增值税纳税申报表附列资料（一）

（本期销售情况明细）

纳税人名称：甲汽车集团股份有限公司（公章）

税款所属时间：2024 年 12 月 1 日至 2024 年 12 月 31 日

金额单位：元（列至角分）

项目及栏次			开具增值税专用发票		开具其他发票		未开具发票		纳税检查调整		合　计			服务、不动产和无形资产扣除项目本期实际扣除金额	扣除后	
			销售额	销项（应纳）税额	销售额	销项（应纳）税额	销售额	销项（应纳）税额	销售额	销项（应纳）税额	销售额	销项（应纳）税额	价税合计		含税（免税）销售额	销项（应纳）税额
			1	2	3	4	5	6	7	8	9=1+3+5+7	10=2+4+6+8	11=9+10	12	13=11-12	14*
一、一般计税方法计税	全部征税项目	13%税率的货物及加工修理修配劳务 1	58 200 000.00	7 566 000.00			1 200 000.00	156 000.00			59 400 000.00	7 722 000.00	67 122 000.00		67 122 000.00	7 722 000.00
		13%税率的服务、不动产和无形资产 2														
		9%税率的货物及加工修理修配劳务 3														
		9%税率的服务、不动产和无形资产 4					330 275.23	29 724.77			330 275.23	29 724.77	360 000.00		360 000.00	29 724.77
		6%税率 5														
	即征即退项目	即征即退货物及加工修理修配劳务 6														
		即征即退服务、不动产和无形资产 7														

续表

项目及栏次		开具增值税专用发票		开具其他发票		未开具发票		纳税检查调整		合计			服务、不动产和无形资产扣除项目本期实际扣除金额	扣除后	
		销售额	销项(应纳)税额	销售额	销项(应纳)税额	销售额	销项(应纳)税额	销售额	销项(应纳)税额	销售额	销项(应纳)税额	价税合计		含税(免税)销售额	销项(应纳)税额
		1	2*	3	4	5	6	7	8	9=1+3+5+7	10=2+4+6+8	11=9+10	12	13=11-12	14*
	6%征收率	8														
	5%征收率的货物及加工修理修配劳务	9a														
	5%征收率的服务、不动产和无形资产	9b														
	4%征收率	10														
二、简易计税方法计税 全部征税项目	3%征收率的货物及加工修理修配劳务	11					2 475 728.16	74 271.84			2 475 728.16	74 271.84	2 550 000.00		2 550 000.00	74 271.84
	3%征收率的服务、不动产和无形资产	12														
	预征率0%	13a														
	预征率b%	13b														
	预征率c%	13c														
即征即退	即征即退货物及加工修理修配劳务	14														
	即征即退服务、不动产和无形资产	15														
三、免抵退税	货物及加工修理修配劳务	16														
	服务、不动产和无形资产	17														
四、免税	货物及加工修理修配劳务	18														
	服务、不动产和无形资产	19														

注：*14=13÷(100%+税率或征收率)×税率或征收率。

表 2-5 增值税减免税申报明细表

税款所属时间：自 2024 年 12 月 1 日至 2024 年 12 月 31 日

纳税人名称（公章）：甲汽车集团股份有限公司（公章）

金额单位：元至角分

一、减税项目

减税性质代码及名称	栏次	期初余额	本期发生额	本期应抵减税额	本期实际抵减税额	期末余额
		1	2	3=1+2	4≤3	5=3−4
01129902 销售旧货（不含二手车经销）、已使用固定资产减征增值税	1	0.00	24 757.28	24 757.28	24 757.28	0.00
	2					
	3					
	4					
	5					
合计	6	0.00	24 757.28	24 757.28	24 757.28	0.00

二、免税项目

免税性质代码及名称	栏次	免征增值税项目销售额	免税销售额扣除项目本期实际扣除金额	扣除后免税销售额	免税销售额对应的进项税额	免税额
		1	2	3=1−2	4	5
合计	7					
出口免税	8					
其中：跨境服务	9					
	10					
	11					
	12					
	13					
	14					
	15					

表 2-6　增值税纳税申报表附列资料(二)

(本期进项税额明细)

税款所属时间:2024 年 12 月 1 日至 2024 年 12 月 31 日

纳税人名称:甲汽车集团股份有限公司(公章)　　　　　　　　金额单位:元(列至角分)

一、申报抵扣的进项税额

项　　目	栏次	份数	金　　额	税　　额
(一)认证相符的增值税专用发票	1=2+3	略	15 449 230.80	1 997 200.00
其中:本期认证相符且本期申报抵扣	2	略	15 449 230.80	1 997 200.00
前期认证相符且本期申报抵扣	3			
(二)其他扣税凭证	4=5+6+7+8a+8b			
其中:海关进口增值税专用缴款书	5			
农产品收购发票或者销售发票	6			
代扣代缴税收缴款凭证	7			
加计扣除农产品进项税额	8a			
其他	8b			
(三)本期用于购建不动产的扣税凭证	9			
(四)本期用于抵扣的旅客运输服务扣税凭证	10			
(五)外贸企业进项税额抵扣证明	11			
当期申报抵扣进项税额合计	12=1+4+11	略	15 449 230.80	1 997 200.00

二、进项税额转出额

项　　目	栏次	税　　额
本期进项税额转出额	13=14 至 23 之和	537 976.80
其中:免税项目用	14	
集体福利、个人消费	15	17 976.80
非正常损失	16	520 000.00
简易计税方法征税项目用	17	
免抵退税办法不得抵扣的进项税额	18	

续表

项　目	栏次	份数	金　　额	税　　额
纳税检查调减进项税额	19			
红字专用发票信息表注明的进项税额	20			
上期留抵税额抵减欠税	21			
上期留抵税额退税	22			
其他应作进项税额转出的情形	23			
三、待抵扣进项税额				
项　目	栏次	份数	金　　额	税　　额
（一）认证相符的增值税专用发票	24			
期初已认证相符但上期未申报抵扣	25			
本期认证相符且本期申报抵扣	26			
期末已认证相符但本期未申报抵扣	27			
其中：按照税法规定不允许抵扣	28			
（二）其他扣税凭证	29＝30至33之和			
其中：海关进口增值税专用缴款书	30			
农产品收购发票或者销售发票	31			
代扣代缴税收缴款凭证	32			
其他	33			
	34			
四、其他				
项　目	栏次	份数	金　　额	税　　额
本期认证相符的增值税专用发票	35	略	15 449 230.80	1 997 200.00
代扣代缴税额	36			

根据国家税收法律法规及增值税相关规定制定本表。纳税人不论有无销售额，均应按税务机关核定的纳税期限填写本表，并向当地税务机关申报。

税款所属时间：自 2024 年 12 月 1 日至 2024 年 12 月 31 日　　填表日期：2025 年 1 月 10 日　　金额单位：元至角分（列至角分）

表 2-7　增值税及附加税费申报表
（一般纳税人适用）

纳税人名称	甲汽车集团股份有限公司（公章）		所属行业	略
法定代表人姓名	略	注册地址		
登记注册类型	私营有限责任公司		生产经营地址	略
开户银行及账号			电话号码	

	项　目	栏　次	一般项目		即征即退项目	
			本月数	本年累计	本月数	本年累计
销售额	（一）按适用税率计税销售额	1	59 730 275.23	略		
	其中：应税货物销售额	2	59 730 275.23	略		
	应税劳务销售额	3				
	纳税检查调整的销售额	4				
	（二）按简易办法计税销售额	5	2 550 000.00	略		
	其中：纳税检查调整的销售额	6				
	（三）免、抵、退办法出口销售额	7				
	（四）免税销售额	8				
	其中：免税货物销售额	9				
	免税劳务销售额	10				
税款计算	销项税额	11	7 751 724.77	略		
	进项税额	12	1 997 200.00	略		
	上期留抵税额	13				
	进项税额转出	14	537 976.80	略		
	免抵退应退税额	15				
	按适用税率计算的纳税检查应补缴税额	16				

续表

项　目		栏　次	一般项目		即征即退项目	
			本月数	本年累计	本月数	本年累计
税款计算	应抵扣税额合计	17=12+13+14-15+16	1 459 223.20	略		
	实际抵扣税额	18(如17<11,则为17,否则为11)	1 459 223.20	略		
	应纳税额	19=11-18	6 292 501.57	略		
	期末留抵税额	20=17-18		略		
	简易计税办法计算的应纳税额	21	74 271.84			
	按简易计税办法计算的纳税检查应补缴税额	22				
	应纳税额减征额	23	24 757.28	略		
	应纳税额合计	24=19+21-23	6 342 016.14	略		
税款缴纳	期初未缴税额(多缴为负数)	25				
	实收出口开具专用缴款书退税额	26				
	本期已缴税额	27=28+29+30+31				
	① 分次预缴税额	28				
	② 出口开具专用缴款书预缴税额	29				
	③ 本期缴纳上期应纳税额	30				
	④ 本期缴纳欠缴税额	31				
	期末未缴税额(多缴为负数)	32=24+25+26-27	6 342 016.14	略		
	其中:欠缴税额(≥0)	33=25+26-27				
	本期应补(退)税额	34=24-28-29	6 342 016.14	略		
	即征即退实际退税额	35				
	期初未缴查补税额	36				
	本期入库查补税额	37				
	期末未缴查补税额	38=16+22+36-37				

续表

	项　目	栏　次	一般项目		即征即退项目	
			本月数	本年累计	本月数	本年累计
附加税费	城市维护建设税本期应补（退）税额	39	443 941.13	略		
	教育费附加本期应补（退）税额	40	190 260.48	略		
	地方教育附加本期应补（退）税额	41	126 840.32	略		

声明：此表是根据国家税收法律法规及相关规定填报的，本人（单位）对填报内容（及附带资料）的真实性、可靠性、完整性负责。

纳税人（签章）：2025 年 1 月 10 日

经办人： 经办人身份证号： 代理机构签章： 代理机构统一社会信用代码：	受理人： 受理税务机关（章）： 受理日期：2025 年 1 月 10 日

表 2-8　增值税及附加税费申报表
（小规模纳税人适用）

纳税人识别号（统一社会信用代码）：

纳税人名称：乙贸易有限公司

税款所属期：2024 年 10 月 1 日至 2024 年 12 月 31 日

金额单位：元（列至角分）

填表日期：2025 年 1 月 10 日

	项　　目	栏次	本期数			本年累计	
			货物及劳务	服务、不动产和无形资产		货物及劳务	服务、不动产和无形资产
一、计税依据	（一）应征增值税不含税销售额（3%征收）	1	340 000.00			略	
	增值税专用发票不含税销售额	2	100 000.00			略	
	其他增值税发票不含税销售额	3	240 000.00			略	
	（二）应征增值税不含税销售额（5%征收）	4					
	增值税专用发票不含税销售额	5					
	其他增值税发票不含税销售额	6					
	（三）销售使用过的固定资产不含税销售额	7(7≥8)					
	其中：其他增值税发票不含税销售额	8					
	（四）免税销售额	9=10+11+12					
	其中：小微企业免税销售额	10					
	未达起征点销售额	11					
	其他免税销售额	12					
	（五）出口免税销售额	13(13≥14)					
	其中：其他增值税发票不含税销售额	14					

续表

项目	栏次	本期数		本年累计	
		货物及劳务	服务、不动产和无形资产	货物及劳务	服务、不动产和无形资产
二、税款计算 本期应纳税额	15	10 200.00		略	
本期应纳税额减征额	16	6 800.00		略	
本期免税额	17				
其中:小微企业免税额	18				
未达起征点免税额	19			略	
应纳税额合计	20=15-16	3 400.00		略	
本期预缴税额	21				
本期应补(退)税额	22=20-21	3 400.00			
三、附加税费 城市维护建设税本期应补(退)费额	23		119.00		
教育费附加本期应补(退)费额	24		51.00		
地方教育附加本期应补(退)费额	25		34.00		

声明:此表是根据国家税收法律法规及相关规定填写的,本人(单位)对填报内容(及附带资料)的真实性、可靠性、完整性负责。

纳税人(签章):2025 年 1 月 10 日

经办人:
经办人身份证号:
代理机构签章:
代理机构统一社会信用代码:

受理人:
受理税务机关(章):
受理日期:2025 年 1 月 10 日

第 2 栏次中的货物及劳务增值税专用发票不含税销售额=100 000 元
第 3 栏次中的货物及劳务其他增值税发票不含税销售额=240 000 元
第 15 栏次中的货物及劳务本期应纳税额=340 000×3%=10 200(元)
第 16 栏次中的货物及劳务本期应纳税额减征额=340 000×(3%-1%)=6 800(元)
第 20 栏次中的货物及劳务本期应纳税额合计=10 200-6 800=3 400(元)
附加税费由电子税务局系统自动计算应缴税费金额(表 2-10)。

表2-9　增值税减免税申报明细表

税款所属时间：自2024年10月1日至2024年12月31日

纳税人名称（公章）：乙贸易有限公司（公章）　　　　　　　　　　金额单位：元至角分

一、减税项目

减税性质代码及名称	栏次	期初余额 1	本期发生额 2	本期应抵减税额 3＝1＋2	本期实际抵减税额 4≤3	期末余额 5＝3－4
01011608 小规模纳税人减按1%征收率征收增值税	1	0.00	6 800.00	6 800.00	6 800.00	0.00
	2					
	3					
	4					
	5					
合　计	6	0.00	6 800.00	6 800.00	6 800.00	0.00

二、免税项目

免税性质代码及名称	栏次	免征增值税项目销售额 1	免税销售额扣除项目本期实际扣除金额 2	扣除后免税销售额 3＝1－2	免税销售额对应的进项税额 4	免税额 5
合　计	7					
出口免税	8					
其中：跨境服务	9					
	10					
	11					
	12					
	13					
	14					
	15					

表 2-10 增值税及附加税费申报表（小规模纳税人适用）附列资料（二）

（附加税费情况表）

税（费）款所属时间：自 2024 年 10 月 1 日至 2024 年 12 月 31 日

纳税人名称：乙贸易有限公司（公章）

金额单位：元（列至角分）

税（费）种	计税（费）依据		税（费）率/%	本期应纳税（费）额	本期减免税（费）额			增值税小规模纳税人"六税两费"减征政策			本期已缴税（费）额	本期应补（退）税（费）额
	增值税税额				减免性质代码	减免税（费）额	减征比例/%	减征额			
	1		2	3＝1×2	4	5	6	7＝(3−5)×6		8	9＝3−5−7−8
城市维护建设税	3 400.00		7	238.00			50	119.00		0.00	119.00
教育费附加	3 400.00		3	102.00			50	51.00		0.00	51.00
地方教育附加	3 400.00		2	68.00			50	34.00		0.00	34.00
合 计								204.00		0.00	204.00

 **素养课堂**

"税力量"赋能高质量发展

2023年,全国新增减税降费及退税缓费超2.2万亿元。

2023年,"税银互动"助力企业获得银行贷款2.84万亿元。

2023年,税务部门税费政策精准推送超6.7亿户(人)次……

一组组数据,是税费优惠政策落实落细的坚实印证,是税收营商环境不断改善的生动注脚,更是高质量推进中国式现代化税务实践。

2023年,我国经济回升向好,高质量发展扎实推进,这背后,减税降费对于稳经济、稳预期发挥了至关重要的作用。在过去一年,税务部门发挥了税收在国家治理中的基础性、支柱性、保障性作用。

超2.2万亿元税收红利落袋 持续激发市场活力

2023年,全年组织各项税费收入31.7万亿元(已扣除出口退税,未扣除出口退税为33.5万亿元);全国新增减税降费及退税缓费超2.2万亿元,有效助力稳定市场预期、提振市场信心、激发市场活力。

2023年,国家激励企业加大研发投入的税收优惠政策不断"加码":3月,国家将符合条件的企业研发费用加计扣除比例由75%提高至100%,并明确作为一项制度性安排长期实施;在此基础上,进一步聚焦集成电路和工业母机行业高质量发展,对上述两个行业符合条件企业的研发费用加计扣除比例再提高至120%。同时,按照国务院部署,国家税务总局会同财政部在原有10月企业所得税预缴申报和年度汇算两个时段享受研发费用加计扣除政策的基础上,新增7月预缴申报期作为政策享受时点,引导企业更早更及时地享受政策红利。

77项税费优惠政策予以明确 厚植经济发展沃土

2024年1月18日召开的国务院新闻办新闻发布会上,国家税务总局新闻发言人黄运用10组税收数据展示我国高质量发展扎实推进成效。

第一,企业创新投入持续加力,申报研发费用加计扣除金额同比增长13.6%。

第二,创新产业加快成长,高技术产业销售收入同比增长9.8%。

第三,高端制造创新突破,装备制造业占制造业比重提高至44.8%。

第四,数实融合加快推进,数字经济核心产业销售收入占全部销售收入比重达12.1%。

第五,统一大市场建设进程加快,省际贸易额占全国贸易总额比重提高至42.7%。

第六,三大动力源地区带动作用增强,销售收入占全国比重提高至54.1%。

第七,产业绿色转型持续推进,高耗能制造业占制造业比重降至30.7%。

第八,外资企业利润再投资稳定增长,享受递延纳税的再投资金额达1 412亿元。

第九,消费活力不断释放,商品和服务消费增长均在10%左右。

第十,社会保障更加有力,社会保险费收入突破8万亿元。

当前,国家税务总局利用税收大数据构建高质量发展指标体系。10组税收数据反映出我国动能转换进一步加快、发展活力进一步释放、发展方式进一步转变。这背后,也突显了我国结构性减税降费的精准性与针对性。

200余项改革举措先后推出 税收征管改革走深走实

2021年3月,中共中央办公厅、国务院办公厅印发了《关于进一步深化税收征管改革的意见》。三年来,税务部门持续推进税收征管数字化升级和智能化改造,不断完善精确执法、精细服务、精准监管、精诚共治,加快建设智慧税务,先后推出 200 多项改革创新举措,推动税收征管改革走深走实。

回顾过去一年,业界专家认为,税收在国家治理中作用更加突显。

"2023 年,中国经济税收领域重大事项多、涉及范围广、影响程度深,税收在国家治理中的基础性、支柱性、保障性作用更加突显。"中国国际税收研究会会长、国家税务总局原副局长孙瑞标表示。

资料来源:https://www.chinatax.gov.cn/chinatax/n810214/c102374/c102380/c101807e/c5220826/content.html.

项目二即测即评

项目二计算题

项目二参照规范

知识目标

1. 掌握消费税的概念、能够正确判断消费税纳税人及纳税环节。
2. 掌握消费税征税范围、税目、税率。
3. 掌握直接对外销售、自产自用、委托加工及进口等不同环节下消费税应纳税额的计算。
4. 掌握消费税已纳税款的扣除。
5. 掌握消费税的纳税义务发生时间、纳税期限和纳税地点。

技能目标

1. 能够准确判定消费税的纳税义务人和征税范围。
2. 能够正确确定消费税税目、适用税率,并正确计算应税消费品应纳消费税税额。
3. 能够遵守征管要求,能够正确填写消费税纳税申报表,按时申报纳税。

素养目标

1. 了解消费税是以特定消费品为课税对象所征收的一种税,其征收目的是调节产品结构,引导消费方向,进一步调节社会收入分配。
2. 树立正确的消费观念,养成健康的消费习惯,增强节能减排的环保意识,承担社会责任。

导入案例

甲汽车集团股份有限公司为增值税一般纳税人,2024年12月发生以下业务。

(1) 进口一批汽车零配件生产A型小汽车,关税完税价格为150万元,缴纳关税30万元,取得海关填发的税款专用缴款书,本月生产小汽车领用50%。

(2) 销售A型小汽车40辆取得含税价款450万元,由于对方未按规定支付价款,收取违约金2万元;销售电动汽车10辆取得含税价款120万元。

(3) 将A型小汽车10辆用于抵偿所欠供货商的原材料款、5辆发给股东作为分红。

(4) 将新研发的B型小汽车2辆移送管理部门使用,B型小汽车的生产成本为20万元/辆。

(5) 将1辆自产C型小汽车以150万元含税价格直接销售给消费者。

其他相关资料:全年A型小汽车的最高不含税价为15万元/辆、平均不含税价为12万元/

辆。A 型小汽车消费税税率为 5%，B 型小汽车消费税税率为 3%、成本利润率为 10%，C 型小汽车生产环节消费税税率为 40%。

要求：计算甲汽车集团股份有限公司本月应纳消费税，并进行纳税申报。

● 思维导图 ∷∷∷∷∷∷

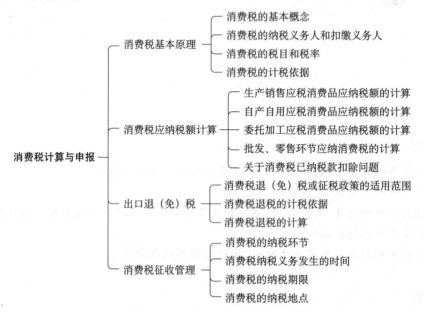

任务一　消费税基本原理

一、消费税的基本概念

（一）消费税的概念

消费税是对我国境内从事生产、委托加工和进口，以及销售特定消费品的单位和个人，就其销售额或销售数量，在特定环节征收的一种税，即对特定的消费品和消费行为征收的一种税。

（二）消费税的特点

1. 征收范围具有选择性

消费税是国家为了调节产品结构、引导消费方向，以特定消费品或消费行为为征税对象征收的一个税种。现行消费税税目共有 15 个。

2. 征税环节具有单一性

我国消费税一般是在生产（进口）、流通或消费的某一环节一次征收而不是在消费品生产、流通或消费的每个环节多次征收（卷烟、电子烟和超豪华小汽车除外），即通常所说的一次课征制。

3. 征收方法具有多样性

消费税的计税方法比较灵活。为了适应不同应税消费品的情况,消费税在征收方法上不力求一致,有些产品采取从价定率的方式征收,有些产品则采取从量定额的方式征收,有些产品在实行从价定率征收的同时还对其实行从量定额征收,即采取复合征收方式。

4. 税收调节具有特殊性

消费税属于国家运用税收杠杆对某些消费品或消费行为进行特殊调节的税种。一是不同的征税项目税负差异较大,对需要限制或控制消费的消费品规定较高的税率,体现特殊的调节目的;二是消费税配合增值税实行双重征收,对某些需要特殊调节的消费品或消费行为在征收增值税的同时,再征收一道消费税,形成对特殊消费品双层次调节的税收调节体系。

5. 税负具有转嫁性

消费品中所含的消费税税款无论在哪个环节征收,最终都要转嫁到消费者身上,由消费者负担,税负具有转嫁性。

二、消费税的纳税义务人和扣缴义务人

1. 消费税的纳税义务人

在中华人民共和国境内生产、委托加工和进口《中华人民共和国消费税暂行条例》规定的消费品的单位和个人,以及国务院确定的销售《中华人民共和国消费税暂行条例》规定的消费品的其他单位和个人,为消费税的纳税人。

"中华人民共和国境内"是指生产、委托加工、进口属于应当缴纳消费税的消费品的起运地或者所在地在境内。

"单位"是指企业、行政单位、事业单位、军事单位、社会团体及其他单位。

"个人"是指个体工商户及其他个人。

2. 消费税的扣缴义务人

(1)委托加工的应税消费品,委托方为消费税纳税人,其应纳消费税由受托方(受托方为个人除外)在向委托方交货时代收代缴税款。

(2)跨境电子商务零售进口商品按照货物征收进口环节消费税,购买跨境电子商务零售进口商品的个人作为纳税义务人,电子商务企业、电子商务交易平台企业或物流企业可作为代收代缴义务人。

三、消费税的税目和税率

根据《中华人民共和国消费税暂行条例》的规定,我国现行消费税税目共有 15 个,部分税目还进一步划分了若干个子目。消费税税目具体如下。

(一)消费税的税目

1. 烟

凡是以烟叶为原料加工生产的产品,不论使用何种辅料,均属于本税目的征收范围,包括卷烟、雪茄烟、烟丝和电子烟四个子目。

卷烟包括进口卷烟、白包卷烟、手工卷烟和未经国务院批准纳入计划的企业及个人生产的

卷烟。

自 2022 年 11 月 1 日起,将电子烟纳入消费税征收范围,在烟税目下增设电子烟子目。

2. 酒

(1)白酒是指以各种粮食或各种干鲜薯类为原材料,经过糖化、发酵后,采用蒸馏方法酿制的白酒。用甜菜酿制的白酒,比照白酒征税。

(2)黄酒是指以糯米、粳米、籼米、大米、黄米、玉米、小麦、薯类等为原料,经加温、糖化、发酵、压榨酿制的酒。

(3)啤酒是指以大麦或其他粮食为原料,加入啤酒花,经糖化、发酵、过滤酿制的含有二氧化碳的酒。啤酒的征收范围包括各种包装和散装的啤酒。

啤酒分为甲类啤酒和乙类啤酒。

其他比照啤酒征税的酒类有无醇啤酒、啤酒源、菠萝啤酒、果啤。

对饮食业、商业、娱乐业举办的啤酒屋(啤酒坊)利用啤酒生产设备生产的啤酒,应当征收消费税。

(4)其他酒是指除白酒、黄酒、啤酒以外,酒度在 1 度以上的各种酒。

调味料酒不征收消费税。

葡萄酒适用"酒"税目下设的"其他酒"子目。

3. 高档化妆品

本税目征收范围包括高档美容、修饰类化妆品、高档护肤类化妆品和成套化妆品,即生产环节销售价格(不含增值税)或进口环节完税价格在 10 元/毫升(克)或 15 元/片(张)及以上的美容、修饰类化妆品和护肤类化妆品。

提示 舞台、戏剧、影视演员化妆用的上妆油、卸妆油、油彩、发胶和头发漂白剂,不属于本税目的征收范围。

4. 贵重首饰及珠宝玉石

本税目征收范围包括各种金银珠宝首饰和经采掘、打磨、加工的各种珠宝玉石。

5. 鞭炮、焰火

本税目征收范围包括各种鞭炮、焰火。

提示 体育上用的发令纸、鞭炮药引线不按本税目征税。

6. 成品油

本税目包括汽油、柴油、石脑油、溶剂油、航空煤油、润滑油、燃料油 7 个子目。

7. 摩托车

摩托车的消费税征收范围包括气缸容量 250 毫升和 250 毫升(不含)以上的摩托车。自 2014 年 12 月 1 日起,气缸容量 250 毫升(不含)以下的小排量摩托车不征收消费税。

8. 小汽车

小汽车是指由动力装置驱动,具有 4 个和 4 个以上车轮的非轨道承载的车辆。

本税目征收范围包括乘用车、中轻型商用客车、超豪华小汽车。

乘用车是指含驾驶员座位在内最多不超过 9 个座位(含)的,在设计和技术特性上用于载运乘客和货物的各类乘用车。

中轻型商用客车是指含驾驶员座位在内的座位数在 10～23 座(含 23 座)的,在设计和技术特性上用于载运乘客和货物的各类中轻型商用客车。

超豪华小汽车是指每辆零售价格 130 万元(不含增值税)及以上的乘用车和中轻型商用客车,即乘用车和中轻型商用客车子税目中的超豪华小汽车。

电动汽车、沙滩车、雪地车、卡丁车、高尔夫车不属于消费税征收范围。

注意 用排气量小于 1.5 升(含)的乘用车底盘(车架)改装、改制的车辆属于乘用车消费税征收范围。用排气量大于 1.5 升的乘用车底盘(车架)或用中轻型商用客车底盘(车架)改装、改制的车辆属于中轻型商用客车消费税征收范围。

9. 高尔夫球及球具

高尔夫球及球具是指从事高尔夫球运动所需的各种专用装备,包括高尔夫球、高尔夫球杆及高尔夫球包(袋)等。

本税目征收范围包括高尔夫球、高尔夫球杆、高尔夫球包(袋)。高尔夫球杆的杆头、杆身和握把属于本税目的征收范围。

10. 高档手表

高档手表是指销售价格(不含增值税)每只在 10 000 元(含)以上的各类手表。

本税目征收范围包括符合以上标准的各类手表。

11. 游艇

游艇是指长度大于 8 米小于 90 米,船体由玻璃钢、钢、铝合金、塑料等多种材料制作,可以在水上移动的水上浮载体。按照动力划分,游艇分为无动力艇、帆艇和机动艇。

本税目征收范围包括艇身长度大于 8 米(含)、小于 90 米(含),内置发动机,可以在水上移动,一般为私人或团体购置,主要用于水上运动和休闲娱乐等非营利活动的各类机动艇。

12. 木制一次性筷子

木制一次性筷子又称卫生筷子,是指以木材为原料经过锯段、浸泡、旋切、刨切、烘干、筛选、打磨、倒角、包装等环节加工而成的各类一次性使用的筷子。

本税目征收范围包括各种规格的木制一次性筷子。未经打磨、倒角的木制一次性筷子属于本税目征税范围。

注意 本税目征税范围不包括竹制筷子、木制工艺筷子。

13. 实木地板

实木地板是指以木材为原料,经锯割、干燥、刨光、截断、开榫、涂漆等工序加工而成的块状或条状的地面装饰材料。实木地板按生产工艺不同,可分为独板(块)实木地板、实木指接地板、实木复合地板三类;按表面处理状态不同,可分为未涂饰地板(白坯板、素板)和漆饰地板两类。

本税目征收范围包括各类规格的实木地板、实木指接地板、实木复合地板及用于装饰墙壁、天棚的侧端面为榫、槽的实木装饰板。未经涂饰的素板属于本税目征税范围。

14. 电池

电池是一种将化学能、光能等直接转换为电能的装置,一般由电极、电解质、容器、极端,通常还有隔离层组成的基本功能单元,以及用一个或多个基本功能单元装配成的电池组,包括原电池、蓄电池、燃料电池、太阳能电池和其他电池。

15. 涂料

涂料是指涂于物体表面能形成具有保护、装饰或特殊性能的固态涂膜的一类液体或固体材料的总称。

对施工状态下挥发性有机物(VOC)含量低于 420 克/升(含)的涂料免征消费税。

（二）消费税的税率

消费税的税率有两种形式：一种是比例税率；另一种是定额税率。

消费税根据不同的税目或子目确定相应的税率或单位税额。大部分应税消费品适用比例税率，如烟丝、小汽车等；对一些供求基本平衡、价格差异不大、计量单位规范的消费品，选择计税简便的定额税率，如黄酒、啤酒、成品油等。卷烟、白酒，则采用比例税率和定额税率双重征收形式。

消费税各税目的税率见表 3-1。

表 3-1　消费税各税目的税率

税　　目	税　　率		
	生产(进口)环节	批发环节	零售环节
一、烟			
1. 卷烟			
工业			
(1) 甲类卷烟	56％加 0.003 元/支		
(2) 乙类卷烟	36％加 0.003 元/支		
商业批发		11％加 0.005 元/支	
2. 雪茄烟	36％		
3. 烟丝	30％		
4. 电子烟	36％	11％	
二、酒			
1. 白酒	20％加 0.5 元/500 克 （或 500 毫升）		
2. 黄酒	240 元/吨		
3. 啤酒			
(1) 甲类啤酒	250 元/吨		
(2) 乙类啤酒	220 元/吨		
4. 其他酒	10％		
三、高档化妆品	15％		
四、贵重首饰及珠宝玉石			
1. 金银首饰、铂金首饰和钻石及钻石饰品			5％
2. 其他贵重首饰和珠宝玉石	10％		
五、鞭炮、焰火	15％		
六、成品油			
1. 汽油	1.52 元/升		
2. 柴油	1.20 元/升		

续表

税 目	税 率		
	生产(进口)环节	批发环节	零售环节
3. 航空煤油	1.20元/升		
4. 石脑油	1.52元/升		
5. 溶剂油	1.52元/升		
6. 润滑油	1.52元/升		
7. 燃料油	1.20元/升		
七、摩托车			
1. 气缸容量(排气量,下同)为250毫升	3%		
2. 气缸容量为250毫升以上的	10%		
八、小汽车			
1. 乘用车			
气缸容量(排气量,下同)在1.0升(含)以下的	1%		
气缸容量在1.0升以上至1.5升(含)的	3%		
气缸容量在1.5升以上至2.0升(含)的	5%		
气缸容量在2.0升以上至2.5升(含)的	9%		
气缸容量在2.5升以上至3.0升(含)的	12%		
气缸容量在3.0升以上至4.0升(含)的	25%		
气缸容量在4.0升以上的	40%		
2. 中轻型商用客车	5%		
3. 超豪华小汽车	按照乘用车和中轻型商用客车的规定征收		10%
九、高尔夫球及球具	10%		
十、高档手表	20%		
十一、游艇	10%		
十二、木制一次性筷子	5%		
十三、实木地板	5%		
十四、电池	4%		
十五、涂料	4%		

纳税人兼营不同税率的应税消费品,应当分别核算不同税率应税消费品的销售额、销售数量。未分别核算销售额、销售数量,或者将不同税率的应税消费品组成成套消费品销售的,从高适用税率。

👉 提示

(1) 卷烟每标准箱为250条,每条为200支,每箱为50 000支。

(2) 甲类卷烟是指每标准条(200支)不含增值税调拨价格在70元(含)以上的卷烟;乙类卷烟是指每标准条(200支)不含增值税调拨价格在70元以下的卷烟。

（3）甲类啤酒是指每吨不含增值税出厂价格（含包装物及包装物押金，该押金不包括重复使用的塑料周转箱押金）在 3 000 元（含）以上的啤酒；乙类啤酒是指每吨不含增值税出厂价格在 3 000 元以下的啤酒。

诚信纳税 以高质量项目建设促进高质量发展。南昌大学经济管理学院教授彭迪云表示，重大项目往往具有引领性、带动性和支撑性，是经济高质量发展的"生命线"，也是带动经济社会全方位进步、实现赶超争先的"牛鼻子"。国家税务总局江西省税务局围绕江西制造业重点产业链现代化建设行动计划，推出 15 项相应税收服务举措，成立 12 个产业链专项服务团队，助力新产业、新模式、新动能发展。不断创新纳税服务举措，推动税收营商环境"更暖一度"，完善落实税费政策决策部署闭环管理工作机制，确保结构性减税降费政策精准落实，激发经营主体发展活力，推动经济运行回升向好。

四、消费税的计税依据

（一）从价定率计征的计税依据

1. 计税销售额的确定

应税消费品的销售额为纳税人销售应税消费品向购买方收取的全部价款和价外费用。所称"价外费用"，是指价外向购买方收取的手续费、补贴、基金、集资费、返还利润、奖励费、违约金、滞纳金、延期付款利息、赔偿金、代收款项、代垫款项、包装费、包装物租金、储备费、优质费、运输装卸费以及其他各种性质的价外收费。但不包括下列项目。

（1）同时符合下列条件的代垫运费。

① 承运部门的运输费用发票开具给购买方的。

② 纳税人将该项发票转交给购买方的。

（2）同时符合以下条件代为收取的政府性基金或者行政事业性收费。

① 由国务院或者财政部批准设立的政府性基金，由国务院或者省级人民政府及其财政、价格主管部门批准设立的行政事业性收费。

② 收取时开具省级以上财政部门印制的财政票据。

③ 所收款项全额上缴财政。其他价外费用，无论是否属于纳税人的收入，均应并入销售额计算征税。

2. 应税消费品的包装物问题

（1）包装物的销售收入。应税消费品连同包装物销售的，无论包装物是否单独计价，均应并入销售额中征收消费税。

（2）包装物的押金收入。如果包装物不作价随同产品销售，而是收取押金：①单独核算又未逾期的，此项押金不并入应税消费品销售额中征收消费税；②对因逾期未收回包装物而不再退还的包装物押金，应并入销售额，按照应税消费品的税率征收消费税；③已收取一年以上的包装物押金，应并入销售额，按照应税消费品的适用税率征收消费税；④对销售啤酒、黄酒外的其他酒类产品而收取的包装物押金，无论是否返还以及会计上如何核算，均应并入当期销售额征税。

3. 含增值税销售额的换算

消费税是价内税，增值税是价外税，实行从价定率征收的消费品原则上消费税税基和增值税税基是一致的,即以含消费税而不含增值税的销售额作为计税依据。如果纳税人应税消费品的销售额中未扣除增值税税额或者因不得开具增值税专用发票而发生价款和增值税税额合并收取的,在计算消费税时,应当换算为不含增值税税额的销售额。其换算公式为

应税消费品的销售额＝含增值税的销售额÷(1＋增值税税率或征收率)

(二)从量定额计征的计税依据

1. 计税销售数量的确定

销售数量是指应税消费品的数量,具体如下。

(1)销售应税消费品的,为应税消费品的销售数量。

(2)自产自用应税消费品的,为应税消费品的移送使用数量。

(3)委托加工应税消费品的,为纳税人收回的应税消费品数量。

(4)进口应税消费品的,为海关核定的应税消费品进口征税数量。

2. 计量单位的换算标准

在实际销售过程中,一些纳税人往往将计量单位混用。为了规范不同产品的计量单位,《中华人民共和国消费税暂行条例实施细则》规定,实行从量定额办法计算应纳税额的应税消费品,计量单位的换算标准如表 3-2 所示。

表 3-2　应税消费品计量单位的换算

名　称	计量单位的换算单位	名　称	计量单位的换算单位
黄酒	1 吨＝962 升	石脑油	1 吨＝1 385 升
啤酒	1 吨＝988 升	溶剂油	1 吨＝1 282 升
汽油	1 吨＝1 388 升	润滑油	1 吨＝1 126 升
柴油	1 吨＝1 176 升	燃料油	1 吨＝1 015 升
航空煤油	1 吨＝1 246 升		

(三)从价定率和从量定额复合计征的计税依据

卷烟、白酒采用复合计征方法计税。

纳税人生产销售卷烟和白酒,从量定额计税依据为实际销售数量,从价定率计税依据为销售额。进口、委托加工、自产自用卷烟、白酒,从量定额计税依据分别为海关核定的进口数量、委托加工收回数量、移送使用数量。

(四)计税依据的特殊规定

1. 应税消费品用于其他方面的计税规定

纳税人自产的应税消费品用于换取生产资料和消费资料、投资入股和抵偿债务等方面,应当按纳税人同类应税消费品的最高销售价格作为计算消费税的计税依据。

提示

(1)仅限"换、投、抵"三种情况,按同类应税消费品的最高销售价格计算消费税。

(2)注意区分:增值税"换、投、抵"行为计算缴纳的增值税时,按同类应税消费品的平均销售价格计税。

2. 套装产品的计税依据

纳税人将自产的应税消费品与外购或自产的非应税消费品组成套装销售的,以套装产品的销售额(不含增值税)作为计算消费税的计税依据。

【例 3-1】 某化妆品生产企业为增值税一般纳税人,2024 年 12 月向某大型商场销售高档化妆品一批,开具增值税专用发票,取得不含增值税销售额 30 万元,随同销售包装物取得收入 1.13 万元;于 12 月 20 日向某单位销售高档化妆品一批,开具普通发票,取得含增值税销售额 4.52 万元。计算该化妆品生产企业 12 月应缴纳的消费税税额。(高档化妆品适用消费税税率 15%)

解: 消费税计税依据是不含增值税的销售额。应税消费品连同包装物销售的,无论包装物是否单独计价,均应并入销售额中征收消费税。

$$应税销售额=30+4.52÷(1+13\%)+1.13÷(1+13\%)=35(万元)$$
$$该企业 12 月消费税应纳税额=35×15\%=5.25(万元)$$

诚信纳税 青少年是国家的未来,加强青少年税收法治教育意义重大。近年来,塔城地区税务部门在校园税法宣传普及方面做了大量积极探索,期待"税校合作"持续深入开展,例如针对不同年龄段青少年的特点分类设置税法宣传教育课程,建立宣传教育机制,引导青少年树立税收法治观念,做税收法治建设的积极参与者,形成"教育一个孩子,影响一个家庭,带动整个社会"的良好效应。

任务二　消费税应纳税额计算

一、生产销售应税消费品应纳税额的计算

1. 从价定率应税消费品应纳税额的计算

实行从价定率征收办法的消费品,其应纳税额计算公式为

$$应纳税额=应税消费品的销售额×消费税比例税率$$

【例 3-2】 某手表生产企业 2024 年 12 月发生如下业务:生产销售 A 手表 100 只,取得不含增值税销售收入 120 万元;生产销售 B 手表 100 只,取得不含增值税销售收入 16 万元;销售手表配件取得不含增值税销售收入 1 万元。计算该企业 12 月应缴纳的消费税税额。(高档手表消费税税率为 20%)

解: 消费税税目中的高档手表是指销售价格(不含增值税)每只在 10 000 元(含)以上的各类手表。

(1) A 手表每只销售价格(不含增值税)为 12 000 元,属于应税消费品,生产销售 A 手表应缴纳消费税。消费税应纳税额=120×20%=24(万元)。

(2) B 手表每只销售价格(不含增值税)为 1 600 元,不属于应税消费品,生产销售 B 手表不缴纳消费税。

(3) 手表配件不属于应税消费品,不缴纳消费税。

综上所述,该企业 12 月应缴纳消费税 24 万元。

2. 从量定额应税消费品应纳税额的计算

实行从量定额征收办法的消费品,其应纳税额计算公式为

$$应纳税额＝应税消费品的销售数量×消费税定额税率$$

【例 3-3】 某啤酒厂为增值税一般纳税人,2024 年 12 月销售啤酒 200 吨,每吨出厂价格 3 000 元,另收取非重复使用的包装物押金 277 元/吨。计算该啤酒厂 12 月应缴纳的消费税税额。

解: 非重复使用的包装物押金属于价外费用,计入啤酒销售额。

该批啤酒每吨不含增值税出厂价格＝(3 000＋277)÷(1＋13%)＝2 900(元),小于 3 000 元,属于乙类啤酒,适用消费税定额税率 220 元/吨。

$$应纳消费税额＝200×220÷10 000＝4.4(万元)$$

3. 从价定率和从量定额复合计税应税消费品应纳税额的计算

实行从价定率和从量定额复合计税的消费品,其应纳税额计算公式为

$$应纳税额＝销售数量×定额税率＋销售额×比例税率$$

【例 3-4】 某白酒厂为增值税一般纳税人,2024 年 12 月销售白酒 50 吨,取得销售额 740 万元(不含增值税)。计算该白酒厂 12 月应缴纳的消费税税额。(白酒消费税税率 20%加 0.5 元/500 克或 500 毫升)

解: 白酒属于从价定率和从量定额复合计税应税消费品,从量定额税率为 0.5 元/500 毫升,计量单位不同需要先进行换算,计价单位是元,要注意统一计量单位。

$$应纳消费税额＝50×1 000×2×0.5÷10 000＋740×20%＝153(万元)$$

📢 注意 纳税义务人通过非独立核算门市部销售的自产应税消费品,应按照门市部对外销售额或者销售数量征收消费税。

二、自产自用应税消费品应纳税额的计算

自产自用是指纳税义务人生产应税消费品后,不是直接用于对外销售,而是用于连续生产应税消费品或用于其他方面。

《中华人民共和国消费税暂行条例》规定:对自产自用的应税消费品,用于连续生产应税消费品的,不纳税;纳税人自产自用的应税消费品,用于其他方面的,于移送使用时纳税。

用于连续生产应税消费品,是指纳税人将自产自用的应税消费品作为直接材料生产最终应税消费品,自产自用应税消费品构成最终应税消费品的实体。

用于其他方面的,是指纳税人将自产自用应税消费品用于生产非应税消费品、在建工程、管理部门、非生产机构、提供劳务、馈赠、赞助、集资、广告、样品、职工福利、奖励等方面。

✍ 提示 对自产自用的应税消费品,用于连续生产应税消费品的,不再征税,体现了税不重征和计税简便的原则,避免了重复征税。如卷烟厂生产的烟丝,如果直接对外销售,应缴纳消费税。但如果烟丝用于本厂连续生产卷烟,用于连续生产卷烟的烟丝就不缴纳消费税,只对生产销售的卷烟征收消费税。

(一)从价定率应税消费品应纳税额的计算

1. 有同类消费品销售价格的

纳税人自产自用的应税消费品用于其他方面,在移送使用时应当纳税的,按照纳税人生产

的同类消费品销售价格计算纳税。其应纳税额计算公式为

$$应纳税额＝同类消费品销售价格×消费税比例税率$$

同类消费品销售价格是指纳税人当月销售的同类消费品的销售价格,如果当月同类消费品各期销售价格高低不同,应按销售数量加权平均计算。但销售的应税消费品有下列情况之一的,不得列入加权平均计算。

（1）销售价格明显偏低又无正当理由的。

（2）无销售价格的。

如果当月无销售或者当月未完结,应按照同类消费品上月或最近月份的销售价格计算纳税。

2. 没有同类消费品销售价格的

自产自用应税消费品,应该从价计税的,如果没有同类消费品销售价格的,在计算征收时,应按组成计税价格计算纳税。组成计税价格的计算公式为

$$组成计税价格＝（成本＋利润）÷（1－消费税比例税率）$$
$$＝［成本×（1＋成本利润率）］÷（1－消费税比例税率）$$
$$应纳税额＝组成计税价格×消费税比例税率$$

式中,成本为应税消费品的产品生产成本;利润为根据应税消费品的全国平均成本利润率计算的利润。

应税消费品的全国平均成本利润率由国家税务总局确定,如表 3-3 所示。

表 3-3　应税消费品的全国平均成本利润率

消　费　品	全国平均成本利润率/%	消　费　品	全国平均成本利润率/%
甲类卷烟	10	乙类卷烟	5
雪茄烟	5	烟丝	5
粮食白酒	10	薯类白酒	5
其他酒	5	高档化妆品	5
鞭炮、焰火	5	贵重首饰及珠宝玉石	6
摩托车	6	高尔夫球及球具	10
高档手表	20	游艇	10
木制一次性筷子、实木地板	5	电池	4
乘用车	8	中轻型商用客车	5
电子烟	10	涂料	7

（二）从量定额应税消费品应纳税额的计算

自产自用应税消费品,从量定额办法征税的计税依据为自产自用数量,应纳税额的计算公式如下:

$$应纳税额＝应税消费品自产自用数量×消费税定额税率$$

（三）从价定率和从量定额复合计税应税消费品应纳税额的计算

自产自用应税消费品,实行从价定率和从量定额复合计税的,计算公式为

$$应纳消费税税额=应税消费品自产自用数量×消费税定额税率+组成计税价格$$
$$×消费税比例税率$$
$$组成计税价格=(成本+利润+自产自用数量×消费税定额税率)$$
$$÷(1-消费税比例税率)$$

式中"成本"和"利润"的确定与从价定率情况一致。

三、委托加工应税消费品应纳税额的计算

(一)委托加工应税消费品的确定

委托加工的应税消费品是指由委托方提供原料和主要材料,受托方只收取加工费和代垫部分辅助材料加工的应税消费品。对于由受托方提供原材料生产的应税消费品,或者受托方先将原材料卖给委托方,再接受加工的应税消费品,以及由受托方以委托方名义购进原材料生产的应税消费品,不论纳税人在财务上是否做销售处理,都不得作为委托加工应税消费品。

(二)代收代缴税款

委托加工应税消费品,委托方为消费税纳税人,受托方是代收代缴义务人。委托加工的应税消费品,除受托方为个人外,由受托方在向委托方交货时代收代缴消费税。纳税人委托个人(含个体工商户)加工应税消费品,于委托方收回后在委托方所在地缴纳消费税。

如受托方没有按有关规定代收代缴消费税,应按照《中华人民共和国税收征收管理法》规定,对受托方处以应代收代缴税款50%以上3倍以下的罚款。对于受托方未按规定代收代缴税款的,不能因此免除委托方补缴税款的责任,应由委托方补缴消费税税款。对委托个体经营者加工应税消费品的,委托方收回后在委托方所在地缴纳消费税。

委托加工的应税消费品,受托方在交货时已代收代缴消费税,委托方收回后直接销售的,不再征收消费税。

(三)组成计税价格及应纳税额的计算

1. 受托方有同类消费品销售价格的

受托方有同类消费品销售价格的,按照受托方的同类消费品的销售价格计算纳税。

同类消费品的销售价格是指受托方(代收代缴义务人)当月销售的同类消费品的销售价格,如果当月同类消费品各期销售价格高低不同,应按销售数量加权平均计算。如果当月无销售或者当月未完结,应按照同类消费品上月或者最近月份的销售价格计算纳税。

应代收代缴税额的计算公式有以下两种。

(1)从价定率计税办法的计算公式:

$$应代收代缴税额=同类消费品销售额×消费税比例税率$$

(2)复合计税办法的计算公式:

$$应代收代缴税额=同类消费品销售额×消费税比例税率+委托加工数量×定额税率$$

2. 受托方没有同类消费品销售价格的

受托方没有同类消费品销售价格的,按组成计税价格计税。

(1)从价定率计税办法计算纳税的组成计税价格及应纳税额计算公式:

$$组成计税价格=(材料成本+加工费)÷(1-比例税率)$$

$$应代收代缴税额＝组成计税价格×比例税率$$

（2）复合计税办法计算纳税的组成计税价格及应纳税额计算公式：

$$组成计税价格＝（材料成本＋加工费＋委托加工数量×定额税率）÷（1－比例税率）$$

$$应代收代缴税额＝组成计税价格×比例税率＋委托加工数量×定额税率$$

式中，加工费为受托方加工应税消费品向委托方所收取的全部费用，包括代垫辅助材料的实际成本；材料成本为委托方所提供加工材料的实际成本。委托加工应税消费品的纳税人，必须在委托加工合同上如实注明材料成本，凡未提供材料成本的，受托方所在地主管税务机关有权核定材料成本。

【例 3-5】 甲卷烟厂为增值税一般纳税人，向农业生产者收购烟叶，合计支付价款 400 万元。将收购的烟叶全部运往位于县城的乙企业加工烟丝，取得增值税专用发票，注明加工费 70 万元、代垫辅料 20 万元，当月收回全部委托加工的烟丝，乙企业无同类产品销售。烟丝适用消费税税率为 30%。计算乙企业应代收代缴消费税税额。

解：委托加工按受托方同类产品价格计税，如果受托方没有同类产品价格，按组成计税价格计算，组成计税价格包括材料成本、加工费及代垫辅料费。

$$组成计税价格＝（材料成本＋加工费）÷（1－比例税率）$$

$$乙企业应代收代缴的消费税＝[（400＋70＋20）÷（1－30\%）]×30\%＝210（万元）$$

四、批发、零售环节应纳消费税的计算

（一）卷烟批发环节消费税

自 2009 年 5 月 1 日起，在卷烟批发环节加征一道从价税。自 2015 年 5 月 10 日起，卷烟批发环节消费税税率又作调整，实行在从价计征的基础上，同时从量计征的复合计税方式。

（1）纳税义务人：在中华人民共和国境内从事卷烟批发业务的单位和个人。

提示 纳税人销售给纳税人以外的单位和个人的卷烟于销售时纳税。纳税人之间销售的卷烟不缴纳消费税。

（2）征收范围：纳税人批发销售的所有牌号规格的卷烟。

（3）计税依据：纳税人批发卷烟的销售额（不含增值税）和销售数量。

纳税人兼营卷烟批发和零售业务的，应当分别核算批发和零售环节的销售额、销售数量；未分别核算批发和零售环节销售额、销售数量的，按照全部销售额、销售数量计征批发环节消费税。

（4）适用税率：从价税率 11%，从量税率 0.005 元/支。

（5）纳税义务发生时间：纳税人收讫销售款或者取得索取销售款凭据的当天。

（6）纳税地点：卷烟批发企业的机构所在地，总机构与分支机构不在同一地区的，由总机构申报纳税。

（7）卷烟消费税在生产和批发两个环节征收后，批发企业在计算应纳税额时不得扣除已含的生产环节的消费税税款。

注意 纳税人兼营卷烟批发和零售业务的，应当分别核算批发和零售环节的销售额、销售数量；未分别核算批发和零售环节销售额、销售数量的，按照全部销售额、销售数量计征批发环节消费税。

【例 3-6】 某卷烟批发企业（持有烟草批发许可证）向商场批发甲类卷烟 12 万支，取得不含税销售额 9.3 万元。卷烟批发环节适用税率从价税率 11%，从量税率 0.005 元/支。计算该

卷烟批发企业应缴纳的消费税税额。

解：卷烟批发环节适用从价定率和从量定额复合计征消费税。

该企业应纳消费税额＝9.3×11％＋120 000×0.005÷10 000＝1.083(万元)

注意　卷烟销售消费税有两个征税环节，分别是生产、委托加工、进口环节和批发环节。两个纳税环节都是从价定率和从量定额复合计征消费税。区别在于以下两个方面。

(1) 生产环节区分甲类卷烟、乙类卷烟两档税率。

(2) 批发环节只有一档税率。

(二)电子烟批发环节消费税

自2022年11月1日起，对电子烟批发环节征收消费税。

(1) 纳税义务人：在中华人民共和国境内批发电子烟的单位为消费税纳税人。电子烟批发环节纳税人，是指取得烟草专卖批发企业许可证并经营电子烟批发业务的企业。

(2) 征收范围：电子烟。

(3) 税率：电子烟批发环节的税率为11％。

(4) 计税依据：纳税人批发电子烟的，按照批发电子烟的销售额计算纳税。

(三)金银首饰零售环节消费税

根据《财政部 国家税务总局关于调整金银首饰消费税纳税环节有关问题的通知》(财税〔1994〕95号)的规定，金银首饰消费税由生产销售环节征收改为零售环节征收。

(1) 纳税义务人：在中华人民共和国境内从事金银首饰零售业务的单位和个人。

委托加工(除另有规定外)、委托代销金银首饰的，受托方是纳税人。

(2) 征收范围：金、银和金基、银基合金首饰，以及金、银和金基、银基合金的镶嵌首饰，钻石及钻石饰品，铂金首饰。

(3) 税率：5％。

(4) 应纳税额的计算。金银首饰零售环节消费税应纳税额计算公式：

应纳税额＝零售环节销售额(不含增值税)×零售环节税率

下面是几种特殊情况的计税依据的确定：

(1) 带料加工。带料加工的金银首饰，应按受托方销售同类金银首饰的销售价格确定计税依据征收消费税。没有同类金银首饰销售价格，按照组成计税价格计算纳税。

(2) 以旧换新。纳税人采用以旧换新(含翻新改制)方式销售的金银首饰，应按实际收取的不含增值税的全部价款确定计税依据征收消费税。

(3) 改变用途。生产、批发、零售单位用于馈赠、赞助、集资、广告、样品、职工福利、奖励等方面的金银首饰，应按纳税人销售同类金银首饰的销售价格确定计税依据征收消费税；没有同类金银首饰销售价格的，按照组成计税价格计算纳税。计算公式：

组成计税价格＝购进原价×(1＋利润率)÷(1－金银首饰消费税税率)

纳税人为生产企业时，"购进原价"为生产成本，"利润率"为6％。

(4) 改变纳税环节。金银首饰消费税改变纳税环节后，用已税珠宝玉石生产的镶嵌首饰，在计税时一律不得扣除已纳的消费税税款。

注意　金银首饰的征税环节是零售环节，金银首饰与其他产品组成成套消费品销售的，应按销售额全额征收消费税。金银首饰连同包装物销售的，无论包装物是否单独计价，也无论会计上如何核算,均应并入金银首饰的销售额。

(四) 超豪华小汽车零售环节消费税

自 2016 年 12 月 1 日起,对超豪华小汽车在生产(进口)环节按现行税率征收消费税基础上,在零售环节加征消费税。

(1) 纳税义务人:将超豪华小汽车销售给消费者的单位和个人为超豪华小汽车零售环节纳税人。

(2) 征税范围:每辆零售价格 130 万元(不含增值税)及以上的乘用车和中轻型商用客车。即乘用车和中轻型商务用车中的超豪华小汽车。

(3) 税率:10%。

(4) 应纳税额的计算。超豪华小汽车零售环节消费税应纳税额计算公式:

$$应纳税额 = 零售环节销售额(不含增值税) \times 零售环节税率$$

(5) 国内汽车生产企业直接将超豪华小汽车销售给消费者,消费税税率按照生产环节税率和零售环节税率加总计算,应纳税额计算公式:

$$应纳税额 = 销售额 \times (生产环节税率 + 零售环节税率)$$

> **诚信纳税**　国家税务总局近日印发《关于资源回收企业向自然人报废产品出售者"反向开票"有关事项的公告》,明确了"反向开票"的具体措施和操作办法,为资源回收利用行业全产业链加快发展营造良好的税收环境。自 2024 年 4 月 29 日起,有"反向开票"意愿的回收企业,即可向税务机关提交相关资料,履行完规定程序后,便捷实现"反向开票"。在此之前,从事社会化资源回收的前端自然人往往采用"不带票销售"方式,资源回收企业缺少"第一张票",既无法抵扣增值税进项税额,也难以获取企业所得税税前列支成本费用的凭据。实施"反向开票"后,资源回收企业可以按规定开具发票:若开具专用发票,在"征扣税一致"原则下,实行增值税一般计税方法的资源回收企业,可以抵扣专用发票注明的增值税税额,其购进支出还可据此在企业所得税税前扣除,进一步降低企业成本;若开具普通发票,也可作为资源回收企业所得税税前扣除凭证,解决成本税前列支堵点问题。

五、关于消费税已纳税款扣除问题

为了避免重复征税,现行消费税规定,对外购、进口应税消费品和委托加工收回的应税消费品连续生产应税消费品销售的,计算征收消费税时,应按当期生产领用数量计算准予扣除的应税消费品已纳的消费税税款。

(一) 外购应税消费品已纳消费税的扣除

(1) 外购应税消费品已纳税款扣除范围。

① 外购已税烟丝生产的卷烟。

② 外购已税高档化妆品为原料生产的高档化妆品。

③ 外购已税珠宝玉石为原料生产的贵重首饰及珠宝玉石。

④ 外购已税鞭炮、焰火为原料生产的鞭炮、焰火。

⑤ 外购已税汽油、柴油、石脑油、燃料油、润滑油为原料生产的应税成品油。

⑥ 外购已税杆头、杆身和握把为原料生产的高尔夫球杆。

⑦ 外购已税木制一次性筷子为原料生产的木制一次性筷子。

⑧ 外购已税实木地板为原料生产的实木地板。

⑨ 外购葡萄酒连续生产应税葡萄酒。

如本期消费税应纳税额不足抵扣的,余额留待下期抵扣。

⑩ 啤酒生产集团内部企业间用啤酒液连续灌装生产的啤酒。

(2) 准予扣除外购应税消费品已纳消费税税款的计算。

基本原则:应按当期生产领用数量计算准予扣除的应税消费品已纳的消费税税款。

$$当期准予扣除的外购应税消费品已纳税款=当期准予扣除的外购应税消费品买价$$
$$\times 外购应税消费品适用税率$$

$$当期准予扣除的外购应税消费品买价=期初库存的外购应税消费品买价$$
$$+当期购进的外购应税消费品买价$$
$$-期末库存的外购应税消费品买价$$

✍ **注意**

① 外购应税消费品买价为纳税人取得的规定的发票(含销货清单)注明的应税消费品的销售额(不包括增值税税款)。

② 当期投入生产的原材料可抵扣的已纳消费税大于当期应纳消费税的,按当期应纳消费税的数额申报抵扣,不足抵扣部分结转下期申报抵扣。

③ 纳税人用外购的已税珠宝、玉石生产的改在零售环节征收消费税的金银首饰(镶嵌首饰),在计税时一律不得扣除外购珠宝、玉石的已纳税款。因为珠宝、玉石消费税纳税环节是生产环节,而金银首饰纳税环节是零售环节,两者缴纳消费税环节不同,不能扣除。

(3) 对自己不生产应税消费品,只是购进后再销售应税消费品的工业企业,其销售的高档化妆品,鞭炮、焰火和珠宝玉石,凡不能构成最终消费品直接进入消费品市场,而需进一步生产加工、包装、贴标的或者组合的珠宝玉石,化妆品,酒,鞭炮、焰火等,应当征收消费税,同时允许扣除上述外购应税消费品的已纳税款。

(二)委托加工应税消费品已纳消费税的扣除

纳税人用委托加工收回的下列应税消费品连续生产应税消费品,在计征消费税时可以扣除委托加工收回应税消费品的已纳消费税税款。

1. 委托加工收回应税消费品已纳税款扣除范围

(1) 以委托加工收回的已税烟丝为原料生产的卷烟。

(2) 以委托加工收回的已税高档化妆品为原料生产的高档化妆品。

(3) 以委托加工收回的已税珠宝玉石为原料生产的贵重首饰及珠宝玉石。

(4) 以委托加工收回的已税鞭炮、焰火为原料生产的鞭炮、焰火。

(5) 以委托加工收回的已税汽油、柴油、石脑油、燃料油、润滑油为原料生产的应税成品油。

(6) 以委托加工收回的已税杆头、杆身和握把为原料生产的高尔夫球杆。

(7) 以委托加工收回的已税木制一次性筷子为原料生产的木制一次性筷子。

(8) 以委托加工收回的已税实木地板为原料生产的实木地板。

2. 准予扣除委托加工收回应税消费品已纳消费税税款的计算

(1) 委托加工收回的应税消费品连续生产的应税消费品,准予从应纳消费税税额中按当期生产领用数量计算扣除其已纳消费税税款。计算公式如下：

$$\begin{array}{c}\text{当期准予扣除的委托加工}\\\text{应税消费品已纳税款}\end{array}=\begin{array}{c}\text{期初库存的委托加工}\\\text{应税消费品已纳税款}\end{array}+\begin{array}{c}\text{当期收回的委托加工}\\\text{应税消费品已纳税款}\end{array}-\begin{array}{c}\text{期末库存的委托加工}\\\text{应税消费品已纳税款}\end{array}$$

（2）委托加工收回的已税消费品以高于受托方的计税价格出售的，需按照规定申报缴纳消费税，在计税时准予扣除受托方已代收代缴的消费税，不受上述列举扣除范围限制。

值得注意的是，纳税人用委托加工收回的已税珠宝玉石生产的改在零售环节征收消费税的金银、钻石首饰，在计税时一律不得扣除委托加工收回的珠宝玉石已纳的消费税税款。

【例 3-7】 延续例 3-5，甲卷烟厂委托乙企业加工烟丝并由乙企业代收代缴消费税 210 万元，2024 年 12 月将委托加工收回的烟丝的 80% 生产 A 牌卷烟 500 箱全部给丙卷烟批发企业，取得不含税收入 1 200 万元。将剩余 20% 烟丝全部对外出售，取得不含税收入 150 万元。计算甲卷烟厂 12 月应缴纳的消费税额。

解：（1）卷烟生产销售环节适用从价定率和从量定额复合计征消费税，应先确定 A 牌卷烟适用甲类或乙类卷烟税率。卷烟每标准箱为 250 标准条。

$$\text{每标准条 A 牌卷烟价格}=1\,200\div500\div250=96(\text{元})，\text{大于 70 元}$$

不含增值税调拨价格在 70 元（含）以上的卷烟为甲类卷烟，适用 56% 加 0.003 元/支税率。

纳税人用委托加工收回的已税烟丝为原料生产的卷烟，在计征消费税时可以扣除委托加工收回应税消费品的已纳消费税税款。

$$\begin{aligned}\text{甲卷烟厂销售 A 牌卷烟给丙卷烟批发企业应纳税额}&=1\,200\times56\%+500\times250\times200\\&\quad\times0.003\div10\,000-210\times80\%\\&=511.5(\text{万元})\end{aligned}$$

（2）甲卷烟厂出售烟丝不含增值税销售价格为 150 万元，高于不含增值税回收价格 140 万元（组成计税价格 490 万元、消费税 210 万元，合计金额为 700 万元，700 万元的 20% 为 140 万元）。委托加工收回的已税消费品以高于受托方的计税价格出售的，需按照规定申报缴纳消费税，在计税时准予扣除受托方已代收代缴的消费税，不受列举扣除范围限制。

$$\text{甲卷烟厂应缴纳的消费税}=150\times30\%-210\times20\%=3(\text{万元})$$

诚信纳税 第 33 个全国税收宣传月期间，各地税务部门围绕"税助发展 向新而进"主题，组织开展了一系列有特色、接地气的税收普法活动，努力让"有意义"的税法宣传变得"有意思"，增强税法宣传的感染力、吸引力和实效性。青少年是祖国的未来和民族的希望。系好青少年第一颗"法治扣子"，需要创新方式方法，增强法治宣传教育实效。税收宣传月里，一场场生动有趣的税收普法课陆续开讲。"妈妈买的化妆品，里面含有消费税""爷爷种西瓜，可以免税"在打卡冲关活动中，小读者们用上了刚刚学到的税收知识。"大手"率"小手"，一场场寓教于乐、寓乐于学的税收普法活动，让小朋友和税收实现"亲密接触"，在孩子们的心田播撒下税法的种子。

任务三　出口退（免）税

对纳税人出口应税消费品，免征消费税；国务院另有规定的除外。

一、消费税退(免)税或征税政策的适用范围

1. 出口免税并退税

出口企业出口或视同出口适用增值税退(免)税的货物,免征消费税,如果属于购进出口的货物,退还前一环节对其已征的消费税。

2. 出口免税但不退税

出口企业出口或视同出口适用增值税免税政策的货物,免征消费税,但不退还其以前环节已征的消费税,且不允许在内销应税消费品应纳消费税款中抵扣。

3. 出口不免税也不退税

出口企业出口或视同出口适用增值税征税政策的货物,应按规定缴纳消费税,不退还其以前环节已征的消费税,且不允许在内销应税消费品应纳消费税款中抵扣。

二、消费税退税的计税依据

出口货物的消费税应退税额的计税依据,按购进出口货物的消费税专用缴款书和海关进口消费税专用缴款书确定。

(1)属于从价定率计征消费税的,为已征且未在内销应税消费品应纳税额中抵扣的购进出口货物金额。

(2)属于从量定额计征消费税的,为已征且未在内销应税消费品应纳税额中抵扣的购进出口货物数量。

(3)属于复合计征消费税的,按从价定率和从量定额的计税依据分别确定。

三、消费税退税的计算

$$消费税应退税额＝从价定率计征消费税的退税计税依据×比例税率$$
$$＋从量定额计征消费税的退税计税依据×定额税率$$

诚信纳税　2024年以来,各地税务部门聚焦纳税人缴费人需求、借力数字化信息化手段持续上新税费服务,着力为企业添便利减成本,推动税费优惠直达快享,进一步优化税收营商环境。"减税降费政策可以降低企业的直接成本,优化办税流程、提升办税缴费便利度则可以降低企业的间接成本。通过'双管齐下',税收营商环境进一步优化。"北京国家会计学院副院长、教授李旭红表示,税务部门围绕纳税人缴费人需求,进一步提升税费服务精细化、智能化、便利化水平,切实增强服务效能,节省了纳税人的时间成本及遵从成本,有效助力稳预期、增活力、促增长。

任务四　消费税征收管理

一、消费税的纳税环节

消费税的纳税环节分为以下情况。

（1）生产销售环节。生产应税消费品销售是消费税征收的主要环节,生产应税消费品由生产者于销售时纳税。

（2）委托加工环节。委托加工应税消费品,由受托方在向委托方交货时代收代缴税款。

（3）进口环节。进口的应税消费品,由进口报关者于报关进口时纳税。

（4）零售环节。金银首饰消费税由生产销售环节征收改为零售环节征收。

自 2016 年 12 月 1 日起,对超豪华小汽车在生产(进口)环节按现行税率征收消费税基础上,在零售环节加征消费税。

（5）批发环节。除生产环节外,对卷烟批发环节分别加征从价税和从量税。自 2022 年 11 月 1 日起,除生产环节外,对电子烟批发环节加征从价税。

（6）移送使用环节。纳税人自产自用的应税消费品,用于其他方面的,在移送使用时纳税。

二、消费税纳税义务发生的时间

消费税纳税义务发生的时间按不同的销售结算方式分为以下几种情况。

（1）纳税人销售的应税消费品,其纳税义务发生的时间如下。

① 纳税人采取赊销和分期收款结算方式的,为书面合同约定的收款日期的当天。书面合同没有约定收款日期或者无书面合同的,为发出应税消费品的当天。

② 纳税人采取预收货款结算方式的,为发出应税消费品的当天。

③ 纳税人采取托收承付和委托银行收款方式的,为发出应税消费品并办妥托收手续的当天。

④ 纳税人采取其他结算方式的,为收讫销售款或者取得索取销售款凭据的当天。

（2）纳税人自产自用的应税消费品的,为移送使用的当天。

（3）纳税人委托加工的应税消费品的,为纳税人提货的当天。

（4）纳税人进口的应税消费品的,为报关进口的当天。

三、消费税的纳税期限

消费税的纳税期限分为以下情况。

（1）消费税的纳税期限分别为 1 日、3 日、5 日、10 日、15 日、1 个月或 1 个季度。纳税人的具体纳税期限,由主管税务机关根据纳税人应纳税额的大小分别核定;不能按照固定期限纳税的,可以按次纳税。

（2）纳税人以 1 个月或者 1 个季度为 1 个纳税期的,自期满之日起 15 日内申报纳税;以其他期限纳税的,自期满之日起 5 日内预缴税款,于次月 1 日起 15 日内申报纳税并结清上月应纳税款。

（3）纳税人进口应税消费品,应当自海关填发海关进口消费税专用缴款书之日起 15 日内缴纳税款。

四、消费税的纳税地点

消费税的纳税地点分为以下情况。

（1）纳税人销售的应税消费品及自产自用的应税消费品,除国家另有规定外,应当向纳税人机构所在地或居住地主管税务机关申报纳税。

纳税人总机构和分支机构不在同一县(市)的,应当分别向各自机构所在地的主管税务机关申报纳税;经财政部、国家税务总局或者其授权的财政、税务机关批准,可以由总机构汇总向总机构所在地的主管税务机关申报纳税。

（2）纳税人到外县（市）销售或委托外县（市）代销自产应税消费品的,于应税消费品销售后,向机构所在地或者居住地主管税务机关申报纳税。

（3）委托加工的应税消费品,除受托方为个人外,由受托方向机构所在地或居住地主管税务机关解缴消费税。委托个人加工的应税消费品,由委托方向其机构所在地或者居住地主管税务机关申报纳税。

（4）进口的应税消费品,由进口人或由其代理人向报关地海关申报纳税。

技能提升

本项目导入案例解析如下。

（1）汽车零配件不属于消费税征税范围,不征收消费税。

（2）电动汽车不征收消费税。违约金属于价外费用,征收消费税。

销售 A 型小汽车不含税销售额＝（450＋2）×10 000÷（1＋13%）＝4 000 000（元）

应纳消费税＝（450＋2）×10 000÷（1＋13%）×5%＝200 000（元）

（3）自产的应税消费品用于换、抵、投时,按照同类应税消费品的最高销售价格计算消费税,其他视同销售按照同类应税消费品的平均销售价格计算。

视同销售额＝150 000×10＋120 000×5＝2 100 000（元）

应纳消费税＝（150 000×10＋120 000×5）×5%＝105 000（元）

（4）$\dfrac{\text{移送管理部门使用 B 型小汽车}}{\text{视同销售不含税销售额}}$＝200 000×2×（1＋10%）÷（1－3%）＝453 608.25（元）

应纳消费税＝200 000×2×（1＋10%）÷（1－3%）×3%＝13 608.25（元）

（5）不含增值税零售价为 130 万元及以上的乘用车和中轻型商用客车属于超豪华小汽车,国内汽车生产企业直接销售给消费者的超豪华小汽车,消费税税率按照生产环节税率和零售环节税率加总计算。

应纳消费税＝1 500 000÷（1＋13%）×（40%＋10%）＝663 716.81（元）

综上所述,甲汽车集团股份有限公司本月应纳消费税＝200 000＋105 000＋13 608.25＋663 716.81＝982 325.06（元）。

税费申报

一、纳税申报流程

1.填报纳税申报表

消费税的纳税义务人应按有关规定及时办理纳税申报。

2.办理税款抵扣手续

纳税人在办理纳税申报时,如涉及已纳税款抵扣问题,需要提供有关资料,办理税款抵扣手续。

3.税款缴纳

纳税人应当在税法规定期限内向税务机关指定的银行缴纳税款并开具税收缴款书。

二、纳税申报表填报举例

导入案例中甲汽车集团股份有限公司本月应纳消费税申报表填写如表 3-4 所示。

链接:消费税申报

表 3-4 消费税及附加税费申报表

税款所属期:自 2024 年 12 月 1 日至 2024 年 12 月 31 日

纳税人识别号(统一社会信用代码):

纳税人名称: 金额单位:人民币元(列至角分)

应税消费品名称	适用税率		计量单位	本期销售数量	本期销售额	本期应纳税额
	定额税率	比例税率/%				
	1	2	3	4	5	6=1×4+2×5
乘用车 1.5升<气缸容量≤2.0升		5	辆	55	6 100 000.00	305 000.00
乘用车 1.0升<气缸容量≤1.5升		3	辆	2	453 608.25	13 608.25
超豪华小汽车		40	辆	1	1 327 433.63	530 973.45
超豪华小汽车		10	辆	1	1 327 433.63	132 743.36
合　计						982 325.06

项　目	栏次	本期税费额
本期减(免)税额	7	0.00
期初留抵税额	8	0.00
本期准予扣除税额	9	0.00
本期应扣除税额	10=8+9	0.00
本期实际扣除税额	11[10<(6-7),则为10,否则为6-7]	0.00
期末留抵税额	12=10-11	0.00
本期预缴税额	13	0.00
本期应补(退)税额	14=6-7-11-13	982 325.06
城市维护建设税本期应补(退)税额	15	68 762.75
教育费附加本期应补(退)费额	16	29 469.75
地方教育附加本期应补(退)费额	17	19 646.50

声明:此表是根据国家税收法律、法规及相关规定填写的,本人(单位)对填报内容(及附带资料)的真实性、可靠性、完整性负责。

纳税人(签章):

2025 年 1 月 10 日

经办人: 经办人身份证号: 代理机构签章: 代理机构统一社会信用代码:	受理人: 受理税务机关(章): 受理日期:2025 年 1 月 10 日

 素养课堂

结构性减税增强高质量发展动能

"结构性"意味着有所侧重。2023 年强调"重点支持科技创新和制造业发展",体现了精准调控,针对性和导向作用明显,有利于增强发展新动能,推动高质量发展。中央经济工作会议对

2024年宏观政策进行"定调"，强调"积极的财政政策要适度加力、提质增效"。减税降费是财政政策的重要工具，会议要求"落实好结构性减税降费政策，重点支持科技创新和制造业发展"。

结构性减税降费有别于普惠性、全面的减税降费，主要针对特定群体或领域、特定税种来削减税费负担。前些年的减税降费中，分别实行过"结构性减税"或者"普惠性减税和结构性减税相结合"。我国连续多年实施大规模减税降费，宏观税负已处于较低水平。当前，进一步减税虽尚有空间，但受到一定的限制。要实现财政、税收运行可持续，减税降费有必要从重规模转向重效果，平衡好"当前和长远""需要和可能"的关系，把政策资源用在刀刃上、关键处。正因如此，再提"结构性减税降费"具有很强的现实意义。

近年来，一系列支持科技创新的税收政策相继实施，已经初步形成了一套覆盖面广、优惠力度大、涵盖企业创新全流程各环节的税收支持政策体系。例如，提高相关行业企业研发费用税前加计扣除比例，并且将这项政策作为制度性安排长期实施。企业研发投入越多、减税就越多，有效引导企业加大研发投入，增强创新动能。此外，还实施了鼓励创业投资、支持研发设备更新、支持重点产业链、鼓励创业创新等税收优惠政策。这些政策通过"真金白银"的正向激励，推动高水平科技自立自强。

同时，现行减税降费政策中，相当一部分和制造业密切相关。例如，制造业占据研发主体地位，享受研发费用加计扣除政策的户数、金额占全部研发企业的一半以上。此外，还有先进制造业企业增值税加计抵减等一系列专门针对制造业的优惠政策。统计显示，2023年，前10个月全国新增减税降费及退税缓费超1.6万亿元，制造业及与之相关的批发零售业是享受优惠占比最大的行业，受益最为明显。

科技创新是推动高质量发展的重要引擎，制造业是实体经济的主体，也是吸纳就业的重要力量。要以科技创新开辟发展新领域新赛道、塑造发展新动能新优势，夯实企业创新主体地位，推动制造业发展，还需要宏观政策包括税收政策的有力支撑和保障。税收政策具有重要的引导和激励作用，要通过精准施策提高科技创新水平，特别是推动企业从"制造"走向"智造"，同时助力制造业轻装上阵、高水平发展。下一步，在落实落细已有措施的基础上，结构性减税如何进一步支持科技创新和制造业发展，值得期待。

小微企业和个体工商户的纾困解难问题受到高度关注，历来是减税降费的重点。通过实施一系列优惠政策，这个群体的税负已处于很低水平。根据2022年的数据，小微企业和个体工商户有大约七成不需要缴纳税收。在优化、完善的基础上，2023年又将涉及小微企业和个体工商户的到期税费优惠政策统一延续到2027年年底。2024年这些政策"组合拳"延续实施，将继续助力广大小微企业和个体工商户增强发展后劲，更好应对各种困难挑战。

中央经济工作会议提出"要谋划新一轮财税体制改革"。减税降费有必要放在税收制度改革中统筹考虑，提高制度化水平，优化税制结构，进一步稳定市场预期。通过财政、货币、就业、产业等宏观政策的协同发力，经济回升向好态势将进一步巩固和增强。

资料来源：https://tianjin.chinatax.gov.cn/11200000000/0200/020004/20231219093656394.shtml.

项目三即测即评

项目三计算题

项目三参照规范

项目四　附加税费计算与申报

知识目标

1. 掌握城市维护建设税、教育费附加、地方教育附加的基本概念。
2. 掌握城市维护建设税、教育费附加、地方教育附加的征收范围、计征比例。
3. 掌握城市维护建设税、教育费附加、地方教育附加的相关优惠政策和计算原理,能够正确计算税费金额。

技能目标

1. 能够根据相关业务资料判定应缴纳城市维护建设税、教育费附加和地方教育附加的业务和行为,正确计算税费金额。
2. 能够根据相关业务资料填写增值税及附加税费申报表、消费税及附加税费申报表等申报表中城市维护建设税、教育费附加和地方教育附加相关内容。
3. 能够遵守城市维护建设税纳税申报表、教育费附加申报表和地方教育附加征收管理要求,按时正确申报纳税。

素养目标

1. 了解城市维护建设税的征收目的是用于加强城市维护建设,征收城市维护建设税是扩大和稳定城市维护建设资金的来源,增强对家乡建设的自豪感。
2. 了解教育费附加是国家为扶持教育事业发展而计征的专项收入,是国家为了发展教育事业筹措经费的手段之一,要珍惜教育资源,为教育事业建设贡献一分力量。
3. 了解地方教育附加是各省、自治区、直辖市根据国家有关规定,为实施"科教兴省"战略,增加地方教育的资金投入,推动本省、自治区、直辖市教育事业发展开征的一项地方政府性基金。

导入案例

本项目导入案例延续项目二"增值税计算与申报"导入案例,计算甲汽车集团股份有限公司 12 月应缴纳的增值税附加税费金额。

◀ **思维导图** ·········

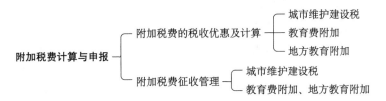

任务一　附加税费的税收优惠及计算

一、城市维护建设税

（一）城市维护建设税的基本原理

1. 城市维护建设税的概念

城市维护建设税是对缴纳增值税、消费税的单位和个人征收的一种税。

2. 城市维护建设税的特点

目前我国城市维护建设税具有以下几个特点。

（1）税费专款专用。

（2）属于附加税。

（3）征收范围广。

（4）根据城镇规模设计税率。

链接："六税
两费"减免

（二）城市维护建设税纳税人

凡缴纳增值税、消费税的单位和个人，为城市维护建设税的纳税人。

自 2010 年 12 月 1 日起，对外商投资企业、外国企业及外籍个人征收城市维护建设税。

城市维护建设税的扣缴义务人为负有增值税、消费税扣缴义务的单位和个人，在扣缴增值税、消费税的同时扣缴城市维护建设税。

（三）城市维护建设税征税范围

城市维护建设税的征税范围比较广，具体包括城市市区、县城、建制镇，以及税法规定征收"两税"（指增值税、消费税）的其他地区。

对进口货物或者境外单位和个人向境内销售劳务、服务、无形资产缴纳的增值税、消费税税额，不征收城市维护建设税。

对出口产品退还增值税、消费税的，不退还已缴纳的城市维护建设税。

👉 **注意** ▶ 城市维护建设税"进口不征""出口不退"。

（四）城市维护建设税税率

城市维护建设税实行地区差别比例税率，纳税人所在地区不同，适用不同档次的税率。城市维护建设税税率具体如下。

（1）纳税人所在地在市区的,税率为 7%。

（2）纳税人所在地在县城、镇的,税率为 5%。

（3）纳税人所在地不在市区、县城或者镇的,税率为 1%。

纳税人所在地是指纳税人住所地或者与纳税人生产经营活动相关的其他地点,具体地点由省、自治区、直辖市确定。需要注意以下特殊情况。

（1）市区、县城、镇按照行政区划确定。行政区划变更的,自变更完成当月起适用新行政区划对应的城市维护建设税税率,纳税人在变更完成当月的下一个纳税申报期按新税率申报缴纳。

（2）纳税人跨地区提供建筑服务、销售和出租不动产的,在建筑服务发生地、不动产所在地预缴增值税时,按预缴地城建税税率就地计算缴纳城建税。

（3）对以下两种特殊情况,可按纳税人缴纳"两税"所在地的规定税率就地缴纳城市维护建设税:

① 由受托方代收、代扣"两税"的单位和个人。

② 流动经营等无固定纳税地点的单位和个人。

（五）城市维护建设税税收优惠

城市维护建设税作为一种附加税,原则上不单独规定减免税。

1. 随增值税、消费税减、免、退情况

（1）城市维护建设税按减免后实际缴纳的增值税、消费税税额计征,即随"两税"的减免而减免。

（2）对于因减免税而对"两税"退库的,城市维护建设税也可同时退库。

（3）对"两税"实行先征后返、先征后退、即征即退办法的,除另有规定外,对随"两税"附征的城市维护建设税,一律不予退（返）还。

（4）城市维护建设税是附加税,一般不单独加收滞纳金和罚款,但如果纳税人缴纳"两税"后,却不按规定缴纳城市维护建设税,则可以对其单独加收滞纳金,也可以单独进行罚款。

2. 其他特殊情况税收优惠

（1）对黄金交易所会员单位通过黄金交易所销售且发生实际交割的准黄金,免征城市维护建设税。

（2）对上海期货交易所会员和客户通过上海期货交易所销售且发生实物交割并已出库的标准黄金,免征城市维护建设税。

（3）对国家重大水利工程建设基金免征城市维护建设税。

（4）自 2019 年 1 月 1 日至 2027 年 12 月 31 日,实施扶持自主就业退役兵创业就业城市维护建设税减免。具体操作按照《关于进一步扶持自主就业退役士兵创业就业有关税收政策的公告》(财政部 税务总局 退役军人事务部公告 2023 年第 14 号)有关规定执行。

（5）自 2019 年 1 月 1 日至 2027 年 12 月 31 日,实施支持和促进重点群体创业就业城市维护建设税减免。具体操作按照《关于进一步支持重点群体创业就业有关税收政策的公告》(财政部 税务总局 人力资源和社会保障部 农业农村部公告 2023 年第 15 号)有关规定执行。

（6）经中国人民银行依法决定撤销的金融机构及其分设于各地的分支机构,用其财产清偿债务时,免征被撤销金融机构转让货物、不动产、无形资产、有价证券、票据等应缴纳的城市维护建设税。

（7）自 2022 年 1 月 1 日至 2024 年 12 月 31 日，对增值税小规模纳税人、小型微利企业和个体工商户可以在 50％的税额幅度内减征城市维护建设税。具体操作按照《国家税务总局关于进一步实施小微企业"六税两费"减免政策有关征管问题的公告》（国家税务总局公 2022 年第 3 号）有关规定执行。

（六）城市维护建设税应纳税额的计算

1. 城市维护建设税的计税依据

城市维护建设税以纳税人依法实际缴纳的增值税、消费税税额为计税依据。

依法实际缴纳的"两税"税额，是指纳税人依照增值税、消费税相关法律、法规和税收政策规定计算的应当缴纳的"两税"税额（不含因进口货物或境外单位和个人向境内销售劳务、服务、无形资产缴纳的"两税"税额），加上增值税免抵税额，扣除直接减免的"两税"税额和期末留抵退税退还的增值税税额后的金额。

对于增值税小规模纳税人更正、查补此前按照一般计税方法确定的城市维护建设税计税依据，允许扣除尚未扣除完的留抵退税额。

另外，城市维护建设税计税依据不包括加收的滞纳金和罚款。

2. 城市维护建设税应纳税额的计算

城市维护建设税的应纳税额计算公式为

$$应纳税额＝（实际缴纳的增值税税额＋实际缴纳的消费税税额）×适用税率$$

诚信纳税　减税降费是我国促进经济转型升级、激发经营主体活力、减轻经营主体负担、稳定市场预期的重要政策手段，为推动经济高质量发展提供了重要政策支撑。2023 年，我国聚焦特定领域、关键环节，及时研究出台新的减税政策。高质量发展、新质生产力都离不开科技创新和制造业发展。结构性减税降费政策特别注重对科技创新、先进制造业发展的支持。从国家税务总局公布的数据看，研发费用税前加计扣除提升了企业的利润水平。2023 年，全国企业申报享受研发费用税前加计扣除金额 1.85 万亿元，同比增长 13.6％。享受研发费用税前加计扣除优惠政策企业的利润率为 7.4％，高出全部企业平均水平。根据安排，财政部在落实好 2023 年延续和优化税费优惠政策的基础上，2024 年将继续实施结构性减税降费政策，重点支持科技创新和制造业发展，更好地服务现代化产业体系建设。

二、教育费附加

1. 教育费附加的基本概念

教育费附加是以单位和个人缴纳的增值税、消费税税额为计算依据征收的一种附加费。教育费附加名义上是一种专项资金，但实质上具有税的性质。

国务院于 1986 年 4 月 28 日颁布《征收教育费附加的暂行规定》（国发〔1986〕50 号），国务院于 1986 年 7 月 1 日开始在全国范围内征收教育费附加，计征比率为 1％，用于调动各种社会力量办教育的积极性，筹措教育经费。1990 年 5 月增至 2％，自 2005 年 10 月至今，教育费附加比率为 3％。

2. 教育费附加缴费人

凡缴纳增值税、消费税的单位和个人,为教育费附加的缴费人。

3. 教育费附加计征比例

教育费附加的计征比率为 3%。

4. 教育费附加减免规定

教育费附加的减免规定与城市维护建设税的减免规定保持一致。

5. 教育费附加计费依据及计算

教育费附加的计费依据与城市维护建设税的计税依据保持一致。

应纳教育费附加=(实际缴纳的增值税额+实际缴纳的消费税额)×计征比率

诚信纳税 2024 年春节后首个工作日,吉林省政府办公厅印发了《吉林省 2024 年营商环境优化重点行动方案》。在税务方面,提出加强与民营企业高效沟通、破解中小微企业融资难题、推进"信用提升"行动等。营商环境优,企业发展好。2023 年以来,国家税务总局吉林省税务局主动发力,厚植营商环境"沃土",增便民之利,行惠企之策。随着东北旅游火出圈,冻梨也畅通了"南下"的销路。正值冻梨销售旺季,龙井市税务局聚焦税费优惠政策落实落地,主动"政策找人",走进当地农户送政策、教申报,畅通冻梨销路。龙井清水果树合作社负责人在介绍税务部门对企业的帮助时高兴地说:"这个冬天我们已经累计销售了 10 万箱冻梨,每箱足足 28 斤,相比去年销售量几乎翻番,主要销往松原、珲春、长春等地的电商公司,再运输到全国各地。税务部门在这个销售关键期主动上门服务,宣传优惠政策,解决遇到的涉税问题,非常及时、有效!"

三、地方教育附加

1. 地方教育附加的基本概念

地方教育附加是依据《中华人民共和国教育法》第五十八条第二款规定:"省、自治区、直辖市人民政府根据国务院的有关规定,可以决定开征用于教育的地方附加费,专款专用。"为贯彻落实国家中长期教育改革和发展规划纲要,财政部下发了《关于统一地方教育附加政策有关问题的通知》(财综〔2010〕98 号),要求各地统一征收地方教育附加。2011 年 6 月 29 日发布的《国务院关于进一步加大财政教育投入的意见》(国发〔2011〕22 号),要求全面开征地方教育附加,各地区要加强收入征管,依法足额征收,不得随意减免。

2. 地方教育附加缴费人

凡缴纳增值税、消费税的单位和个人,为地方教育附加的缴费人。

3. 地方教育附加计征比率

地方教育附加的计征比率为 2%。

4. 地方教育附加减免规定

地方教育附加的减免规定与城市维护建设税的减免规定保持一致。

5. 地方教育附加计费依据及计算

地方教育附加的计费依据、计算公式与教育费附加的规定保持一致。

任务二 附加税费征收管理

一、城市维护建设税

1. 城市维护建设税的纳税地点

城市维护建设税的缴纳地点为该纳税人缴纳增值税和消费税的地点。下列情形需要注意：

（1）代扣代缴、代收代缴"两税"的单位和个人，同时也是城市维护建设税的代扣代缴、代收代缴义务人，其城市维护建设税的纳税地点在代扣代缴、代收代缴地。

（2）对流动经营等无固定纳税地点的单位和个人，城市维护建设税应随同"两税"在经营地按适用税率缴纳。

2. 城市维护建设税的纳税期限

城市维护建设税在申报缴纳增值税、消费税时同时申报缴纳，其纳税期限与"两税"纳税期限一致。

二、教育费附加、地方教育附加

教育费附加、地方教育附加的缴费时间、缴费地点、缴费期限比照增值税、消费税的相应规定，教育费附加分别与增值税、消费税同时缴纳。

技能提升

本项目导入案例解析如下。

（一）甲汽车集团股份有限公司增值税及附加税费计算

1. 城市维护建设税额计算：

甲汽车集团股份有限公司地处市区，2024 年 12 月实际缴纳增值税 6 342 016.14 元，因故被加收滞纳金 2 500 元。请计算该企业实际应纳城市维护建设税税额。

$$应纳税额＝6\ 342\ 016.14×7\%＝443\ 941.13（元）$$

2. 教育费附加计算：

$$应纳教育费附加＝6\ 342\ 016.14×3\%＝190\ 260.48（元）$$

3. 地方教育费附加计算：

$$应纳地方教育费附加＝6\ 342\ 016.14×2\%＝126\ 840.32（元）$$

（二）甲汽车集团股份有限公司消费税及附加税费计算

1. 甲汽车集团股份有限公司地处市区，2024 年 12 月实际缴纳消费税 982 325.06 元。请计算该企业实际应纳城市维护建设税额。

$$应纳税额＝982\ 325.06×7\%＝68\ 762.75（元）$$

2. 教育费附加计算：

$$应纳教育费附加＝982\ 325.06×3\%＝29\ 469.75（元）$$

3. 地方教育费附加计算：

$$应纳地方教育费附加 = 982\ 325.06 \times 2\% = 19\ 646.50（元）$$

 税费申报 ▬▬▬▬▬▬▬▬▬▬

根据"技能提升"导入案例的计算结果，对甲汽车集团股份有限公司12月增值税及附加税费进行纳税申报并缴纳，如表4-1所示。（消费税附加税费申报详见消费税纳税申报表）

链接：附加税
（费）申报

 素养课堂 ▬▬▬▬▬▬▬▬▬▬

抓好政策落实"最后一公里"服务经济高质量发展

2023年8月4日，国家发展和改革委、国家税务总局等部门联合召开新闻发布会，介绍"打好宏观政策组合拳，推动经济高质量发展"有关情况。国家税务总局总会计师罗天舒在发布会上表示，税务部门将抓好延续优化完善的税费优惠政策落实"最后一公里"，确保纳税人缴费人便利快捷享受到真金白银的政策红利，为服务高质量发展作出更大贡献。

2023年以来，按照党中央、国务院决策部署，全国税务部门认真落实各项税费优惠政策，促进各类经营主体轻装上阵、助力高质量发展。

2023年7月24日，中央政治局会议强调要延续、优化、完善并落实好减税降费政策，7月31日国务院常务会议对今明两年到期的阶段性政策作出后续安排。按照党中央、国务院部署，一系列延续、优化、完善的税费优惠政策正在陆续推出。截至8月2日，国家税务总局联合财政部等部门陆续延续优化完善10项相关政策，支持小微企业、个体工商户发展。罗天舒表示，国家税务总局党委坚决扛牢贯彻落实党中央、国务院重大决策部署的政治责任，力争在第一时间推动政策落地见效。

一是第一时间统筹部署落实。国家税务总局党委迅速传达党中央、国务院部署要求，国家税务总局党委书记、局长王军同志担任税费优惠政策落实领导小组组长，充实骨干力量组建工作专班，健全从总局、省局、市局、县局一直到分局所的一竿子到底政策落实机制，梳理分解形成39项任务清单，逐项明确责任、严格时限、细化要求，确保各项任务在各级税务机关按时保质完成。

二是第一时间发布政策公告。7月31日国务院常务会议审议通过相关政策措施后，税务部门与有关部门用最短时间完成政策文件制发程序。

三是第一时间精准推送政策。发挥税收大数据作用，全面筛选符合政策条件的纳税人缴费人，迅速开展一对一精准推送，努力做到让政策找准人政策送上门，让纳税人缴费人都能够应知尽知政策、应享尽享红利。

四是第一时间明确征管规定。结合政策调整完善，税务部门同步制发和公布了征管操作公告，逐项明确征管事项、退税流程、统计核算等要求，并围绕协同高效落实好各项税费优惠政策，专门作出布置安排，务求系统上下统一规范、落实有力。

五是第一时间升级信息系统。这次发布政策的时点正处于8月申报期间，税务部门在保障正常申报的基础上，于政策发布的当晚，从总局到各省局同步"带电作业"稳慎操作，完成信息系统的优化升级，确保系统在政策发布次日即可按新政策要求运行。

表 4-1 增值税及附加税费申报表附列资料（五）

附加税费情况表

税（费）款所属时间：2024 年 12 月 1 日至 2024 年 12 月 31 日

纳税人名称：甲汽车集团股份有限公司　　　　　　　　　　　　　纳税人识别号：　　　　　增值税一般纳税人

金额单位：元（列至角分）

税（费）种	计税（费）依据 增值税税额	增值税限额减免金额	增值税免抵税额	留抵退税本期扣除额	税（费）率/%	本期应纳税（费）额	减征政策适用主体 适用减征政策起止时间 年 月 至 年 月		本期减免税（费）额 减免性质代码	减免税（费）额	小微企业"六税两费"减征政策 减征比例/%	减征额	试点建设培育合型企业教融合型企业 减免性质代码	本期抵免金额	本期已缴税（费）额	本期应补（退）税（费）额
	1	2	3	4	5	6=(1+2+3-4)×5	11	12	7	8	9	10	11	12	13	14=6-8-10-12-13
城市维护建设税	6 342 016.14	0.00	0.00	0.00	7	443 941.13		0.00		0.00	0.00	0.00			0.00	443 941.13
教育费附加	6 342 016.14	0.00	0.00	0.00	3	190 260.48				0.00	0.00	0.00			0.00	190 260.48
地方教育附加	6 342 016.14	0.00	0.00	0.00	2	126 840.32		0.00		0.00	0.00	0.00			0.00	126 840.32
合　计	6 342 016.14	0.00	0.00	0.00	—	761 041.93	—	0.00	—	0.00	—	0.00	—	0.00	0.00	761 041.93

本期是否适用小微企业"六税两费"减征政策	是/否	
本期是否适用试点建设培育合型企业教融合型企业抵免政策	是/否	
	当期新增投资额	0.00
可用于扣除的增值税留抵退税额使用情况	上期留抵可抵免金额	0.00
	结转下期可抵免金额	0.00
	当期新增可用于扣除的留抵退税额	0.00
	上期结存可用于扣除的留抵退税额	0.00
	结转下期可用于扣除的留抵退税额	0.00

分支机构—附加税（费）申报信息

分支机构名称	征收项目	计税依据	税率	本期应补（退）税（费）额
—	—	0.00	—	0.00
合　计		0.00		0.00

　　六是第一时间完善服务措施。重点聚焦支持中小微企业和个体工商户发展,从强化政策落实、便利税费办理、改进诉求响应、优化执法方式等方面,研究接续推出和优化第五批"便民办税春风行动"措施。

　　罗天舒表示,下一步,税务部门将全力以赴高质量做好征管服务,高标准规范政策执行,多渠道强化政策辅导,多举措解决问题诉求,持续抓好政策落实"最后一公里",确保纳税人缴费人便利快捷享受到真金白银的政策红利。同时,对恶意骗取税收优惠等违法行为,税务部门将依法严厉打击,对内外勾结、通同作弊的税务人员,依纪依法严肃查处,维护好法治公平的市场环境,推动经济运行持续好转、内生动力持续增强、社会预期持续改善、风险隐患持续化解,为服务高质量发展作出更大贡献。

　　资料来源:https://www.chinatax.gov.cn/chinatax/n810219/n810724/c5210539/content.html.

项目四即测即评

项目四计算题

项目四参照规范

知识目标

1. 掌握进口环节关税的纳税义务人、征收范围、税目和税率及应纳税额的计算。
2. 掌握进口环节税费的纳税申报。
3. 熟悉进口环节税费的税收优惠。
4. 掌握进口环节增值税纳税义务人、征收范围、税目和税率及应纳税额的计算。
5. 掌握进口环节消费税纳税义务人、征收范围、税目和税率及应纳税额的计算。

技能目标

1. 能够将企业经济业务与税目及税率对应。
2. 能够熟悉进出口货物完税价格的计算及审定，掌握不同方法下的应纳税额的计算。
3. 能够掌握关税滞纳金的计算、关税的退税和追缴。
4. 能够运用关税税收优惠政策并结合企业经营活动进行政策适用性判断。
5. 能够根据相关业务资料判定应缴纳进口环节增值税的业务和行为，正确计算应纳税额。
6. 能够根据相关业务资料判定应缴纳进口环节消费税的业务和行为，正确计算应纳税额。

素养目标

1. 提升进口税费制度自信，增强依法纳税的责任感和使命感。
2. 坚守会计职业道德，确保进口环节税费计算和申报的透明度和真实性。
3. 关注最新税收政策及优惠指引，关注国家宏观调控方向，为建设社会主义现代化强国贡献力量。

导入案例

甲汽车集团股份有限公司为增值税一般纳税人，统一社会信用代码为×××，进出口企业代码为×××。2024 年 3 月发生相关经营业务如下。

(1) 从国外进口汽车零部件——汽车的前照灯，共支付买价 2 000 万元、其他费用 50 万元，支付到达我国海关前的运费 25 万元、保费 10 万元。

(2) 将生产中使用的价值 40 万元的设备运往国外修理，出境时已向海关报明，支付给境外的修理费 5 万元、料件费 10 万元,并在海关的规定期限内收回设备。

(3) 从国外进口生产用的设备 100 万元,支付到达我国海关前运费 20 万元、保费 10 万元。

(4) 进口一辆中轻型商用客车自用,关税完税价格 30 万元,关税税率 20%,适用消费税税率 5%。

要求:

(1) 以上业务是否应该缴纳关税?

(2) 计算关税应纳税额。

(3) 计算进口环节涉及的增值税和消费税。

思维导图 ∷∷∷∷∷∷

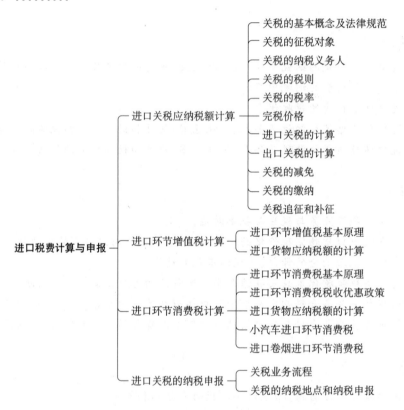

任务一 进口关税应纳税额计算

一、关税的基本概念及法律规范

关税是海关依法对进出境货物、物品征收的一种税。

我国现行关税法律规范是以 2021 年 4 月 29 日第十三届全国人民代表大会常务委员会第二十八次会议第六次修正并颁布的《中华人民共和国海关法》为法律依据,以国务院于 2017 年 3 月 1 日第四次修订的《中华人民共和国进出口关税条例》,以及由国务院关税税则委员会审定并报国务院批准、作为条例组成部分的《中华人民共和国海关进出口税则(2024)》和《关于入境旅客行李物品和个人邮递物品征收进口税办法》为基本法规,由负责关税制定和管理的主管部门制定的管理办法和实施细则为主要内容。

二、关税的征税对象

关税的征税对象是准许进出口的货物、进出境物品。

货物是指贸易性商品;物品是指入境旅客随身携带的行李物品、个人邮递物品、各种运输工具上的服务人员携带进口的自用物品、馈赠物品以及其他方式进境的个人物品。

提示 所谓"境",是指关境,又称"海关境域"或"关税领域",是《中华人民共和国海关法》全面实施的领域。关境与国境有时不一致。海关在征收进口货物、物品关税的同时,还代征进口增值税和消费税。

诚信纳税 2024 年以来,外贸新业态新模式动力强劲,跨境电商、市场采购出口都实现两位数增长;贸易伙伴更加多元、稳定,对共建"一带一路"国家进出口增速高于整体水平;中国外贸发展的产业基础、要素禀赋、创新能力都在不断增强,出口商品正向价值链上游攀升,电动汽车、文创产品、美妆等国货潮牌在海外火爆"出圈",进口市场机遇逐步扩大,外贸产业竞争力持续提升。(来源:经济日报)

三、关税的纳税义务人

进口货物的收货人、出口货物的发货人、进境物品的所有人,是关税的纳税义务人。

进出口货物的收、发货人是依法取得对外贸易经营权,并进口或者出口货物的法人或者其他社会团体。进出境物品的所有人包括该物品的所有人和推定为所有人的人。一般情况下,对于携带进境的物品,推定其携带人为所有人;对分离运输的行李,推定相应的进出境旅客为所有人;对以邮递方式进境的物品,推定其收件人为所有人;以邮递或其他运输方式出境的物品,推定其寄件人或托运人为所有人。

诚信纳税 韩国统计部门发布的一组数据引发广泛关注:2023 年,韩国源自中国跨境电商的进口额同比激增 121.2%。中国首次超过美国,成为韩国最大的跨境电商进口来源国。这是中国跨境电商快速发展的又一个最新例证。商务部数据显示,2023 年,中国跨境电商进出口 2.38 万亿元,同比增长 15.6%。其中,出口 1.83 万亿元,同比增长 19.6%。商务部数据显示,现在全国有外贸进出口实绩的企业达 64.5 万家,其中跨境电商主体超过 10 万家。中国制造的独特优势与海外市场的旺盛需求,为跨境电商从业者增添了信心。(来源:《人民日报海外版》)

四、关税的税则

关税税则又称海关税则,是一国政府根据国家关税政策和经济政策,通过一定的立法程序制定公布实施的进出口货物和物品应税的关税税率表。海关凭以征收关税,是关税政策的具体体现。《中华人民共和国海关进出口税则(2024)》是我国海关凭以征收关税的法律依据,主要包括进口税则、出口税则、规则与说明等,其中关税税目共计 8 957 个。

对于进境物品,我国海关总署制定了中华人民共和国进境物品归类表及中华人民共和国进境物品完税价格表。进境物品应遵循一定原则进行归类。

五、关税的税率

关税税率是关税法的核心,根据国际惯例和我国对外贸易政策,在实际执行过程中不断调整。

1. 进口关税税率

进口关税税率分为最惠国税率、协定税率、特惠税率、普通税率、关税配额税率五种税率。对进口货物,一定时期内可实行暂定税率。

(1) 最惠国税率适用于原产于共同适用最惠国待遇条款的世界贸易组织成员的进口货物,原产于与中华人民共和国签订含有相互给予最惠国待遇条款的双边贸易协定的国家或者地区的进口货物,以及原产于中华人民共和国境内的进口货物。

(2) 协定税率适用于原产于与中华人民共和国签订含有关税优惠条款的区域性贸易协定的国家或者地区的进口货物。

(3) 特惠税率适用于原产于与中华人民共和国签订含有特殊关税优惠条款的贸易协定的国家或者地区的进口货物。

(4) 普通税率适用于原产于除适用最惠国税率、协定税率、特惠税率国家或者地区以外的国家或者地区的进口货物,以及原产地不明的进口货物。按照普通税率征税的进口货物,经国务院关税税则委员会特别批准,可以适用最惠国税率。

(5) 关税配额税率是指实行关税配额管理的进口货物,关税配额内的适用关税配额税率,关税配额外的依照有关规定执行。

进口货物多数实行从价税,对部分产品实行从量税、复合税、滑准税,从量税是以进口商品的重量、长度、容量、面积等计量单位为计税依据。

2. 出口关税税率

我国出口税则为一栏税率,即出口税率。我国绝大部分出口商品不征收出口关税,仅对少数资源性产品及易于竞相杀价、盲目进口、需要规范出口秩序的半制成品征收出口关税。根据《关于执行 2020 年进口暂定税率等调整方案的公告》(海关总署公告 2019 年第 227 号)的规定,自 2020 年 1 月 1 日起,我国继续对铬铁等 107 项出口商品征收出口关税,适用出口税率或出口暂定税率,征收商品范围和税率维持不变。

3. 特别关税

特别关税包括报复性关税、反倾销税与反补贴税、保障性关税征收特别关税的货物,适用国别、税率、期限和征收办法,由国务院关税税则委员会决定,海关总署负责实施。

六、完税价格

关税的计税依据是关税的完税价格或商品数量。《中华人民共和国海关法》规定,进出口货物的完税价格由海关以该货物的成交价格为基础审查确定。成交价格不能确定时,完税价格由海关依法估定。进出口商品关税,以从价计征、从量计征、复合计征、滑准计征为主。我国目前实行的复合税都是先计征从量税,再计征从价税。

七、进口关税的计算

（一）进口货物完税价格的确定

进口关税完税价格是进口关税的计税基础。

1. 成交价格估价方法

（1）进口货物的完税价格包括货物的货价、货物运抵我国境内输入地点起卸前的运输及相关费用、保险费。我国境内输入地为入境海关地，包括内陆河、江口岸，一般为第一口岸。货物的货价以成交价格为基础。进口货物的成交价格是指买方为购买该货物，并按《中华人民共和国海关审定进出口货物完税价格办法》有关规定调整后的实付或应付价格。"实付或应付价格"是指买方为购买进口货物直接或间接支付的总额，即作为卖方销售进口货物的条件，由买方向卖方或为履行卖方义务向第三方已经支付或将要支付的全部款项。

$$\text{进口货物} \atop \text{完税价格} = \text{货价} + {\text{采购费用（包括货物运抵我国关境内输入地点} \atop \text{起卸前的运输、保险和其他劳务等费用）}}$$

（2）计入完税价格的情形。下列费用或者价值如未包括在进口货物的实付或者应付价格中，应当计入完税价格。

① 由买方负担的除购货佣金以外的佣金和经纪费。购货佣金是指买方为购买进口货物向自己的采购代理人支付的劳务费用。经纪费是指买方为购买进口货物向代表买卖双方利益的经纪人支付的劳务费用。

② 由买方负担的在审查确定完税价格时与该货物视为一体的容器的费用。

③ 由买方负担的包装材料费用和包装劳务费用。

④ 与该货物的生产和向我国境内销售有关的，由买方以免费或者以低于成本的方式提供并可以按适当比例分摊的料件、工具、模具、消耗材料及类似货物的价款，以及在境外开发、设计等相关服务的费用。

⑤ 作为该货物向我国境内销售的条件，买方必须支付的、与该货物有关的特许权使用费。特许权使用费是指买方为获得与进口货物相关的、受著作权保护的作品、专利、商标、专有技术和其他权利的使用许可而支付的费用。但是，在估定完税价格时，进口货物在境内的复制权费不得计入该货物的实付或应付价格之中。

⑥ 卖方直接或间接从买方对该货物进口后转售、处置或使用的收益。

（3）不计入完税价格的情形。下列费用如能与该货物实付或者应付价格区分，不得计入完税价格。

① 厂房、机械、设备等货物进口后的基建、安装、装配、维修和技术服务的费用。

② 货物运抵境内输入地点起卸之后的运输费用及相关费用、保险费。

③ 进口关税及国内税收。

（4）特殊进口货物完税价格的确定。

① 加工贸易进口料件及制成品需征税或内销补税的，海关按照一般进口货物的完税价格规定，审定完税价格。

② 保税区、出口加工区货物。从保税区或出口加工区销往区外、从保税仓库出库内销的进口货物（加工贸易进口料件及制成品除外），以海关审定的价格估定完税价格。对经审核销售价格不能确定的海关应当按照一般进口货物估价办法的规定，估定完税价格。如销售价格中未包括在保税区、出口加工区或保税仓库中发生的仓储、运及其他相关费用的，应当按照客

观量化的数据资料予以计入。

③ 运往境外修理的货物。运往境外修理的机械器具、运输工具或其他货物,出境时已向海关报明,并在海关规定期限内复运进境的,应当以海关审定的境外修理费和料件费为完税价格。

④ 运往境外加工的货物。运往境外加工的货物,出境时已向海关报明,并在海关规定期限内复运进境的,应当以海关审定的境外加工费和料件费,以及该货物复运进境的运输及相关费用、保险费估定完税价格。

⑤ 暂时进境货物。对于经海关批准的暂时进境的货物,应当按照一般进口货物估价办法的规定,审查确定完税价格。

⑥ 租赁方式进口货物。在租赁方式进口的货物中,以租金方式对外支付的租赁货物;在租赁期间以海关审定的租金作为完税价格,利息应当计入;留购的租赁货物,以海关审定的留购价格作为完税价格;承租人申请一次性缴纳税款的,可以选择按照"进口货物海关估价方法"的相关内容确定完税价格,或者按照海关审查确定的租金总额作为完税价格。

⑦ 留购的进口货样等。对于境内留购的进口货样、展览品和广告陈列品,以海关审定的留购价格作为完税价格。

⑧ 予以补税的减免税货物。减税或免税进口的货物需予补税时,应当以海关审定的该货物原进口时的价格扣除折旧部分价值作为完税价格。计算公式为

完税价格=海关审定的该货物原进口时的价格×[1−申请补税时实际已使用的时间(月)÷(监管年限×12)]

⑨ 以其他方式进口的货物。以易货贸易、寄售、捐赠、赠送等不存在成交价格的进口货物,应当按照"进口货物海关估价方法"的规定,估定完税价格。

(5) 进口货物完税价格中的运输及相关费用、保险费的计算。

① 进口货物的运输及相关费用,按照实际支付或者应当支付的费用计算。如果运输及其相关费用无法确定的,海关应当按照该货物进口同期的正常运输成本审查确定。

② 进口货物的保险费,应当按照实际支付的费用计算。如果进口货物的保险费无法确定或者未实际发生,海关应当按照"货价加运费"两者总额的3%计算保险费。计算公式为

保险费=(货价+运费)×3%

邮运的进口货物,应当以邮费作为运输及相关费用、保险费。

2. 进口货物海关估价方法

进口货物的成交价格不符合规定或者成交价格不能确定的,海关经了解有关情况,并与纳税义务人进行价格磋商后,依次以下列价格估定该货物的完税价格。

(1) 同时或大约同时向同一国家或地区出口的相同货物的成交价格。

(2) 同时或大约同时向同一国家或地区出口的类似货物的成交价格。

(3) 根据境内生产相同或类似货物的成本、利润和一般费用、境内发生的运输及相关费用、保险费计算所得的价格。

(4) 以合理方法估定的价格。

(二)应纳税额的计算

1. 从价税应纳税额计算

关税税额=应税进口货物数量×单位完税价格×税率

2. 从量税应纳税额计算

$$关税税额＝应税进口货物数量×单位货物税额$$

3. 复合税应纳税额计算

$$关税税额＝应税进口货物数量×单位货物税额＋应税进口货物数量$$
$$×单位完税价格×税率$$

4. 滑准税应纳税额计算

$$关税税额＝应税进口货物数量×单位完税价格×滑准税税率$$

八、出口关税的计算

（一）出口货物完税价格的确定

1. 成交价格估价方法

出口货物的完税价格,由海关以该货物的成交价格以及该货物运至我国境内输出地点装载前的运输及相关费用、保险费为基础审查确定。出口货物的成交价格是指该货物出口时卖方为出口该货物应当向买方直接收取和间接收取的价款总额。出口关税不计入完税价格。

2. 出口货物海关估价方法

（1）同时或大约同时向同一国家或地区出口的相同货物的成交价格。

（2）同时或大约同时向同一国家或地区出口的类似货物的成交价格。

（3）根据境内生产相同或类似货物的成本、利润和一般费用、境内发生的运输及相关费用、保险费计算所得的价格。

（4）以合理方法估定的价格。

（二）应纳税额的计算

1. 从价税应纳税额计算

$$关税税额＝应税出口货物数量×单位完税价格×税率$$

2. 从量税应纳税额计算

$$关税税额＝应税出口货物数量×单位货物税额$$

3. 复合税应纳税额计算

$$关税税额＝应税出口货物数量×单位货物税额＋应税出口货物数量×单位完税价格×税率$$

4. 滑准税应纳税额计算

$$关税税额＝应税出口货物数量×单位完税价格×滑准税税率$$

九、关税的减免

关税减免是对某些纳税人和征税对象给予鼓励与照顾的一种特殊调节手段。关税减免分为法定减免税、特定减免税和临时减免税。根据《中华人民共和国海关法》规定,除法定减免税外,其他减免税均由国务院决定。

1. 法定减免税

法定减免税是税法中明确列出的减税或免税。符合税法规定可予减免税的进出口货物,纳税义务人无须提出申请,海关可按规定直接予以减免税。海关对法定减免税货物一般不进行后续管理。《中华人民共和国海关法》和《中华人民共和国进出口关税条例》明确规定,下列货物、物品予以减免关税。

(1)关税税额在人民币 50 元以下的一票货物,可免征关税。

(2)无商业价值的广告品和货样,可免征关税。

(3)外国政府、国际组织无偿赠送的物资,可免征关税。

(4)进出境运输工具装载的途中必需的燃料、物料和饮食用品,可免征关税。

(5)在海关放行前损失的货物,可免征关税。

(6)在海关放行前遭受损坏的货物,可以根据海关认定的受损程度减征关税。

(7)我国缔结或者参加的国际条约规定减征、免征关税的货物、物品,按照规定予以减免关税。

(8)法律规定的其他减征或免征关税的货物。

2. 特定减免税

特定减免税也称政策性减免税。在法定减免税之外,国家按照国际通行规则和我国实际情况,制定发布的有关进出口货物减免关税的政策,称为特定或政策性减免税。特定减免税货物一般有地区、企业和用途的限制,海关需要进行后续管理,也需要进行减免税统计,如对科教用品、残疾人专用品、慈善性捐赠物资、重大技术装备的减免税政策。

3. 临时减免税

临时减免税是指以上法定和特定减免税以外的其他减免税,由国务院根据《中华人民共和国海关法》对某个单位、某类商品、某个项目或某批进出口货物的特殊情况,给予特别照顾,一案一批,专文下达的减免税。一般有单位、品种、期限、金额或数量限制,不能比照执行。

十、关税的缴纳

(一)关税缴纳

进口货物自运输工具申报进境之日起 14 日内,出口货物在货物运抵海关监管区后装货的 24 小时以前,应由进出口货物的纳税义务人向货物进(出)境地海关申报,海关根据税则归类和完税价格计算应缴纳的关税和进口环节代征税,并填发税款缴款书。

纳税义务人应当自海关填发税款缴款书之日起 15 日内,向指定银行缴纳税款。关税的纳税义务人因不可抗力或者在国家税收政策调整的情形下,不能按期缴纳税款的,经依法提供税款担保后,可以延期缴纳税款,但最长不得超过 6 个月。

(二)关税的强制执行

关税的强制执行措施包括征收滞纳金和强制征收。

1. 征收滞纳金

纳税义务人未在关税缴纳期限内缴纳税款,从滞纳之日起,按滞纳税款万分之五的比例按日征收,周末或法定节假日不予扣除。

2. 强制征收

如纳税义务人自缴纳税款期限届满之日起 3 个月仍未缴纳税款,经直属海关关长或者其授权的隶属海关关长批准,海关可以采取强制扣缴、变价抵缴等强制措施。

（三）关税退还

关税退还是指关税纳税义务人按海关核定的税额缴纳关税后,因某种原因的出现,海关将实际征收多于应当征收的税额(溢征关税)退还给纳税人的一种行政行为。海关发现多征税款的,应当立即通知纳税义务人办理退还手续。纳税义务人发现多缴税款的,自缴纳税款之日起1年内,可以以书面形式要求海关退还多缴的税款并加算银行同期活期存款利息。

此外,有下列情况之一的,可自缴纳税款之日起1年内,书面声明理由,连同原缴款凭证及相关资料向海关申请退还关税。

(1)已征进口关税的货物,因品质或者规格原因,原状退货复运出境的。

(2)已征出口关税的货物,因品质或者规格原因,原状退货复运进境,并已重新缴纳因出口而退还的国内环节有关税收的。

(3)已征出口关税的货物,因故未装运出口,申报退关的。

海关应当自受理退税申请之日起30日内查实并通知纳税义务人办理退还手续。纳税义务人应当自收到通知之日起3个月内办理有关退税手续。

按照其他有关法律、行政法规规定应当退还关税的,海关应当按照有关法律、行政法规的规定退税。

十一、关税追征和补征

关税追征是因纳税人违反海关规定造成少征或漏征关税,关税追征期为缴纳税款或货物、物品放行之日起3年内,并按日加收万分之五的滞纳金。关税补征是非因纳税人违反海关规定造成短征关税,关税补征期为缴纳税款或货物、物品放行之日起1年内。

任务二　进口环节增值税计算

一、进口环节增值税基本原理

1. 纳税义务人

根据《中华人民共和国增值税暂行条例》规定,境内进口货物的收货人或办理报关手续的单位和个人,为进口货物增值税的纳税义务人,包括国内一切从事进口业务的企事业单位、社会团体和个人。

2. 税目和税率

进口货物的收货人或办理报关手续的单位和个人进口货物增值税适用的税率为13%和9%。

3. 征税范围

根据《中华人民共和国增值税暂行条例》规定,申报进入中华人民共和国海关境内的货物,均应缴纳增值税。

确定一项货物是否属于进口货物,看其是否有报关手续。只要是报关进境的应税货物,不论其用途如何,是自行采购用于贸易还是自用,不论是购进还是国外捐赠,均应按照规定缴纳进口环节的增值税(免税进口的货物除外)。

"来料加工""进料加工"贸易方式进口国外的原材料、零部件等,在国内加工后复出口的,对进口的料、件按规定给予免税或减税。

二、进口货物应纳税额的计算

纳税人进口货物,按照组成计税价格计算应纳税额,不得抵扣任何税额。进口货物计算增值税组成计税价格和应纳税额计算公式为

$$应纳税额 = 组成计税价格 \times 税率$$
$$组成计税价格 = 关税完税价格 + 关税$$

如果进口货物同时征收消费税的,其组成计税价格公式为

$$组成计税价格 = 关税完税价格 + 关税 + 消费税$$

或

$$组成计税价格 = (关税完税价格 + 关税) \div (1 - 消费税税率)$$

提示 进口货物的关税完税价格,是以海关审定的成交价格为基础的到岸价格,成交价格包括货价、货物运抵我国关境内输入地点起卸前的包装费、运费、保险费和其他劳务费等。

【例 5-1】 甲集团于 2024 年 12 月进口货物一批。该批货物国外买价是 60 万元,另该批货物运抵我国海关前发生的包装费、运输费、保险费等共计 20 万元。货物报关后,甲集团按规定缴纳了进口环节的增值税并取得了海关开具的完税凭证。

假定该批进口货物在国内全部销售,取得不含税销售额 120 万元。已知货物进口关税税率为 15%,增值税税率为 13%。

(1) 计算关税完税价格。

(2) 计算进口环节应纳的关税。

(3) 计算进口环节应缴纳的增值税税额。

(4) 计算国内销售环节的销项税额。

(5) 计算国内销售环节应缴纳的增值税税额。

解:(1) 关税完税价格 = 60 + 20 = 80(万元)

(2) 应缴纳进口关税 = 80 × 15% = 12(万元)

(3) 进口环节应缴纳的增值税税额 = (80 + 12) × 13% = 11.96(万元)

(4) 国内销售环节的销项税额 = 120 × 13% = 15.6(万元)

(5) 国内销售环节应缴纳的增值税税额 = 15.6 - 11.96 = 3.64(万元)

诚信纳税 建立"十分钟税费服务圈"、实现更多高频业务"一次不用跑"、拓展"政策找人"、创新"税路通"服务等。2024 年以来,各地税务部门聚焦纳税人缴费人需求、借力数字化信息化手段持续上新税费服务,着力为企业添便利减成本,推动税费优惠直达快享,进一步优化税收营商环境。江西省税务部门探索实施"订单式"按需跟踪服务,深入分析企业遇到的跨境涉税问题,按投资目的国不同、投资形式不同等分类设计问需订单。"税务部门的'订单式'服务帮助我们解决了大问题。"据江西赣锋锂业集团股份有限公司财务总监黄婷介绍,前段时间公司从境外合作伙伴处购入锂矿石时,在进口报关、纳税以及外汇支付等方面遇到困难。新余市税务部门第一时间协调海关、外汇管理等部门及银行提供跨部门的"订单式"服

务,最终企业在合同约定时间内顺利完成货物报关、特许权使用费源泉扣缴、外汇支付等事项。国家税务总局国际税务司司长蒙玉英表示,2024 年,税务部门将继续发挥拓展"税路通"服务品牌矩阵效应,进一步加强国别(地区)税收政策研究力度,帮助"走出去"企业用好税收政策工具,全面落实外商投资企业相关税费优惠政策,为高水平对外开放贡献税务力量。

任务三　进口环节消费税计算

一、进口环节消费税基本原理

1. 纳税义务人

进口应税消费品消费税的纳税义务人,为进口或代理进口应税消费品的单位和个人。自 2022 年 11 月 1 日起,进口电子烟的单位和个人为电子烟进口环节纳税人。

进口应税消费品,由进口人或者其代理人向报关地海关申报纳税,进口应税消费品的消费税由海关代征。纳税人进口应税消费品,应当自海关填发海关进口消费税专用缴款书之日起 15 日内缴纳税款。

2. 税目和税率

进口应税消费品消费税的税目、税率(税额),依照《中华人民共和国消费税暂行条例》所附的消费税税目、税率(税额)表执行。

二、进口环节消费税税收优惠政策

(1) 经海关批准暂时进境的下列货物,在进境时纳税义务人向海关缴纳相当于应纳税款的保证金或者提供其他担保的,可以暂不缴纳进口环节增值税和消费税,并应当自进境之日起 6 个月内复运出境;经纳税义务人申请,海关可以根据海关总署的规定延长复运出境的期限。

① 在展览会、交易会、会议及活动中使用的货物。

② 文化、体育交流活动中使用的表演、比赛用品。

③ 进行新闻报道或者摄制电影、电视节目使用的仪器、设备及用品。

④ 开展科研、教学、医疗活动使用的仪器、设备及用品。

⑤ 在上述所列活动中使用的交通工具及特种车辆。

⑥ 货样。

⑦ 供安装、调试、检测设备时使用的仪器、工具。

⑧ 盛装货物的容器。

⑨ 其他用于非商业目的的货物。

上述所列暂准进境货物在规定的期限内未复运出境的,海关应当依法征收进口环节增值税和消费税。其他暂准进境货物,应当按照该货物的组成计税价格和其在境内滞留时间与折旧时间的比例分别计算征收进口环节增值税和消费税。

(2) 进口环节增值税税额在人民币 50 元以下的一票货物,免征进口环节增值税;消费税税额在人民币 50 元以下的一票货物,免征进口环节消费税。

（3）无商业价值的广告品和货样免征进口环节增值税和消费税。

（4）外国政府、国际组织无偿赠送的物资免征进口环节增值税和消费税。

（5）在海关放行前损失的进口货物免征进口环节增值税和消费税；在海关放行前遭受损坏的货物，可以按海关认定的进口货物受损后的实际价值确定进口环节增值税和消费税组成计税价格公式中的关税完税价格和关税，并依法计征进口环节增值税和消费税。

（6）因残损、短少、品质不良或者规格不符原因，由进口货物的发货人、承运人或者保险公司免费补偿或者更换的相同货物，进口时不征收进口环节增值税和消费税。被免费更换的原进口货物不退运出境的，海关应当对原进口货物重新按照规定征收进口环节增值税和消费税。

（7）进境运输工具装载的途中必需的燃料、物料和饮食用品免征进口环节增值税和消费税。

（8）有关法律、行政法规规定进口货物减征或者免征进口环节海关代征税的，海关按照规定执行。

> **诚信纳税** 第十四届全国人民代表大会第二次会议政府工作报告节选：扩大高水平对外开放，促进互利共赢。主动对接高标准国际经贸规则，稳步扩大制度型开放，增强国内国际两个市场两种资源联动效应，巩固外贸外资基本盘，培育国际经济合作和竞争新优势。推动外贸质升量稳。加强进出口信贷和出口信保支持，优化跨境结算、汇率风险管理等服务，支持企业开拓多元化市场。促进跨境电商等新业态健康发展，优化海外仓布局，支持加工贸易提档升级，拓展中间品贸易、绿色贸易等新增长点。积极扩大优质产品进口。完善边境贸易支持政策。全面实施跨境服务贸易负面清单。出台服务贸易、数字贸易创新发展政策。加快内外贸一体化发展。办好进博会、广交会、服贸会、数贸会、消博会等重大展会。加快国际物流体系建设，打造智慧海关，助力外贸企业降本提效。

三、进口货物应纳税额的计算

1. 从价定率计税办法应纳税额的计算

$$组成计税价格＝（关税完税价格＋关税）÷（1－消费税比例税率）$$
$$应纳税额＝组成计税价格×消费税比例税率$$

式中，关税完税价格是指海关核定的关税计税价格。

2. 从量定额计税办法应纳税额的计算

$$应纳税额＝应税消费品数量×消费税定额税率$$

式中，应税消费品数量是指海关核定的应税消费品进口征税数量。

3. 从价定率和从量定额复合计税办法应纳税额的计算

$$组成计税价格＝（关税完税价格＋关税＋进口数量×消费税定额税率）$$
$$÷（1－消费税比例税率）$$

$$应纳税额＝组成计税价格×消费税比例税率＋应税消费品数量×消费税单位税额$$

式中，应税消费品数量是指海关核定的应税消费品进口征税数量。

进口环节消费税除国务院另有规定者外，一律不得给予减税、免税。

【例 5-2】 某高档化妆品生产企业进口香水精，关税完税价格 15 万元。2024 年 12 月生产领用上述进口香水精的 90％生产高档化妆品在国内市场销售，取得不含税销售额 200 万元。

香水精适用关税税率 20%,高档化妆品消费税税率 15%。

(1) 计算该企业进口香水精进口环节应纳消费税税额。

(2) 计算企业国内销售高档化妆品应纳消费税税额。

解：(1) 香水精进口环节应纳消费税税额＝15×(1＋20%)÷(1－15%)×15%＝3.18(万元)

(2) 国内销售化妆品环节应纳消费税税额＝200×15%－3.18×90%＝27.14(万元)

四、小汽车进口环节消费税

为了引导合理消费,调节收入分配,促进节能减排,经国务院批准,对小汽车进口环节消费税进行调整。

自 2016 年 12 月 1 日起,对我国驻外使领馆工作人员、外国驻华机构及人员、非居民常住人员、政府间协议规定等消费税应税进口自用,且完税价格 130 万元及以上的超豪华小汽车消费税,按照生产(进口)环节税率和零售环节税率(10%)加总计算,由海关代征。

五、进口卷烟进口环节消费税

从 2009 年 5 月 1 日起,为统一进口卷烟与国产卷烟的消费税政策,进口卷烟消费税适用的计税依据和比例税率按以下办法确定。

(一) 进口卷烟消费税率的确定

1. 进口卷烟从价定率和从量定额税率

(1) 甲类卷烟,即每标准条(200 支,下同)调拨价格在 70 元(不含增值税)以上(含 70 元)的卷烟,适用比例税率为 56%。

(2) 乙类卷烟,即每标准条调拨价格在 70 元(不含增值税)以下的卷烟,适用比例税率为 36%。

卷烟的从量定额税率为 0.003/支。

2. 计算每标准条进口卷烟组成计税价格

进口卷烟消费税组成计税价格＝(关税完税价格＋关税＋消费税定额税)

÷(1－进口卷烟消费税适用比例税率)

计算每标准条进口卷烟组成计税价格,确定该批卷烟适用的比例税率。按照规定,查找税率时先用 36% 的税率估算第一次组价。

3. 确定进口卷烟适用税率

如果每标准条(200 支)调拨价格≥70 元,适用比例税率为 56%。

如果每标准条(200 支)调拨价格<70 元,适用比例税率为 36%。

从量定额税率为 0.003/支。

(二) 进口卷烟应纳消费税额的计算

应纳消费税税额＝进口卷烟消费税组成计税价格×卷烟消费税适用比例税率＋消费税定额税

社会税法遵从度。推出税法进军营（党纪学习教育与宣讲退役士兵就业创业政策相结合）、税法进企业（优化税收执法方式与落实减税降费政策相结合）、税法进单位（完善东北地区统一裁量基准与推动新质生产力发展相结合）、税法进机关（八部门联合打击涉税违法犯罪与强化诚信纳税意识相结合）。以推动建立东北地区八部门联合打击涉税违法犯罪工作运行机制为契机，将税法知识送到公安、海关、人民银行等机关中。税收宣传月期间，联系相关部门 14 个，电话普法 30 余次，组织视频连线 20 余次，通过宣传纳税人依法履行纳税义务的典型案例、讲解个人所得税等法律常识，加深公职人员对"税收取之于民、用之于民"的理解和认同，增强依法诚信纳税意识。

任务四　进口关税的纳税申报

一、关税业务流程

（1）供货商将货物出库。

（2）承运商领货并发货至指定港口/机场等的储物地点。

（3）代理商代理申报清关。

（4）确定商品税则号。

（5）界定原产地。

（6）确定关税的税率。

（7）计算关税及增值税、消费税。

（8）对应口岸海关进行审核。

（9）缴纳相关税费。

（10）放行至国内转运商转运到目的地。

二、关税的纳税地点和纳税申报

1. 关税的纳税地点

为方便纳税义务人，经申请且海关同意，进（出）口货物的纳税义务人可以在设有海关的指运地（起运地）办理海关申报、纳税手续。

2. 关税的纳税申报

关税的纳税义务人应按有关规定及时办理纳税申报，申报时应提供如下资料。

（1）海关（进出口）关税专用缴款书。海关税款缴款书一式六联，第一联（收据）由银行收款签章后交缴款单位或者纳税义务人；第二联（付款凭证）由缴款单位开户银行作为付出凭证；第三联（收款凭证）由收款国库作为收入凭证；第四联（回执）由国库盖章后退回海关财务部门；第五联（报查）由国库收款后，关税专用缴款书退回海关，海关代征税专用缴款书送当地税务机关；第六联（存根）由填发单位存查。

（2）中华人民共和国海关进口（出口）货物报关单。

（3）进口许可证及有关单证。纳税义务人应在货物进境起 14 日内进行申报，由海关审定后,自海关填发税款缴款书之日起 15 日内去指定银行进行税费缴纳。

技能提升

本项目导入案例问题(1)解析如下。

公司的进出口企业代码为商务部颁发的进出口企业备证书上的代码,表明该企业有一定的进出口商品的资格。

该企业发生了进口汽车零部件、修理设备、进口设备、进口整车等行为,属于关税的应税行为,应当缴纳关税。该企业为进口货物的收货人,为关税的纳税义务人。

导入案例问题(2)解析如下。

通过查找《中华人民共和国海关进出口税则(2024)》确定税目税率,业务(1)、(2)、(3)、(4)对应的税率为20%。

业务(1)应纳税额计算:

$$(2\,000+50+25+10)\times20\%=417(万元)$$

业务(2)应纳税额计算:

$$(5+10)\times20\%=3(万元)$$

业务(3)应纳税额计算:

$$(100+20+10)\times20\%=26(万元)$$

业务(4)应纳税额计算:

$$30\times20\%=6(万元)$$

导入案例问题(3)解析如下。

进口环节增值税:

(1) 进口汽车零部件应纳增值税税额$=(2\,000+50+25+10)\times(1+20\%)\times13\%$
$$=325.26(万元)$$

(2) 设备出境修理费$=(5+10)\times(1+20\%)\times13\%=2.34(万元)$

(3) 进口生产设备应纳增值税税额$=(100+20+10)\times(1+20\%)\times13\%=20.28(万元)$

(4) 进口商用客车自用应纳消费税税额$=30\times(1+20\%)\div(1-5\%)\times13\%=4.93(万元)$

进口环节消费税:

进口商用客车自用应纳消费税税额$=30\times(1+20\%)\div(1-5\%)\times5\%=1.89(万元)$

素养课堂

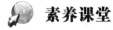

出口退税提速增效稳外贸

出口退税是指在国际贸易业务中,对我国报关出口的货物退还在国内各生产环节和流转环节按税法规定缴纳的增值税和消费税,即出口环节免税且退还以前纳税环节的已纳税款。作为国际通行惯例,出口退税可使出口货物的整体税负归零,避免重复征税,降低出口商品成本,是国家支持外贸出口、鼓励本国货物参与国际竞争的重要手段。

2023 年一笔销往英国、价值 10 多万美元的订单,让广州欣星商贸有限公司工作人员记忆深刻。"当时我们的货物在英国到岸后,却一直联系不上客户,直到货柜被当地海关清退时也没能顺利完成提货和交易。好在后来通过出口信用保险赔款挽回了部分损失。"原以为止步于此了，没想到广州税务部门通过与保险机构建立的联动机制，很快得知了这一情况，迅速派工作人员主动上门辅导企业填写出口货物收汇情况表。"多亏税务部门的辅导，我们这才得知出口信用保险理赔原来也可以视同收汇，只要按规定提交理赔相关材料和其他单证，同样可以享受到出口退税。"该负责人说，国家不断优化的政策有效提升了外贸企业抗风险能力，坚定了"走出去"的信心。

强化出口信用保险与出口退税政策的衔接，只是近年来我国加大出口退税支持力度的其中一环。2022 年 4 月，国家税务总局等十部门发布《关于进一步加大出口退税支持力度促进外贸平稳发展的通知》，推出 15 项服务出口退税新举措。其中之一就是明确企业申报退税的出口业务，因无法收汇而取得出口信用保险赔款的，将出口信用保险赔款视为收汇，予以办理出口退税。此外，为进一步减轻加工贸易企业负担，因征退税率不一致等原因而多转出的增值税进项税额，允许企业转入进项税额予以抵扣。

"近年来，我们持续加大出口退税业务'非接触式'办理、'容缺'办理等措施的推行力度。同时增加了出口退税备案单证留存备查方式，支持企业根据自身实际，灵活选择纸质化、影像化、数字化等不同方式留存单证。"国家税务总局货物和劳务税务司司长谢文介绍，为支持外贸新业态健康发展，还进一步简化了外贸综合服务企业代办退税备案流程。外贸综合服务企业在生产企业完成委托代办退税备案后，即可为该生产企业申报代办退税，无须先行办理代办退税备案。

2023 年，为帮助外贸企业纾困解难，各地不断优化流程和机制，有力落实出口退税政策。"当今全球经济和贸易增长动能减弱，外贸发展环境较为严峻。在此背景下，充分发挥好出口退税这一普惠公平、符合国际规则政策的效用，对优化外贸营商环境，增强我国商品国际竞争力具有重要意义。"北京国家会计学院副院长、教授李旭红表示，当前出口退税政策通过实施差别化、分类化管理，鼓励企业发展高附加值、高技术含量等优势产业，激励企业从事更高水平的创新活动，从而实现优化产品结构以及提升经济社会效益的目的。

资料来源：https://www.chinatax.gov.cn/chinatax/n810219/n810780/c5217653/content.html.

项目五即测即评

项目五计算题

项目五参照规范

项目六　资源税类和环境保护税类计算与申报

知识目标

1. 熟悉资源税、城镇土地使用税、环境保护税征税范围和税率、计税依据。
2. 掌握以上税种的纳税申报。
3. 熟悉以上税种的税收优惠。

技能目标

1. 能够明确企业是否属于资源税、城镇土地使用税、环境保护税的纳税人,能够将经济业务与征税范围、税率对应。
2. 能够完成以上税种的纳税申报。
3. 能够结合企业经济业务判断是否符合税收优惠政策。

素养目标

1. 激发求知欲和持续学习的动力,关注资源税和环境保护税等相关领域的最新发展和变化。
2. 在学习过程中要积极思考,勇于创新,探索资源税和环境保护税在促进绿色低碳发展中的应用。
3. 结合资源税和环境保护税的特点,强化环境保护意识,认识节约资源和保护环境的重要性。
4. 充分理解新时代税收对优化治理体系所发挥的保障功能,提升纳税自豪感。

导入案例

案例一:

甲汽车集团股份有限公司下设 B 石油天然气有限公司,为增值税一般纳税人,2024 年 12 月发生以下业务。

(1) 从国外某石油公司进口原油 1 000 吨,支付不含税价款,折合人民币 200 万元,其中包含运费及保险费 10 万元。

(2) 开采原油 5 000 吨,并将开采的原油对外销售 1 000 吨,取得含税销售额 440 万元。

(3) 开采原油 2 万吨赠送给协作单位。

要求：

(1) 该企业的以上经济行为是否应该缴纳资源税？

(2) 计算应缴纳的资源税。

案例二：

甲汽车集团股份有限公司实际拥有土地面积 30 000 平方米，其中公司自办子弟学校用地 3 000 平方米、幼儿园用地 500 平方米，公司无偿提供给当地公安派出所一间平房使用，占地 300 平方米，这些用地均有各自的土地使用权证。当地政府规定的城镇土地适用税率为每平方米 3 元，并采取按年计征，分半年缴纳方式征收。

要求：

(1) 该企业的以上经济行为是否应该缴纳城镇土地使用税？

(2) 计算应缴纳的城镇土地使用税。

案例三：

甲汽车集团股份有限公司在生产时会定期向大气排放一定量污染物，其中 2024 年 12 月生产时向大气直接排放二氧化硫 200 千克、一氧化碳 100 千克，假设当地大气污染物每污染当量税额为 1.2 元，二氧化硫、一氧化碳污染当量值为 0.95、16.7（单位：千克），该企业只有一个排放口。该企业另有一个排放口排放污水，已安装符合国家规定和监测规范的污染物监测设备。监测数据显示，该排放口 12 月共排放 4 万吨（折合 4 万立方米），应税污染物为六价铬，浓度为 0.5 毫克/升。本企业所在地的水污染物税率为 2.8 元/污染当量，六价铬的污染当量值为 0.02 千克。

要求：

(1) 该企业的以上经济行为是否应该缴纳环境保护税？

(2) 计算应缴纳的环境保护税。

思维导图

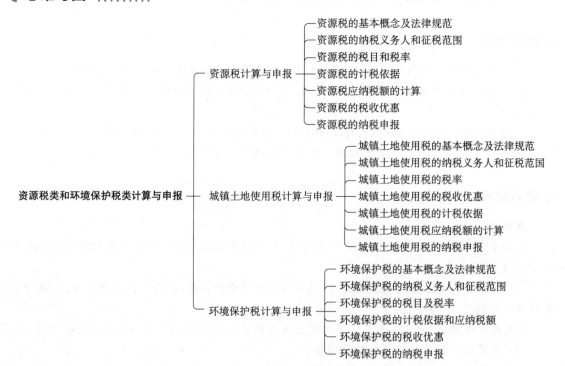

任务一　资源税计算与申报

一、资源税的基本概念及法律规范

资源税是对在我国领域和管辖的其他海域开发应税资源的单位和个人课征的一种税。我国现行的资源税基本法律规范是 2019 年 8 月 26 日第十三届全国人民代表大会常务委员会第十二次会议通过的《中华人民共和国资源税法》，并自 2020 年 9 月 1 日起施行。《财政部　税务总局关于资源税有关问题执行口径的公告》(财政部　税务总局公告 2020 年第 34 号)、《国家税务总局关于资源税征收管理若干问题的公告》(国家税务总局公告 2020 年第 14 号)、《财政部　税务总局关于继续执行的资源税优惠政策的公告》(财政部　税务总局公告 2020 年第 32 号)对有关问题的执行口径和征管具体规定等进行了明确，以规范资源税的征收管理。

> **诚信纳税**　《中华人民共和国资源税法》体现了国家对自然资源的所有权和控制权，强调了国家对资源的合理开发和保护。通过资源税的征收，调节资源开发利用的收益分配，实现资源收益的公平分配，体现社会公平正义。《中华人民共和国资源税法》鼓励合理利用和保护资源，促进资源的可持续开发，体现了对生态环境保护和可持续发展的重视。

二、资源税的纳税义务人和征税范围

资源税的纳税义务人是指在中华人民共和国领域及管辖的其他海域开发应税资源的单位和个人。应税资源的具体范围，由《中华人民共和国资源税法》所附资源税税目税率表确定。纳税人开采或者生产应税产品自用的，应当缴纳资源税；但是，自用于连续生产应税产品的，不缴纳资源税。

2011 年 11 月 1 日前已依法订立中外合作开采陆上、海上石油资源合同的，在该合同有效期内，继续依照国家有关规定缴纳矿区使用费，不缴纳资源税；合同期满后，依法缴纳资源税。

三、资源税的税目和税率

资源税的税目包括能源矿产、金属矿产、非金属矿产、水气矿产和盐五大类，在五大类税目下又设有若干子项目。目前所列的税目共有 164 个，涵盖了所有已经发现的矿种和盐。资源税税目税率表见表 6-1。

表 6-1　资源税税目税率表

税　　目		征税对象	税　　率
能源矿产	原油	原矿	6%
	天然气、页岩气、天然气水合物	原矿	6%
	煤	原矿或者选矿	2%～10%
	煤成(层)气	原矿	1%～2%
	铀、钍	原矿	4%
	油页岩、油砂、天然沥青、石煤	原矿或者选矿	1%～4%
	地热	原矿	1%～20%或者每立方米 1～30 元

续表

税　目		征税对象	税　率
金属矿产	黑色金属　铁、锰、钒、钛、铬	原矿或者选矿	1%～9%
	有色金属　铜、铅、锌、锡、镍、锑、镁、钴、铋、汞	原矿或者选矿	2%～10%
	铝土矿	原矿或者选矿	2%～9%
	钨	选矿	6.5%
	钼	选矿	8%
	金、银	原矿或者选矿	2%～6%
	铂、钯、钌、锇、铱、铑	原矿或者选矿	5%～10%
	轻稀土	选矿	7%～12%
	中重稀土	选矿	20%
	铍、锂、锆、锶、铷、铌、钽、锗、镓、铟、铊、铪、铼、硒、镉、碲	原矿或者选矿	2%～10%
非金属矿产	矿物类　高岭土	原矿或者选矿	1%～6%
	石灰岩	原矿或者选矿	1%～6%或者每吨（或者每立方米）1～10元
	磷	原矿或者选矿	3%～8%
	石墨	原矿或者选矿	3%～12%
	萤石、硫铁矿、自然硫	原矿或者选矿	1%～8%
	天然石英砂、脉石英、粉石英、水晶、工业用金刚石、冰洲石、蓝晶石、硅线石（矽线石）、长石、滑石、刚玉、菱镁矿、颜料矿物、天然碱、芒硝、钠硝石、明矾石、砷、硼、碘、溴、膨润土、硅藻土、陶瓷土、耐火粘土、铁矾土、凹凸棒石粘土、海泡石粘土、伊利石粘土、累托石粘土	原矿或者选矿	1%～12%
	叶蜡石、硅灰石、透辉石、珍珠岩、云母、沸石、蚕晶石、毒重石、方解石、蛭石、透闪石、工业用电气石、白垩、石棉、蓝石棉、红柱石、石榴子石、石膏	原矿或者选矿	2%～12%
	其他粘土（铸型用粘土、砖瓦用粘土、陶粒用粘土、水泥配料用粘土、水泥配料用红土、水泥配料用黄土、水泥配料用泥岩、保温材料用粘土）	原矿或者选矿	1%～5%或者每吨（或者每立方米）0.1～5元
	岩石类　大理岩、花岗岩、白云岩、石英岩、砂岩、辉绿岩、安山岩、闪长岩、板岩、玄武岩、片麻岩、角闪岩、页岩、浮石、凝灰岩、黑曜岩、霞石正长岩、蛇纹岩、麦饭石、泥灰岩、含钾岩石、含钾砂页岩、天然油石、橄榄岩、松脂岩、粗面岩、辉长岩、辉石岩、正长岩、火山灰、火山渣、泥炭	原矿或者选矿	1%～10%
	砂石	原矿或者选矿	1%～5%或者每吨（或者每立方米）0.1～5元
	宝玉石类　宝石、玉石、宝石级金刚石、玛瑙、黄玉、碧玺	原矿或者选矿	4%～20%

续表

税 目		征税对象	税 率
水气矿产	二氧化碳气、硫化氢气、氦气、氯气	原矿	2%～5%
	矿泉水	原矿	1%～20%或者每立方米 1～30 元
盐	钠盐、钾盐、镁盐、锂盐	选矿	3%～15%
	天然卤水	原矿	3%～15%或者每吨(或者每立方米)1～10 元
	海盐		2%～5%

资源税税目税率表中规定实行幅度税率的,其具体适用税率由省、自治区、直辖市人民政府统筹考虑该应税资源的品位、开采条件以及对生态环境的影响等情况,在资源税税目税率表规定的税率幅度内提出,报同级人民代表大会常务委员会决定,并报全国人民代表大会常务委员会和国务院备案。资源税税目税率表中规定征税对象为原矿或者选矿的,应当分别确定具体适用税率。

纳税人开采或者生产不同税目应税产品的,应当分别核算不同税目应税产品的销售额或者销售数量;未分别核算或者不能准确提供不同税目应税产品的销售额或者销售数量的,从高适用税率。

四、资源税的计税依据

资源税的计税依据为应税产品的销售额或销售数量。资源税主要以从价计征为主,从量计征为辅。实行从价定率的,应纳税额按照应税品的销售额乘以适用税率计算;实行从量定额计征的,应纳税额按照应税品的销售数量乘以适用税率计算。

1. 从价定率计征的计税依据

实行从价计征的资源税以销售额作为计税依据。销售额是指为纳税人销售应税产品向买方收取的全部价款和价外费用,但不包括收取的增值税销项税额。

计算销售额中的相关运杂费用,凡取得增值税发票或者其他合法有效凭据的,准予从销售额中扣除。相关运杂费用是指应税产品从坑口或者洗选(加工)地到车站、码头或者购买方指定地点的运输费用、建设基金以及随运销产生的装卸、仓储、港杂费用。

纳税人开采或者生产应税产品自用的,应当依照规定缴纳资源税;但是,自用于连续生产应税产品的,不缴纳资源税。

2. 从量定额计征的计税依据

实行从量定额征收的,以应税产品的销售数量为计税依据。应税产品的销售数量,包括纳税人开采或者生产应税产品的实际销售数量和用于应当缴纳资源税情形的应税产品数量。

五、资源税应纳税额的计算

1. 从价定率应纳税额的计算

$$应纳税额＝销售额×适用税率$$

2. 从量定额应纳税额的计算

$$应纳税额 = 课税数量 \times 单位税额$$

六、资源税的税收优惠

1. 法定免征资源税

(1) 开采原油以及在油田范围内运输原油过程中用于加热的原油、天然气。

(2) 煤炭开采企业因安全生产需要抽采的煤成(层)气。

2. 法定减征资源税

(1) 从低丰度油气田开采的原油、天然气,减征 20% 资源税。

(2) 高含硫天然气、三次采油和从深水油气田开采的原油、天然气,减征 30% 资源税。

(3) 稠油、高凝油减征 40% 资源税。

(4) 从衰竭期矿山开采的矿产品,减征 30% 资源税。

根据国民经济和社会发展需要,国务院对有利于促进资源节约集约利用、保护环境等情形可以规定免征或者减征资源税,报全国人民代表大会常务委员会备案。

3. 可由省、自治区、直辖市决定的免征或者减征资源

(1) 纳税人开采或者生产应税产品过程中,因意外事故或者自然灾害等原因遭受重大损失。

(2) 纳税人开采共伴生矿、低品位矿、尾矿。

上述免征或者减征资源税的具体办法,由省、自治区、直辖市人民政府提出,报同级人民代表大会常务委员会决定,并报全国人民代表大会常务委员会和国务院备案。

自 2022 年 1 月 1 至 2024 年 12 月 31 日,由省、自治区、直辖市人民政府根据地区实际情况以及宏观调控需要确定,对增值税小规模纳税人、小型微利企业和个体工商户可以在 50% 的税额幅度内减征资源税。

🖥 技能提升

本项目导入案例一,解析如下。

问题(1):

业务(1)不需要缴纳资源税。资源税是对我国领域和管辖的其他海域开发应税资源的单位和个人课征的一种税。由此可见,资源的开采地点是"境内"。本业务从国外进口石油,并非在境内开采石油,因此不缴纳资源税。

业务(2)需要缴纳资源税。

业务(3)开采原油赠送给协作单位,不属于用于连续生产应税消费品的行为,因此应缴纳资源税。

问题(2):

业务(2)开采原油,根据资源税税目税率表,原油采用从价定率征收,计税依据是不含增值税的销售额。因此本次资源税应缴纳 $440 \div (1+13\%) \times 6\% = 23.36$(万元)。

业务(3)开采原油赠送给协作单位,应按本企业原油销售价格确定本次应税行为的销售单价。从业务(2)可得出,原油不含税单价为 $440 \div [(1+13\%) \times 1\,000] = 0.39$(万元/吨),因此本次资源税应缴纳 $0.39 \times 2 \times 6\% = 0.047$(万元)。

七、资源税的纳税申报

1. 纳税义务发生的时间

纳税人销售应税产品,纳税义务发生的时间为收讫销售款或者取得索取销售款凭据的当日;自用应税产品的,纳税义务发生时间为移送应税产品的当日。

2. 纳税期限

资源税按月或者按季申报缴纳;不能按固定期限计算缴纳的,可以按次申报缴纳。

纳税人按月或者按季申报缴纳的,应当自月度或者季度终了之日起15日内,向税务机关办理纳税申报并缴纳税款;按次申报缴纳的,应当自纳税义务发生之日起15日内,向税务机关办理纳税申报并缴纳税款。

诚信纳税 税务从业人员应当敬畏法律,遵纪守规,牢固树立合规、遵德展业理念,自觉接受监管和自律管理,抵制违反规则及道德准则的行为。

3. 纳税地点和征收机构

纳税人应当向应税产品开采地或者生产地的税务机关申报缴纳资源税。

4. 纳税申报与缴纳

资源税的纳税人应按照有关规定及时进行纳税申报,如实填写财产和行为税纳税申报表(表6-2),并缴纳税费,取得完税凭证。

 税费申报

根据案例一纳税申报如下。

1. 进行税源采集

纳税人首次申报资源税时,或相关税源信息发生变化时,应进行财产和行为税税源信息报告。税源信息变更和税源信息注销同样应进行税源信息报告。填报资源税税源明细表。

2. 计算应纳税额

根据之前计算可得,开采原油对外销售1 000吨,应缴纳资源税23.36万元;开采原油赠送协作单位2吨,核定价格为每吨0.39万元,共0.78万元,应缴纳资源税0.047万元。该企业2023年12月一共应缴纳资源税23.407万元(23.36+0.047)。

3. 申报

B石油天然气有限公司按照《中华人民共和国资源税法》《中华人民共和国税收征收管理法》的有关规定,及时办理纳税申报,并如实确认财产和行为税纳税申报表。

完成税源采集及应纳税额的计算后,在纳税系统中进行申报,选择纳税期限,并选择本次申报的税种资源税后,系统中生成财产和行为税纳税申报表。B石油天然气有限公司应按照实际情况确认申报表信息,如涉及减免税事项,还应同时确认财产和行为税减免税明细申报附表信息是否准确,并进行申报提交。

4. 缴纳税款,取得完税凭证

B石油天然气有限公司将财产和行为税纳税申报表和其他佐证材料报送至应税产品开采

表 6-2 财产和行为税纳税申报表

纳税人识别号（统一社会信用代码）：□□□□□□□□□□□□□□□□□□

纳税人名称：B 石油天然气有限公司

金额单位：人民币元（列至角分）

序号	税种	税目	税款所属期起	税款所属期止	计税依据	税率	应纳税额	减免税额	已缴税额	应补（退）税额
1	资源税	原油	2024 年 12 月 1 日	2024 年 12 月 31 日	1 002 吨	6%	234 070.00	0	0	0
2										
3										
4										
5										
6										
7										
8										
9										
10										
11	合计	—	—	—	—	—	234 070.00	0	0	0

声明：此表是根据国家税收法律法规及相关规定填写的，本人（单位）对填报内容（及附带资料）的真实性、可靠性、完整性负责。

纳税人（签章）：

经办人：

经办人身份证号：

代理机构签章：

代理机构统一社会信用代码：

受理人：

受理税务机关（章）：

受理日期： 年 月 日

年 月 日

地或者生产地的税务机关进行审定,并根据审定结果,在规定时间内向代理金库的银行缴纳税款,取得完税凭证。

任务二 城镇土地使用税计算与申报

一、城镇土地使用税的基本概念及法律规范

城镇土地使用税是以国有土地为征税对象,对拥有土地使用权的单位和个人征收的一种税。我国现行城镇土地使用税的法律规范是 2006 年 12 月 30 日国务院第 163 次常务会议通过修订、自 2007 年 1 月 1 日起施行的《中华人民共和国城镇土地使用税暂行条例》。2019 年 3 月 2 日进行第四次修订。

> **诚信纳税** 征收城镇土地使用税有利于促进土地的合理使用,调节土地级差收入,也有利于筹集地方财政资金。

二、城镇土地使用税的纳税义务人和征税范围

1. 纳税义务人

在城市、县城、建制镇、工矿区范围内使用土地的单位和个人,为城镇土地使用税(以下简称土地使用税)的纳税人。前款所称单位,包括国有企业、集体企业、私营企业、股份制企业、外商投资企业、外国企业以及其他企业和事业单位、社会团体、国家机关、军队以及其他单位;所称个人,包括个体工商户以及其他个人。具体包括以下几种。

(1)拥有土地使用权的单位或者个人为纳税义务人。

(2)拥有土地使用权的纳税人不在土地所在地的,其代管人或者实际使用人为纳税义务人。

(3)土地使用权未确定或者权属纠纷未解决的,其实际使用人为纳税义务人。

(4)土地使用权共有的,共有各方为纳税义务人,由共有各方分别纳税。

2. 征税范围

城镇土地使用税的征税对象是土地。征税范围包括在城市、县城、建制镇、工矿区的国家所有的土地和集体所有的土地(农村土地不包括在内)。在上述城镇土地使用税的征税范围中,城市的土地包括市区和郊区的土地,县城的土地是指县人民政府所在地的城镇的土地,建制镇的土地是指镇人民政府所在地的土地。

> **提示** 建立在城市、县城、建制镇和工矿区以外的工矿企业则不需缴纳城镇土地使用税。自 2009 年 1 月 1 日起,公园、名胜古迹内的索道公司经营用地,应按规定缴纳城镇土地使用税。

三、城镇土地使用税的税率

城镇土地使用税采用定额税率,即采用有幅度的差别税额,按照大、中、小城市和县城、建制镇、工矿区分别规定每平方米城镇土地使用税年应纳税额。按照国务院颁布的《城市规划条

例》中规定的标准,人数在 50 万以上的为大城市,人数介于 20 万～50 万的为中等城市,人数在 20 万以下的为小城市。

城镇土地使用税每平方米年税额标准见表 6-3。

表 6-3 城镇土地使用税税额表

级　　别	人　口	计量单位	税额/元
大城市	50 万以上	每平方米	1.5～30
中等城市	20 万～50 万	每平方米	1.2～24
小城市	20 万以下	每平方米	0.9～18
县城、建制镇、工矿区		每平方米	0.6～12

说明:经省、自治区、直辖市人民政府批准,经济落后地区土地使用税的适用税额标准可以适当降低,但降低额不得超过最低税额的 30%。经济发达地区适用税额标准应当提高,但须报经财政部批准。

四、城镇土地使用税的税收优惠

1. 法定税收优惠

(1) 国家机关、人民团体、军队自用的土地。

(2) 由国家财政部门拨付事业经费的单位自用的土地。

(3) 宗教寺庙、公园、名胜古迹自用的土地。

(4) 市政街道、广场、绿化地带等公共用地。

(5) 直接用于农、林、牧、渔业的生产用地。

(6) 经批准开山填海整治的土地和改造的废弃土地,从使用的月份起免缴土地使用税 5～10 年。

(7) 非营利性医疗机构、疾病控制机构和妇幼保健机构等卫生机构和非营利性科研机构自用的土地。

(8) 企业办的学校、医院、托儿所、幼儿园,其用地能与企业其他用地明确区分的,免征城镇土地使用税。

(9) 免税单位无偿使用纳税单位的土地(如公安、海关等单位使用铁路、民航等单位的土地),免征城镇土地使用税。纳税单位无偿使用免税单位的土地,纳税单位应照章缴纳城镇土地使用税。纳税单位与免税单位共同使用、共有使用权土地上的多层建筑,对纳税单位可按其占用的建筑面积占建筑总面积的比例计征城镇土地使用税。

(10) 改造安置住房建设用地。

(11) 对国家支持的重点产业的用地:石油、电力、煤炭等能源用地,民用港口、铁路等交通用地和水利设施用地,盐业、采石场、邮电等一些特殊用地划分了征免税界限和给予政策性减免税照顾。

2. 省、自治区、直辖市地方税务局确定免征土地使用税的优惠

(1) 个人所有的居住房屋及院落用地。

(2) 房产管理部门在房租调整改革前经租的居民住房用地。

(3) 免税单位职工家属的宿舍用地。

(4) 集体和个人办的各类学校、医院、托儿所、幼儿园用地。

五、城镇土地使用税的计税依据

城镇土地使用税的计税依据是纳税人实际占用的土地面积。纳税人实际占用的土地面积按下面的方法确定。

(1)凡由省、自治区、直辖市人民政府的单位组织测定土地面积的,以测定的土地面积为准。

(2)尚未组织测定,但纳税人持有政府部门核发的土地使用权证书的,以证书确定的土地面积为准。

(3)尚未核发土地使用权证书的,应当由纳税人据实申报土地面积,据以纳税,待核发土地使用权证书后再作调整。

(4)对在城镇土地使用税征税范围内单独建造的地下建筑用地,按规定征收城镇土地使用税。已取得地下土地使用权证的,按土地使用权证确认的土地面积计算应征税款;未能取得土地使用权证或土地使用权证上未标明土地面积的,按地下建筑垂直投影面积计算应征税款。对上述地下建筑用地暂按应征税款的50%征收城镇土地使用税。

六、城镇土地使用税应纳税额的计算

$$应纳税额＝实际占用的应税土地面积（平方米）×适用税额$$

技能提升

本项目导入案例二,解析如下。

问题(1):

该企业办子弟小学用地3 000平方米、幼儿园用地500平方米,且有单独的土地使用权证,表明可以与企业的其他用地区分,属于法定减免的范围;该企业提供给公安派出所的平房占地,属于免税单位无偿使用纳税单位的土地,且有单独的土地使用权证,表明可以与企业的其他用地区分,也属于法定减免的范围,以上用地均不征收城镇土地使用税。其他用地应缴纳城镇土地使用税。

问题(2):

$$企业应纳税额＝(30\ 000－3\ 000－500－300)×3＝78\ 600(元)$$

七、城镇土地使用税的纳税申报

1. 纳税期限

城镇土地使用税实行按年计算、分期缴纳的征收方法,具体纳税期限由省、自治区、直辖市人民政府确定。

2. 纳税义务发生的时间

(1)纳税人购置新建商品房,自房屋交付使用之次月起,缴纳城镇土地使用税。

(2)纳税人购置存量房,自办理房屋权属转移、变更登记手续,房地产权属登记机关签发房屋权属证书之次月起,缴纳城镇土地使用税。

(3)纳税人出租、出借房产,自交付出租、出借房产之次月起,缴纳城镇土地使用税。

（4）以出让或转让方式有偿取得土地使用权的，应由受让方从合同约定交付土地时间的次月起缴纳城镇土地使用税；合同未约定交付时间的，由受让方从合同签订的次月起缴纳城镇土地使用税。

（5）纳税人新征用的耕地，自批准征用之日起满1年时开始缴纳城镇土地使用税。

（6）纳税人新征用的非耕地，自批准征用次月起缴纳城镇土地使用税。

（7）自2009年1月1日起，纳税人因土地的权利发生变化而依法终止城镇土地使用税纳税义务的，其应纳税款的计算应截至土地权利发生变化的当月末。

3. 纳税地点和征收机构

城镇土地使用税在土地所在地缴纳。

纳税人使用的土地不属于同一省、自治区、直辖市管辖的，由纳税人分别向土地所在地的税务机关缴纳城镇土地使用税；在同一省、自治区、直辖市管辖范围内，纳税人跨地区使用的土地，其纳税地点由各省、自治区、直辖市地方税务局确定。

诚信纳税 城镇土地使用税由土地所在地的税务机关征收，收入纳入地方财政预算管理。

4. 纳税申报和税款缴纳

城镇土地使用税的纳税人应按照条例的有关规定，及时办理纳税申报，并如实填写财产和行为税纳税申报表（表6-4），并及时缴纳税款取得税收缴款书。

税费申报

根据案例二纳税填报如下。

1. 进行税源采集

纳税人首次申报资源税时，或相关税源信息发生变化时，应进行财产和行为税税源信息报告。税源信息变更和税源信息注销同样应进行税源信息报告。填报城镇土地使用税 房产税税源明细表，并附不动产权属、土地面积、土地用途等资料复印件。如有减免事项，一并在系统中填报。

2. 计算应纳税额

该企业每半年缴纳一次城镇土地使用税，每次需缴纳39 300元（78 600÷2）。

3. 申报

甲汽车集团股份有限公司按照《中华人民共和国城镇土地使用税暂行条例》《中华人民共和国税收征收管理法》的有关规定，及时办理纳税申报，并如实确认财产和行为税纳税申报表。

完成税源采集及应纳税额的计算后，在纳税系统中进行申报，选择纳税期限，并选择本次申报的税种资源税后，系统中生成财产和行为税纳税申报表。甲汽车集团股份有限公司应按照实际情况确认申报表信息，核对纳税期限、土地编号、应缴税额等信息是否正确；如涉及减免税事项，还应同时确认财产和行为税减免税明细申报附表信息是否准确，并进行申报提交。

4. 缴纳税款，取得完税凭证

甲汽车集团股份有限公司将财产和行为税纳税申报表和其他佐证材料报送至土地所在地的税务机关进行审定，并根据审定结果，在规定时间内向代理的银行缴纳税款，取得完税凭证。

表 6-4　财产和行为税纳税申报表

纳税人识别号/统一社会信用代码：□□□□□□□□□□□□□□□□□□

纳税人名称：甲汽车集团股份有限公司

金额单位：人民币元（列至角分）

序号	税　种	税　目	税款所属期起	税款所属期止	计税依据	税　率	应纳税额	减免税额	已缴税额	应补（退）税额
1	城镇土地使用税	城镇土地使用税	2024 年 7 月 1 日	2024 年 12 月 31 日	30 000 平方米	3 元/平方米	45 000	5 700	0	0
2										
3										
4										
5										
6										
7										
8										
9										
10										
11	合　计	—	—	—	—	—	45 000	5 700	0	0

声明：此表是根据国家税收法律法规及相关规定填写的，本人（单位）对填报内容（及附带资料）的真实性、可靠性、完整性负责。

纳税人（签章）：

年　月　日

经办人：

经办人身份证号：

代理机构签章：

代理机构统一社会信用代码：

受理人：

受理税务机关（章）：

受理日期：　年　月　日

任务三　环境保护税计算与申报

一、环境保护税的基本概念及法律规范

环境保护税是在我国和我国管辖的其他海域,直接向环境排放应税污染物的企业事业单位和其他生产经营者征收的一种税,其立法目的是保护和改善环境,减少污染物排放,推进生态文明建设。我国现行的法律规范是 2016 年 12 月 25 日第十二届全国人民代表大会常务委员会第二十五次会议通过的《中华人民共和国环境保护税法》,并于 2018 年 10 月 26 日第十三届全国人民代表大会常务委员会第六次会议进行修正。

二、环境保护税的纳税义务人和征税范围

1. 环境保护税的纳税义务人

在我国和我国管辖的其他海域,直接向环境排放应税污染物的企业事业单位和其他生产经营者为环境保护税的纳税人。

2. 环境保护税的征税范围

应税污染物是指《中华人民共和国环境保护税法》所附环境保护税税目税额表、应税污染物和当量值表规定的大气污染物、水污染物、固体废物和噪声。

有下列情形之一的,不属于直接向环境排放污染物,不缴纳相应污染物的环境保护税。

(1)企业事业单位和其他生产经营者向依法设立的污水集中处理、生活垃圾集中处理场所排放应税污染物的。

(2)企业事业单位和其他生产经营者在符合国家和地方环境保护标准的设施、场所贮存或者处置固体废物的。

依法设立的城乡污水集中处理、生活垃圾集中处理场所超过国家和地方规定的排放标准向环境排放应税污染物的,应当缴纳环境保护税。

企业事业单位和其他生产经营者贮存或者处置固体废物不符合国家和地方环境保护标准的,应当缴纳环境保护税。

> **诚信纳税**　近年来,为全面践行"绿水青山就是金山银山"理念,我国财税部门积极推动产业绿色转型,有效发挥绿色税制体系"多税共治"作用,不折不扣落实《中华人民共和国环境保护税法》《中华人民共和国资源税法》等绿色税收法律、法规,通过环境保护税"多排多征、少排少征、不排不征"的导向机制,倒逼企业减少污染排放、加强环境治理、发展循环经济,推动产业绿色转型。2023 年,我国工业企业绿色化投入增长较快,购进环保治理服务增长 17.7%,高耗能制造业占制造业比重降至 30.7%,较 2022 年下降 1.5%,全年环境保护税入库税收 205 亿元。

三、环境保护税的税目及税率

(一)税目

环境保护税税目包括大气污染物、水污染物、固体废物和噪声四大类。

1. 大气污染物

大气污染物包括二氧化硫、氮氧化物、一氧化碳、氯气、氯化氢、氟化物、氰化氢、硫酸雾、铬酸雾、汞及其化合物、一般性粉尘、石棉尘、玻璃棉尘、碳黑尘、铅及其化合物、镉及其化合物、铍及其化合物、镍及其化合物、锡及其化合物、烟尘、苯、甲苯、二甲苯、苯并(a)芘、甲醛、乙醛、丙烯醛、甲醇、酚类、沥青烟、苯胺类、氯苯类、硝基苯、丙烯腈、氯乙烯、光气、硫化氢、氨、三甲胺、甲硫醇、甲硫醚、二甲二硫、苯乙烯、二硫化碳,共计 44 项。环境保护税的征税范围不包括温室气体二氧化碳。

2. 水污染物

水污染物分为两类:第一类水污染物包括总汞、总镉、总铬、六价铬、总砷、总铅、总镍、苯并(a)芘、总铍、总银;第二类水污染物包括悬浮物(SS)、生化需氧量(BOD_5)、化学需氧量(CODcr)、总有机碳(TOC)、石油类、动植物油、挥发酚、总氰化物、硫化物、氨氮、氟化物、甲醛、苯胺类、硝基苯类、阴离子表面活性剂(LAS)、总铜、总锌、总锰、彩色显影剂(CD-2)、总磷、单质磷(以 P 计)、有机磷农药(以 P 计)、乐果、甲基对硫磷、马拉硫磷、对硫磷、五氯酚及五氯酚钠(以五氯酚计)、三氯甲烷、可吸附有机卤化物(AOX)(以 CI 计)、四氯化碳、三氯乙烯、四氯乙烯、苯、甲苯、乙苯、邻-二甲苯、对-二甲苯、间-二甲苯、氯苯、邻二氯苯、对二氯苯、对硝基氯苯、2,4-二硝基氯苯、苯酚、间-甲酚、2,4-二氯酚、2,4,6-三氯酚、邻苯二甲酸二丁酯、邻苯二甲酸二辛酯、丙烯腈、总硒。应税水污染物共计 61 项。

3. 固体废物

固体废物包括煤矸石、尾矿、危险废物、冶炼渣、粉煤灰、炉渣、其他固体废物(含半固态、液态废物)。

4. 噪声

应税噪声污染目前只包括工业噪声。

(二) 税率

环境保护税采取定额税率,参照环境保护税税目税额表执行。

应税大气污染物和水污染物的具体适用税额的确定和调整,由省、自治区、直辖市人民政府统筹考虑本地区环境承载能力、污染物排放现状和经济社会生态发展目标要求,在本法所附环境保护税税目税额表规定的税额幅度内提出,报同级人民代表大会常务委员会决定,并报全国人民代表大会常务委员会和国务院备案。

四、环境保护税的计税依据和应纳税额

1. 应税大气污染物、水污染物的计税依据和应纳税额

应税大气污染物按照污染物排放量折合的污染当量数确定,应税水污染物按照污染物排放量折合的污染当量数确定。污染当量是指根据污染物或者污染排放活动对环境的有害程度以及处理的技术经济性,衡量不同污染物对环境污染的综合性指标或者计量单位。同一介质相同污染当量的不同污染物,其污染程度基本相当。计算公式为

应税大气污染物、水污染物的污染当量数=该污染物的排放量÷该污染物的污染当量值

每种应税大气污染物、水污染物的具体污染当量值,依照《中华人民共和国环境保护税法》所附应税污染物和当量值表执行。

　　每一排放口或者没有排放口的应税大气污染物,按照污染当量数从大到小排序,对前三项污染物征收环境保护税。每一排放口的应税水污染物,按照《中华人民共和国环境保护税法》所附应税污染物和当量值表,区分第一类水污染物和其他类水污染物,按照污染当量数从大到小排序,对第一类水污染物按照前五项征收环境保护税,对其他类水污染物按照前三项征收环境保护税。

　　纳税人有下列情形之一的,以其当期应税大气污染物、水污染物的产生量作为污染物的排放量。

　　(1) 未依法安装使用污染物自动监测设备或者未将污染物自动监测设备与环境保护主管部门的监控设备联网。

　　(2) 损毁或者擅自移动、改变污染物自动监测设备。

　　(3) 篡改、伪造污染物监测数据。

　　(4) 通过暗管、渗井、渗坑、灌注或者稀释排放以及不正常运行防治污染设施等方式违法排放应税污染物。

　　(5) 进行虚假纳税申报。

　　2. 应税固体废物的计税依据和应纳税额

　　应税固体废物的计税依据,按照固体废物的排放量确定。固体废物的排放量为当期应税固体废物的产生量减去当期应税固体废物的储存量、处置量、综合利用量的余额。

　　固体废物的储存量、处置量是指在符合国家和地方环境保护标准的设施、场所储存或者处置的固体废物数量;固体废物的综合利用量是指按照国务院发展和改革委、工业和信息化主管部门关于资源综合利用的要求以及国家和地方环境保护标准进行综合利用的固体废物数量。

　　固体废物应纳税额的计算公式为

$$固体废物的排放量 = 当期固体废物的产生量 - 当期固体废物的综合利用量$$
$$- 当期固体废物的贮存量 - 当期固体废物的处置量$$

纳税人有下列情形之一的,以其当期应税固体废物的产生量作为固体废物的排放量。

　　(1) 非法倾倒应税固体废物。

　　(2) 进行虚假纳税申报。

　　3. 应税噪声的计税依据和应纳税额

　　应税噪声按照超过国家规定标准的分贝数确定。

　　4. 应税大气污染物、水污染物、固体废物的排放量和噪声分贝数的确定方法

　　(1) 纳税人安装使用符合国家规定和监测规范的污染物自动监测设备的,按照污染物自动监测数据计算。

　　(2) 纳税人未安装使用污染物自动监测设备的,按照监测机构出具的符合国家有关规定和监测规范的监测数据计算。

　　(3) 因排放污染物种类多等原因不具备监测条件的,按照国务院生态环境主管部门规定的排污系数、物料计算方法计算。

　　(4) 不能按照前三种规定的方法计算的,按照省、自治区、直辖市人民政府生态环境主管部门规定的抽样测算的方法核定计算。

五、环境保护税的税收优惠

1. 暂免征收项目

(1) 农业生产(不包括规模化养殖)排放应税污染物的。

(2) 机动车、铁路机车、非道路移动机械、船舶和航空器等流动污染源排放应税污染物的。

(3) 依法设立的城乡污水集中处理、生活垃圾集中处理场所排放相应应税污染物,不超过国家和地方规定的排放标准的。

(4) 纳税人综合利用的固体废物,符合国家和地方环境保护标准的。

(5) 国务院批准免税的其他情形。

以上规定,由国务院报全国人民代表大会常务委员会备案。

2. 减征税额项目

(1) 纳税人排放应税大气污染物或者水污染物的浓度值低于国家和地方规定的污染物排放标准30%的,减按75%征收环境保护税。

(2) 纳税人排放应税大气污染物或者水污染物的浓度值低于国家和地方规定的污染物排放标准50%的,减按50%征收环境保护税。

技能提升

本项目导入案例三,解析如下。

问题(1):

该企业向大气直接排放的二氧化硫、一氧化碳,属于环境保护税的征税范围,应缴纳环境保护税。

问题(2):

二氧化硫的污染当量数=200÷0.95=210.53

一氧化碳的污染当量数=100÷16.7=5.99

应税大气污染物应纳税额=(210.53+5.99)×1.2=259.82(元)

六价铬的排放量=40 000×0.5÷1 000=20(千克)

六价铬的污染当量数=20÷0.02=1 000

应税水污染物应纳税额=1 000×2.8=2 800(元)

该企业12月共应缴纳环境保护税=259.82+2 800=3 059.82(元)

六、环境保护税的纳税申报

1. 纳税义务发生的时间

纳税义务发生的时间为纳税人排放应税污染物的当日。

2. 纳税地点

纳税人应当向应税污染物排放地的税务机关申报缴纳环境保护税。

纳税人跨区域排放应税污染物,税务机关对税收征收管辖有争议的,由争议各方按照有利于征收管理的原则协商解决;不能协商一致的,报请共同的上级税务机关决定。

3. 纳税申报

环境保护税按月计算,按季申报缴纳。不能按固定期限计算缴纳的,可以按次申报缴纳。纳税人按季申报缴纳的,应当自季度终了之日起 15 日内,向税务机关办理纳税申报并缴纳税款。纳税人按次申报缴纳的,应当自纳税义务发生之日起 15 日内,向税务机关办理纳税申报并缴纳税款。

纳税人应当依法如实办理纳税申报,对申报的真实性和完整性承担责任。税务机关应当将纳税人的纳税申报数据资料与生态环境主管部门交送的相关数据资料进行比对。

税务机关发现纳税人的纳税申报数据资料异常或者纳税人未按照规定期限办理纳税申报的,可以提请生态环境主管部门进行复核,生态环境主管部门应当自收到税务机关的数据资料之日起 15 日内向税务机关出具复核意见。税务机关应当按照生态环境主管部门复核的数据资料调整纳税人的应纳税额。

 ## 税费申报

根据案例三纳税填报如下。

1. 进行税源采集

纳税人首次申报资源税时,或相关税源信息发生变化时,应进行财产和行为税税源信息报告。税源信息变更和税源信息注销同样应进行税源信息报告。填报环境保护税税源明细表。

2. 计算应纳税额

根据之前计算,应税大气污染物应纳税额为 259.82 元,应税水污染物应纳税额为 2 800 元,共应纳环境保护税 3 059.82 元。

链接:环境保护
税申报

3. 申报

甲汽车集团股份有限公司按照《中华人民共和国环境保护税法》《中华人民共和国税收征收管理法》的有关规定,及时办理纳税申报,并如实确认财产和行为税纳税申报表(表 6-5)。

完成税源采集及应纳税额的计算后,在纳税系统中进行申报,选择纳税期限(环境保护税按月计算应纳税额,按季度进行申报),并选择本次申报的税种资源税后,系统中生成财产和行为税纳税申报表。甲汽车集团股份有限公司应按照实际情况确认申报表信息;如涉及减免税事项,还应同时确认财产和行为税减免税明细申报附表信息是否准确,并进行申报提交。

4. 缴纳税款,取得完税凭证

甲汽车集团股份有限公司将财产和行为税纳税申报表和其他佐证材料报送至当地税务机关进行审定,并根据审定结果,在规定时间内向代理的银行缴纳税款,取得完税凭证。

 ## 素养课堂

绿色税收助力建设美丽中国

党的十八大以后,生态文明建设被放在了更加突出的地位。党的十九大报告指出:"实行最严格的生态环境保护制度,形成绿色发展方式和生活方式,坚定走生产发展、生活富裕、生态良好的文明发展道路,建设美丽中国。"美丽中国呼唤绿色税收。所谓绿色税收,就是对排污和

表 6-5　财产和行为税纳税申报表

纳税人识别号（统一社会信用代码）：□□□□□□□□□□□□□□□□□□

纳税人名称：甲汽车集团股份有限公司

金额单位：人民币元（列至角分）

序号	税种	税目	税款所属期起	税款所属期止	计税依据	税率	应纳税额	减免税额	已缴税额	应补（退）税额
1	环境保护税	大气污染物	2024 年 12 月 1 日	2024 年 12 月 31 日	216.52	1.2 元/污染当量	259.82	0	0	0
2	环境保护税	水污染物	2024 年 12 月 1 日	2024 年 12 月 31 日	1 000	2.8 元/污染当量	2 800	0	0	0
3										
4										
5										
6										
7										
8										
9										
10										
11	合计	—	—	—	—	—	3 059.82	0	0	0

声明：此表是根据国家税收法律法规及相关规定填写的，本人（单位）对填报内容（及附带资料）的真实性、可靠性、完整性负责。

纳税人（签章）：

年　月　日

经办人：

经办人身份证号：

代理机构签章：

代理机构统一社会信用代码：

受理人：

受理税务机关（章）：

受理日期：　年　月　日

破坏生态环境的产品和服务课征的税收。我国绿色税制建设最突出的标志就是在 2018 年开征了环境保护税,开征该税旨在保护和改善环境,减少污染物排放,推进生态文明建设。虽然环保税的许多制度内容是从过去环保费平移过来的,但却为我国绿色税制的建设奠定了基础。实际上,我国的绿色税制是由多种涉及环境和生态的税种组成的,除环境保护税以外,还包括消费税、资源税、企业所得税等。这些税种的不断"绿化",对我国绿色税制的建设中发挥了重要的作用。例如,2014—2015 年,国家 3 次提高汽油等成品油的消费税税率,单位税额由 1 元/升提高到 1.52 元/升;从 2015 年 2 月 1 日起,电池和涂料这两种对环境污染比较大的产品也被纳入消费税的征收范围。20 世纪 80 年代开征资源税的目的在于调节资源开采企业的级差利润,但却在美丽中国的建设中被赋予了新的使命。继 2010 年原油、天然气的资源税改为从价计征后,从 2014 年 12 月 1 日起,我国将煤炭资源税也改为从价计征。特别是 2019 年 8 月全国人大常委会通过的《中华人民共和国资源税法》规定,除地热、石灰岩、砂石等少数矿产品可以从量计征以外,其他绝大多数矿产品都必须实行从价计征。资源税实行比例税率,税额随资源产品价格的上涨而提高,可以充分发挥税收对资源产品使用的调节作用,这也让资源税真正成为我国绿色税收大家庭中的一员。

资料来源:https://www.chinatax.gov.cn/chinatax/n810219/n810780/c5176827/content.html.

项目六即测即评

项目六计算题

项目六参照规范

知识目标

1. 熟悉房产税、契税、车船税、土地增值税、印花税的纳税人征税范围和税率、计税依据。

2. 掌握以上税种的纳税申报。

3. 熟悉以上税种的税收优惠。

链接:财产和行为税合并纳税申报

技能目标

1. 能够明确企业是否属于房产税、契税、车船税、土地增值税、印花税的纳税人,能够将经济业务与征税范围、税率对应。

2. 能够准确计算应纳税额。

3. 能够完成以上税种的纳税申报。

4. 能够结合企业经济业务判断是否符合税收优惠政策。

素养目标

1. 在学习过程中要积极思考,勇于创新,探索财产和行为税在促进经济社会发展中的应用。

2. 加强法治教育,培养遵纪守法和依法纳税的意识,了解财产和行为税的法律、法规,认识依法纳税的重要性。

3. 认识税法合规对企业经营的重要性。

4. 培养廉洁从业的意识,具备专业精神和职业操守。

导入案例

案例一:

甲汽车集团股份有限公司于2024年年末在市中心新购入办公大楼,楼盘底层商铺用于出租,其余部分用于自用办公。2024年12月,与商户签订租赁合同,约定2025年全年租金400万元。假设用于办公部分房产价值为3 000万元,当地规定允许扣除30%后计算房产税,适用税率1.2%。

要求：

（1）该企业的以上经济行为是否应该缴纳房产税？

（2）计算应缴纳的房产税。

案例二：

甲汽车集团股份有限公司 2024 年 12 月受让一宗土地用于自建新厂房，土地出让合同记载土地出让金为 20 000 万元、征地补偿费为 5 000 万元、城市基础设施配套费为 1 000 万元。当地契税税率为 3%。

要求：

（1）该企业的以上经济行为是否应该缴纳契税？

（2）计算应缴纳的契税。

案例三：

甲汽车集团股份有限公司有载客数 20 人以上的通勤班车 10 辆，运输货车 10 辆（每辆整备质量 10 吨），另有节能小汽车 5 辆。客车适用的年税额为每辆 1 200 元，货车适用的年税额为整备质量每吨 60 元，小汽车适用的年税额为每辆 800 元。

要求：

（1）该企业的以上经济行为是否应该缴纳车船税？

（2）计算应缴纳的车船税。

案例四：

甲汽车集团股份有限公司 2024 年 12 月出售公司名下的旧厂房及土地，取得不含税收入 10 000 万元。该厂房及土地评估价值为 5 000 万元，可扣除的相关税费共计 20 万元。

要求：

（1）该企业的以上经济行为是否应该缴纳土地增值税？

（2）计算 2024 年应缴纳的土地增值税。

案例五：

甲汽车集团股份有限公司属于增值税一般纳税人，2024 年 12 月发生如下业务。

（1）5 日，公司为扩大规模增加注册资本 500 万元。

（2）6 日，签订房屋租赁合同 1 份，租让厂房给某公司 1 栋，合同记载应收取租赁金额共计 200 万元。

（3）10 日，出售产成品汽车，签订购销合同 2 份，共记载金额 400 万元。

（4）12 日，启用新账簿（其他账簿）2 本。

（5）16 日，转让汽车新能源专利技术，签订转让专利合同 1 份，合同上记载金额为 100 万元。

（6）18 日，为办公厂房购买财产保险，与保险公司签订财产保险合同 1 份，合同记载保险费用为 10 万元。

（7）31 日，受让的土地办理了土地使用证，受让土地不含增值税价格为 20 000 万元。

要求：

（1）该企业的以上经济行为是否应该缴纳印花税？

（2）计算应缴纳的印花税。

◀ 思维导图 ·········

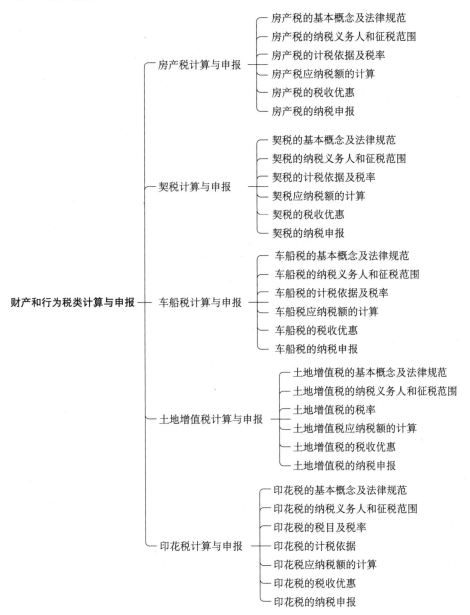

任务一　房产税计算与申报

一、房产税的基本概念及法律规范

　　房产税是指以房产为征税对象,按照房产价格或房产租金收入征收的一种税。这里所称的房产,是指以房屋形态表现的财产。房产税属于财产税类,是财产税类的主要税种。我国现行房产税的法律规范是国务院于 1986 年 9 月 15 日发布并从 1986 年 10 月 1 日起执行的《中华人民共和国房产税暂行条例》,以及国家财政、税务部门陆续公布的有关房产税的规定。2011 年

1月8日国务院第388号令对《中华人民共和国房产税暂行条例》进行了修订。

诚信纳税　房产税的设立,有利于抑制房产的投机需求,一定程度上遏制房地产泡沫的形成,稳固房价。房产税有利于促进经济结构调整、调控市场需求。

二、房产税的纳税义务人和征税范围

1. 房产税的纳税义务人

房产税的纳税义务人是指在我国城市、县城、建制镇和工矿区内拥有房屋产权的单位和个人,具体包括产权所有人、承典人、房产代管人或者使用人。具体规定如下。

（1）产权属于国家的,其经营管理的单位为纳税人;产权属于集体和个人的,集体单位和个人为纳税人。

（2）产权出典的,承典人为纳税人。

（3）产权所有人、承典人均不在房产所在地的,房产代管人或者使用人为纳税人。

（4）产权未确定以及租典（租赁、出典）纠纷未解决的,房产代管人或者使用人为纳税人。

（5）纳税单位和个人无租使用房产管理部门、免税单位及纳税单位的房产,规定由使用人代为缴纳房产税。

提示　房地产开发企业建造的商品房,在出售前,不征收房产税;但对出售前房地产开发企业已使用或出租、出借的商品房应按规定征收房产税。

2. 房产税的征税范围

房产税的征收范围是城市、县城、建制镇和工矿区内的房屋,不包括农村。

（1）城市是指国务院批准设立的市。

（2）县城是指县人民政府所在地的地区。

（3）建制镇是指经省、自治区、直辖市人民政府批准设立的建制镇。

（4）工矿区是指工商业比较发达、人口比较集中、符合国务院规定的建制镇标准但尚未设立建制镇的大中型工矿企业所在地。开征房产税的工矿区须经省、自治区、直辖市人民政府批准。

提示　独立于房屋之外的建筑物（如围墙、烟囱、水塔、室外游泳池等）不属于房产,不是房产税的征税对象。

三、房产税的计税依据及税率

房产税的计税依据是房产的计税余值或是租金收入。

我国现行房产税采用的是比例税率。由于房产税的计税方法分为从价计征和从租计征两种。所以房产税的税率也有两种。

（1）按房产原值一次减除10%~30%后的余值计征的,即从价计征的,税率为1.2%。

（2）按房产出租的租金收入计征的,即从租计征的,税率为12%。

从2008年3月1日起,对个人出租住房,不区分用途,按4%的税率征收房产税。

对企事业单位、社会团体以及其他组织向个人、专业化规模化住房租赁企业出租住房的,减按4%的税率征收房产税。

四、房产税应纳税额的计算

1. 从价计征

$$应纳税额＝房产的计税价值×1.2\%$$
$$房产的计税价值＝房产原值×(1－扣除比例)$$

式中,房产原值为纳税人会计账簿中记载的原始价值,若没有记载原始价值的,可参照同类房屋确定原始价值;扣除比例为 10%~30%,具体减除幅度由省、自治区、直辖市人民政府规定。

✎ **提示** 以上计算出的房产税为年应纳税额。

2. 从租计征

$$应纳税额＝房产的租金收入×12\%(或4\%)$$

五、房产税的税收优惠

(1) 国家机关、人民团体、军队自用(不包括出租)的房产免征房产税。

(2) 由国家财政部门拨付事业经费(全额或差额)的单位,如学校、医疗卫生单位、托儿所、幼儿园、敬老院以及文化、体育、艺术类单位所有的、本身业务范围内使用的房产免征房产税。

✎ **注意** 上述单位所属的附属工厂、商店、招待所等不属于单位公务、业务的用房,应照章纳税。

(3) 宗教寺庙、公园、名胜古迹自用的房产免征房产税。但宗教寺庙、公园、名胜古迹中附设的营业单位,如影剧院、饮食部、茶社、照相馆等所使用的房产及出租的房产,不属于免税范围,应该照章纳税。

(4) 个人所有非营业用的房产(居民住房)免征房产税。但个人拥有的营业用房或出租的房产,不属于免税房产,应该照章纳税。

(5) 对非营利性医疗机构、疾病控制机构和妇幼保健机构等卫生机构自用的房产,免征房产税。

(6) 自 2001 年 1 月 1 日起,对按政府规定价格出租的公有住房和廉租住房,暂免征收房产税。

(7) 对公共租赁住房免征房产税。对经营公共租赁住房所取得的租金收入,免征营业税。公共租赁住房经营管理单位应单独核算公共租赁住房租金收入,未单独核算的,不得享受免征房产税优惠政策。

(8) 由企业办的各类学校、医院、托儿所、幼儿园自用的房产,可以比照由国家财政部门拨付事业经费的单位自用的房产,免征房产税。

(9) 经有关部门鉴定,对毁损不堪居住的房屋和危险房屋,在停止使用后,可免征房产税。

(10) 自 2004 年 7 月 1 日起,纳税人因房屋大修导致连续停用半年以上的,在房屋大修期间免征房产税。

(11) 凡是在基建工地为基建工地服务的各种工棚、材料棚、休息棚、办公室、食堂、茶炉房、汽车房等临时性房屋,无论是施工企业自行建造还是由基建单位出资建造交施工企业使用的,在施工期间,一律免征房产税。但是,如果在基建工程结束后,施工企业将这种临时性房屋交还或者估价转让给基建单位的,应当从基建单位接收的次月起,依照规定缴纳房产税。

(12) 纳税单位与免税单位共同使用的房屋,按各自使用的部分划分,分别征收或免征房产税。

（13）由财政部门拨付事业经费的经营性文化事业单位转制为企业，对其自用房产五年内免征房产税。2018年12月31日之前已完成转制的企业，自2019年1月1日起对其自用房产可继续免征五年房产税。

（14）房地产开发企业建造的商品房，在出售前不征收房产税。但出售前房地产开发企业已使用或出租、出借的商品房，应按规定征收房产税。

（15）自2019年6月1日至2025年12月31日，为社区提供养老、托育、家政等服务的机构自用或其通过承租、无偿使用等方式取得并用于提供社区养老、托育、家政服务的房产免征房产税。

（16）自2018年1月1日至2027年12月31日，对纳税人及其全资子公司从事大型民用客机发动机、中大功率民用涡轴涡桨发动机研制项目自用的科研、生产、办公房产，免征房产税。

技能提升

本项目导入案例一，解析如下。

问题（1）：

该公司属于房产税的纳税义务人，其出租和自用房产应缴纳房产税。

问题（2）：

（1）该公司出租房产的行为，应按照从租计征的方法计算房产税：

$$年应纳税额=房产的租金收入×12\%=400×12\%=48（万元）$$

（2）该公司自持办公的房产，应按照从价计征的方法计算房产税：

$$房产的计税价值=房产原值×（1-扣除比例）=3\,000×（1-30\%）=2\,100（万元）$$

$$年应纳税额=房产的计税价值×1.2\%=2\,100×1.2\%=25.2（万元）$$

六、房产税的纳税申报

1. 纳税义务发生的时间

（1）纳税人将原有房产用于生产经营，从生产经营之月起缴纳房产税。

（2）纳税人自行新建房屋用于生产经营，从建成之次月起缴纳房产税。

（3）纳税人委托施工企业建设的房屋，从办理验收手续之次月起缴纳房产税。

（4）纳税人购置新建商品房，自房屋交付使用之次月起缴纳房产税。

（5）纳税人购置存量房，自办理房屋权属转移、变更登记手续，房地产权属登记机关签发房屋权属证书之次月起，缴纳房产税。

（6）纳税人出租、出借房产，自交付出租、出借房产之次月起，缴纳房产税。

（7）房地产开发企业自用、出租、出借本企业建造的商品房，自房屋使用或交付之次月起，缴纳房产税。

（8）纳税人因房产的实物或权利状态发生变化而依法终止房产税纳税义务的，其应纳税款的计算应截止到房产的实物或权利状态发生变化的当月末。

提示 只有第（1）种情况，纳税人将原有房产用于生产经营的，从"之月起"缴纳房产税，其他都是从"之次月起"缴纳房产税。

2. 纳税期限

房产税实行按年计算、分期缴纳的征收方法,具体纳税期限由省、自治区、直辖市人民政府确定。

3. 纳税地点

房产税在房产所在地缴纳。房产不在同一地方的纳税人,应按房产的坐落地点分别向房产所在地的税务机关纳税。

4. 纳税申报表

房产税的纳税人应按照条例的有关规定,及时办理纳税申报,并如实填写财产和行为税纳税申报表(表7-1),并及时缴纳税款取得税收缴款书。

诚信纳税　财务人员应当诚实守信、正直自律、勤勉尽责,自觉遵守法律、行政法规、部门规章及规范性文件的要求。

税费申报

案例一纳税填报如下。

1. 进行税源采集

纳税人首次申报资源税时,或相关税源信息发生变化时,应进行财产和行为税税源信息报告。税源信息变更和税源信息注销同样应进行税源信息报告。填报城镇土地使用税 房产税税源明细表,并附不动产权属、房产原值等资料复印件。在税源采集阶段,应分别填报从价计征与从租计征房产的明细。如有减免事项,一并在系统中填报。如涉及税收减免,还应填报财产和行为税减免税明细申报附表。

2. 计算应纳税额

根据之前计算,该企业出租房产和自持办公的房产都应缴纳房产税,其中出租房产的年应纳房产税额为 48 万元,自持办公房产的年应纳房产税额为 25.2 万元。

由于房产税的纳税期限为按年申报、分期缴纳。根据当地税务机关的规定,房产税的纳税期限属于增值税纳税人的,比照增值税的纳税期限办理;不属于增值税纳税人的按季申报缴纳。甲汽车集团股份有限公司属于增值税一般纳税人,房产税应当按月申报。

甲汽车集团股份有限公司 2024 年 12 月应当申报的房产税额如下。

2024 年 12 月出租房产的房产税:

$$48÷12＝4(万元)$$

2024 年 12 月自持办公楼的房产税:

$$25.2÷12＝2.1(万元)$$

3. 申报

甲汽车集团股份有限公司按照《中华人民共和国房产税暂行条例》《中华人民共和国税收征收管理法》的有关规定,及时办理纳税申报,并如实确认财产和行为税纳税申报表。

完成税源采集及应纳税额的计算后,在纳税系统中进行申报,选择纳税期限,并选择本次申报的税种资源税后,系统中生成财产和行为税纳税申报表。甲汽车集团股份有限公司应按照实际情况确认申报表信息;如涉及减免税事项,还应同时确认财产和行为税减免税明细申报

表 7-1 财产和行为税纳税申报表

纳税人识别号（统一社会信用代码）：□□□□□□□□□□□□□□□□□□

纳税人名称：

金额单位：人民币元（列至角分）

序号	税种	税目	税款所属期起	税款所属期止	计税依据	税率	应纳税额	减免税额	已缴税额	应补（退）税额
1	房产税	从租计征	2024 年 12 月 1 日	2024 年 12 月 31 日	4 000 000	0.12	40 000			
2	房产税	从价计征	2024 年 12 月 1 日	2024 年 12 月 31 日	21 000 000	0.012	21 000			
3										
4										
5										
6										
7										
8										
9										
10										
11	合计	—	—	—	—	—	61 000			

声明：此表是根据国家税收法律、法规及相关规定填写的，本人（单位）对填报内容（及附带资料）的真实性、可靠性、完整性负责。

纳税人（签章）：

年 月 日

经办人：

经办人身份证号：

代理机构签章：

代理机构统一社会信用代码：

受理人：

受理税务机关（章）：

受理日期： 年 月 日

附表信息是否准确,并进行申报提交。

4. 缴纳税款,取得完税凭证

甲汽车集团股份有限公司将财产和行为税纳税申报表和其他佐证材料报送至土地所在地的税务机关进行审定,并根据审定结果,在规定时间内向代理国库的银行缴纳税款,取得完税凭证。

任务二　契税计算与申报

一、契税的基本概念及法律规范

契税是指在我国境内转移土地、房屋权属,向承受的单位和个人征收的税。我国现行的契税法是 2020 年 8 月 11 日第十三届全国人民代表大会常务委员会第二十一次会议通过的《中华人民共和国契税法》,并于 2021 年 9 月 1 日起实施。

诚信纳税 契税是一种财产税,契税的征收有利于增加地方财政收入,也有利于保护合法产权,避免产权纠纷。

二、契税的纳税义务人和征税范围

1. 契税的纳税义务人

在我国境内转移土地、房屋权属,承受的单位和个人为契税的纳税义务人。

2. 契税的征税范围

契税所指的转移土地、房屋权属具体是指下列行为。

(1)土地使用权出让。

(2)土地使用权转让,包括出售、赠与、互换。

(3)房屋买卖、赠与、互换。

其中,土地使用权转让不包括土地承包经营权和土地经营权的转移。

以作价投资(入股)、偿还债务、划转、奖励等方式转移土地、房屋权属的,应当征收契税。

三、契税的计税依据及税率

契税的计税依据如下。

(1)土地使用权出让、出售,房屋买卖,为土地、房屋权属转移合同确定的成交价格,包括应交付的货币以及实物、其他经济利益对应的价款。

提示 土地使用权出让时,契税的计税依据包括土地的出让金、土地补偿费、安置补助费、地上附着物和青苗补偿费、征收补偿费、城市基础设施配套费、实物配建房屋等应交付的货币以及实物、其他经济利益对应的价款。

(2)土地使用权互换、房屋互换,为所互换的土地使用权、房屋价格的差额。

(3)土地使用权赠与、房屋赠与以及其他没有价格的转移土地、房屋权属行为,为税务机关参照土地使用权出让、房屋买卖的市场价格依法核定的价格。

纳税人申报的成交价格、互换价格差额明显偏低且无正当理由的,由税务机关依照《中华人民共和国税收征收管理法》的规定核定。

提示 契税计税依据不包含增值税。

契税税率为3%～5%。契税的具体适用税率,由省、自治区、直辖市人民政府在前款规定的税率幅度内提出,报同级人民代表大会常务委员会决定,并报全国人民代表大会常务委员会和国务院备案。

四、契税应纳税额的计算

$$应纳税额＝计税依据×税率$$

五、契税的税收优惠

1. 法定减免

(1) 国家机关、事业单位、社会团体、军事单位承受土地、房屋权属用于办公、教学、医疗、科研、军事设施。

(2) 非营利性的学校、医疗机构、社会福利机构承受土地、房屋权属用于办公、教学、医疗、科研、养老、救助。

(3) 承受荒山、荒地、荒滩土地使用权用于农、林、牧、渔业生产。

(4) 婚姻关系存续期间夫妻之间变更土地、房屋权属。

(5) 法定继承人通过继承承受土地、房屋权属。

(6) 依照法律规定应当予以免税的外国驻华使馆、领事馆和国际组织驻华代表机构承受土地、房屋权属。

2. 授权国务院减免

根据国民经济和社会发展的需要,国务院对居民住房需求保障、企业改制重组、灾后重建等情形可以规定免征或者减征契税,报全国人民代表大会常务委员会备案。

3. 由省、自治区、直辖市减免

(1) 因土地、房屋被县级以上人民政府征收、征用,重新承受土地、房屋权属。

(2) 因不可抗力灭失住房,重新承受住房权属。

以上免征或者减征契税的具体办法,由省、自治区、直辖市人民政府提出,报同级人民代表大会常务委员会决定,并报全国人民代表大会常务委员会和国务院备案。

4. 其他契税优惠政策

(1) 对个人购买家庭唯一住房,且房屋面积为90平方米及以下的,减按1%征收契税;面积为90平方米以上的,减按1.5%的税率征收契税。

对个人购买家庭第二套改善性住房,面积为90平方米及以下的,减按1%的税率征收契税;面积为90平方米以上的,减按2%的税率征收契税(北京市、上海市、广州市、深圳市除外)。

(2) 个人购买经济适用住房,在法定税率基础上减半征收契税。

(3) 个人首次购买90平方米以下的改造安置住房的,按1%的税率征收契税;购买超过90平方米、但符合普通住房标准的改造安置住房,按法定税率减半计征契税。个人因房屋被征收而取得货币补偿并用于购买改造安置住房的,或因房屋被征收而进行房屋产权调换并取得改造安置住房,按有关规定减免契税。

(4) 夫妻因离婚分割共同财产而发生的土地、房屋权属变更的,免征契税。

(5) 金融租赁公司开展售后回租业务,承受承租人的土地、房屋的,征收契税;售后回租届满,承受人购回土地、房屋的,免征契税。

> **诚信纳税**　2023 年,减税降费对于稳经济、稳预期发挥了至关重要的作用。按照党中央、国务院部署,财税等部门在 2023 年延续优化完善了系列税费优惠政策,前 11 个月全国新增减税降费及退税缓费已超 1.8 万亿元。真金白银的税费优惠暖人心、强信心,既切实为广大企业减负增力,也为经济恢复向好注入更多能量。

技能提升

本项目导入案例二,解析如下。

问题(1):

该公司受让土地,是契税的应税范围,应当缴纳契税。

问题(2):

本笔业务的计税依据,应为土地出让金金额与征收补偿费、城市基础设施配套费之和。

$$应纳税额＝(20\,000＋5\,000＋1\,000)×3\%＝780(万元)$$

六、契税的纳税申报

1. 纳税义务发生的时间及纳税期限

契税的纳税义务发生的时间为纳税人签订土地、房屋权属转移合同的当日,或者纳税人取得其他具有土地、房屋权属转移合同性质凭证的当日。

纳税人应当在依法办理土地、房屋权属登记手续前申报缴纳契税。

2. 纳税地点

契税的纳税地点为土地、房屋所在地的税务机关。

3. 特殊退税

在依法办理土地、房屋权属登记前,权属转移合同、权属转移合同性质凭证不生效、无效、被撤销或者被解除的,纳税人可以向税务机关申请退还已缴纳的税款。

4. 纳税申报

纳税人应当在签订土地合同后,填报契税纳税申报表,并附不动产权属转移合同原件及复印件、经办人身份证件原件及复印件,前往相关部门办理契税审核。如涉及享受契税优惠的,应同时提交减免契税证明材料原件及复印件;以交付经济利益方式转移土地、房屋权属的,应提交土地、房屋权属转移相关价款支付凭证原件及复印件,其中,土地使用权出让为财政票据,土地使用权出售、互换和房屋买卖、互换为增值税发票;因人民法院、仲裁委员会的生效法律文书或者监察机关出具的监察文书等因素发生土地、房屋权属转移的,应提交生效法律文书或监察文书等原件及复印件;根据人民法院、仲裁委员会的生效法律文书发生土地、房屋权属转移,纳税人不能取得销售不动产发票的,应提交人民法院、仲裁委员会的生效法律文书原件及复印

表 7-2　契税纳税申报表

填表日期:2025 年 1 月 31 日

纳税人识别号：

金额单位:元至角分;面积单位:平方米

承受方信息	名称	甲汽车集团股份有限公司	所属行业	××××	□单位　□个人
	登记注册类型	身份证□　护照□　其他□	身份证件号码	××××××××	
	联系人	×××	联系方式	×××××××××××	
转让方信息	名称	××区国土资源局	所属行业		□单位　□个人
	纳税人识别号	×××××××	登记注册类型		
	身份证件类型		身份证件号码		
			联系方式		
土地房屋权属转移信息	合同签订日期	2024 年 12 月 31 日	土地房屋坐落地址	×××市××区×××路××号	
	权属转移方式	设立下拉列框	用途	设立下拉列框	权属转移对象　设立下拉列框*
	权属转移面积				家庭唯一住房　□90 平方米以上　□90 平方米及以下
	评估价格	260 000 000	成交价格	260 000 000	家庭第二套住房　□90 平方米以上　□90 平方米及以下
					成交单价　1 000
税款征收信息	计征税额	7 800 000	计征税价代码		税率　3%
			减免性质代码		
			减免税额		应纳税额　7 800 000

以下由纳税人填写：

纳税人声明	此纳税申报表是根据《中华人民共和国契税暂行条例》和国家有关税收规定填报的,是真实的、可靠的、完整的。	
纳税人签章	代理人签章	代理人身份证号

以下由税务机关填写：

受理人	受理日期	年　月　日	受理税务机关签章

件及人民法院执行裁定书等原件及复印件。

纳税人办理纳税事宜后,税务机关应当开具契税完税凭证。纳税人办理土地、房屋权属登记,不动产登记机构应当查验契税完税、减免税凭证或者有关信息。未按照规定缴纳契税的,不动产登记机构不予办理土地、房屋权属登记。

🗄 税费申报

该企业应在签订土地合同后,办理土地使用权证之前足额缴纳契税。

导入案例二纳税填报如下。

1. 计算应纳税额

根据之前计算可知,本笔业务应缴纳契税 780 万元。

2. 纳税申报

甲汽车集团股份有限公司应当在签订土地合同后,填报契税纳税申报表(表 7-2),并附不动产权属转移合同原件及复印件、经办人身份证件原件及复印件,前往相关部门办理契税审核。

3. 缴纳税款,取得完税凭证

甲汽车集团股份有限公司完成契税审核后,根据审核结果,在规定时间内向代理国库的银行缴纳税款,取得完税凭证。

4. 办理土地权属证明

甲汽车集团股份有限公司凭完税凭证或减免税证明等材料前往主管土地权属部门办理土地权属证明。

任务三　车船税计算与申报

一、车船税的基本概念及法律规范

车船税是以车辆、船舶为征税对象,向车辆、船舶的所有人或管理人征收的一种税。我国现行的车船税法是 2011 年 2 月 25 日第十一届全国人民代表大会常务委员会第十九次会议通过,并于 2019 年 4 月 23 日第十三届全国人民代表大会常务委员会第十次会议修订的《中华人民共和国车船税法》。

诚信纳税　征收车船税有利于车船的管理和合理配置,调节贫富差异。

二、车船税的纳税义务人和征税范围

1. 车船税的纳税义务人

车船税的纳税义务人为在我国境内的车辆、船舶的所有人或者管理人。

2. 车船税的征税范围

车船税的征税范围为依据车船税税目税额表内的车辆、船舶。车辆、船舶是指:①依法应当在车船登记管理部门登记的机动车辆和船舶;②依法不需要在车船登记管理部门登记的在单位内部场所行驶或者作业的机动车辆和船舶。

境内单位和个人租入外国籍船舶的,不征收车船税。境内单位和个人将船舶出租到境外的,应依法征收车船税。

三、车船税的计税依据及税率

车船税实行定额税率,对征税的车船规定单位税额,具体依照《中华人民共和国车船税法》内所附车船税税目税额表执行,如表 7-3 所示。

表 7-3 车船税税目税额表

税 目		计税单位	年基准税率	备 注
乘用车[按发动机气缸容量(排气量)分档]	1.0 升(含)以下的	每辆	60 元至 360 元	核定载客人数 9 人(含)以下
	1.0 升以上至 1.6 升(含)		300 元至 540 元	
	1.6 升以上至 2.0 升(含)		360 元至 660 元	
	2.0 升以上至 2.5 升(含)		660 元至 1 200 元	
	2.5 升以上至 3.0 升(含)		1 200 元至 2 400 元	
	3.0 升以上至 4.0 升(含)		2 400 元至 3 600 元	
	4.0 升以上的		3 600 元至 5 400 元	
商用车	客车	每辆	480 元至 1 440 元	核定载客人数 9 人以上,包括电车
	货车	整备质量每吨	16 元至 120 元	包括半挂牵引车、三轮汽车和低速载货汽车等
挂车		整备质量每吨	按照货车税额的 50%计算	
其他车辆	专用作业车	整备质量每吨	16 元至 120 元	不包括拖拉机
	轮式专用机械车		16 元至 120 元	
摩托车		每辆	36 元至 180 元	
船舶	机动船舶	净吨位每吨	3 元至 6 元	拖船、非机动驳船分别按照机动船舶税额的 50%计算
	游艇	艇身长度每米	600 元至 2 000 元	

省、自治区、直辖市人民政府根据《中华人民共和国车船税法》所附车船税税目税额表确定车辆具体适用税额,应当遵循以下原则。

(1) 乘用车依排气量从小到大递增税额。

(2) 客车按照核定载客人数 20 人以下和 20 人(含)以上两档划分,递增税额。

省、自治区、直辖市人民政府确定的车辆具体适用税额,应当报国务院备案。

(3) 机动船舶具体适用税额:

① 净吨位不超过 200 吨的,每吨 3 元;

② 净吨位超过 200 吨但不超过 2 000 吨的,每吨 4 元;

③ 净吨位超过 2 000 吨但不超过 10 000 吨的,每吨 5 元;

④ 净吨位超过 10 000 吨的,每吨 6 元。

拖船按照发动机功率每 1 千瓦折合净吨位 0.67 吨计算征收车船税。

(4) 游艇具体适用税额:

① 艇身长度不超过 10 米的,每米 600 元;

② 艇身长度超过 10 米但不超过 18 米的,每米 900 元;

③ 艇身长度超过 18 米但不超过 30 米的,每米 1 300 元;

④ 艇身长度超过 30 米的,每米 2 000 元;

⑤ 辅助动力帆艇,每米 600 元。

(5) 征税车辆、船舶所涉及的排气量、整备质量、核定载客人数、净吨位、千瓦、艇身长度,以车船登记管理部门核发的车船登记证书或者行驶证所载数据为准。

依法不需要办理登记的车船和依法应当登记而未办理登记或者不能提供车船登记证书、行驶证的车船,以车船出厂合格证明或者进口凭证标注的技术参数、数据为准;不能提供车船出厂合格证明或者进口凭证的,由主管税务机关参照国家相关标准核定,没有国家相关标准的参照同类车船核定。

四、车船税应纳税额的计算

(1) 购置的新车船,购置当年的应纳税额自纳税义务发生的当月起按月计算。

$$应纳税额＝年应纳税额÷12×应纳税月份数$$
$$应纳税月份数＝12－纳税义务发生月份＋1$$

(2) 在一个纳税年度内,已完税的车船被盗抢、报废、灭失的,纳税人可以凭有关管理机关出具的证明和完税凭证,向纳税所在地的主管税务机关申请退还自被盗抢、报废、灭失月份起至该纳税年度终了期间的税款。

(3) 已办理退税的被盗抢车船失而复得的,纳税人应当从公安机关出具相关证明的当月起计算缴纳车船税。

(4) 已缴纳车船税的车船在同一纳税年度内办理转让过户的,不另纳税,也不退税。

(5) 已经缴纳车船税的车船,因质量原因,车船被退回生产企业或者经销商的,纳税人可以向纳税所在地的主管税务机关申请退还自退货月份起至该纳税年度终了期间的税款。退货月份以退货发票所载日期的当月为准。

(6) 涉及的整备质量、净吨位、艇身长度等计税单位,有尾数的一律按照含尾数的计税单位据实计算车船税应纳税额。计算得出的应纳税额小数点后超过两位的可四舍五入保留两位小数。

五、车船税的税收优惠

(1) 捕捞、养殖渔船。

(2) 军队、武装警察部队专用的车船。

(3) 警用车船。

(4) 悬挂应急救援专用号牌的国家综合性消防救援车辆和国家综合性消防救援专用船舶。

(5) 依照法律规定应当予以免税的外国驻华使领馆、国际组织驻华代表机构及其有关人员的车船。

（6）对节能汽车，减半征收车船税。

（7）对新能源车船，免征车船税。

（8）省、自治区、直辖市人民政府根据当地实际情况，可以对公共交通车船，农村居民拥有并主要在农村地区使用的摩托车、三轮汽车和低速载货汽车定期减征或者免征车船税。

（9）对受严重自然灾害影响纳税困难以及有其他特殊原因确需减税、免税的，可以减征或者免征车船税。具体办法由国务院规定，并报全国人民代表大会常务委员会备案。

诚信纳税 国家税务总局公布的数据显示，2023 年，财税部门高效落实企业所得税、增值税、车辆购置税等系统性税收优惠政策，推动"多策组合"的绿色税收体系落地见效，激励企业走绿色高质量发展道路。2023 年，新能源汽车免征车辆购置税、车船税 1 218 亿元，有效促进汽车行业降碳减排，释放绿色消费潜力。

技能提升

本项目导入案例三解析如下。

问题（1）：

甲汽车集团股份有限公司拥有的通勤班车、运输货车、节能小汽车属于车船税的征税范围，应当缴纳车船税。

问题（2）：

$$客车应纳税额 = 10 \times 1\ 200 = 12\ 000(元)$$
$$货车应纳税额 = 60 \times 10 \times 10 = 6\ 000(元)$$
$$节能小汽车减半征收车船税，应纳税额 = 800 \times 5 \div 2 = 2\ 000(元)$$
$$该企业共应缴纳的车船税 = 12\ 000 + 6\ 000 + 2\ 000 = 20\ 000(元)$$

六、车船税的纳税申报

1. 纳税义务发生的时间

车船税纳税义务发生的时间为取得车船所有权或者管理权的当月。取得车船所有权或者管理权的当月，应当以购买车船的发票或者其他证明文件所载日期的当月为准。

2. 纳税期限

车船税按年申报、分月计算，一次性缴纳。纳税年度为公历 1 月 1 日至 12 月 31 日。

3. 纳税地点

车船税的纳税地点为车船的登记地或者车船税扣缴义务人所在地。依法不需要办理登记的车船，车船税的纳税地点为车船的所有人或者管理人所在地。

税务机关可以在车船登记管理部门、车船检验机构的办公场所集中办理车船税征收事宜。

公安机关交通管理部门在办理车辆相关登记和定期检验手续时，经核查，对没有提供依法纳税或者免税证明的，不予办理相关手续。

4. 纳税申报

从事机动车第三者责任强制保险业务的保险机构为机动车车船税的扣缴义务人，应当在收取保险费时依法代收车船税,并出具代收税款凭证。

已完税或者依法减免税的车辆,纳税人应当向扣缴义务人提供登记地的主管税务机关出具的完税凭证或者减免税证明。

 税费申报

导入案例三纳税申报如下。

1. 计算应纳税额

由之前计算可得,甲汽车集团股份有限公司本年度应缴纳车船税 20 000 元。

2. 缴纳车船税

甲汽车集团股份有限公司在办理机动车交通事故责任强制保险时,由承办保险业务的保险机构作为代扣代缴人,同时扣缴甲汽车集团股份有限公司的车船税。甲汽车集团股份有限公司取得保险业务的专用发票。

任务四　土地增值税计算与申报

一、土地增值税的基本概念及法律规范

土地增值税是对有偿转让国有土地使用权及地上建筑物和其他附着物产权,取得增值收入的单位和个人征收的一种税。

土地增值税法是指国家制定的为了规范土地、房地产市场交易秩序,合理调节土地增值收益的法律规范。现行土地增值税的基本规范是 1993 年 12 月 13 日国务院颁布的《中华人民共和国土地增值税暂行条例》,并于 2011 年 1 月 8 日进行修订。为了贯彻落实税收法定原则,财政部会同国家税务总局于 2019 年 7 月发布了《中华人民共和国土地增值税法(征求意见稿)》,广泛凝聚社会共识,推进民主立法,向全社会公开征求意见。

诚信纳税 征收土地增值税增强了政府对房地产开发市场的管控,有利于抑制炒买炒卖土地获取暴利的行为,增加了财政收入。

二、土地增值税的纳税义务人和征税范围

(一)纳税义务人

转让国有土地使用权、地上的建筑物及其附着物(以下简称转让房地产)并取得收入的单位和个人,为土地增值税的纳税义务人。

这里的"单位"包括各类企业、事业单位、国家机关和社会团体及其他组织。"个人"包括自然人和个体经营者。

(二)征税范围

1. 基本征税范围

土地增值税是对转让国有土地使用权及其地上建筑物和附着物的行为征税,不包括国有

土地使用权出让所取得的收入。土地增值税的基本征税范围：①转让国有土地使用权；②地上建筑物及附着物连同国有土地使用权一并转让；③存量房地产的买卖。

2. 具体事项征税规定

（1）房地产继承。其是指房产的原产权所有人、依照法律规定取得土地使用权的土地使用人死亡后，由其继承人依法承受死者房产产权和土地使用权的民事法律行为。虽然权属发生变更但没有取得任何收入，故不属于土地增值税的征税范围。

（2）房地产赠予。其仅指房地产所有人将房屋所有权、土地使用权赠予直系亲属或承担直接赡养义务人，或通过中国境内非营利的社会团体、国家机关将房屋产权、土地使用权赠予教育、民政和其他社会福利、公益事业的。虽然权属发生变更但房屋所有权、土地使用权的所有人没有取得任何收入，故不属于土地增值税的征税范围。

（3）房地产的抵押。对抵押的房地产，由于没有权属的变更，在抵押期间不征收土地增值税。抵押期满后，按照房地产是否转移占有而确定是否征收土地增值税。以房地产抵债而发生房地产权属转让的，应征收土地增值税。

（4）房地产的交换。对于个人之间互换自有居住用房地产的，经当地税务机关核实，可免征土地增值税。

（5）合作建房。对于一方出地，另一方出资金，双方合作建房，建成后按比例分房自用的，暂免征收土地增值税；建成后转让的，征收土地增值税。

（6）房地产的出租。出租人虽取得收入，但房产产权、土地使用权没有转让，所以，不属于土地增值税的征税范围。

（7）房地产的代建行为。虽然房地产开发公司取得了收入，但房地产权属没有转移，其收入属于劳务收入性质，所以不属于土地增值税的征税范围。

（8）房地产的重新评估。国有企业在清产核资时对房地产进行重新评估而使其升值的情况。因房地产权属没有转移，也没有取得收入，所以不属于土地增值税的征税范围。

（9）根据《关于继续实施企业改制重组有关土地增值税政策的公告》（财政部 税务总局公告2023年第51号），自2021年1月1日至2027年12月31日，企业改制重组的土地增值税政策如下。

① 企业按照有关规定进行整体改制，对改制前的企业将国有土地使用权、地上的建筑物及其附着物转移、变更到改制后的企业，暂不征土地增值税。

② 两个或两个以上企业合并，且原企业投资主体存续的，对原企业将房地产转移变更至合并后企业名下的，暂不征土地增值税。

③ 企业分立成两个或两个以上企业与原企业投资主体相同的企业，对原企业将房地产转移、变更至分立后的企业，暂不征土地增值税。

④ 单位、个人在改制重组时以房地产作价投资入股，将房地产转移到被投资企业名下的，暂不征土地增值税。

上述改制重组有关土地增值税政策不适用于房地产转移任意一方为房地产开发企业的情形。

改制重组后再转让房地产并申报缴纳土地增值税时，对"取得土地使用权所支付的金额"，按照改制重组前取得该宗国有土地使用权所支付的地价款和按国家统一规定缴纳的有关费用确定；经批准以国有土地使用权作价出资入股的，为作价入股时县级及以上自然资源部门批准的评估价格。按购房发票确定扣除项目金额的，按照改制重组前购房发票所载金额并从购买年度起至本次转让年度止每年加计 5% 计算扣除项目金额,购买年度是指购房发票所载日期的当年。

三、土地增值税的税率

土地增值税实行四级超率累进税率。

(1) 第一级:增值额未超过扣除项目金额 50% 的部分,税率 30%。

(2) 第二级:增值额超过扣除项目金额 50%、未超过扣除项目金额 100% 的部分,税率 40%。

(3) 第三级:增值额超过扣除项目金额 100%、未超过扣除项目金额 200% 的部分,税率 50%。

(4) 第四级:增值额超过扣除项目金额 200% 的部分,税率 60%。

超率累进税率如表 7-4 所示。

表 7-4 超率累进税率

级数	增值额与扣除项目金额的比率	税率/%	速算扣除数/%
1	不超过 50% 的部分	30	0
2	超过 50%~100% 部分	40	5
3	超过 100%~200% 部分	50	15
4	超过 200% 部分	60	35

四、土地增值税应纳税额的计算

1. 计算应税收入

纳税人转让房地产取得的应税收入,是指转让房地产的全部价款和相关经济收益。包括货币收入、实物收入、其他收入。

提示 土地增值税纳税人转让房地产取得的收入为不含增值税的收入。

2. 计算扣除金额

税法准予纳税人扣除的项目如下。

(1) 取得土地使用权支付的金额。

① 取得土地使用权所支付的地价款。

② 纳税人取得土地使用权时按国家规定缴纳的费用。

(2) 房地产开发成本。

① 土地征用及拆迁补偿费:土地征用费、耕地占用税、劳动力安置费、附着物拆迁补偿、安置动迁用房支出。

② 前期工程费:规划、设计、可行性研究、地质、勘察、测绘、"三通一平"(水通、电通、路通和场地平整)支出。

③ 建筑安装工程费:建筑工程费、设备及安装工程费、室内装修工程费。

④ 基础设施费:道路、供水、供电、供气、排污、排洪、通信、照明、环卫、绿化。

⑤ 公共配套设施费:主要包括不能有偿转让的开发小区内公共配套设施发生的支出。

⑥ 开发间接费用:直接组织、管理开发项目发生的费用,主要有工资、福利费、折旧费、修理

费、办公费、水电费、劳动保护费、周转房摊销。

（3）房地产开发费用。房地产开发费用是指与房地产开发项目有关的销售费用、管理费用、财务费用。作为土地增值税扣除项目的房地产开发费用，不按纳税人房地产开发项目实际发生的费用进行扣除，按《中华人民共和国土地增值税暂行条例实施细则》的标准进行扣除。

① 财务费用中的利息支出。凡能够按转让房地产项目计算分摊并提供金融机构证明的，允许据实扣除，但最高不能超过按商业银行同类同期贷款利率计算的金额。其他房地产开发费用，按规定计算的金额之和的 5％以内计算扣除。计算公式为

$$允许扣除的房地产开发费用＝利息＋（取得土地使用权所支付的金额＋房地产开发成本）\times 5\%$$

② 财务费用中的利息支出。凡能够按转让房地产项目计算分摊利息支出或不能提供金融机构证明的，房地产开发费用按规定计算的金额之和的 10％以内计算扣除。计算公式为

$$允许扣除的房地产开发费用＝（取得土地使用权所支付的金额＋房地产开发成本）\times 10\%$$

③ 与转让房地产有关的税金。与转让房地产有关的税金指在转让房地产时缴纳的城市维护建设税、印花税。因转让房地产缴纳的教育费附加，也视同税金予以扣除。

④ 财政部规定的其他扣除项目。对从事房地产开发的纳税人，允许按取得土地使用权所支付的金额和房地产开发成本之和加计 20％扣除。

⑤ 旧房及建筑物的评估价格。纳税人转让旧房的，应按房屋及建筑物的评估价格、取得土地使用权所支付的地价款或出让金和按国家统一规定缴纳的有关费用以及转让环节缴纳的税金，作为扣除项目的金额计征土地增值税。

3. 计算增值额

土地增值税的纳税人转让房地产所取得的收入减除规定的扣除项目金额后的余额为增值额。实际房地产交易活动中，有的纳税人无法提供准确的房地产转让收入或扣除项目金额。所以，纳税人存在下列情况之一的，按房地产评估价格计征：隐瞒、虚报房地产成交价格的；提供扣除项目金额不实的；转让房地产的成交价格无正当理由低于房地产评估价格的。

4. 计算增值额与扣除项目的比例，确定税率

增值率的计算公式为

$$增值率＝增值额÷扣除项目合计＝（应税收入－扣除项目合计）÷扣除项目合计$$

根据增值率的计算结果，选择相对应的税率和速算扣除系数。

5. 计算应纳税额

$$应纳税额＝土地增值额\times 适用税率－扣除项目金额\times 速算扣除系数$$

（1）增值额未超过扣除项目金额 50％时，计算公式为

$$土地增值税税额＝增值额\times 30\%$$

（2）增值额超过扣除项目金额 50％，未超过 100％时，计算公式为

$$土地增值税税额＝增值额\times 40\%－扣除项目金额\times 5\%$$

（3）增值额超过扣除项目金额 100％，未超过 200％时，计算公式为

$$土地增值税税额＝增值额\times 50\%－扣除项目金额\times 15\%$$

（4）增值额超过扣除项目金额 200％时，计算公式为

$$土地增值税税额＝增值额\times 60\%－扣除项目金额\times 35\%$$

【例 7-1】　某企业下设房地产开发公司,具有房地产开发资质。2025 年 4 月,该房地产开发企业通过"招拍挂"以 6 000 万元取得了土地使用权,并缴纳了契税。2025 年 5 月,该企业对此块土地进行开发建设,拟建设住宅及商铺。预计该项目 80% 为非普通住宅,20% 为底层商铺。在开发过程中,支付的建设费、劳务费等共 5 000 万元,向银行进行房地产开发贷款支付利息费用 300 万元(可提供贷款合同)。另外,开发期间发生管理费用 300 万元、销售费用 200 万元。

该房地产开发公司将该项目的 80% 进行了销售,市场火爆,全部售出,共取得不含税收入 13 000 万元;另 20% 为底层商铺,用于自持出租,当年收取租金 40 万元。

该企业已预缴土地增值税 300 万元。

假设契税税率为 5%,省级政府规定其他开发费用的扣除比例为 5%,销售住宅的其他税金及附加为 70 万元。

(1) 该企业的以上经济行为是否应该缴纳土地增值税?

(2) 应缴纳的土地增值税为多少?

解:(1) 销售写字楼的行为,属于土地增值税的纳税范围,纳税义务人为该房地产开发公司。出租写字楼的行为,由于未发生权属转移,因此不属于土地增值税的纳税范围。

(2) 计算土地增值税,步骤如下。

① 应税收入:13 000 万元。

② 计算扣除金额。

a. 取得土地使用权支付的金额:

$$应为土地使用权支付的金额+契税=6\ 000+6\ 000×5\%=6\ 300(万元)$$

由于写字楼的 80% 用于销售,根据配比原则,实际可扣除的土地使用权金额为 6 300× 80%=5 040(万元)。

该企业通过"招拍挂"方式取得土地使用权,属于土地使用权的出让环节,不涉及增值税。

b. 开发成本:企业的开发成本为建设费、劳务费 5 000 万元。由于写字楼的 80% 用于销售,根据配比原则,实际可扣除的开发成本为 5 000×80%=4 000(万元)。

c. 开发费用:该企业为房地产开发企业,作为土地增值税扣除项目的房地产开发费用,不按纳税人房地产开发项目实际发生的费用进行扣除,而按照"利息+(取得土地使用权所支付的金额+房地产开发成本)×5%"或"(取得土地使用权所支付的金额+房地产开发成本)× 10%"。由于本案例中,利息费用可以提供金融机构的贷款证明(贷款合同),因此按照"利息+ (取得土地使用权所支付的金额+房地产开发成本)×5%"来计算开发费用。

$$300+(5\ 040+4\ 000)×5\%=752(万元)$$

d. 税金:70 万元。

e. 其他扣除项目:房地产开发企业,可以加计扣除 20%。

$$(5\ 040+4\ 000)×20\%=1\ 808(万元)$$

③ 计算增值额。

$$13\ 000-(5\ 040+4\ 000+752+70+1\ 808)=1\ 330(万元)$$

④ 计算增值额与扣除项目的比例,确定税率。

$$1\ 330÷(5\ 040+4\ 000+752+70+1\ 808)=11.40\%$$

根据税率表,增值额未超过扣除项目金额 50% 时,税率为 30%。

⑤ 计算应纳税额。

$$1\ 330×30\%=399(万元)$$

五、土地增值税的税收优惠

(1) 建造普通标准住宅的税收优惠。纳税人建造普通标准住宅出售,增值额未超过扣除项目金额 20%的,免征土地增值税;增值额超过扣除项目金额 20%的,应就其全部增值额按规定征税。

纳税人既建造普通标准住宅,又建造其他房地产开发的,应分别核算增值额。未能分别核算增值额或不能准确核算增值额的,其建造的普通标准住宅不免税。

对企事业单位、社会团体及其他组织转让服务作为租房房源,且增值额未超过扣除项目金额 20%的,免征土地增值税。

普通标准住宅是指按所在地一般民用住宅标准建造的居住用住宅。2005 年 6 月 1 日,普通标准住宅应同时满足以下条件:住宅小区建筑容积率在 1.0 以上;单套建筑面积在 120 平方米以下;实际成交价格低于同级别土地上住房平均交易价格 1.2 倍以下。高级公寓、别墅、度假村等不属于普通标准住宅。

(2) 国家征用收回的房地产的税收优惠。因国家建设需要依法征用、收回的房地产,免征土地增值税。

(3) 因实施城市规划、国家建设需要而搬迁由纳税人自行转让原房地产的税收优惠因实施城市规划、国家建设需要而搬迁由纳税人自行转让原房地产的,免征土地增值税。

(4) 对企事业单位、社会团体以及其他组织转让旧房作为改造安置住房或公共租赁住房房源的税收优惠。对企事业单位、社会团体以及其他组织转让旧房作为改造安置住房或公共租赁住房房源且增值额未超过扣除项目金额 20%的,免征土地增值税。

(5) 个人销售住房的税收优惠。自 2008 年 11 月 1 日,对个人销售住房暂免征收土地增值税。

技能提升

本项目导入案例四,解析如下。

问题(1):

甲汽车集团股份有限公司出售旧厂房及土地属于土地增值税的纳税范围,应当缴纳土地增值税。

问题(2):

计算土地增值税,步骤如下。

(1) 应税收入:10 000 万元。

(2) 计算扣除金额。

旧厂房及土地的评估价值为 5 000 万元,税金 20 万元。

(3) 计算增值额。

$$10\,000-(5\,000+20)=4\,980(万元)$$

(4) 计算增值额与扣除项目的比例,确定税率。

$$4\,980\div(5\,000+20)=99.2\%$$

根据税率表,增值额为 50%~100%,税率为 40%,速算扣除数为 5%。

（5）计算应纳税额。

$$4\ 980\times40\%-(5\ 000+20)\times5\%=1\ 741(万元)$$

六、土地增值税的纳税申报

（一）土地增值税的缴纳

纳税人在项目全部竣工结算前转让房地产取得的收入，由于涉及成本确定或其他原因，而无法据以计算土地增值税的，可以预征土地增值税，待该项目全部竣工、办理结算后再进行清算，多退少补。具体办法由各省、自治区、直辖市地方税务局根据当地情况制定。

（二）纳税地点与纳税时间

土地增值税纳税义务发生时间为房地产转移合同签订的当日。纳税人应在转让房地产合同签订后的 7 日内，到房地产所在地主管税务机关办理纳税申报，并向税务机关提交房屋及建筑物产权、土地使用权证书，土地转让、房产买卖合同，房地产评估报告及其他与转让房地产有关的资料。纳税人因经常发生房地产转让而难以在每次转让后申报的，经税务机关审核同意后，可以定期进行纳税申报，具体期限由税务机关根据情况确定。

纳税人转让房地产坐落在两个或两个以上地区的，应按房地产所在地分别申报纳税。

（三）土地增值税的预缴与清算

1. 土地增值税的预缴

对于房地产开发企业，为了确保税额及时缴纳，在房屋预售期间应进行土地增值税的预缴，待该项目全部竣工、办理结算后再进行清算，多退少补。预缴的应税收入与扣除项目应与预售回款相对应，并做到收入与扣除项目的配比。

纳税人在项目全部竣工结算前转让房地产取得的收入，由于涉及成本确定或其他原因，而无法据以计算土地增值税的，在转让房地产合同签订后的 7 日内，到税务机关办理纳税申报。纳税人因经常发生房地产转让而难以在每次转让后申报的，可以按照主管税务机关确定的期限填报土地增值税纳税申报表（一）（从事房地产开发的纳税人预征适用），向税务机关进行纳税申报缴纳土地增值税。

2. 土地增值税的清算

对于房地产开发企业，满足清算条件时，要进行土地增值税的清算。

土地增值税的清算情形如下。

（1）符合下列情形之一的，纳税人应进行土地增值税的清算：①全部竣工、完成销售；②整体转让未竣工决算房地产开发项目；③直接转让土地使用权。

（2）符合下列情形之一的，主管税务机关可要求纳税人进行土地增值税的清算：①已竣工验收项目，已转让建筑面积占整个项目可售建筑面积比例在 85% 以上，或该比例虽未超过85%，但剩余的可售建筑面积已经出租或自用的。②取得销售（预售）许可证满三年仍未销售完毕的。③纳税人申请注销税务登记但未办理土地增值税清算手续的。④省级税务机关规定的其他情况。

当达到清算条件时，清算单位土地增值税以国家有关部门审批的房地产开发项目为单位进行清算,对于分期开发的项目,以分期项目为单位清算。开发项目中同时包含普通住宅和非普通住宅的,应分别计算增值额。

纳税人在符合土地增值税清算条件后,依照税收法律、法规及土地增值税有关政策规定,计算应缴纳的土地增值税税额,并填写财产和行为税纳税申报表,向主管税务机关提供有关资料,办理土地增值税清算手续,结清应缴纳的土地增值税税款。

在土地增值税清算时未转让的房地产,清算后销售或有偿转让的,纳税人按规定填写财产和行为税纳税申报表,向税务机关报送相关资料,办理房地产项目尾盘销售土地增值税申报,扣除项目金额按清算时的单位建筑面积成本费用乘以销售或转让面积计算。

3. 转让旧房及建筑物土地增值税申报

转让国有土地使用权、地上的建筑物及其附着物并取得收入的单位和个人,填写财产和行为税纳税申报表,并向税务机关提交相关资料,在税务机关核定的期限内缴纳土地增值税。

诚信纳税 涉税服务人员在税务风险、土地增值清算等重点业务领域应秉持诚实守信、正直自律、勤勉尽责的精神,遵守职业道德,维护行业形象。

税费申报

导入案例四纳税填报如下。

1. 进行税源采集

纳税人首次申报资源税时,或相关税源信息发生变化时,应进行财产和行为税税源信息报告。税源信息变更和税源信息注销同样应进行税源信息报告。填报土地增值税税源明细表,并附不动产权属资料、房产买卖合同、房地产评估报告复印件。

2. 计算应纳税额

根据之前计算,本案例中的增值额为 4 980 万元,税率为 40%,速算扣除数为 5%。

3. 申报

甲汽车集团股份有限公司按照《中华人民共和国土地增值税暂行条例》《中华人民共和国税收征收管理法》的有关规定,及时办理纳税申报,并如实确认财产和行为税纳税申报表(表 7-5)。

完成税源采集及应纳税额的计算后,在纳税系统中进行申报,选择纳税期限,并选择本次申报的税种资源税后,系统中生成财产和行为税纳税申报表。甲汽车集团股份有限公司应按照实际情况确认申报表信息;如涉及减免税事项,还应同时确认财产和行为税减免税明细申报附表信息是否准确,并进行申报提交。

4. 缴纳税款,取得完税凭证

甲汽车集团股份有限公司将财产和行为税纳税申报表和其他佐证材料报送至房地产所在地主管税务机关进行审定,并根据审定结果,在规定时间内向代理国库的银行缴纳税款,取得完税凭证。

表 7-5 财产和行为税纳税申报表

纳税人识别号（统一社会信用代码）：□□□□□□□□□□□□□□□□□□

纳税人名称：甲汽车集团股份有限公司

金额单位：人民币元（列至角分）

序号	税种	税目	税款所属期起	税款所属期止	计税依据	税率	应纳税额	减免税额	已缴税额	应补（退）税额
1	土地增值税		2024 年 12 月 1 日	2024 年 12 月 31 日	49 800 000	0.40	17 410 000			
2										
3										
4										
5										
6										
7										
8										
9										
10										
11	合 计	—	—	—	—	—	17 410 000			

声明：此表是根据国家税收法律法规及相关规定填写的，本人（单位）对填报内容（及附带资料）的真实性、可靠性、完整性负责。

纳税人（签章）：

年 月 日

经办人：

经办人身份证号：

代理机构签章：

代理机构统一社会信用代码：

受理人：

受理税务机关（章）：

受理日期： 年 月 日

任务五　印花税计算与申报

一、印花税的基本概念及法律规范

印花税是对经济活动和经济交往中书立、使用、领受具有法律效力的凭证的单位和个人征收的一种税。因纳税人主要是通过在应税凭证上粘贴印花税票完成纳税义务,故名印花税。我国现行印花税的法律规范是由第十三届全国人民代表大会常务委员会 2021 年 6 月 10 日通过,2022 年 7 月 1 日起施行的《中华人民共和国印花税法》。

二、印花税的纳税义务人和征税范围

1. 印花税的纳税义务人

在我国境内书立应税凭证、进行证券交易的单位和个人,为印花税的纳税人。在我国境外书立在境内使用的应税凭证的单位和个人,也应当缴纳印花税。

应税凭证,是指《中华人民共和国印花税法》所附印花税税目税率表列明的合同、产权转移书据和营业账簿。

证券交易是指转让在依法设立的证券交易所、国务院批准的其他全国性证券交易场所交易的股票和以股票为基础的存托凭证。

印花税的纳税义务人具体如下。

(1) 书立应税凭证的纳税人,为对应税凭证有直接权利义务关系的单位和个人。

(2) 采用委托贷款方式书立的借款合同纳税人,为受托人和借款人,不包括委托人。

(3) 按买卖合同或者产权转移书据税目缴纳印花税的拍卖成交确认书纳税人,为拍卖标的的产权人和买受人,不包括拍卖人。

(4) 证券交易印花税对证券交易的出让方征收,不对受让方征收。

2. 印花税的扣缴义务人

纳税人为境外单位或者个人,在境内有代理人的,以其境内代理人为扣缴义务人;在境内没有代理人的,由纳税人自行申报缴纳印花税,具体办法由国务院税务主管部门规定。

证券登记结算机构为证券交易印花税的扣缴义务人,应当向其机构所在地的主管税务机关申报解缴税款以及银行结算的利息。

3. 关于应税凭证的具体情形

(1) 在中华人民共和国境外书立在境内使用的应税凭证,应当按规定缴纳印花税,包括以下几种情形。

① 应税凭证的标的为不动产的,该不动产在境内。

② 应税凭证的标的为股权的,该股权为中国居民企业的股权。

③ 应税凭证的标的为动产或者商标专用权、著作权、专利权、专有技术使用权的,其销售方或者购买方在境内,但不包括境外单位或者个人向境内单位或者个人销售完全在境外使用的动产或者商标专用权、著作权、专利权、专有技术使用权。

④ 应税凭证的标的为服务的,其提供方或者接受方在境内,但不包括境外单位或者个人向境内单位或者个人提供完全在境外发生的服务。

（2）企业之间书立的确定买卖关系、明确买卖双方权利义务的订单、要货单等单据,且未另外书立买卖合同的,应当按规定缴纳印花税。

（3）发电厂与电网之间、电网与电网之间书立的购售电合同,应当按买卖合同税目缴纳印花税。

4. 不属于印花税征收范围的情形

下列情形的凭证,不属于印花税征收范围。

（1）人民法院的生效法律文书,仲裁机构的仲裁文书,监察机关的监察文书。

（2）县级以上人民政府及其所属部门按照行政管理权限征收、收回或者补偿安置房地产书立的合同、协议或者行政类文书。

（3）总公司与分公司、分公司与分公司之间书立的作为执行计划使用的凭证。

三、印花税的税目及税率

印花税的税目、税率依照印花税税目税率表执行,见表 7-6。

表 7-6　印花税税目税率表

税　目		税　率	备　注
合同（指书面合同）	借款合同	借款金额的万分之零点五	指银行业金融机构、经国务院银行业监督管理机构批准设立的其他金融机构与借款人（不包括同业拆借）的借款合同
	融资合同	租金的万分之零点五	
	买卖合同	价款的万分之三	指动产买卖合同（不包括个人书立的动产买卖合同）
	承揽合同	报酬的万分之三	
	建设工程合同	价款的万分之三	
	运输合同	运输费用的万分之三	指货运合同和多式联运合同（不包括管道运输合同）
	技术合同	价款、报酬或者使用费的万分之三	不包括专利权、专有技术使用权转让书据
	租赁合同	租金的千分之一	
	保管合同	保管费的千分之一	
	仓储合同	仓储费的千分之一	
	财产保险合同	保险费的千分之一	不包括再保险合同
产权转移书据	土地使用权出让书据	价款的万分之五	转让包括买卖（出售）、继承、赠与、互换、分割
	土地使用权、房屋等建筑物和构筑物所有权转让书据（不包括土地承包经营权和土地经营权转移）	价款的万分之五	
	股权转让书据（不包括应缴纳证券交易印花税的）	价款的万分之五	
	商标专用权、著作权、专利权、专有技术使用权转让书据	价款的万分之三	

续表

税 目	税 率	备 注
营业账簿	实收资本（股本）、资本公积合计金额的万分之二点五	
证券交易	成交金额的千分之一	

四、印花税的计税依据

（1）应税合同的计税依据，为合同所列的金额，不包括列明的增值税税款。

（2）应税产权转移书据的计税依据，为产权转移书据所列的金额，不包括列明的增值税税款。

（3）应税营业账簿的计税依据，为账簿记载的实收资本（股本）、资本公积合计金额。

（4）证券交易的计税依据，为成交金额。

（5）应税合同、产权转移书据未列明金额的，印花税的计税依据按照实际结算的金额确定。

（6）计税依据按照前款规定仍不能确定的，按照书立合同、产权转移书据时的市场价格确定；依法应当执行政府定价或者政府指导价的，按照国家有关规定确定。

（7）证券交易无转让价格的，按照办理过户登记手续时该证券前一个交易日收盘价计算确定计税依据；无收盘价的，按照证券面值计算确定计税依据。

（8）同一应税合同、应税产权转移书据中涉及两方以上纳税人，且未列明纳税人各自涉及金额的，以纳税人平均分摊的应税凭证所列金额（不包括列明的增值税税款）确定计税依据。

（9）应税合同、应税产权转移书据所列的金额与实际结算金额不一致，不变更应税凭证所列金额的，以所列金额为计税依据；变更应税凭证所列金额的，以变更后的所列金额为计税依据。已缴纳印花税的应税凭证，变更后所列金额增加的，纳税人应当就增加部分的金额补缴印花税；变更后所列金额减少的，纳税人可以就减少部分的金额向税务机关申请退还或者抵缴印花税。

（10）纳税人因应税凭证列明的增值税税款计算错误导致应税凭证的计税依据减少或者增加的，纳税人应当按规定调整应税凭证列明的增值税税款，重新确定应税凭证计税依据。已缴纳印花税的应税凭证，调整后计税依据增加的，纳税人应当就增加部分的金额补缴印花税；调整后计税依据减少的，纳税人可以就减少部分的金额向税务机关申请退还或者抵缴印花税。

（11）纳税人转让股权的印花税计税依据，按照产权转移书据所列的金额（不包括列明的认缴后尚未实际出资权益部分）确定。

（12）应税凭证金额为人民币以外的货币的，应当按照凭证书立当日的人民币汇率中间价折合人民币确定计税依据。

（13）境内的货物多式联运，采用在起运地统一结算全程运费的，以全程运费作为运输合同的计税依据，由起运地运费结算双方缴纳印花税；采用分程结算运费的，以分程的运费作为计税依据，分别由办理运费结算的各方缴纳印花税。

（14）未履行的应税合同、产权转移书据，已缴纳的印花税不予退还及抵缴税款。

（15）纳税人多贴的印花税票，不予退税及抵缴税款。

五、印花税应纳税额的计算

印花税的应纳税额应该按照计税依据乘以适用税率计算：

$$应纳税额＝计税依据×适用税率$$

六、印花税的税收优惠

1. 法定减免

(1) 应税凭证的副本或者抄本。

(2) 依照法律规定应当予以免税的外国驻华使馆、领事馆和国际组织驻华代表机构为获得馆舍书立的应税凭证。

(3) 中国人民解放军、中国人民武装警察部队书立的应税凭证。

(4) 农民、家庭农场、农民专业合作社、农村集体经济组织、村民委员会购买农业生产资料或者销售农产品书立的买卖合同和农业保险合同。享受印花税免税优惠的家庭农场，具体范围为以家庭为基本经营单元，以农场生产经营为主业，以农场经营收入为家庭主要收入来源，从事农业规模化、标准化、集约化生产经营，纳入全国家庭农场名录系统的家庭农场。

(5) 无息或者贴息借款合同、国际金融组织向中国提供优惠贷款书立的借款合同。

(6) 财产所有权人将财产赠与政府、学校、社会福利机构、慈善组织书立的产权转移书据。享受印花税免税优惠的学校，具体范围为经县级以上人民政府或者教育行政部门批准成立的大学、中学、小学、幼儿园，实施学历教育的职业教育学校、特殊教育学校、专门学校，以及经省级人民政府或者人力资源社会保障行政部门批准成立的技工院校。享受印花税免税优惠的社会福利机构，具体范围为依法登记的养老服务机构、残疾人服务机构、儿童福利机构、救助管理机构、未成年人救助保护机构。享受印花税免税优惠的慈善组织，具体范围为依法设立、符合《中华人民共和国慈善法》规定，以面向社会开展慈善活动为宗旨的非营利性组织。

(7) 非营利性医疗卫生机构采购药品或者卫生材料书立的买卖合同。享受印花税免税优惠的非营利性医疗卫生机构，具体范围为经县级以上人民政府卫生健康行政部门批准或者备案设立的非营利性医疗卫生机构。

(8) 个人与电子商务经营者订立的电子订单，享受印花税免税优惠的电子商务经营者，具体范围按《中华人民共和国电子商务法》有关规定执行。

2. 国务院规定的减免

根据国民经济和社会发展的需要，国务院对居民住房需求保障、企业改制重组、破产、支持小型微型企业发展等情形可以规定减征或者免征印花税，报全国人民代表大会常务委员会备案。

3. 延续执行的印花税优惠政策

(1) 对铁路、公路、航运、水路承运快件行李、包裹开具的托运单据，暂免贴印花。

(2) 各类发行单位之间，以及发行单位与订阅单位或个人之间书立的征订凭证，暂免征印花税。

(3) 军事物资运输。凡附有军事运输命令或使用专用的军事物资运费结算凭证，免纳印花税。

(4) 抢险救灾物资运输。凡附有县级以上（含县级）人民政府抢险救灾物资运输证明文件的运费结算凭证，免纳印花税。

(5) 资产公司收购、承接、处置不良资产可享受以下税收优惠政策：对资产公司收购、承接和处置不良资产,免征购销合同和产权转移书据应缴纳的印花税。

(6) 自 2023 年 1 月 1 日至 2027 年 12 月 31 日,对增值税小规模纳税人、小型微利企业和个体工商户减半征收资源税(不含水资源税)、城市维护建设税、房产税、城镇土地使用税、印花税(不含证券交易印花税)、耕地占用税和教育费附加、地方教育附加。

诚信纳税 2023 年,我国延续实施了多项小微企业和个体工商户十分关注的税费优惠政策。据了解,全国存续涉税经营主体中的小微企业和个体工商户约 7 300 万户,相关税费政策普惠性强,符合条件的小微企业和个体工商户都可以享受。同时,将涉及小微企业和个体工商户的税费优惠政策统一延续实施至 2027 年年底,进一步稳定预期、提振信心,为小微企业和个体工商户的发展营造良好的税收环境。

(7) 对廉租住房、经济适用住房经营管理单位与廉租住房、经济适用住房相关的印花税以及廉租住房承租人、经济适用住房购买人涉及的印花税予以免征。

(8) 对改造安置住房经营管理单位、开发商与改造安置住房相关的印花税以及购买安置住房的个人涉及的印花税予以免征。

在商品住房等开发项目中配套建造安置住房的,依据政府部门出具的相关材料、房屋征收(拆迁)补偿协议或棚户区改造合同(协议),按改造安置住房建筑面积占总建筑面积的比例免征印花税。

(9) 对个人出租、承租住房签订的租赁合同,免征印花税。对个人销售或购买住房暂免征收印花税。

(10) 对与高校学生签订的高校学生公寓租赁合同,免征印花税。

技能提升

本项目导入案例五,解析如下。

问题(1):

以上行为除(4)启用账簿外,均为印花税的应税行为,应当缴纳印花税。

问题(2):

(1) 增加注册资本应缴纳印花税税额 $= 5\,000\,000 \times 0.25‰ = 1\,250$(元)

(2) 因签订房屋租赁合同应缴纳印花税税额 $= 2\,000\,000 \times 1‰ = 2\,000$(元)

(3) 因签订购销合同应缴纳印花税税额 $= 4\,000\,000 \times 0.3‰ = 1\,200$(元)

(4) 启用新账簿不缴纳印花税。

(5) 签订转让专利权合同应缴纳印花税税额 $= 1\,000\,000 \times 0.3‰ = 300$(元)

(6) 签订财产保险合同应缴纳印花税税额 $= 100\,000 \times 1‰ = 100$(元)

(7) 受让土地应缴纳印花税税额 $= 200\,000\,000 \times 0.5‰ = 100\,000$(元)

2024 年 12 月合计应纳印花税税额 $= 1\,250 + 2\,000 + 1\,200 + 300 + 100 + 100\,000$
$= 104\,850$(元)

七、印花税的纳税申报

1. 纳税义务发生的时间

印花税的纳税义务发生的时间为纳税人书立应税凭证或者完成证券交易的当日。

证券交易印花税扣缴义务发生时间为证券交易完成的当日。

2. 纳税期限

印花税按季、按年或者按次计征。实行按季、按年计征的,纳税人应当自季度、年度终了之日起15日内申报缴纳税款;实行按次计征的,纳税人应当自纳税义务发生之日起15日内申报缴纳税款。

证券交易印花税按周解缴。证券交易印花税扣缴义务人应当自每周终了之日起5日内申报解缴税款以及银行结算的利息。

3. 纳税地点

纳税人为单位的,应当向其机构所在地的主管税务机关申报缴纳印花税;纳税人为个人的,应当向应税凭证书立地或者纳税人居住地的主管税务机关申报缴纳印花税。

不动产产权发生转移的,纳税人应当向不动产所在地的主管税务机关申报缴纳印花税。

4. 纳税申报

印花税可以采用粘贴印花税票或者由税务机关依法开具其他完税凭证的方式缴纳。

印花税票粘贴在应税凭证上的,由纳税人在每枚税票的骑缝处盖戳注销或者画销。

印花税票由国务院税务主管部门监制。

税费申报

导入案例五纳税填报如下。

1. 进行税源采集

纳税人发生应税行为时,应进行税源采集,填报印花税税源明细表。

2. 计算应纳税额

根据之前计算,甲汽车集团股份有限公司2024年12月应缴纳印花税共104 850元。

其中:

增加注册资本对应的税目为"营业账簿",计税依据为5 000 000元,税率为0.25‰,应纳税额为1 250元。

签订房屋租赁合同对应的税目为"租赁合同",计税依据为2 000 000元,税率为1‰,应纳税额为2 000元。

签订购销合同对应的税目为"买卖合同",计税依据为4 000 000元,税率为0.3‰,应纳税额为1 200元。

签订转让专利权合同对应的税目为"技术合同",计税依据为1 000 000元,税率为0.3‰,应纳税额为300元。

签订财产保险合同对应的税目为"财产保险合同",计税依据为100 000元,税率为1‰,应纳税额为100元。

受让土地对应的税目为"产权转移书据",计税依据为200 000 000元,税率为0.5‰,应纳税额为100 000元。

3. 申报

甲汽车集团股份有限公司按照《中华人民共和国印花税法》《中华人民共和国税收征收管理法》的有关规定,及时办理纳税申报,并如实确认财产和行为税纳税申报表(表7-7)。

表 7-7 财产和行为税纳税申报表

纳税人识别号(统一社会信用代码):□□□□□□□□□□□□□□□□□□

纳税人名称:甲汽车集团股份有限公司

金额单位:人民币元(列至角分)

序号	税种	税目	税款所属期起	税款所属期止	计税依据	税率	应纳税额	减免税额	已缴税额	应补(退)税额
1	印花税	营业账簿	2024 年 12 月 1 日	2024 年 12 月 31 日	5 000 000	0.25‰	1 250			
2	印花税	租赁合同	2024 年 12 月 1 日	2024 年 12 月 31 日	2 000 000	1‰	2 000			
3	印花税	买卖合同	2024 年 12 月 1 日	2024 年 12 月 31 日	4 000 000	0.3‰	1 200			
4	印花税	技术合同	2024 年 12 月 1 日	2024 年 12 月 31 日	1 000 000	0.3‰	300			
5	印花税	财产保险合同	2024 年 12 月 1 日	2024 年 12 月 31 日	100 000	1‰	100			
6	印花税	产权转移书据	2024 年 12 月 1 日	2024 年 12 月 31 日	200 000 000	0.5‰	100 000			
7										
8										
9										
10										
11	合计	—		—	—	—	104 850			

声明:此表是根据国家税收法律法规及相关规定填写的,本人(单位)对填报内容(及附带资料)的真实性、可靠性、完整性负责。

纳税人(签章):

年　月　日

受理人:

受理税务机关(章):

受理日期:　　年　　月　　日

经办人:

经办人身份证号:

代理机构签章:

代理机构统一社会信用代码:

完成税源采集及应纳税额的计算后,在纳税系统中进行申报,选择纳税期限,并选择本次申报的税种资源税后,系统中生成财产和行为税纳税申报表。甲汽车集团股份有限公司应按照实际情况确认申报表信息;如涉及减免税事项,还应同时确认财产和行为税减免税明细申报附表信息是否准确,并进行申报提交。

4. 缴纳税款,取得完税凭证

甲汽车集团股份有限公司将财产和行为税纳税申报表和其他佐证材料报送至土地所在地的税务机关进行审定,并根据审定结果,在规定时间内向代理国库的银行缴纳税款,取得完税凭证。

 素养课堂

财产和行为税合并纳税申报政策和服务措施解读

根据《国家税务总局关于简并税费申报有关事项的公告》(国家税务总局公告 2021 年第 9 号),2021 年 6 月 1 日起,财产行为税合并申报将全面实施。这是贯彻落实中办、国办《关于进一步深化税收征管改革的意见》,深入推进税务领域"放管服"改革,优化营商环境,切实减轻纳税人办税负担的一项重要举措,也是 2021 年国家税务总局开展的"我为纳税人缴费人办实事暨便民办税春风行动"的一项具体措施。

链接:财产和行为税合并纳税申报政策和服务措施解读

财产行为税合并申报涉及税种多、影响面广,纳税人可能对这项新措施有许多疑问。为了帮助大家更好地了解合并申报,实实在在享受便利,对大家关心的几个问题逐一进行讲解。

第一个问题:什么是财产行为税合并申报?

财产行为税是现有税种中财产类和行为类税种的统称。财产行为税合并申报,通俗讲就是"简并申报表,一表报多税",申报多个税种时,不再单独使用分税种申报表,而是在一张纳税申报表上同时申报多个税种。财产行为税合并申报的税种范围包括城镇土地使用税、房产税、车船税、印花税、耕地占用税、资源税、土地增值税、契税、环境保护税、烟叶税 10 个税种。

第二个问题:为什么要实行财产行为税合并申报?

2019 年,国家税务总局推行城镇土地使用税和房产税合并申报,取得了良好成效。在此基础上,为了进一步优化税收营商环境,提高办税效率,提升纳税人办税体验,国家税务总局决定扩大合并申报范围,实行 10 个税种合并申报。合并申报对纳税人来讲有三点好处。

一是可以优化办税流程。纳税人申报次数减少了。合并申报整体改造了 10 个税种申报流程,实行"归口"管理,实现"统一入口、统一表单、统一流程",纳税人一次登录、一填到底,有效避免了多头找表,办税效率将会大幅提高。

二是可以减轻办税负担。纳税人填报的表单和数据减少了。合并申报对原有表单和数据项进行了全面梳理整合,尽可能精简表单和数据项。合并申报后,表单数量减少约 2/3,数据项减少约 1/3。新申报表充分利用部门共享数据和其他征管环节数据,可实现已有数据自动预填,切实减轻纳税人填报负担。

三是可以提高办税质效。纳税人填报的信息更准确了。合并申报利用信息化手段实现税额自动计算、数据关联比对、申报异常提示等功能,实现"一张报表、一次申报、一次缴款、一张凭证",这为纳税人提供了申报缴税一体管理的新模式,可有效避免漏报、错报,确保申报质量,还有利于优惠政策及时落实到位。

第三个问题:怎样进行合并申报?

国家税务总局已经向社会发布了财产和行为税纳税申报表和税源明细表。

纳税人使用财产和行为税纳税申报表进行申报。该表由一张主表和一张减免税附表组成,主表反映纳税情况,包括各税种税款所属期、应纳税额、减免税额、已缴税款、应补退税款等;附表反映减免税情况,分类详细展示纳税人享受的每项优惠政策,方便纳税人详细了解减免税情况。

申报前,纳税人需要填报税源明细表维护纳税申报的基本信息。这是后续管理的基础数据来源,也是生成纳税申报表的主要依据。

为减轻填报负担,确保税源信息和纳税申报信息逻辑一致,征管系统将根据各税种税源明细表自动生成财产和行为税纳税申报表,纳税人审核确认后即可完成申报。以电子税务局操作为例,纳税人登录电子税务局,进入财产行为税申报模块后,系统显示纳税人本期应申报的税种。点击税种名称,进入该税种税源信息表进行数据维护。完成全部税种信息采集后,即可依表提交申报。

第四个问题:怎样提供税源信息?

刚刚提到,申报前,纳税人通过填写税源明细表提供纳税申报的基本信息。

每个税种的税源明细表根据该税种的税制特点设计。首次填报后,税源信息没有变化的,确认无变化后直接申报;税源信息有变化的,更新维护数据后再进行申报。例如,7月,某企业要申报2季度城镇土地使用税、房产税,6月购销合同印花税,以及当年的车船税。城镇土地使用税、房产税、车船税税源信息在以前年度已经采集而且没有变化,那么,在7月,该企业只采集印花税税源信息即可。

纳税人可以自由选择维护税源信息的时间,既可以在申报期之前,也可以在申报期内。

发现错填、漏填税源信息时,可以直接修改已填写的税源明细表。例如,纳税人填写了印花税税源明细表,后来发现遗漏了一份应税合同信息,则可直接修改已填写的印花税税源明细表,补充相应合同信息,然后继续申报或更正申报。

资料来源:https://fgk.chinatax.gov.cn/zcfgk/c100018/c5213429/content.html.

项目七即测即评

项目七计算题

项目七参照规范

项目八　特定目的税类计算与申报

知识目标

1. 熟悉车辆购置税、耕地占用税、船舶吨税、烟叶税的纳税人、征税范围和税率、计税依据。
2. 掌握以上税种的纳税申报。
3. 熟悉以上税种的税收优惠。

技能目标

1. 能够明确企业是否属于车辆购置税、耕地占用税、船舶吨税、烟叶税的纳税人,能够将经济业务与征税范围、税率对应。
2. 能够准确计算应纳税额。
3. 能够完成税种的纳税申报。
4. 能够结合企业经济业务判断是否符合税收优惠政策。

素养目标

1. 认识诚信纳税的重要性,培养诚实守信的职业素养。
2. 培养纪律意识、公民意识,承担社会责任感。
3. 将法制精神内化于心,培养税法遵循的自觉性。
4. 基于新时代背景,深刻理解中国特色社会主义国家税收制度,认识到税收在构建"人类命运共同体"中的重要性。
5. 树立持续学习的理念,坚持与时俱进,秉持工匠精神。

导入案例

案例一:

2024 年 12 月甲汽车集团股份有限公司购买了小轿车用于办公,排气量为 2.2 升,支付购车款 226 000 元,取得"机动车销售统一发票",另支付了 7 000 元用于安装倒车影像、升级车内装饰等并取得了 4S 店开具的票据。

要求:

(1) 该企业的以上经济行为是否应该缴纳车辆购置税?

（2）计算应缴纳的车辆购置税。

案例二：

甲汽车集团股份有限公司为建新厂房，需占用部分耕地，经相关部门批准，2024 年 1 月占用耕地 5 000 平方米。当地耕地占用税适用税额为 25 元/平方米。

要求：

（1）该企业的以上经济行为是否应该缴纳耕地占用税？

（2）计算应缴纳的耕地占用税。

思维导图

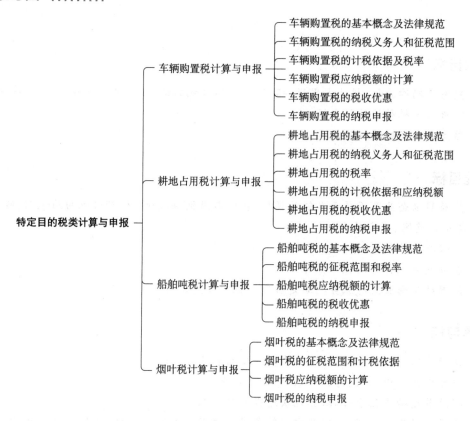

任务一 车辆购置税计算与申报

一、车辆购置税的基本概念及法律规范

车辆购置税是指对在我国境内购置汽车、有轨电车、汽车挂车、排气量超过 150 毫升的摩托车（以下统称应税车辆）的单位和个人征收的一种税。我国现行的车辆购置税法律规范是 2018 年 12 月 29 日第十三届全国人民代表大会常务委员会第七次会议通过，并于 2019 年 7 月 1 日起施行的《中华人民共和国车辆购置税法》。

诚信纳税 车辆购置税的征收，有利于增加财政收入，调节贫富差距。

二、车辆购置税的纳税义务人和征税范围

1. 车辆购置税的纳税义务人

在我国境内购置应税车辆的单位和个人，为车辆购置税的纳税人车辆购置税的纳税义务人。其中购置是指以购买、进口、自产、受赠、获奖或者其他方式取得并自用应税车辆的行为。车辆购置税实行一次性征收。购置已征车辆购置税的车辆，不再征收车辆购置税。

2. 车辆购置税的征税范围

车辆购置税的征税范围包括汽车、有轨电车、汽车挂车、排气量超过 150 毫升的摩托车等列举的车辆，未列举的车辆不征税。

已经办理减税、免税手续的车辆因转让、改变用途等原因不再属于免税、减税范围的，应当缴纳车辆购置税。发生转让行为的，受让人为车辆购置税的纳税人；未发生转让行为的，车辆所有人为纳税人。

提示　车辆购置税应税车辆的范围大于消费税应税车辆的范围。

三、车辆购置税的计税依据及税率

车辆购置税的税率为 10%。

应税车辆的计税价格，按照下列规定确定。

（1）纳税人购买自用应税车辆的计税价格，为纳税人实际支付给销售者的全部价款，不包括增值税税款。

（2）纳税人进口自用应税车辆的计税价格，为关税完税价格加上关税和消费税。

（3）纳税人自产自用应税车辆的计税价格，按照纳税人生产的同类应税车辆的销售价格确定，不包括增值税税款。

（4）纳税人以受赠、获奖或者其他方式取得自用应税车辆的计税价格，按照购置应税车辆时相关凭证载明的价格确定，不包括增值税税款。

（5）纳税人申报的应税车辆计税价格明显偏低，又无正当理由的，由税务机关依照《中华人民共和国税收征收管理法》的规定核定其应纳税额。

（6）纳税人以外汇结算应税车辆价款的，按照申报纳税之日的人民币汇率中间价折合成人民币计算缴纳税款。

四、车辆购置税应纳税额的计算

$$车辆购置税的应纳税额＝应税车辆的计税价格×税率$$

五、车辆购置税的税收优惠

下列车辆减免征车辆购置税。

（1）依照法律规定应当予以免税的外国驻华使馆、领事馆和国际组织驻华机构及有关人员自用的车辆。

（2）中国人民解放军和中国人民武装警察部队列入装备订货计划的车辆。

（3）悬挂应急救援专用号牌的国家综合性消防救援车辆。

（4）设有固定装置的非运输专用作业车辆。

（5）城市公交企业购置的公共汽电车辆。

（6）回国服务的在外留学人员用现汇购买 1 辆个人自用国产小汽车和长期来华定居专家进口 1 辆自用小汽车免征车辆购置税。

（7）防汛部门和森林消防部门用于指挥、检查、调度、报汛（警）、联络的由指定厂家生产的设有固定装置的指定型号的车辆免征车辆购置税。

（8）中国妇女发展基金会"母亲健康快车"项目的流动医疗车免征车辆购置税。

（9）原公安现役部队和原武警黄金、森林、水电部队改制后换发地方机动车牌证的车辆（公安消防、武警森林部队执行灭火救援任务的车辆除外），一次性免征车辆购置税。

（10）为支持新能源汽车产业发展，促进汽车消费，新能源汽车车辆购置税减免政策如下。

① 对购置日期在 2024 年 1 月 1 日至 2025 年 12 月 31 日期间的新能源汽车免征车辆购置税，其中，每辆新能源乘用车免税额不超过 3 万元；对购置日期在 2026 年 1 月 1 日至 2027 年 12 月 31 日期间的新能源汽车减半征收车辆购置税，其中，每辆新能源乘用车减税额不超过 1.5 万元。

为加强和规范管理，工业和信息化部、国家税务总局通过发布减免车辆购置税的新能源汽车车型目录对享受减免车辆购置税的新能源汽车车型实施管理。该目录发布后，购置列入该目录的新能源汽车可按规定享受车辆购置税减免政策。

② 销售方销售"换电模式"新能源汽车时，不含动力电池的新能源汽车与动力电池分别核算销售额并分别开具发票的，依据购车人购置不含动力电池的新能源汽车取得的机动车销售统一发票载明的不含税价作为车辆购置税计税价格。

> **诚信纳税** 对新能源汽车车辆购置税的税收优惠政策，可以促进汽车行业降碳减排，助力实现"双碳"目标，释放绿色消费潜力。

根据国民经济和社会发展的需要，国务院可以规定减征或者其他免征车辆购置税的情形，报全国人民代表大会常务委员会备案。

技能提升

本项目导入案例一，解析如下。

问题（1）：

甲汽车集团股份有限公司购买了应税车辆，应缴纳车辆购置税。

问题（2）：

$$应税车辆的计税价格 = 226\,000 \div (1 + 13\%) = 200\,000(元)$$
$$车辆购置税的应纳税额 = 200\,000 \times 10\% = 20\,000(元)$$

六、车辆购置税的纳税申报

1. 纳税义务发生的时间

购买自用应税车辆的为购买之日，即车辆相关价格凭证的开具日期；进口自用应税车辆的为进口之日，即海关进口增值税专用缴款书或者其他有效凭证的开具日期；自产、受赠、获奖或者以其他方式取得并自用应税车辆的为取得之日，即合同、法律文书或者其他有效凭证的生效或者开具日期。

2. 纳税期限

纳税人应当自纳税义务发生之日起 60 日内申报缴纳车辆购置税。纳税人应当在向公安机关交通管理部门办理车辆注册登记前，缴纳车辆购置税。

公安机关交通管理部门办理车辆注册登记，应当根据税务机关提供的应税车辆完税或者免税电子信息对纳税人申请登记的车辆信息进行核对，核对无误后依法办理车辆注册登记。

3. 纳税地点

纳税人购置应税车辆，应当向车辆登记地的主管税务机关申报缴纳车辆购置税；购置不需要办理车辆登记的应税车辆的，应当向纳税人所在地的主管税务机关申报缴纳车辆购置税。

4. 补缴和退还

免税、减税车辆因转让、改变用途等原因不再属于免税、减税范围的，纳税人应当在办理车辆转移登记或者变更登记前缴纳车辆购置税。计税价格以免税、减税车辆初次办理纳税申报时确定的计税价格为基准，每满一年扣减 10%。

纳税人将已征车辆购置税的车辆退回车辆生产企业或者销售企业的，可以向主管税务机关申请退还车辆购置税。退税额以已缴税款为基准，自缴纳税款之日至申请退税之日，每满一年扣减 10%。

5. 纳税申报

纳税人办理纳税申报时应当如实填报车辆购置税纳税申报表，同时提供车辆合格证明和车辆相关价格凭证。纳税人办理免税、减税时，除了提供以上资料，还应提供免税、减税的相应证明文件的原件、复印件。

纳税人办理退税的，应填报车辆购置税退税申请表。

 税费申报

本项目导入案例一的车辆购置税应在购买后，向车辆登记地的主管税务机关申报。

任务二　耕地占用税计算与申报

一、耕地占用税的基本概念及法律规范

耕地占用税是对占用耕地建房或从事其他非农业建设的单位和个人征收的一种税，目的是合理利用土地资源，加强土地管理，保护耕地。我国现行的法律规范是 2018 年 12 月 29 日第十三届全国人民代表大会常务委员会第七次会议通过的《中华人民共和国耕地占用税法》，由 2019 年 9 月 1 日起正式实施。

诚信纳税　《中华人民共和国耕地占用税法》的实施，可以强化土地利用的管理，建立科学的土地利用制度，保护农地资源，促进可持续发展。

二、耕地占用税的纳税义务人和征税范围

(一) 纳税义务人

在我国境内占用耕地建设建筑物、构筑物或者从事非农业建设的单位和个人,为耕地占用税的纳税义务人。占用耕地建设农田水利设施的,不缴纳耕地占用税。

经申请批准占用应税土地的,纳税人为农用地转用审批文件中标明的建设用地人;农用地转用审批文件中未标明建设用地人的,纳税人为用地申请人。

未经批准占用应税土地的,纳税人为实际用地人。

城市和村庄、集镇建设用地审批中,按土地利用年度计划分批次批准的农用地转用审批,批准文件中未标明建设用地人且用地申请人为各级人民政府的,由同级土地储备中心、国土资源管理部门或政府委托的其他部门履行耕地占用税申报纳税义务。

(二) 征税范围

耕地占用税的征税范围包括纳税义务人占用耕地建设建筑物、构筑物或者从事非农业建设的国家所有和集体所有的耕地。耕地是指用于种植农作物的土地。

1. 属于耕地占用税征税范围的土地(以下简称应税土地)

(1) 耕地,指用于种植农作物的土地。

(2) 园地,指果园、茶园、其他园地。

(3) 林地、牧草地、农田水利用地、养殖水面以及渔业水域滩涂等其他农用地。

① 林地,包括有林地、灌木林地、疏林地、未成林地、迹地、苗圃等,不包括居民点内部的绿化林木用地,铁路、公路征地范围内的林木用地,以及河流、沟渠的护堤林用地。

② 牧草地,包括天然牧草地、人工牧草地。

③ 农田水利用地,包括农田排灌沟渠及相应附属设施用地。

④ 养殖水面,包括人工开挖或者天然形成的用于水产养殖的河流水面、湖泊水面、水库水面、坑塘水面及相应附属设施用地。

⑤ 渔业水域滩涂,包括专门用于种植或者养殖水生动植物的海水潮浸地带和滩地。

(4) 草地、苇田。

① 草地,是指用于农业生产并已由相关行政主管部门发放使用权证的草地。

② 苇田,是指用于种植芦苇并定期进行人工养护管理的苇田。

2. 不征收耕地占用税的占用土地行为

(1) 农田水利占用耕地的。

(2) 建设直接为农业生产服务的生产设施占用林地、牧草地、农田水利用地、养殖水面以及渔业水域滩涂等其他农用地的。

(3) 农村居民经批准搬迁,原宅基地恢复耕种,凡新建住宅占用耕地不超过原宅基地面积的。

三、耕地占用税的税率

1. 耕地占用税的税额

耕地占用税的税额如下。

(1) 人均耕地不超过 1 亩(1 亩＝666.67 平方米)的地区(以县、自治县、不设区的市、市辖区为单位,下同),每平方米为 10～50 元。

(2) 人均耕地超过 1 亩但不超过 2 亩的地区,每平方米为 8～40 元。

(3) 人均耕地超过 2 亩但不超过 3 亩的地区,每平方米为 6～30 元。

(4) 人均耕地超过 3 亩的地区,每平方米为 5～25 元。

各地区耕地占用税的适用税额,由省、自治区、直辖市人民政府根据人均耕地面积和经济发展等情况,在前款规定的税额幅度内提出,报同级人民代表大会常务委员会决定,并报全国人民代表大会常务委员会和国务院备案。各省、自治区、直辖市耕地占用税适用税额的平均水平,不得低于本法所附各省、自治区、直辖市耕地占用税平均税额表规定的平均税额。

各省、自治区、直辖市耕地占用税平均税额如表 8-1 所示。

表 8-1　各省、自治区、直辖市耕地占用税平均税额表

省、自治区、直辖市	平均税额/(元/平方米)
上海	45
北京	40
天津	35
江苏、浙江、福建、广东	30
辽宁、湖北、湖南	25
河北、安徽、江西、山东、河南、重庆、四川	22.5
广西、海南、贵州、云南、陕西	20
山西、吉林、黑龙江	17.5
内蒙古、西藏、甘肃、青海、宁夏、新疆	12.5

2. 耕地占用税的加征

在人均耕地低于 0.5 亩的地区,省、自治区、直辖市可以根据当地经济发展情况,适当提高耕地占用税的适用税额,但提高的部分不得超过适用税额的 50%。

占用基本农田的,应当加按 150% 征收。

四、耕地占用税的计税依据和应纳税额

1. 计税依据

耕地占用税以纳税人实际占用的耕地面积为计税依据,按照规定的适用税额一次性征收。

纳税人临时占用应税土地,应当缴纳耕地占用税。临时占用应税土地是指纳税人因建设项目施工、地质勘查等需要,在一般不超过 2 年内临时使用应税土地并且没有修建永久性建筑物的行为。

因污染、取土、采矿塌陷等损毁应税土地的,由造成损毁的单位或者个人应缴纳耕地占用税。

2. 应纳税额的计算

应纳税额为纳税人实际占用的耕地面积(平方米)乘以适用税额。

诚信纳税　绿色是高质量发展的底色,党的二十大报告强调,倡导绿色消费,推动形成绿色低碳的生产方式和生活方式。现如今,我国已构建起以环境保护税为主体,以资源税、耕地

占用税为重点,以车船税、车辆购置税、增值税、消费税、企业所得税等税种为辅助,涵盖资源开采、生产、流通、消费、排放五大环节八个税种的生态税收体系。

五、耕地占用税的税收优惠

1. 免征耕地占用税

(1)军事设施占用应税土地免征耕地占用税。免税的军事设施具体范围包括:地上、地下的军事指挥、作战工程;军用机场、港口、码头;营区、训练场、试验场;军用洞库、仓库;军用通信、侦察、导航、观测台站和测量、导航、助航标志;军用公路、铁路专用线,军用通信、输电线路,军用输油、输水管道;其他直接用于军事用途的设施。

(2)学校、幼儿园、养老院、医院占用应税土地免征耕地占用税。

① 免税的学校,具体范围包括县级以上人民政府教育行政部门批准成立的大学、中学、小学、学历性职业教育学校以及特殊教育学校。由国务院人力资源社会保障行政部门,省、自治区、直辖市人民政府或人力资源社会保障行政部门批准成立的技工院校。学校内经营性场所和教职工住房占用应税土地的,按照当地适用税额缴纳耕地占用税。

② 免税的幼儿园,具体范围限于县级以上人民政府教育行政部门登记注册或者备案的幼儿园内专门用于幼儿保育、教育的场所。

③ 免税的养老院,具体范围限于经批准设立的养老机构内专门为老年人提供生活照顾的场所。

④ 免税的医院,具体范围限于县级以上人民政府卫生行政部门批准设立的医院内专门用于提供医护服务的场所及配套设施。医院内职工住房占用应税土地的,按照当地适用税额缴纳耕地占用税。

(3)农村烈士遗属、因公牺牲军人遗属、残疾军人以及符合农村最低生活保障条件的农村居民,在规定用地标准以内新建自用住宅,免征耕地占用税。

2. 减征耕地占用税

(1)铁路线路、公路线路、飞机场跑道、停机坪、港口、航道、水利工程占用耕地,减按2元/平方米的税额征收耕地占用税。

① 减税的铁路线路,具体范围限于铁路路基、桥梁、涵洞、隧道及其按照规定两侧留地。专用铁路和铁路专用线占用应税土地的,按照当地适用税额缴纳耕地占用税。

② 减税的公路线路,具体范围限于经批准建设的国道、省道、县道、乡道和属于农村公路的村道的主体工程以及两侧边沟或者截水沟。专用公路和城区内机动车道占用应税土地的,按照当地适用税额缴纳耕地占用税。

③ 减税的飞机场跑道、停机坪,具体范围限于经批准建设的民用机场专门用于民用航空器起降、滑行、停放的场所。

④ 减税的港口,具体范围限于经批准建设的港口内供船舶进出、停靠以及旅客上下、货物装卸的场所。

⑤ 减税的航道,具体范围限于在江、河、湖泊、港湾等水域内供船舶安全航行的通道。

(2)农村居民在规定用地标准以内占用耕地新建自用住宅,按照当地适用税额减半征收耕地占用税;其中农村居民经批准搬迁,新建自用住宅占用耕地不超过原宅基地面积的部分,免征耕地占用税。

减税的农村居民占用应税土地新建住宅,是指农村居民经批准在户口所在地按照规定标准占用应税土地建设自用住宅。

农村居民经批准搬迁,原宅基地恢复耕种,新建住宅占用应税土地超过原宅基地面积的,对超过部分按照当地适用税额减半征收耕地占用税。

提示 免征或者减征耕地占用税后,纳税人改变原占地用途,不再属于免征或者减征耕地占用税情形的,应当按照当地适用税额补缴耕地占用税。

技能提升

本项目导入案例二解析如下。

问题(1):

甲汽车集团股份有限公司占用耕地,应当缴纳耕地占用税。

问题(2):

$$应纳税额＝5\,000×25＝125\,000(元)$$

六、耕地占用税的纳税申报

1. 纳税义务发生的时间

(1) 耕地占用税的纳税义务发生时间为纳税人收到自然资源主管部门办理占用耕地手续的书面通知的当日。

(2) 未经批准占用应税土地的,耕地占用税纳税义务发生时间为纳税人实际占地的当天。

(3) 已享受减免税的应税土地改变用途,不再属于减免税范围的,耕地占用税纳税义务发生时间为纳税人改变土地用途的当天。

2. 纳税期限

(1) 纳税人应当自纳税义务发生之日起 30 日内申报缴纳耕地占用税。

(2) 未经批准占用应税土地的纳税人,应在实际占地之日起 30 日内申报缴纳耕地占用税。

3. 纳税地点和征收机构

耕地占用税由税务机关负责征收,纳税人应当在耕地所在地申报纳税。

4. 耕地占用税的退还

(1) 纳税人因建设项目施工或者地质勘查时临时占用耕地,应当依照规定缴纳耕地占用税。纳税人在批准临时占用耕地期满之日起 1 年内依法复垦,恢复种植条件的,全额退还已经缴纳耕地占用税。

(2) 因挖损、采矿塌陷、压占、污染等损毁耕地属于税法所称的非农业建设,应依照法律规定缴纳耕地占用税;自自然资源、农业农村等相关部门认定损毁耕地之日起 3 年内依法复垦或修复,恢复种植条件的,应按规定办理退税。

5. 纳税申报和税款缴纳

耕地占用税的纳税人应如实填写耕地占用税纳税申报表,提供农用地转用审批文件,享受耕地占用税优惠的,应提供减免耕地占用税证明材料,未经批准占用应税土地的,应提供实际占地的相关证明材料,并按照条例的有关规定及时缴纳税款。

表 8-2　财产和行为税纳税申报表

纳税人识别号(统一社会信用代码)：□□□□□□□□□□□□□□□□□□

纳税人名称：甲汽车集团股份有限公司

金额单位：人民币元(列至角分)

序号	税　种	税　目	税款所属期起	税款所属期止	计税依据	税　率	应纳税额	减免税额	已缴税额	应补(退)税额
1	耕地占用税	耕地占用税	2024 年 1 月 1 日	2024 年 12 月 31 日	5 000 平方米	25 元/平方米	125 000.00	0	0	0
2										
3										
4										
5										
6										
7										
8										
9										
10										
11	合　计	—	—	—	—	—	125 000.00	0	0	0

声明：此表是根据国家税收法律法规及相关规定填写的,本人(单位)对填报内容(及附带资料)的真实性、可靠性、完整性负责。

纳税人(签章)：

年　月　日

经办人：

经办人身份证号：

代理机构签章：

代理机构统一社会信用代码：

受理人：

受理税务机关(章)：

受理日期：　年　月　日

税费申报

导入案例二纳税申报如下。

1. 进行税源采集

纳税人首次申报资源税时,或相关税源信息发生变化时,应进行财产和行为税税源信息报告。税源信息变更和税源信息注销同样应进行税源信息报告。填报耕地占用税税源明细表。

2. 计算应纳税额

根据之前计算可得,本年应缴纳耕地占用税 125 000 元。

3. 申报

甲汽车集团股份有限公司按照《中华人民共和国耕地占用税法》《中华人民共和国税收征收管理法》的有关规定,及时办理纳税申报,并如实确认财产和行为税纳税申报表(表 8-2)。

完成税源采集及应纳税额的计算后,在纳税系统中进行申报,选择纳税期限,并选择本次申报的税种资源税后,系统中生成财产和行为税纳税申报表。甲汽车集团股份有限公司应按照实际情况确认申报表信息,如涉及减免税事项,还应同时确认财产和行为税减免税明细申报附表信息是否准确,并进行申报提交。

4. 缴纳税款,取得完税凭证

甲汽车集团股份有限公司将财产和行为税纳税申报表和其他佐证材料报送至应税产品开采地或者生产地的税务机关进行审定,并根据审定结果,在规定时间内向代理国库的银行缴纳税款,取得完税凭证。

任务三　船舶吨税计算与申报

一、船舶吨税的基本概念及法律规范

船舶吨税是对自我国境外港口进入境内港口的船舶征收的一种税。我国现行的船舶吨税法律规范是 2017 年 12 月 27 日第十二届全国人民代表大会常务委员会第三十一次会议通过的《中华人民共和国船舶吨税法》,于 2018 年 7 月 1 日起施行,并于 2018 年 10 月 26 日经第十三届全国人民代表大会常务委员会第六次会议修订。

诚信纳税 2013 年 11 月,党的十八届三中全会通过的《中共中央关于全面深化改革若干重大问题的决定》首次提出要"落实税收法定原则"。2015 年 3 月,第十二届全国人民代表大会第三次会议修改了《中华人民共和国立法法》,不仅在第八条中明确规定"税种的设立、税率的确定和税收征收管理等税收基本制度只能制定法律",还对第九条中的授权条款进行了限定,规定"授权的期限不得超过五年"。在党中央"落实税收法定原则"的要求提出后,我国明显加快了税收立法的进程。到目前为止,现行 18 个税种中已经有 12 个制定了法律,其中有 9 部税法是在 2018 年以后颁布的,包括环境保护税、烟叶税、船舶吨税、车辆购置税、耕地占用税、资源税、城市维护建设税、契税和印花税。

二、船舶吨税的征税范围和税率

1. 船舶吨税的征税范围

自我国境外港口进入境内港口的船舶(以下称应税船舶)都应当缴纳船舶吨税(以下简称吨税)。

2. 船舶吨税的税率

吨税设置优惠税率和普通税率。

我国国籍的应税船舶,船籍国(地区)与我国签订含有相互给予船舶税费最惠国待遇条款的条约或者协定的应税船舶,适用优惠税率。其他应税船舶,适用普通税率。

吨税税目税率表如表 8-3 所示。

表 8-3　吨税税目税率表

税目 (按船舶净吨位划分)	税率/(元/净吨)						备　注
	普通税率(按执照期限划分)			优惠税率(按执照期限划分)			
	1 年	90 日	30 日	1 年	90 日	30 日	
不超过 2 000 净吨	12.6	4.2	2.1	9.0	3.0	1.5	① 拖船按照发动机功率每千瓦折合净吨位 0.67 吨。 ② 无法提供净吨位证明文件的游艇,按照发动机功率每千瓦折合净吨位 0.05 吨。 ③ 拖船和非机动驳船分别按相同净吨位船舶税率的 50% 计征税款
超过 2 000 净吨,但不超过 10 000 净吨	24.0	8.0	4.0	17.4	5.8	2.9	
超过 10 000 净吨,但不超过 50 000 净吨	27.6	9.2	4.6	19.8	6.6	3.3	
超过 50 000 净吨	31.8	10.6	5.3	22.8	7.6	3.8	

注:1. 非机动驳船是指在船舶登记机关登记为驳船的非机动船舶。

2. 拖船是指专门用于拖(推)动运输船舶的专业作业船舶。

三、船舶吨税应纳税额的计算

吨税按照船舶净吨位和吨税执照期限征收。净吨位是指由船籍国(地区)政府签发或者授权签发的船舶吨位证明书上标明的净吨位。

应税船舶负责人在每次申报纳税时,可以按照吨税税目税率表选择申领一种期限的吨税执照。

吨税的应纳税额的计算公式为

$$应纳税额 = 船舶净吨位 × 适用税率$$

吨税由海关负责征收。海关征收吨税应当制发缴款凭证。应税船舶负责人缴纳吨税或者提供担保后,海关按照其申领的执照期限填发吨税执照。

应税船舶在进入港口办理入境手续时,应当向海关申报纳税领取吨税执照,或者交验吨税执照(或者申请核验吨税执照电子信息)。应税船舶在离开港口办理出境手续时,应当交验吨税执照(或者申请核验吨税执照电子信息)。

应税船舶负责人申领吨税执照时,应当向海关提供下列文件。

(1) 船舶国籍证书或者海事部门签发的船舶国籍证书收存证明。

(2) 船舶吨位证明。

应税船舶因不可抗力在未设立海关地点停泊的,船舶负责人应当立即向附近海关报告,并在不可抗力原因消除后,依照本法规定向海关申报纳税。

四、船舶吨税的税收优惠

1. 船舶吨税的直接优惠

(1) 应纳税额在人民币 50 元以下的船舶。

(2) 自境外以购买、受赠、继承等方式取得船舶所有权的初次进口到港的空载船舶。

(3) 吨税执照期满后 24 小时内不上下客货的船舶。

(4) 非机动船舶(不包括非机动驳船)。非机动船舶是指自身没有动力装置,依靠外力驱动的船舶。

(5) 捕捞、养殖渔船,捕捞、养殖渔船,是指在我国渔业船舶管理部门登记为捕捞船或者养殖船的船舶。

(6) 避难、防疫隔离、修理、改造、终止运营或者拆解,并不上下客货的船舶。

(7) 军队、武装警察部队专用或者征用的船舶。

(8) 警用船舶。

(9) 依照法律规定应当予以免税的外国驻华使领馆、国际组织驻华代表机构及其有关人员的船舶。

(10) 国务院规定的其他船舶。

以上免税规定,由国务院报全国人民代表大会常务委员会备案。

2. 船舶吨税的延期优惠

在吨税执照期限内,应税船舶发生下列情形之一的,海关按照实际发生的天数批准延长吨税执照期限。

(1) 避难、防疫隔离、修理、改造,并不上下客货。

(2) 军队、武装警察部队征用。

符合直接优惠条件第(5)项至第(9)项及延期优惠规定的船舶,应当提供海事部门、渔业船舶管理部门或者出入境检验检疫部门等部门、机构出具的具有法律效力的证明文件或者使用关系证明文件,申明免税或者延长吨税执照期限的依据和理由。

【例 8-1】　有一艘泰国籍净吨位为 8 000 净吨的货轮,停靠在我国天津新港港口装卸货物。货轮的负责人已经向我国海关领取了吨位执照,在港口停留 90 天,泰国已与我国签订含有相互给予船舶税费最惠国待遇条款的条约。

(1) 该货轮是否应当缴纳船舶吨税?

(2) 计算该货轮应缴纳的船舶吨税。

解:(1) 该货轮自我国境外港口进入境内港口,应当缴纳船舶吨税。

(2) 应纳税额＝8 000×5.8＝46 400(元)

五、船舶吨税的纳税申报

1. 纳税义务发生的时间

吨税纳税义务发生的时间为应税船舶进入港口的当日。应税船舶在吨税执照期满后尚未离开港口的,应当申领新的吨税执照,自上一次执照期满的次日起续缴吨税。

2. 纳税期限

应税船舶负责人应当自海关填发吨税缴款凭证之日起 15 日内缴清税款。未按期缴清税款的,自滞纳税款之日起至缴清税款之日止,按日加收滞纳税款万分之五的税款滞纳金。

3. 纳税申报

应税船舶到达港口前,经海关核准先行申报并办结出入境手续的,应税船舶负责人应当向海关提供与其依法履行吨税缴纳义务相适应的担保;应税船舶到达港口后,依照本法规定向海关申报纳税。

下列财产、权利可以用于担保。

(1)人民币、可自由兑换货币。

(2)汇票、本票、支票、债券、存单。

(3)银行、非银行金融机构的保函。

(4)海关依法认可的其他财产、权利。

应税船舶在吨税执照期限内,因修理、改造导致净吨位变化的,吨税执照继续有效。应税船舶办理出入境手续时,应当提供船舶经过修理、改造的证明文件。

应税船舶在吨税执照期限内,因税目税率调整或者船籍改变而导致适用税率变化的,吨税执照继续有效。因船籍改变而导致适用税率变化的,应税船舶在办理出入境手续时,应当提供船籍改变的证明文件。

4. 税款的补征与罚金

(1)吨税执照在期满前毁损或者遗失的,应当向原发照海关书面申请核发吨税执照副本,不再补税。

(2)海关发现少征或者漏征税款的,应当自应税船舶应当缴纳税款之日起一年内,补征税款。但因应税船舶违反规定造成少征或者漏征税款的,海关可以自应当缴纳税款之日起 3 年内追征税款,并自应当缴纳税款之日起按日加征少征或者漏征税款万分之五的税款滞纳金。

海关发现多征税款的,应当在 24 小时内通知应税船舶办理退还手续,并加算银行同期活期存款利息。

(3)应税船舶发现多缴税款的,可以自缴纳税款之日起 3 年内以书面形式要求海关退还多缴的税款并加算银行同期活期存款利息;海关应当自受理退税申请之日起 30 日内查实并通知应税船舶办理退还手续。

应税船舶应当自收到通知之日起 3 个月内办理有关退还手续。

(4)应税船舶有下列行为之一的,由海关责令限期改正,处 2 000 元以上 30 000 元以下的罚款;不缴或者少缴应纳税款的,处不缴或者少缴税款 50% 以上 5 倍以下的罚款,但罚款不得低于 2 000 元。

① 未按照规定申报纳税、领取吨税执照。

② 未按照规定交验吨税执照(或者申请核验吨税执照电子信息)以及提供其他证明文件。

诚信纳税 《职业道德守则》倡导,涉税服务人员应加强道德引领,诚信守法、廉洁从业。

税费申报

例 8-1 中,该泰国籍货轮应在船舶抵达我国境内港口当日向海关申报船舶吨税,并在收到吨税缴款凭证之日起 15 日内缴清税款。该泰国籍货轮也可在入境之前先行申报,经我国海关核准,同时货轮负责人提供相应担保,待货轮到达我国境内港口时再缴纳船舶吨税。缴纳船舶吨税后,海关按照其缴纳的期限填发对应期限的吨税执照。

任务四　烟叶税计算与申报

一、烟叶税的基本概念及法律规范

烟叶税是向依照《中华人民共和国烟草专卖法》的规定收购烟叶的单位征收的税。我国现行的法律规范是 2017 年 12 月 27 日第十二届全国人民代表大会常务委员会第三十一次会议通过的《中华人民共和国烟叶税法》,自2018 年 7 月 1 日起施行。

链接:烟叶税
申报

二、烟叶税的征税范围和计税依据

1. 烟叶税的纳税义务人

在我国境内,依照《中华人民共和国烟草专卖法》的规定收购烟叶的单位为烟叶税的纳税义务人。

诚信纳税 烟叶税是随着中华人民共和国的成立和发展而逐步成熟的,1958 年我国颁布实施了《中华人民共和国农业税条例》。2005 年 12 月 29 日,第十届全国人民代表大会常务委员会第十九次会议决定,《中华人民共和国农业税条例》自 2006 年 1 月 1 日起废止。

2. 烟叶税的征税范围

烟叶税的征税范围包括烤烟叶、晾晒烟叶。

3. 烟叶税的计税依据

烟叶税的计税依据为纳税人收购烟叶实际支付的价款总额。

三、烟叶税应纳税额的计算

1. 烟叶税的税率

烟叶税的税率为 20%。

2. 烟叶税应纳税额的计算

烟叶税的应纳税额＝收购烟叶实际支付的价款总额×20%

纳税人收购烟叶实际支付的价款总额包括纳税人支付的烟叶收购价款和价外补贴。其中价外补贴按烟叶收购价款的10%计算。

$$实际支付的价款总额=收购价款×(1+10\%)$$

【例8-2】 某烟草公司2025年8月支付烟叶收购价款90万元。该烟草公司8月收购烟叶应纳税额为多少?

解: 应纳税额=烟叶收购价款总额×20%=90×(1+10%)×20%=19.8(万元)

四、烟叶税的纳税申报

1. 纳税义务发生的时间

烟叶税的纳税义务发生的时间为纳税人收购烟叶的当日。

2. 纳税地点

纳税人应当向烟叶收购地的主管税务机关申报缴纳烟叶税。

3. 纳税期限

烟叶税按月计征,纳税人应当于纳税义务发生月终了之日起15日内申报并缴纳税款。

4. 纳税申报

纳税人申报烟叶税,应当填写财产和行为税纳税申报表。

税费申报

例8-2中,该烟草公司2025年8月应进行烟叶税纳税申报。

1. 进行税源采集

纳税人首次申报资源税时,或相关税源信息发生变化时,应进行财产和行为税税源信息报告。税源信息变更和税源信息注销同样应进行税源信息报告。填报烟叶税税源明细表。

2. 计算应纳税额

根据之前计算可得,2025年8月应缴纳烟叶税19.8万元,其中计税依据为99万元[90×(1+10%)],税率为20%。

3. 申报

某烟草公司按照《中华人民共和国烟叶税法》《中华人民共和国税收征收管理法》的有关规定,及时办理纳税申报,并如实确认财产和行为税纳税申报表(表8-4)。

完成税源采集及应纳税额的计算后,在纳税系统中进行申报,选择纳税期限,并选择本次申报的税种资源税后,系统中生成财产和行为税纳税申报表。某烟草公司应按照实际情况确认申报表信息,并进行申报提交。

4. 缴纳税款,取得完税凭证

某烟草公司将财产和行为税纳税申报表和其他佐证材料报送至烟叶收购地的主管税务机关进行审定,并根据审定结果,在规定时间内向代理国库的银行缴纳税款,取得完税凭证。

素养课堂

引导绿色消费、推动技术研发,绿色税收体系助力生产生活向"绿"而行

2023年6月,财政部、国家税务总局、工业和信息化部发布《关于延续和优化新能源汽车车

表 8-4　财产和行为税纳税申报表

纳税人识别号(统一社会信用代码)：□□□□□□□□□□□□□□□□□□
纳税人名称：某烟草公司

金额单位：人民币元(列至角分)

序号	税　种	税　目	税款所属期起	税款所属期止	计税依据	税率	应纳税额	减免税额	已缴税额	应补(退)税额
1	烟叶税	烟叶税	2025 年 8 月 1 日	2025 年 8 月 31 日	990 000.00	0.20	198 000.00	0	0	0
2										
3										
4										
5										
6										
7										
8										
9										
10										
11	合　计	—	—	—		—	198 000.00	0	0	0

声明：此表是根据国家税收法律法规及相关规定填写的，本人(单位)对填报内容(及附带资料)的真实性、可靠性、完整性负责。

纳税人(签章)：

经办人： 经办人身份证号： 代理机构签章： 代理机构统一社会信用代码：	受理人： 受理税务机关(章)： 受理日期：　　年　　月　　日

　　　　　　　　　　　　　　　　　　　　　　　　　年　月　日

辆购置税减免政策的公告》，明确了未来4年新能源汽车车辆购置税优惠政策。

"购买新能源汽车有车辆购置税优惠，能帮我省下一笔钱，减轻购车负担，我也可以挑选更心仪的车型了。"广东省深圳市市民夏娇娇说。

"新能源汽车车辆购置税减免政策的延续和优化，有利于引导消费者绿色消费，也有利于推动企业坚持技术研发，实现产品结构优化升级，促进行业健康发展。"比亚迪集团税务总监钱扬俊说。

新能源汽车是全球汽车产业转型升级、绿色发展的重要方向。为助力新能源汽车产业高质量发展，我国逐步健全税收政策支持体系，大力度优惠效果持续显现。数据显示，2012年1月至2023年6月，共减免新能源汽车车船税超100亿元，其中2023年上半年达8.6亿元，同比增长41.2%；2014年9月至2023年6月，共免征新能源汽车车辆购置税超2600亿元，其中2023年上半年达491.7亿元，同比增长44.1%。

既算经济账也算环保账。在相关政策引导带动下，传统产业加快转型升级，新兴产业发展态势良好，助力走上绿色发展之路。

山西省晋城市矿产资源丰富，过去粗放的发展方式带来了植被破坏、地面塌陷、水土污染等一系列生态环境问题，不仅影响群众的生活质量，也制约了经济社会可持续发展。

"近年来，绿色税收制度等的逐步完善，倒逼高污染、高耗能企业转型升级，推动全市经济结构调整和发展方式转变，让天更蓝、水更绿、土更净，群众的生活环境得到进一步改善。"晋城市税务局党委书记、局长李峰说，今年上半年，晋城市工业战略性新兴产业增加值同比增长31%，其中节能环保产业同比增长53%。全市环境保护税税款由2018年开征之初的9809万元，下降至2022年的4506万元，降幅达54.06%，年均降幅13.52%。

增值税发票数据显示，2019—2022年，包括风力发电、太阳能发电、水力发电、核能发电在内的清洁能源发电销售收入占电力生产业销售收入的比重，从31.2%提升至34.4%；新能源整车、光伏设备、锂离子电池等重要绿色产品制造行业销售收入年均增速均在40%以上；新能源、节能、环保等绿色技术服务业销售收入年均分别增长79.4%、34.9%和30.9%。

"目前，我国绿色税收制度体系'四梁八柱'基本形成，覆盖了经营主体开发、生产、消费、排放全流程，为推进绿色发展提供了有效支持。"西南政法大学副教授王婷婷认为，今后应继续完善绿色税收体系，丰富税收激励约束措施，鼓励实施农业绿色发展、绿色交通、绿色建筑、支持双碳经济等领域的税收优惠政策，通过将高耗能、高污染的产品纳入消费税征税范围，按照污染者付费和补偿成本并合理盈利的原则，将污水处理费、固体废物处理费、水价、电价、天然气价格等收费政策向环保企业倾斜，创造有利于环保投资、营运的税费政策环境。同时，积极运用区块链等技术加强对污染源、碳足迹的精准追溯，搭建统一涉税信息共享平台，强化相关部门提供绿色税收信息义务，加强税收征管的科学性和效率性。

资料来源：https://www.chinatax.gov.cn/chinatax/n810219/n810780/c5210978/content.html.

项目八即测即评

项目八计算题

项目八参照规范

◗ **知识目标** ┈┈┈┈┈

1. 熟悉企业所得税的基本要素和税收优惠政策。
2. 掌握资产税务处理的规定。
3. 掌握企业所得税应纳税额计算的原理。

链接：年度企业
所得税汇算

◗ **技能目标** ┈┈┈┈┈

1. 能够完成企业所得税应纳税所得额的计算。
2. 能够完成企业所得税应纳税额的计算。
3. 能够完成企业所得税纳税申报表的填列。

◗ **素养目标** ┈┈┈┈┈

1. 通过学习企业所得税，理解税收政策对于国家发展的重要性，培养爱国情怀和社会责任感。
2. 通过学习企业所得税的计算与申报，认识到诚信纳税的重要性，培养诚实守信的职业素养。
3. 通过学习企业所得税税收优惠相关内容，思考个人和企业在不同阶段应承担的社会责任。

◗ **导入案例** ┈┈┈┈┈

企业名称：甲汽车集团股份有限公司。

纳税人身份：居民企业纳税人。

登记注册类型：股份有限公司。

甲汽车集团股份有限公司是一家位于市区的汽车生产企业，生产 A 型燃料汽车和 B 型燃料汽车及纯电动汽车，甲公司为增值税一般纳税人。

甲汽车集团股份有限公司 2024 年有关资料如下。

(1) 全年实现销售(营业收入)35 000 万元，其他收入包括国债利息收入 200 万元；居民企业之间的股息、红利等权益性投资收益 340 万元。

(2) 全年发生相关的成本合计为 15 925 万元，财务费用 280 万元，销售费用 560 万元，管理费用 1 235 万元，合计成本费用 18 000 万元，全年已纳消费税 1 300 万元，可在企业所得税前扣除的其他税种已纳税费为 2 625.88 万元。

(3) 成本费用中，全年职工工资、薪金支出总额为 5 700 万元，工会经费为 120 万元、职工福利费 950 万元、职工教育经费支出 600 万元,为本企业全体员工支付的补充养老保险费 305 万元。

（4）成本费用中,全年共发生业务招待费支出为 3 000 万元。

（5）成本费用中,全年广告费和业务宣传费支出为 6 000 万元。

（6）成本费用中,甲公司向乙企业借款 2 000 万元,利率为 10%,已知银行同期同类贷款利率为 6.5%。

（7）成本费用中,甲公司通过公益性社会团体或者县级以上人民政府及其部门向地震灾区捐款 1 000 万元。

（8）成本费用中,甲公司开发新技术、新产品、新工艺发生的研究开发费用为 800 万元。

（9）成本费用中,甲公司被税务机关处以的滞纳金、其他各类罚款共计 150 万元。

（10）成本费用中,各类赞助支出合计 350 万元。

（11）甲公司当年购置并实际使用安全生产专用设备企业所得税优惠目录规定的安全生产等专用设备一台,购入价款 280 万元。

（12）当年需弥补以前年度亏损共 420 万元。

（13）甲公司 2023 年已预缴企业所得税 3 200 万元。

要求:分别用直接法和间接法计算甲汽车集团股份有限公司 2024 年应纳企业所得税税额。

▌思维导图 ▪▪▪▪▪▪▪▪

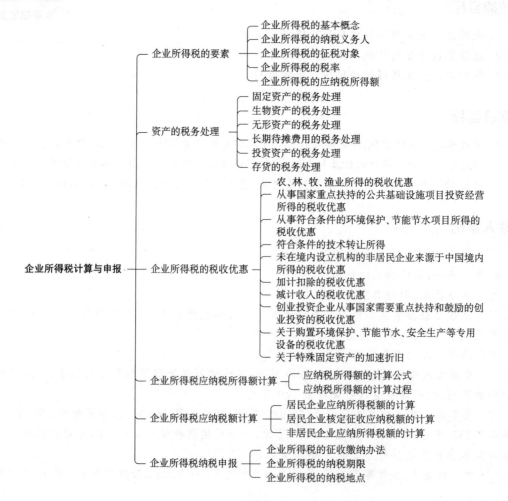

任务一　企业所得税的要素

一、企业所得税的基本概念

企业所得税是国家对在我国境内的企业和其他有收入的组织就其生产经营所得和其他所得依法征收的一种税。我国现行企业所得税法的基本规范是自 2008 年 1 月 1 日起实行的《中华人民共和国企业所得税法》。

二、企业所得税的纳税义务人

在我国境内的企业和其他取得收入的组织（以下统称企业）为企业所得税的纳税人。企业的具体形式包括有限责任公司和股份有限公司、企事业单位、社会团体、民办非企业单位、基金会、外国商会、农民专业合作社以及取得收入的其他组织。

不适用新税法的企业形式：个人独资企业和合伙企业。个人独资企业由企业主缴纳个人所得税，合伙企业由合伙人分别缴纳个人所得税。

根据登记注册地标准和实际管理机构标准，企业所得税的纳税人分为居民企业和非居民企业两种。

1. 居民企业

居民企业是指依法在中国境内成立，或者依照外国（地区）法律成立但实际管理机构在中国境内的企业。实际管理机构是指对企业的生产经营、人员、账务、财产等实施实质性全面管理和控制的机构。居民企业承担无限纳税义务，即来源于我国境内、外的所得都要向中国政府缴纳所得税。

2. 非居民企业

非居民企业是指依照外国（地区）法律成立且实际管理机构不在中国境内，但在中国境内设立机构、场所的，或者在中国境内未设立机构、场所，但有来源于中国境内所得的企业。非居民企业承担有限纳税义务，即中国境内的所得向中国政府缴纳所得税。

诚信纳税　法治精神是现代社会的基石，它要求每个公民、法人和其他组织都必须遵守国家的法律、法规，依法行使权利、履行义务。在企业所得税的缴纳方面，纳税人作为税收法律关系的主体，必须严格遵守税法的规定，按期足额缴纳税款。这不仅是法律的要求，也是企业作为社会公民应尽的责任和义务。企业所得税的缴纳不仅涉及企业的经济利益，更体现了企业的社会责任感和诚信度。按期足额缴纳企业所得税，是企业诚信经营、合法经营的重要体现，也是企业树立良好社会形象、赢得社会信任的重要途径。

三、企业所得税的征税对象

企业所得税的征税对象是指企业的生产经营所得和其他所得。具体如下。

1. 居民企业的征税对象

居民企业应当就其来源于中国境内、境外的所得缴纳企业所得税。

生产经营所得是指企业从事物质生产、商品流通、交通运输、劳动服务和其他营利事业取得的境内外所得。

其他所得包括财产转让所得、股息红利等权益性投资所得，以及利息所得、租金所得、特许权使用费所得、接受捐赠所得和其他所得。

2. 非居民企业的征税对象

非居民企业在中国境内设立机构、场所的，应当就其所设机构、场所取得的来源于中国境内的所得，以及发生在中国境外但与其所设机构、场所有实际联系的所得，缴纳企业所得税；非居民企业在中国境内未设立机构、场所的，或者虽设立机构、场所但取得的所得与其所设机构、场所没有实际联系的，应当就其来源于中国境内的所得缴纳企业所得税。

四、企业所得税的税率

（一）基本税率

基本税率为 25%，适用于居民企业和在中国境内设立机构、场所且取得的所得与所设机构场所有实际联系的非居民企业。

（二）优惠税率

企业所得税设置了两档优惠税率。

诚信纳税 企业所得税优惠税率的设定和执行都是基于国家法律、法规的规定。企业只有在符合法律、法规的要求下，才能享受到相应的优惠税率。这体现了税收活动中的法治精神，即税收活动必须依法进行，纳税人和税务机关都必须遵守税收法律、法规。

1. 小型微利企业

根据《财政部 税务总局关于进一步实施小微企业所得税优惠政策的公告》（2022 年第 13 号）、《关于小微企业和个体工商户所得税优惠政策的公告》（财政部 税务总局公告 2023 年第 6 号）和《国家税务总局关于落实小型微利企业所得税优惠政策征管问题的公告》（2023 年第 6 号）等政策的规定，自 2023 年 1 月 1 日至 2024 年 12 月 31 日，对小型微利企业年应纳税所得额不超过 300 万元的部分，减按 25% 计入应纳税所得额，按 20% 的税率缴纳企业所得税。

上述小型微利企业是指从事国家非限制和禁止行业，且同时符合年度应纳税所得额不超过 300 万元、从业人数不超过 300 人、资产总额不超过 5 000 万元等三个条件的企业。

提示 应纳税所得额，不等同于会计利润；年度应纳税所得额，是指企业每一纳税年度的收入总额，减除不征税收入、免税收入、各项扣除以及允许弥补的以前年度亏损后的余额。

2. 国家重点扶持的高新技术企业

国家重点扶持的高新技术企业税率减按 15%。国家需要重点扶持的高新技术企业是指拥有核心自主知识产权，并同时符合下列条件的企业。

（1）产品（服务）属于《国家重点支持的高新技术领域》规定的范围。

（2）研究开发费用占销售收入的比例不低于规定比例。

（3）高新技术产品（服务）收入占企业总收入的比例不低于规定比例。

（4）科技人员占企业职工总数的比例不低于规定比例。

（5）高新技术企业认定管理办法规定的其他条件。

诚信纳税　对于高新技术企业、从事污染防治的第三方企业等,给予较低的税率优惠,体现了国家对企业创新和技术进步的鼓励。这种优惠政策有助于激发企业的创新活力,推动企业加大研发投入,提升技术水平,进而推动整个社会的科技进步和经济发展。

（三）低税率

低税率为 20%（优惠后实际征税率为 10%）,适用于在中国境内未设立机构、场所,或者虽然设立场所但取得的所得与该场所没有实际联系的非居民企业。

五、企业所得税的应纳税所得额

企业所得税应纳税额＝应纳税所得额×税率

应纳税所得额是企业所得税征税对象的具体化,是指纳税人每一纳税年度的收入总额减除不征税收入、免税收入、各项扣除以及弥补以前年度亏损后的余额。具体计算过程在任务四中介绍。

任务二　资产的税务处理

资产是由于资本投资而形成的财产,对于资本性支出,以及无形资产受让、开发费用和开办费用,不允许作为成本、费用从纳税人的收入总额中作一次性扣除,而只能采取分次计提折旧或分次摊销的方式予以扣除。

企业的各项资产,包括固定资产、生物资产、无形资产、长期待摊费用、投资资产、存货等,以历史成本为计税基础。企业持有各项资产期间资产增值或者减值,除国务院财政、税务主管部门规定可以确认损益外,不得调整该资产的计税基础。

提示　历史成本是指企业取得该项资产时实际发生的支出。

一、固定资产的税务处理

固定资产是指企业为生产产品、提供劳务、出租或者经营管理而持有的、使用时间超过 12 个月的非货币性资产,包括房屋、建筑物、机器、机械、运输工具以及其他与生产经营活动有关的设备、器具、工具等。

1. 固定资产的计税基础

（1）外购的固定资产以购买价款和支付的相关税费以及直接归属于使该资产达预定用途发生的其他支出为计税基础。

（2）自行建造的固定资产,以竣工结算前发生的支出为计税基础。

（3）融资租入的固定资产,以租赁合同约定的付款总额和承租人在签订租赁合同过程中发生的相关费用为计税基础;租赁合同未约定付款总额的,以该资产的公允价值和承租人在签订租赁合同过程中发生的相关费用为计税基础。

（4）盘盈的固定资产,以同类固定资产的重置完全价值为计税基础。

（5）通过捐赠、投资、非货币性资产交换、债务重组等方式取得的固定资产，以该资产的公允价值和支付的相关税费为计税基础。

（6）改建的固定资产，除已足额提取折旧的固定资产的改建支出和租入固定资产的改建支出两项作为长期待摊费用进行摊销外。其余改建支出以改建过程中发生的改建支出增加计税基础，计入原值提取折旧。

2. 固定资产的折旧

固定资产按照直线法计算的折旧，准予扣除。

企业应当自固定资产投入使用月份的次月起计算折旧；停止使用的固定资产，应当自停止使用月份的次月起停止计算折旧。

企业应当根据固定资产的性质和使用情况，合理确定固定资产的预计净残值。固定资产的预计净残值一经确定，不得变更。

（1）根据《中华人民共和国企业所得税法》规定，除国务院财政、税务主管部门另有规定外，固定资产计算折旧的最低年限如下。

① 房屋、建筑物，为 20 年。

② 飞机、火车、轮船、机器、机械和其他生产设备，为 10 年。

③ 与生产经营活动有关的器具、工具、家具等，为 5 年。

④ 飞机、火车、轮船以外的运输工具，为 4 年。

⑤ 电子设备，为 3 年。

（2）下列固定资产不得计算折旧扣除。

① 房屋、建筑物以外未投入使用的固定资产。

② 以经营租赁方式租入的固定资产。

③ 以融资租赁方式租出的固定资产。

④ 已足额提取折旧仍继续使用的固定资产。

⑤ 与经营活动无关的固定资产。

⑥ 单独估价作为固定资产入账的土地。

⑦ 其他不得计算折旧扣除的固定资产。

诚信纳税 固定资产折旧处理是企业财务管理中的一项重要工作，它必须遵循国家法律、法规以及会计准则的规定。这种规范性体现了思政教育中强调的遵纪守法精神，要求企业和财务人员严格按照既定规则进行操作，确保会计信息的真实、准确和完整。同时，折旧处理的严谨性也体现了对细节的关注和对工作的认真态度，这是思政教育中强调的严谨治学、精益求精的精神的体现。

二、生物资产的税务处理

生物资产分为消耗性生物资产、生产性生物资产和公益性生物资产。

只有生产性生物资产按照直线法计算的折旧，准予扣除。企业应当自生产性生物资产投入使用月份的次月起计算折旧。

生产性生物资产是指企业为生产农产品、提供劳务或者出租等而持有的生物资产，包括经济林、薪炭林、产畜和役畜等。

1. 生产性生物资产的计价

（1）外购的生产性生物资产，以购买价款和支付的相关税费为计税基础。

（2）通过捐赠、投资、非货币性资产交换、债务重组等方式取得的生产性生物资产，以该资产的公允价值和支付的相关税费为计税基础。

2. 生产性生物资产的折旧

生产性生物资产按照直线法计算的折旧，准予扣除。

企业应当自生产性生物资产投入使用月份的次月起计算折旧；停止使用的生产性生物资产，应当自停止使用月份的次月起停止计算折旧。

企业应当根据生产性生物资产的性质和使用情况，合理确定生产性生物资产的预计净残值。生产性生物资产的预计净残值一经确定，不得变更。

生产性生物资产计算折旧的最低年限如下。

（1）林木类生产性生物资产，为 10 年。

（2）畜类生产性生物资产，为 3 年。

三、无形资产的税务处理

无形资产是指企业为生产产品、提供劳务、出租或者经营管理而持有的、没有实物形态的非货币性长期资产，包括专利权、商标权、著作权、土地使用权、非专利技术、商誉等。

1. 无形资产的计价

（1）外购的无形资产，以购买价款和支付的相关税费以及直接归属于使该资产达到预定用途发生的其他支出为计税基础。

（2）自行开发的无形资产，以开发过程中该资产符合资本化条件后至达到预定用途前发生的支出为计税基础。

（3）通过捐赠、投资、非货币性资产交换、债务重组等方式取得的无形资产，以该资产的公允价值和支付的相关税费为计税基础。

2. 无形资产的摊销

无形资产按照直线法计算的摊销费用，准予扣除。

无形资产的摊销年限不得低于 10 年。作为投资或者受让的无形资产，有关法律规定或者合同约定了使用年限的，可以按照规定或者约定的使用年限分期摊销。外购商誉的支出，在企业整体转让或者清算时，准予扣除。

诚信纳税 无形资产摊销年限的规定不仅是对企业经济行为的一种约束，更是对社会责任的一种体现。通过设定合理的摊销年限，可以确保企业在享受无形资产带来的经济利益的同时，也能够承担起相应的社会责任。此外，无形资产摊销年限的统一规定也有助于维护市场的公平竞争，防止企业通过不合理的摊销年限来逃避税收或进行其他不正当竞争行为。遵守无形资产摊销年限的规定，是企业诚信经营的重要体现。企业应当如实反映无形资产的价值和摊销情况，不得通过虚报摊销年限等手段来谋取不正当利益。这种诚信经营的态度不仅有助于维护企业的声誉和形象，也是企业道德自律的重要表现。

3. 下列无形资产不得计算摊销费用扣除

（1）自行开发的支出已在计算应纳税所得额时扣除的无形资产。

（2）自创商誉。

（3）与经营活动无关的无形资产。

（4）其他不得计算摊销费用扣除的无形资产。

【例9-1】 坐落在某市区的乙企业，2024年转让一项三年前购买的无形资产的所有权。购买价为70万元，转让收入为80万元，摊销期限为10年。计算转让无形资产应当缴纳的企业所得税税额。

解： 转让过程中应纳的城市维护建设税、教育费附加及地方教育费附加 $=70\times6\%\times(7\%+3\%+2\%)=0.504$（万元）

无形资产的账面成本 $=70-70\div10\times3=49$（万元）

应纳税所得额 $=80-49-0.504=30.496$（万元）

应纳企业所得税税额 $=30.496\times25\%=7.624$（万元）

四、长期待摊费用的税务处理

在计算应纳税所得额时，企业发生的下列支出作为长期待摊费用，按照规定摊销的，准予扣除。

（1）已足额提取折旧的固定资产的改建支出。

（2）租入固定资产的改建支出。

（3）固定资产的大修理支出。

（4）其他应当作为长期待摊费用的支出。

固定资产的改建支出，主要针对房屋、建筑物而言，是指企业改变房屋、建筑物结构、延长使用年限等发生的支出。已足额提取折旧的固定资产的改建支出和租入固定资产的改建产达到支出，这两项固定资产改建支出作为长期待摊费用进行摊销，其余改建支出计入原值提取折旧。已足额提取折旧的固定资产的改建支出，按照固定资产预计尚可使用年限分期摊销。

融资租入固定资产的改建支出，按照合同约定的剩余租赁期限分期摊销。

固定资产的大修理支出，主要针对房屋、建筑物以外的固定资产，是指发生的支出达到取得固定资产的计税基础50%以上；发生修理后固定资产的使用寿命延长2年以上。固定资产的大修理支出一律按摊销处理。固定资产的大修理支出，按照固定资产尚可使用年限分期摊销，其他应当作为长期待摊费用的支出，自支出发生月份的次月起，分期摊销，摊销年限不得低于3年。

五、投资资产的税务处理

投资资产是指企业对外进行权益性投资和债权性投资形成的资产。

企业在转让或者处置投资资产时，投资资产的成本，准予扣除。

投资资产按照以下方法确定成本。

（1）通过支付现金方式取得的投资资产以购买价款为成本。

（2）通过支付现金以外的方式取得的投资资产，以该资产的公允价值和支付的相关税费为成本。

六、存货的税务处理

纳税人的材料、半成品、产成品等存货的计算，应当以实际成本为准。纳税人各项存货的发生和领用,其实际成本的计算方法,可以在先进先出法、加权平均法、个别计价法等方法中任选一种。计价方法一经选用,不得随意变更。确实需要改变计价方法的,应当在下一纳税年度开始前,报经主管税务机关备案。

任务三 企业所得税的税收优惠

一、农、林、牧、渔业所得的税收优惠

1. 企业从事下列项目的所得,免征企业所得税

(1)蔬菜、谷物、薯类、油料、豆类、棉花、麻类、糖料、水果、坚果的种植。

(2)农作物新品种的选育。

(3)中药材的种植,林木的培育和种植。

(4)牲畜、家禽的饲养,林产品的采集。

(5)灌溉、农产品初加工、兽医、农技推广、农机作业和维修等农、林、牧、渔服务业项目。

(6)远洋捕捞。

2. 企业从事下列项目的所得,减半征收企业所得税

(1)花卉、茶以及其他饮料作物和香料作物的种植。

(2)海水养殖、内陆养殖。

注意 企业从事国家限制和禁止发展的项目,不得享受本条规定的企业所得税优惠。

二、从事国家重点扶持的公共基础设施项目投资经营所得的税收优惠

企业从事国家重点扶持的公共基础设施项目的投资经营的所得,自项目取得第一笔生产经营收入所属纳税年度起,第一年至第三年免征企业所得税,第四年至第六年减半征收企业所得税。

企业承包经营、承包建设和内部自建自用本条规定的项目,不得享受本条规定的企业所得税优惠。

提示 国家重点扶持的公共基础设施项目,是指公共基础设施项目企业所得税优惠目录中规定的港口码头、机场、铁路、公路、城市公共交通、电力、水利等项目。

依照规定享受减免税优惠的项目,在减免税期限内转让的,受让方自受让之日起,可以在剩余期限内享受规定的减免税优惠;减免税期限届满后转让的,受让方不得就该项目重复享受减免税优惠。

诚信纳税 企业所得税年限优惠的设定往往针对国家重点扶持和鼓励发展的产业和项目,这体现了国家通过税收政策引导企业承担社会责任,促进产业结构的优化和升级。同时,设定优惠税率也有助于缩小企业间的税负差距,促进税收公平。

三、从事符合条件的环境保护、节能节水项目所得的税收优惠

企业从事符合条件的环境保护、节能节水项目的所得,自项目取得第一笔生产经营收入所

属纳税年度起,第一年至第三年免征企业所得税,第四年至第六年减半征收企业所得税。依照规定享受减免税优惠的项目,在减免税期限内转让的,受让方自受让之日起,可以在剩余期限内享受规定的减免税优惠;减免税期限届满后转让的,受让方不得就该项目重复享受减免税优惠。

提示 符合条件的环境保护、节能节水项目,包括公共污水处理、公共垃圾处理、沼气综合开发利用、节能减排技术改造、海水淡化等。

四、符合条件的技术转让所得

一个纳税年度内,居民企业技术转让所得不超过 500 万元的部分,免征企业所得税;超过500 万元的部分,减半征收企业所得税。

(1) 享受优惠的技术转让主体是《中华人民共和国企业所得税法》规定的居民企业。

(2) 技术转让的范围,包括专利(含国防专利)、计算机软件著作权、集成电路布图设计专有权、植物新品种权、生物医药新品种,以及财政部和国家税务总局确定的其他技术。其中,专利是指法律授予独占权的发明、实用新型以及非简单改变产品图案和形状的外观设计。

(3) 技术转让,是指居民企业转让其拥有上述范围内技术的所有权,5 年以上(含 5 年)全球独占许可使用权。

五、未在境内设立机构的非居民企业来源于中国境内所得的税收优惠

非居民企业在中国境内未设立机构、场所,但从我国取得利息、股息、特许权使用费和其他所得,或者虽设有机构、场所,但上述各项所得与其机构、场所没有实际联系的。税率由 20% 减至 10%。

六、加计扣除的税收优惠

1. 企业开发新技术、新产品、新工艺发生的研究开发费用加计扣除

企业为开发新技术、新产品、新工艺发生的研究开发费用如下。

(1) 未形成无形资产计入当期损益的,在按照规定据实扣除的基础上,按照研究开发费用的 100% 加计扣除,超过当年应纳税所得额的结转以后年度抵扣。

(2) 形成无形资产的,按照无形资产成本的 200% 摊销。

集成电路企业和工业母机企业开展研发活动中实际发生的研发费用,未形成无形资产计入当期损益的,在按规定据实扣除的基础上,在 2023 年 1 月 1 日至 2027 年 12 月 31 日期间,再按照实际发生额的 120% 在税前扣除;形成无形资产的,在上述期间按照无形资产成本的220% 在税前摊销。

2. 企业安置残疾人员及国家鼓励安置的其他就业人员的工资加计扣除

企业安置残疾人员的,在按照支付给残疾职工工资据实扣除的基础上,按照支付给残疾职工工资的 100% 加计扣除。残疾人员的范围适用《中华人民共和国残疾人保障法》的有关规定。企业安置国家鼓励安置的其他就业人员所支付的工资的加计扣除办法,由国务院另行规定。

诚信纳税 在计算企业应纳税所得额时,对研发经费、残疾员工薪酬等项目的加计扣除,体现了税收政策对弱势群体就业的鼓励和保障安排,体现了税收政策关注民生、具备人文关怀。这种政策设计不仅有助于提升企业的社会责任感,还有助于构建和谐的社会关系。

七、减计收入的税收优惠

企业以资源综合利用企业所得税优惠目录中规定的资源作为主要原材料(原材料占生产产品材料的比例不得低于资源综合利用企业所得税优惠目录规定的标准),生产国家非限制和禁止并符合国家和行业相关标准的产品取得的收入,减按90%计入收入总额。

八、创业投资企业从事国家需要重点扶持和鼓励的创业投资的税收优惠

创业投资企业采取股权投资方式投资于未上市的中小高新技术企业2年以上的,可以按照其投资额的70%在股权持有满2年的当年抵扣该创业投资企业的应纳税所得额;当年不足抵扣的,可以在以后纳税年度结转抵扣。

九、关于购置环境保护、节能节水、安全生产等专用设备的税收优惠

企业购置并实际使用环境保护专用设备企业所得税优惠目录、节能节水专用设备企业所得税优惠目录和安全生产专用设备企业所得税优惠目录规定的环境保护、节能节水、安全生产等专用设备的,该专用设备的投资额的10%可以从企业当年的应纳税额中抵免;当年不足抵免的,可以在以后5个纳税年度结转抵免。

注意 享受此项规定的企业,购置上述专用设备在5年内转让、出租的,应当停止享受企业所得税优惠,并补缴已经抵免的企业所得税税款。

十、关于特殊固定资产的加速折旧

由于技术进步,产品更新换代较快的固定资产和常年处于强震动、高腐蚀状态的固定资产,可以采取缩短折旧年限或者采取加速折旧的方法。

采取缩短折旧年限方法的,最低折旧年限不得低于税法规定折旧年限的60%;采取加速折旧方法的,可以采取双倍余额递减法或者年数总和法。

任务四 企业所得税应纳税所得额计算

一、应纳税所得额的计算公式

应纳税所得额是指企业每一纳税年度的收入总额,减除不征税收入、免税收入、各项扣除以及允许弥补的以前年度亏损后的余额。

1. 直接法下计算公式

应纳税所得额＝收入总额－不征税收入－免税收入－各项扣除－允许弥补的以前年度亏损

诚信纳税 企业所得税的计算过程体现了税收的公平性和正义性。通过合理的计税依据和税率设定,企业所得税能够实现对企业所得的公平分配,避免贫富差距的进一步扩大。同时,企业所得税的缴纳也是企业履行社会责任的重要体现,有助于推动社会的和谐稳定与可

持续发展。在企业所得税的计算过程中,企业需要如实申报所得、准确核算成本、合理扣除费用等,这体现了企业的诚信经营态度。企业应当遵循税收法律、法规,不得通过虚报、瞒报等方式逃避税收,这是对企业道德自律的重要考验。诚信经营不仅是企业形象的体现,也是企业长期发展的基石。

2. 间接法下计算公式

$$应纳税所得额＝会计利润＋纳税调整增加额－纳税调整减少额$$

提示 应纳税所得额与会计利润是两个不同的概念,两者既有联系又有区别。应纳税所得额是一个税收概念,是根据《中华人民共和国企业所得税法》按照一定的标准确定的、纳税人在一个时期内的计税所得,即企业所得税的计税依据。而会计利润则是一个会计核算概念,反映的是企业一定时期内生产经营的财务成果。会计利润在企业利润表上反映的是利润总额,它是确定应纳税所得额的基础,但是它不能等同于应纳税所得额。企业按照财务会计制度的规定进行核算得出的会计利润,根据税法规定做相应的调整后,才能作为企业的应纳税所得额。

二、应纳税所得额的计算过程

(一)确定收入总额

企业以货币形式和非货币形式从各种来源取得的收入,即为收入总额,包括以下几种。

(1)销售货物收入,是指企业销售商品、产品、原材料、包装物、低值易耗品以及其他存货取得的收入。

(2)提供劳务收入,是指企业从事建筑安装、修理修配、交通运输、仓储租赁、金融保险、邮电通信、咨询经纪、文化体育、科学研究、技术服务、教育培训、餐饮住宿、中介代理、卫生保健、社区服务、旅游、娱乐、加工以及其他劳务服务活动取得的收入。

(3)转让财产收入,是指企业转让固定资产、生物资产、无形资产、股权、债权等财产取得的收入。

(4)股息、红利等权益性投资收益,是指企业因权益性投资从被投资方取得的收入。

(5)利息收入,是指企业将资金提供他人使用但不构成权益性投资,或者因他人占用本企业资金取得的收入,包括存款利息、贷款利息、债券利息、欠款利息等收入。

(6)租金收入,是指企业提供固定资产、包装物或者其他有形资产的使用权取得的收入。

(7)特许权使用费收入,是指企业提供专利权、非专利技术、商标权、著作权以及其他特许权的使用权取得的收入。

(8)接受捐赠收入,是指企业接受的来自其他企业、组织或者个人无偿给予的货币性资产、非货币性资产。

(9)其他收入,是指企业取得的除《中华人民共和国企业所得税法》规定的上述收入以外的其他收入,包括企业资产溢余收入、逾期未退包装物押金收入、确实无法偿付的应付款项、已做坏账损失处理后又收回的应收款项、债务重组收入、补贴收入、违约金收入、汇兑收益等。

提示 企业以货币形式取得的收入,包括现金、银行存款、应收账款、应收票据、准备持有至到期的债券投资等。

企业以非货币形式取得的收入,包括存货、固定资产、投资性房地产、生物资产、无形资产、股权投资、劳务、未准备持有至到期的债券投资等资产以及债务的豁免等其他权益。

（二）不征税收入

（1）财政拨款，主要是指各级政府对纳入预算管理的事业单位、社会团体等拨付的财政资金。也可以理解为对全额预算拨款单位和差额预算拨款单位的财政拨款。

（2）依法收取并纳入财政管理的行政事业性收费，主要是指根据法律、法规等有关规定，依照国务院规定程序批准，向特定服务对象收取并纳入预算管理的费用。

（3）政府性基金，主要是指根据法律、法规等有关规定，代政府收取的具有专项用途的财政资金。

（4）其他不征税收入。经国务院批准的国务院财政、税务主管部门规定专项用途的财政性资金。

（三）法定免税收入

（1）国债利息收入，是指企业持有国务院财政部门发行的国债取得的利息收入。

（2）符合条件的居民企业之间的股息、红利等权益性投资收益，是指居民企业直接投资于其他居民企业取得的股息、红利等权益性投资收益。

（3）在中国境内设立机构、场所的非居民企业从居民企业取得与该机构、场所有实际联系的股息、红利等权益性投资收益。

注意 不包括连续持有居民企业公开发行并上市流通的股票不足 12 个月取得的投资收益。

（4）符合条件的非营利组织的收入。

诚信纳税 不征税收入的设定旨在实现税收的公平和正义。通过对特定类型收入的免税处理，税收政策能够平衡不同纳税人之间的税负，避免对特定群体或行业造成不公平的税收负担。这种公平和正义的追求，是思政教育中强调的核心价值观之一。

（四）准予扣除项目

企业实际发生的与取得收入有关的、合理的支出，包括成本、费用、税金、损失和其他支出，准予在计算应纳税所得额时扣除。

提示 有关的支出是指与取得收入直接相关的支出。合理的支出是指符合生产经营用的，应当计入当期损益或者有关资产成本的必要和正常的支出。

1. 准予扣除的基本范围

（1）成本，是指企业在生产经营活动中发生的销售成本、销货成本、业务支出以及其他耗费。

（2）费用，是指企业在生产经营活动中发生的销售费用、管理费用和财务费用，已经计入成本的有关费用除外。

（3）税金，是指企业发生的除企业所得税和允许抵扣的增值税以外的各项税金及附加。具体包括企业按规定缴纳的消费税、营业税、城市维护建设税、关税、资源税、土地增值税、房产税、车船税、土地使用税、印花税、教育费附加等产品销售税金及附加。这些已纳税金准予税前扣除。

说明 企业缴纳的增值税因为是价外税，不影响应纳税所得额，因此不能在税前扣除；企业缴纳的房产税、车船税、土地使用税、印花税等，已经计入管理费用中扣除的，不再作为税金单独扣除。

（4）损失，是指企业在生产经营活动中发生的固定资产和存货的盘亏、毁损、报废损失，转让财产损失，呆账损失，坏账损失，自然灾害等不可抗力因素造成的损失以及其他损失。

企业发生的损失，减除责任人赔偿和保险赔款后的余额，依照国务院财政、税务主管部门的规定扣除。企业已经作为损失处理的资产，在以后纳税年度又全部收回或者部分收回时，应当计入当期收入。

（5）其他支出，是指除成本、费用、税金、损失外，企业在生产经营活动中发生的与生产经营活动有关的、合理的支出。

诚信纳税 准予扣除项目的设定在一定程度上体现了税收的公平性原则。通过对企业在生产经营活动中发生的合理支出进行扣除，可以减少企业的应纳税所得额，从而降低企业的税负。这种扣除机制有助于平衡不同企业之间的税负，实现税收的公平性。同时，这也体现了国家对企业合理经营成本的认可和支持，有助于激励企业的积极发展。

2. 扣除项目及标准

（1）工资、薪金支出。工资、薪金支出是指企业每一纳税年度支付给在本企业任职或者受雇的员工的所有现金形式或者非现金形式的劳动报酬，包括基本工资、奖金、津贴、补贴、年终加薪、加班工资，以及与员工任职或者受雇有关的其他支出。

（2）工会经费、职工福利费、职工教育经费支出。工会经费支出、职工福利费支出分别按工资薪金总额的 2%、14% 计算扣除，超过部分不允许扣除；职工教育经费支出不超过工资薪金总额 8% 的部分，准予扣除，超过部分，准予在以后纳税年度结转扣除。

【例 9-2】 某企业本年度工资薪金总额 500 万元，拨缴职工工会经费 12 万元，发生职工福利费 75 万元，发生职工教育经费 15 万元。计算允许扣除额。

解：职工工会经费、职工福利费、职工教育经费分别按工资薪金总额的 2%、14%、5% 计算扣除。

$$允许扣除额＝500＋500×2\%＋500×14\%＋15＝595（万元）$$

注意 职工教育经费支出超过工资薪金总额 2.5% 的部分，当年不能扣除，准予在以后纳税年度扣除。

（3）社会保险费支出。

① 企业依照国务院有关主管部门或者省级人民政府规定的范围和标准为职工缴纳的基本养老保险费、基本医疗保险费、失业保险费、工伤保险费、生育保险费等基本社会保险费和住房公积金（五险一金），准予扣除。

② 为本企业全体员工支付的补充养老保险费、补充医疗保险费，分别在不超过职工工资总额 5% 标准内的部分，在计算应纳税所得额时准予扣除，超过部分不得扣除。

③ 为特殊工种职工支付的人身安全保险费和符合规定商业保险费准予扣除。

④ 企业职工因公出差乘坐交通工具发生的人身意外保险费支出，准予企业在计算应纳税所得额时扣除。

⑤ 企业参加财产保险,按照规定缴纳的保险费,准予扣除。

⑥ 为投资者或者职工支付的商业保险费,不得扣除。

(4) 业务招待费支出。企业发生的与生产经营活动有关的业务招待费支出,按照发生额的60%准予扣除,但最高不得超过当年销售(营业)收入的5‰。

【例9-3】　某企业为居民企业,2024年发生经营业务如下:取得产品销售收入3 000万元;发生管理费用400万元(其中业务招待费30万元)。计算允许扣除的业务招待费。

解:按发生额的60%准予扣除,即30×60%=18(万元)

但不得超过销售收入的5‰,即3 000×5‰=15(万元)

因此,允许扣除的业务招待费为15万元。

(5) 广告费和业务宣传费支出。企业发生的符合条件的广告费和业务宣传费支出,除国务院财政、税务主管部门另有规定外,不超过当年销售(营业)收入15%的部分,准予扣除;超过部分,准予在以后纳税年度结转扣除。

自2021年1月1日起至2025年12月31日止,对化妆品制造或销售、医药制造和饮料制造(不含酒类制造)企业发生的广告费和业务宣传费支出,不超过当年销售(营业)收入30%的部分,准予扣除;超过部分,准予在以后纳税年度结转扣除。

提示　在计算业务招待费、广告费和业务宣传费的扣除限额时,销售(营业)收入包括销售货物收入、让渡资产使用权收入、提供劳务收入、视同销售收入等主营业务收入和其他业务收入,但不包括营业外收入。

烟草企业的烟草广告费和业务宣传费支出,一律不得在计算应纳税所得额时扣除。

(6) 利息费用支出。非金融企业向金融企业借款的利息支出、金融企业的各项存款利息支出和同业拆借利息支出、企业经批准发行债券的利息支出准予扣除。

非金融企业向非金融企业借款的利息支出,不超过按照金融企业同期同类贷款利率计算的数额的部分准予扣除。

(7) 公益性捐赠支出。企业发生的公益性捐赠支出,不超过年度利润总额12%的部分,准予扣除。超过年度利润总额12%的部分,准予结转以后三年内在计算应纳税所得额时扣除。

公益性捐赠,是指企业通过公益性社会团体或者县级以上人民政府及其部门,用于《中华人民共和国公益事业捐赠法》规定的公益事业的捐赠。公益性社会团体,是指同时符合《中华人民共和国企业所得税法实施条例》规定的基金会、慈善组织等社会团体。

年度利润总额,是指企业依照国家统一会计制度的规定计算的年度会计利润。

注意　纳税人直接向受赠人的捐赠不允许扣除。

(8) 汇兑损失。企业在货币交易中,以及纳税年度终了时将人民币以外的货币性资产、负债按照期末即期人民币汇率中间价折算为人民币时产生的汇兑损失,除已经计入有关资产成本以及与向所有者进行利润分配相关的部分外,准予扣除。

(9) 环境保护支出。企业依照法律、行政法规有关规定提取的用于环境保护、生态恢复等方面的专项资金,准予扣除。上述专项资金提取后改变用途的,不得扣除。

(10) 租赁费支出。企业以经营租赁方式租入固定资产发生的租赁费支出,按照租赁期限均匀扣除;以融资租赁方式租入固定资产发生的租赁费支出,按照规定构成融资租入固定资产价值的部分应当提取折旧费用,分期扣除。

(11) 劳动保护支出。企业发生的合理的劳动保护支出,准予扣除。

(12) 借款费用。企业在生产经营活动中发生的合理的不需要资本化的借款费用,准予扣除。

企业为购置、建造固定资产、无形资产和经过 12 个月以上的建造才能达到预定可销售状态的存货发生借款的,在有关资产购置、建造期间发生的合理的借款费用,应当作为资本性支出计入有关资产的成本。

(13) 加计扣除。

① 企业为开发新技术、新产品、新工艺发生的研究开发费用,未形成无形资产计入当期损益的,在按照规定据实扣除的基础上,按照研究开发费用的 100% 加计扣除,超过当年应纳税所得额的结转以后年度抵扣;形成无形资产的,按照无形资产成本的 200% 摊销。

【例 9-4】 某企业 2024 年应纳税所得额 200 万元(未考虑研发费的加计扣除),其中已扣除的"三新"费用为 60 万元。计算该企业 2023 年应纳所得税税额。

解: 企业为开发新技术、新产品、新工艺发生的研究开发费用,未形成无形资产计入当期损益的,在按照规定据实扣除的基础上,按照研究开发费用的 100% 加计扣除。

$$"三新"开发费加计扣除数=60\times100\%=60(万元)$$
$$应纳企业所得税额=(200-60)\times25\%=35(万元)$$

② 企业安置残疾人员的,在按照支付给残疾职工工资据实扣除的基础上,按照支付给残疾职工工资的 100% 加计扣除。残疾人员的范围适用《中华人民共和国残疾人保障法》的有关规定。

(五) 不得扣除项目

按照《中华人民共和国企业所得税法》及有关规定,在计算应纳税所得额时,下列项目不得扣除。

(1) 向投资者支付的股息、红利等权益性投资收益款项。

(2) 滞纳金。纳税人违反税收法规,被税务机关处以的滞纳金,不得扣除。

注意 纳税人逾期归还银行贷款,银行按规定加收的罚息,不属于行政性罚款,允许在税前扣除。

(3) 企业所得税税款。

(4) 罚金、罚款和被没收财物的损失。纳税人的生产、经营因违反国家法律、法规和规章,被有关部门处以的罚款,以及被没收财物的损失,不得扣除。

(5) 超过国家规定允许扣除的公益、救济性捐赠,以及非公益、救济性捐赠支出。

(6) 赞助支出,这里的赞助支出指的是企业发生的与生产经营活动无关的各种非广告性质支出。

(7) 未经核定的准备金支出,指不符合国务院财政、税务主管部门规定的各项资产减值准备、风险准备等准备金支出。

(8) 企业之间支付的管理费、企业内营业机构之间支付的租金和特许权使用费,以及非银行企业内营业机构之间支付的利息,不得扣除。

(9) 与取得收入无关的其他各项支出。

诚信纳税 《中华人民共和国企业所得税法》明确规定了不得扣除的项目,这体现了法治精神在税收领域的贯彻。企业和个人在进行税务处理时,必须严格遵守这些规定,不得随意扣除不符合规定的支出。这种对规则的遵守和尊重,是法治社会的基本要求,也是企业和个人应当具备的基本素质。《中华人民共和国企业所得税法》规定不得扣除的项目中,往往涉及一些与社会责任和公共利益相关的支出。例如,违法经营的罚款和被没收财物的损失,以及不符合税法规定的捐赠支出等,都不能在企业所得税前扣除。这体现了税收政策在维护社会公共利益和推动企业履行社会责任方面的积极作用。

(六) 亏损弥补

《中华人民共和国企业所得税法》规定,纳税人发生年度亏损的,可以用下一纳税年度的应税所得弥补;下一纳税年度的所得不足弥补的,可以逐年延续弥补,但是延续弥补期最长不得超过 5 年。5 年内不论是盈利或亏损,都作为实际弥补期限计算。这里所说的"亏损",是指企业依照《中华人民共和国企业所得税法》和本条例的规定将每一纳税年度的收入总额减除不征税收入、免税收入和各项扣除后小于零的数额。

亏损弥补的含义有两个:一是自亏损年度的下一个年度起连续 5 年不间断地计算;二是连续发生年度亏损,也必须从第一个亏损年度算起,先亏先补,按顺序连续计算亏损弥补期,不得将每个亏损年度的连续弥补期相加,更不得断开计算。

诚信纳税 《中华人民共和国企业所得税法》规定亏损弥补的目的之一是保障企业的持续发展和社会公共利益。通过允许企业在一定年限内用以后年度的所得弥补亏损,可以减轻企业的经济压力,鼓励其积极经营、创造更多价值。这体现了企业作为社会成员应承担的社会责任,以及税收政策在维护公共利益方面的积极作用。亏损弥补的规定体现了税收的公平性和正义性。通过允许企业弥补亏损,可以平衡企业在不同年度间的税负,避免因为特定年度的亏损而给企业带来过大的经济压力。这有助于维护税收的公平性,确保企业在市场竞争中处于相对平等的地位。

技能提升

根据本项目导入案例,采用直接法计算企业所得税。

(1) 全年实现销售(营业收入)35 000 万元,免税收入 200+340=540(万元),应纳税收入=35 000+540-540=35 000(万元)。

(2) 可以扣除成本费用税金项目:

① 可以扣除税金=1 300+2 625.88=3 925.88(万元)。

② 18 000 万元成本费用中,职工工资、薪金支出总额为 5 700 万元可以全额扣除。

③ 18 000 万元成本费用中,工会经费税法扣除标准=5 700×2%=114(万元),实际发生工会经费 120 万元,应扣除 114 万元,不得扣除 120-114=6(万元)。

④ 18 000 万元成本费用中,职工福利费税法扣除标准=5 700×14%=798(万元),实际发生职工福利费 950 万元,应扣除 798 万元,不得扣除 950-798=152(万元)。

⑤ 18 000 万元成本费用中,职工教育经费税法扣除标准=5 700×8%=456(万元),实际发生职工教育经费 600 万元,应扣除 456 万元,当年不得扣除 600-456=144(万元),可以结转以后年度扣除。

⑥ 18 000 万元成本费用中,补充养老保险费税法扣除标准＝5 700×5%＝285(万元),实际发生补充养老保险费 305 万元,应扣除 285 万元,不得扣除 305－285＝20(万元)。

⑦ 18 000 万元成本费用中,业务招待费税法扣除标准为 3 000×60%＝1 800(万元)与 35 000×5‰＝175(万元)的较小者,即 175 万元,实际业务招待费 3 000 万元,应扣除 175 万元,不得扣除 3 000－175＝2 825(万元)。

⑧ 18 000 万元成本费用中,广告费和业务宣传费税法扣除标准＝35 000×15%＝5 250(万元),实际发生广告费和业务宣传费 6 000 万元,应扣除 5 250 万元,不得扣除 6 000－5 250＝750(万元)。

⑨ 18 000 万元成本费用中,借款利息税法扣除标准＝2 000×6.5%＝130(万元),实际发生借款利息＝2 000×10%＝200(万元),应扣除 130 万元,不得扣除 200－130＝70(万元)。

⑩ 18 000 万元成本费用中,公益性捐赠支出税法扣除标准＝13 614.12×12%＝1 633.69(万元),实际发生公益性捐赠支出 1 000 万元,小于税法扣除标准,可以全额扣除。

⑪ "三新"研发费用实际发生 800 万元,可按 100%加计扣除。可以加扣"三新"研发费用＝800×100%＝800(万元)。

⑫ 18 000 万元成本费用中,甲公司被税务机关处以的滞纳金、其他各类罚款共计 150 万元不得税前扣除。

⑬ 18 000 万元成本费用中,各类赞助支出合计 350 万元不得税前扣除。

⑭ 投资于安全生产设备 280 万元,可抵免企业所得税额＝280×10%＝28(万元)。

(3) 甲公司 2024 年应纳税所得额＝35 000－3 925.88－18 000＋(6)＋(152)＋(144)

$$＋(20)＋(2\ 825)＋(750)＋(70)$$
$$－(800)＋(150)＋(350)－420$$
$$＝16\ 321.12(万元)$$

当年需弥补以前年度亏损共 420 万元。

(4) 甲公司 2024 年应纳税额＝16 321.12×25%－28＝4 080.28－28＝4 052.28(万元)

任务五　企业所得税应纳税额计算

一、居民企业应纳所得税额的计算

$$应纳税额＝应纳税所得额×适用税率－减免税额－抵免税额$$

1. 应纳税所得额

在实际工作中,应纳税所得额的计算一般有两种方法。

(1) 直接计算法。在直接计算法下,居民企业每一纳税年度的收入总额减除不征税收入、免税收入、各项扣除以及允许弥补的以前年度亏损后的余额为应纳税所得额。计算公式为

$$应纳税所得额＝收入总额－不征税收入－免税收入－各项扣除金额$$
$$－允许弥补的以前年度亏损$$

【例 9-5】某企业为居民企业,2024 年度生产经营情况如下。

① 取得主营业务收入 2 800 万元,出租固定资产取得租金收入 120 万元,取得其他业务收入 80 万元。

② 销售成本 1 000 万元(不包括工资)。

③ 发生销售费用 800 万元(其中广告费 600 万元),管理费用 500 万元(其中业务招待费 70 万元),财务费用 60 万元。

④ 另按规定列支有关税费 300 万元(不含增值税)。

⑤ 全年实发工资总额为 360 万元,并按照规定的比例计算提取了职工工会经费、职工福利费、职工教育经费。

计算该企业 2024 年度应纳的所得税税额。

解: 企业发生的与生产经营活动有关的业务招待费支出,按照发生额的 60% 扣除,但最高不得超过当年销售(营业)收入的 5‰;企业发生的符合条件的广告费和业务宣传费支出,不超过当年销售(营业)收入 15% 的部分,准予扣除。

收入总额 $=2\,800+120+80=3\,000$(万元)

准予扣除的工资总额 $=360$ 万元

准予扣除的工会经费、福利费、教育经费 $=360\times(2\%+14\%+8\%)=86.4$(万元)

准予扣除的广告费 $=3\,000\times15\%=450$(万元)

准予扣除的业务招待费 $=70\times60\%$ 与 $3\,000\times5‰$ 孰低,可扣除 15 万元。

准予扣除的成本费用 $=1\,000+(800-600)+3\,000\times15\%+(500-70)+3\,000\times5‰+60$
$$=2\,155(万元)$$

准予扣除的税费 $=300$ 万元

应纳税所得额 $=3\,000-(360+86.4+2\,155+300)=98.6$(万元)

应纳所得税额 $=98.6\times25\%=24.65$(万元)

(2) 间接计算法。在间接计算法下,在会计利润总额的基础上加或减按照税法规定调整的项目金额后,即为应纳税所得额。计算公式为

$$应纳税所得额=会计利润总额+纳税调整增加额-纳税调整减少额$$

纳税调整项目金额包括两方面的内容:一是企业的财务会计处理和税收规定不一致的应予以调整的金额;二是企业按税法规定准予扣除的税收金额。

【例 9-6】 某工业企业为居民企业,假定 2024 年经营业务如下。

① 产品销售收入 560 万元。

② 产品销售成本 400 万元。

③ 其他业务收入 80 万元。

④ 其他业务成本 66 万元。

⑤ 固定资产出租收入 6 万元。

⑥ 非增值税销售税金及附加 32.4 万元。

⑦ 当期发生的管理费用 86 万元,其中新技术的研究开发费用为 30 万元。

⑧ 财务费用 20 万元。

⑨ 营业外收入 10 万元。

⑩ 营业外支出 25 万元(其中含公益捐赠 18 万元)。

⑪ 直接投资其他居民企业取得权益性投资收益 34 万元。

计算该企业 2024 年度应纳的企业所得税税额。

解: 直接投资其他居民企业取得权益性投资收益免税,应调减所得额;"三新"费用加计扣除 100%,应调减所得额;超过国家规定允许扣除的公益性捐赠不允许扣除,应调增工会经费所得额。

① 利润总额 $=560+80+6+34+10-400-32.4-66-86-20-25=60.6$(万元)

② 纳税调整：

a. 直接投资其他居民企业取得权益性投资收益免税，调减所得额 34 万元

b. 技术开发费调减所得额＝30×100％＝30(万元)

c. 捐赠扣除标准＝60.6×12％＝7.27(万元)

实际捐赠额 18 万元大于标准 7.27 万元，按标准额扣除。

$$捐赠额应调增所得额＝18－7.27＝10.73(万元)$$

③ 应纳税所得额＝60.6－34－30＋10.73＝7.33(万元)

④ 应缴纳企业所得税税额＝7.33×25％＝1.8325(万元)

2. 减免税额

公式中的"减免税额"是指依照《中华人民共和国企业所得税法》和国家有关税收优惠规定减征、免征的应纳企业所得税额。具体税收优惠规定前面已述。

3. 抵免税额

(1) 项目投资税收抵免。企业购置并实际使用《环境保护、节能节水项目企业所得税优惠目录(2021 年版)》和《安全生产专用设备企业所得税优惠目录(2018 年版)》规定的环境保护、节能节水、安全生产等专用设备的，该专用设备的投资额的 10％可以从企业当年的应纳税额中抵免；当年不足抵免的，可以在以后 5 个纳税年度结转抵免。

◈ **注意** ▶ 享受此项规定的企业，购置上述专用设备在 5 年内转让、出租的，应当停止享受企业所得税优惠，并补缴已经抵免的企业所得税税款。

(2) 境外投资税收抵免。居民企业取得的境内外所得都应纳税。取得的境外所得已在境外缴纳的所得税额，可以从其当期应纳税额中抵免。抵免限额为该项所得依照《中华人民共和国企业所得税法》规定计算的应纳税额；超过抵免限额的部分，可以在以后连续 5 个纳税年度内，用每年度抵免限额抵免当年应抵税额后的余额进行抵补。

$$抵免限额＝\frac{中国境内、境外所得依照《中华人民共和国企业所得税法》和本条例的规定计算的应纳税总额×来源于某国(地区)的应纳税所得额}{中国境内、境外应纳税所得总额}$$

按规定抵免企业所得税税额时，应当提供中国境外税务机关出具的税款所属年度的有关纳税凭证。

除国务院财政、税务主管部门另有规定外，境外投资税收抵免，分国不分项计算抵免。

【**例 9-7**】 中国 A 公司 2024 年境内应纳税所得额为 400 万元，该企业适用的企业所得税税率为 25％。该企业分别在甲、乙两国设有分支机构(我国与甲、乙两国已经缔结避免双重征税协定)，两个分支机构在甲、乙两国分别缴纳了 60 万元和 20 万元的企业所得税。从甲国分回 140 万元的税后利润(税前所得为 200 万元，甲国的企业所得税税率为 30％)，从乙国分回 80 万元的税后利润(税前所得为 100 万元，乙国的企业所得税税率为 20％)。

计算 A 公司在我国实际应纳所得税税额。

解：首先分别计算甲、乙两国的抵免限额。

境外已纳税额大于抵免限额的，从应纳税总额中减抵免限额；境外已纳税额小于抵免限额的，从应纳税总额中减境外已纳税额。

(1) 来源于甲国所得的抵免限额＝(400＋200＋100)×25％×200÷(400＋200＋100)

$$＝50(万元)$$

(2) 来源于乙国所得的抵免限额＝(400＋200＋100)×25％×100÷(400＋200＋100)

$$＝25(万元)$$

（3）A公司实际应纳所得税税额＝（400＋200＋100）×25％－50－20

$$＝105（万元）$$

诚信纳税 境外投资税收抵免的规定体现了税收法治的精神。它要求企业在境外投资时，必须严格遵守我国税法和国际税收协定，按照规定的条件和程序申请税收抵免。这体现了企业和个人在税务活动中应遵守的法治精神和规则意识，确保税收活动的合法性和规范性。境外投资税收抵免是促进国际经济合作与发展的重要措施。通过允许企业在境外已缴纳的税款在国内进行抵免，有助于减轻企业在跨国经营中的税收负担，促进资本、技术、管理等要素的跨境流动。这体现了国际合作与共赢的理念，推动全球经济的共同发展和繁荣。

二、居民企业核定征收应纳税额的计算

为了加强企业所得税的征收管理，根据《中华人民共和国税收征收管理法》《中华人民共和国企业所得税暂行条例》及其实施细则的有关规定，对部分中小企业采取核定征收办法征收企业所得税。

1. 核定征收企业所得税的适用范围

纳税人具有下列情形之一的，应采取核定征收方式征收企业所得税。

（1）依照税收法律、法规规定可以不设账簿的，或按照税收法律、法规规定应设置，但未设置账簿的。

（2）只能准确核算收入总额，或收入总额能够查实，但其成本费用支出不能准确核算的。

（3）只能准确核算成本费用支出，或成本费用支出能够查实，但其收入总额不能准确核算的。

（4）收入总额及成本费用支出均不能正确核算，不能向主管税务机关提供真实、准确、完整的纳税资料，难以查实的。

（5）账目设置和核算虽然符合规定，但并未按规定保存有关账簿、凭证及有关纳税资料的。

（6）发生纳税义务，未按照税收法律、法规规定的期限办理纳税申报，经税务机关责令限期申报，逾期仍不申报的。

2. 核定征收办法

（1）定额征收。定额征收是指税务机关按照一定的标准、程序和方法，直接核定纳税人年度应纳企业所得税额，由纳税人按规定进行申报缴纳的办法。

（2）核定应税所得率征收。核定应税所得率征收是指税务机关按照一定的标准、程序和方法，预先核定纳税人的应税所得率，由纳税人根据纳税年度内的收入总额或成本费用等项目的实际发生额，按预先核定的应税所得率计算缴纳企业所得税的办法。

实行核定应税所得率征收办法的，应纳所得税额的计算公式如下：

应纳所得税额＝应纳税所得额×适用税率

应纳税所得额＝收入总额×应税所得率

$$＝成本费用支出额÷（1－应税所得率）×应税所得率$$

应税所得率见表9-1。

表 9-1　应税所得率表

行　业	应税所得率/%	行　业	应税所得率/%
农、林、牧、渔业	3～10	建筑业	8～20
制造业	5～15	饮食业	8～25
批发零售贸易	4～15	娱乐业	15～30
交通运输业	7～15	其他行业	10～30

诚信纳税　核定征收办法要求企业在申报纳税时保持诚信,提供真实、完整的财务信息。企业应当自觉遵守税收法律、法规,不进行虚假申报或逃税行为,体现了诚信经营的品质。同时,税务机关也需要在核定征收过程中保持公正、公平的态度,不进行权力寻租或滥用职权,体现了道德自律的要求。企业所得税的核定征收不仅关系到企业的经济利益,也体现了企业的社会责任和公共利益。通过合理的核定征收方式,可以确保企业承担应有的税收义务,为国家的财政收入做出贡献。同时,税收作为国家财政收入的重要来源,也用于支持社会公益事业和公共基础设施建设,体现了税收的社会责任和公共利益属性。

三、非居民企业应纳所得税额的计算

对于在中国境内未设立机构、场所的,或者虽设立机构、场所但取得的所得与其所设机构、场所没有实际联系的非居民企业的所得,按照下列方法计算应纳税所得额。

(1) 股息、红利等权益性投资收益和利息、租金、特许权使用费所得,以收入全额为应纳税所得额。

(2) 转让财产所得,以收入全额减除财产净值后的余额为应纳税所得额。

(3) 其他所得,参照前两项规定的方法计算应纳税所得额。

财产净值是指财产的计税基础减除已经按照规定扣除的折旧、折耗、摊销、准备金等后的余额。

$$扣缴企业所得税应纳税额＝应纳税所得额×实际征税率(10\%)$$

提示　对非居民企业在中国境内未设立机构、场所的,或者虽设立机构、场所但取得的所得与其所设机构、场所没有实际联系的所得应缴纳的所得税实行源泉扣缴,以支付人为扣缴义务人。

技能提升

根据本项目导入案例,采用间接法计算企业所得税。

(1) 甲公司全年利润总额＝35 000＋200＋340－18 000－1 300－2 625.88＝13 614.12(万元)。

(2) 应纳税调减的免税收入＝200＋340＝540(万元)。

(3) 工会经费税法扣除标准＝5 700×2%＝114(万元),实际发生工会经费120万元,应纳税调增的工会经费＝120－114＝6(万元)。

(4) 职工福利费税法扣除标准＝5 700×14%＝798(万元),实际发生职工福利费950万元,应纳税调增的职工福利费＝950－798＝152(万元)。

(5) 职工教育经费税法扣除标准＝5 700×8%＝456(万元),实际发生职工教育经费600万

元,应纳税调增的职工教育经费 600－456＝144(万元),可以在以后年度扣除。

(6) 补充养老保险费税法扣除标准＝5 700×5％＝285(万元),实际发生补充养老保险费 305 万元,应纳税调增的补充养老保险费＝305－285＝20(万元)。

(7) 业务招待费税法扣除标准＝3 000×60％＝1 800(万元)与 35 000×5‰＝175(万元) 的较小者,即 175 万元,实际业务招待费 3 000 万元,应纳税调增的业务招待费＝3 000－175＝ 2 825(万元)。

(8) 广告费和业务宣传费税法扣除标准＝35 000×15％＝5 250(万元),实际发生广告费 和业务宣传费 6 000 万元,应纳税调增的广告费和业务宣传费＝6 000－5 250＝750(万元)。

(9) 借款利息税法扣除标准＝2 000×6.5％＝130(万元),实际发生借款利息＝2 000× 10％＝200(万元),应纳税调增的借款利息＝200－130＝70(万元)。

(10) 公益性捐赠支出税法扣除标准＝13 614.12×12％＝1 633.69(万元),实际发生公益 性捐赠支出 1 000 万元,小于税法扣除标准,无须纳税调整。

(11) "三新"研发费用实际发生 800 万元,可按 100％加计扣除。应纳税调减的"三新"研 发费用＝800×100％＝800(万元)。

(12) 甲公司被税务机关处以的滞纳金、其他各类罚款共计 150 万元不得税前扣除,应纳税 调增 150 万元。

(13) 各类赞助支出合计 350 万元不得税前扣除,应纳税调增 350 万元。

(14) 投资于安全生产设备 280 万元,可抵免企业所得税额＝280×10％＝28(万元)。

(15) 甲公司 2024 年应纳税所得额＝13 614.12－540＋6＋152＋144＋20＋2 825＋750
$$＋70－800＋150＋350－420$$
$$＝16 321.12(万元)$$

(16) 甲公司 2024 年应纳税额＝16 321.12×25％－28＝4 080.28－28＝4 052.28(万元)

任务六 企业所得税纳税申报

一、企业所得税的征收缴纳办法

企业所得税实行按年计算、分期预缴、年终汇算清缴、多退少补的征收缴纳办法。

企业所得税按纳税年度计算,纳税年度自公历 1 月 1 日起至 12 月 31 日止。企业在一个纳 税年度中间开业,或者终止经营活动,使该纳税年度的实际经营期不足 12 个月的,应当以其实 际经营期为一个纳税年度。企业依法清算时,应当以清算期间作为一个纳税年度。

二、企业所得税的纳税期限

企业所得税分月或者分季预缴。企业应当自月份或者季度终了之日起 15 日内,向税务机 关报送预缴企业所得税纳税申报表,预缴税款。企业应当自年度终了之日起 5 个月内,向税务 机关报送年度企业所得税纳税申报表,并汇算清缴,结清应缴应退税款。

诚信纳税 企业所得税的纳税期限是税收法律、法规明确规定的内容,体现了法治精神在税 收领域的贯彻。企业和个人在纳税活动中,必须严格遵守税收法律、法规的规定,按照规定的期限进行纳税申报和税款缴纳。这体现了税收法定原则,即税收的征收和使用必须依法进行,确保税收活动的合法性和规范性。企业所得税的纳税期限也体现了企业的社会责任和公共利益。税收是国家财政收入的重要来源,用于支持社会公益事业和公共基础设施建设。企业按时缴纳税款,有助于保障国家财政收入的稳定增长,为社会的和谐稳定和经济发展提供有力支持。同时,企业积极履行纳税义务,也是对社会的一种贡献和回馈。

三、企业所得税的纳税地点

居民企业以企业登记注册地为纳税地点;但登记注册地在境外的,以实际管理机构所在地为纳税地点。居民企业在中国境内设立不具有法人资格的营业机构的,应当汇总计算并缴纳企业所得税。

非居民企业在中国境内设立机构、场所的,取得的所得以机构、场所所在地为纳税地点。非居民企业在中国境内未设立机构、场所的,或者虽设立机构、场所但取得的所得与其所设机构、场所没有实际联系的,以扣缴义务人所在地为纳税地点。非居民企业在中国境内设立两个或者两个以上机构、场所的,经税务机关审核批准,可以选择由其主要机构、场所汇总缴纳企业所得税。

除国务院另有规定外,企业之间不得合并缴纳企业所得税。

 税费申报

一、企业所得税纳税申报流程

企业所得税纳税申报流程通常包括以下步骤。

(1)登录国家税务总局电子税务局,使用企业的纳税编号和密码进行登录。

(2)申报准备。确保企业已完成了财务报表的填写,包括资产负债表和利润表。

(3)填写主表。在电子税务局中找到企业所得税申报选项,填写主表。主表包含从业人数、资产总额等信息,用于判断企业是否属于小型微利企业。

(4)填写副表。如果企业有涉及特定业务的,需要填写相应的副表。如果没有相关业务,则可以忽略副表的填写。

(5)填写预缴税款的计算。在申报页面中,填写营业收入、营业成本等信息,进行预缴税款的计算。

(6)提交申报。填写完成后,提交申报。系统可能会生成一个 PDF 文档,需要下载并填写相关数据后提交。

(7)确认申报。提交后,系统会提示申报成功,此时需要确认申报信息。

诚信纳税 纳税申报流程要求企业如实申报纳税信息,确保申报数据的真实性和准确性。这体现了诚信经营的原则,要求企业以诚信为本,不得虚报、瞒报或伪造纳税信息。同时,纳税人也需要在申报过程中进行自我约束,遵守道德规范,不损害国家和其他纳税人的利益。纳税申报流程要求企业具备专业的财务知识和税务处理能力。企业会计人员需要熟悉税法规定和申报要求,能够准确核算应纳税额并编制相关报表。这体现了专业精神和职业素养在税务工作中的重要性,推动企业不断提高自身的财务管理水平和税务处理能力。

二、填制企业所得税月(季)度预缴纳税申报表

实行查账征收申报企业所得税的居民企业(包括境外注册中资控股居民企业)在月份或者季度终了之日起的 15 日内,依照税收法律、法规、规章及其他有关规定,向税务机关填报中华人民共和国企业所得税月(季)度预缴纳税申报表(A 类)(主表)及其他相关资料,进行月(季)度预缴纳税申报。具体表样见表 9-2。

链接:居民企业(查账征收)企业所得税申报

表 9-2　中华人民共和国企业所得税月(季)度预缴纳税申报表(A 类)

税款所属期间:　　年　月　日至　　年　月　日

纳税人识别号(统一社会信用代码):□□□□□□□□□□□□□□□□□□

纳税人名称:　　　　　　　　　　　　　　　　金额单位:人民币元(列至角分)

优惠及附报事项有关信息								
项　目	一季度		二季度		三季度		四季度	季度平均值
	季初	季末	季初	季末	季初	季末	季初	季末	
从业人数									
资产总额/万元									
国家限制或禁止行业	□是 □否				小型微利企业			□是 □否	
	附报事项名称							金额或选项
事项 1	(填写特定事项名称)							
事项 2	(填写特定事项名称)							

	预缴税款计算	本年累计
1	营业收入	
2	营业成本	
3	利润总额	
4	加:特定业务计算的应纳税所得额	
5	减:不征税收入	
6	减:资产加速折旧、摊销(扣除)调减额(填写 A201020)	
7	减:免税收入、减计收入、加计扣除(7.1+7.2+…)	
7.1	(填写优惠事项名称)	
7.2	(填写优惠事项名称)	
8	减:所得减免(8.1+8.2+…)	
8.1	(填写优惠事项名称)	
8.2	(填写优惠事项名称)	
9	减:弥补以前年度亏损	
10	实际利润额(3+4−5−6−7−8−9)/按照上一纳税年度应纳税所得额平均额确定的应纳税所得额	
11	税率(25%)	
12	应纳所得税额(10×11)	
13	减:减免所得税额(13.1+13.2+…)	

续表

		预缴税款计算		本年累计
13.1		（填写优惠事项名称）		
13.2		（填写优惠事项名称）		
14		减：本年实际已缴纳所得税额		
15		减：特定业务预缴（征）所得税额		
16		本期应补（退）所得税额（12－13－14－15）/税务机关确定的本期应纳所得税额		
		汇总纳税企业总分机构税款计算		
17		总机构本期分摊应补（退）所得税额（18＋19＋20）		
18	总机构	其中：总机构分摊应补（退）所得税额（16×总机构分摊比例＿＿＿％）		
19		财政集中分配应补（退）所得税额（16×财政集中分配比例＿＿＿％）		
20		总机构具有主体生产经营职能的部门分摊所得税额（16×全部分支机构分摊比例＿＿＿％×总机构具有主体生产经营职能部门分摊比例＿＿＿％）		
21	分支机构	分支机构本期分摊比例		
22		分支机构本期分摊应补（退）所得税额		
		实际缴纳企业所得税计算		
23		减：民族自治地区企业所得税地方分享部分：□免征□减征：减征幅度＿＿＿％	本年累计应减免金额〔（12－13－15）×40％×减征幅度〕	
24		实际应补（退）所得税额		

谨声明：本纳税申报表是根据国家税收法律、法规及相关规定填报的，是真实的、可靠的、完整的。

　　　　　　　　　　　　　　　　　　　　　纳税人（签章）：　　　年　月　日

经办人： 经办人身份证号： 代理机构签章： 代理机构统一社会信用代码：	受理人： 受理税务机关（章）： 受理日期：　　　年　月　日

　　　　　　　　　　　　　　　　　　　　　　　　　　　　　　国家税务总局监制

【表单说明】

一、适用范围

本表适用于实行查账征收企业所得税的居民企业纳税人（以下简称纳税人）在月（季）度预缴纳税申报时填报。执行《跨地区经营汇总纳税企业所得税征收管理办法》（国家税务总局公告2012年第57号发布，2018年第31号修改）的跨地区经营汇总纳税企业的分支机构，除预缴纳税申报时填报外，在年度纳税申报时也填报本表。省（自治区、直辖市和计划单列市）税务机关对仅在本省（自治区、直辖市和计划单列市）内设立不具有法人资格分支机构的企业，参照《跨地区经营汇总纳税企业所得税征收管理办法》征收管理的，企业的分支机构在除预缴纳税申报时填报外，在年度纳税申报时也填报本表。

二、表头项目

（一）税款所属期间

1. 月（季）度预缴纳税申报

正常经营的纳税人，填报税款所属期月（季）度第一日至税款所属期月（季）度最后一日；年度中间开业的纳税人，在首次月（季）度预缴纳税申报时，填报开始经营之日至税款所属期月（季）度最后一日，以后月（季）度预缴纳税申报时按照正常情况填报;年度中间终止经营活动的纳税人,在终止经营活动当期纳税申报时,填报税款所属期月(季)度第一日至终止经营活动之日,以后月(季)度预缴纳税申报时不再填报。

2.年度纳税申报

填报税款所属年度1月1日至12月31日。

（二）纳税人识别号(统一社会信用代码)

填报税务机关核发的纳税人识别号或有关部门核发的统一社会信用代码。

（三）纳税人名称

填报营业执照、税务登记证等证件载明的纳税人名称。

三、优惠及附报事项信息

本项下所有项目按季度填报。按月申报的纳税人,在季度最后一个属期的月份填报。企业类型为"跨地区经营汇总纳税企业分支机构"的,不填报"优惠及附报事项有关信息"所有项目。

（一）从业人数

必报项目。纳税人填报第一季度至税款所属季度各季度的季初、季末、季度平均从业人员的数量。季度中间开业的纳税人,填报开业季度至税款所属季度各季度的季初、季末从业人员的数量,其中开业季度"季初"填报开业时从业人员的数量。季度中间停止经营的纳税人,填报第一季度至停止经营季度各季度的季初、季末从业人员的数量,其中停止经营季度"季末"填报停止经营时从业人员的数量。"季度平均值"填报截至本税款所属期末从业人员数量的季度平均值,计算方法如下:

各季度平均值＝(季初值＋季末值)÷2

截至本税款所属期末季度平均值＝截至本税款所属期末各季度平均值之和÷相应季度数

年度中间开业或者终止经营活动的,以其实际经营期计算上述指标。

从业人数是指与企业建立劳动关系的职工人数和企业接受的劳务派遣用工人数之和。汇总纳税企业总机构填报包括分支机构在内的所有从业人数。

（二）资产总额(万元)

必报项目。纳税人填报第一季度至税款所属季度各季度的季初、季末、季度平均资产总额的金额。季度中间开业的纳税人,填报开业季度至税款所属季度各季度的季初、季末资产总额的金额,其中开业季度"季初"填报开业时资产总额的金额。季度中间停止经营的纳税人,填报第一季度至停止经营季度各季度的季初、季末资产总额的金额,其中停止经营季度"季末"填报停止经营时资产总额的金额。"季度平均值"填报截至本税款所属期末资产总额金额的季度平均值,计算方法如下:

各季度平均值＝(季初值＋季末值)÷2

截至本税款所属期末季度平均值＝截至本税款所属期末各季度平均值之和÷相应季度数

年度中间开业或者终止经营活动的,以其实际经营期计算上述指标。填报单位为人民币万元,保留小数点后2位。

（三）国家限制或禁止行业

必报项目。纳税人从事行业为国家限制或禁止行业的,选择"是";其他选择"否"。

（四）小型微利企业

必报项目。本纳税年度截至本期末的从业人数季度平均值不超过300人、资产总额季度平均值不超过5 000万元、本表"国家限制或禁止行业"选择"否"且本期本表第10行"实际利润额/按照上一纳税年度应纳税所得额平均额确定的应纳税所得额"不超过300万元的纳税人,选择"是";否则选择"否"。

（五）附报事项

纳税人根据《企业所得税申报事项目录》,发生符合税法相关规定的捐赠支出、扶贫捐赠支出、软件集成电路企业优惠政策适用类型等特定事项时,填报事项名称、该事项本年累计享受金额或选择享受优惠政策的有关信息。同时发生多个事项,可以增加行次。

四、预缴税款计算

预缴方式为"按照实际利润额预缴"的纳税人,填报第1行至第16行,预缴方式为"按照上一纳税年度应纳税所得额平均额预缴"的纳税人填报第 10、11、12、13、14、16 行,预缴方式为"按照税务机关确定的其他方法预缴"的纳税人填报第 16 行。

(1) 第 1 行"营业收入":填报纳税人截至本税款所属期末,按照国家统一会计制度规定核算的本年累计营业收入。

例如,以前年度已经开始经营且按季度预缴纳税申报的纳税人,第二季度预缴纳税申报时本行填报本年 1 月 1 日至 6 月 30 日期间的累计营业收入。

(2) 第 2 行"营业成本":填报纳税人截至本税款所属期末,按照国家统一会计制度规定核算的本年累计营业成本。

(3) 第 3 行"利润总额":填报纳税人截至本税款所属期末,按照国家统一会计制度规定核算的本年累计利润总额。

(4) 第 4 行"特定业务计算的应纳税所得额":从事房地产开发等特定业务的纳税人,填报按照税收规定计算的特定业务的应纳税所得额。房地产开发企业销售未完工开发产品取得的预售收入,按照税收规定的预计计税毛利率计算出预计毛利额,扣除实际缴纳且在会计核算中未计入当期损益的土地增值税等税金及附加后的金额,在此行填报。

(5) 第 5 行"不征税收入":填报纳税人已经计入本表"利润总额"行次但税收规定不征税收入的本年累计金额。

(6) 第 6 行"资产加速折旧、摊销(扣除)调减额":填报资产税收上享受加速折旧、摊销优惠政策计算的折旧额、摊销额大于同期会计折旧额、摊销额期间发生纳税调减的本年累计金额。

本行根据资产加速折旧、摊销(扣除)优惠明细表(A201020)填报。

(7) 第 7 行"免税收入、减计收入、加计扣除":根据相关行次计算结果填报。根据《企业所得税申报事项目录》,在第 7.1 行、第 7.2 行……填报税收规定的免税收入、减计收入、加计扣除等优惠事项的具体名称和本年累计金额。发生多项且根据税收规定可以同时享受的优惠事项,可以增加行次,但每个事项仅能填报一次。

(8) 第 8 行"所得减免":根据相关行次计算结果填报。第 3+4−5−6−7 行≤0 时,本行不填报。

根据《企业所得税申报事项目录》,在第 8.1 行、第 8.2 行……填报税收规定的所得减免优惠事项的名称和本年累计金额。发生多项且根据税收规定可以同时享受的优惠事项,可以增加行次,但每个事项仅能填报一次。每项优惠事项下有多个具体项目的,应分别确定各具体项目所得,并填写盈利项目(项目所得>0)的减征、免征所得额的合计金额。

(9) 第 9 行"弥补以前年度亏损":填报纳税人截至本税款所属期末,按照税收规定在企业所得税税前弥补的以前年度尚未弥补亏损的本年累计金额。

当本表第 3+4−5−6−7−8 行≤0 时,本行=0。

(10) 第 10 行"实际利润额/按照上一纳税年度应纳税所得额平均额确定的应纳税所得额":预缴方式为"按照实际利润额预缴"的纳税人,根据本表相关行次计算结果填报,第 10 行=第 3+4−5−6−7−8−9 行;预缴方式为"按照上一纳税年度应纳税所得额平均额预缴"的纳税人,填报按照上一纳税年度应纳税所得额平均额计算的本年累计金额。

(11) 第 11 行"税率(25%)":填报 25%。

(12) 第 12 行"应纳所得税额":根据相关行次计算结果填报。第 12 行=第 10×11 行,且第 12 行≥0。

(13) 第 13 行"减免所得税额":根据相关行次计算结果填报。根据《企业所得税申报事项目录》,在第 13.1 行、第 13.2 行……填报税收规定的减免所得税额优惠事项的具体名称和本年累计金额。发生多项且根据税收规定可以同时享受的优惠事项,可以增加行次,但每个事项仅能填报一次。

(14) 第 14 行"本年实际已缴纳所得税额":填报纳税人按照税收规定已在此前月(季)度申报预缴企业所得税的本年累计金额。

建筑企业总机构直接管理的跨地区设立的项目部,按照税收规定已经向项目所在地主管税务机关预缴企业所得税的金额不填本行,而是填入本表第 15 行。

(15) 第 15 行"特定业务预缴(征)所得税额":填报建筑企业总机构直接管理的跨地区设立的项目部,按照税收规定已经向项目所在地主管税务机关预缴企业所得税的本年累计金额。

本行本期填报金额不得小于本年上期申报的金额。

(16) 第16行"本期应补(退)所得税额/税务机关确定的本期应纳所得税额":按照不同预缴方式,分情况填报如下。

预缴方式为"按照实际利润额预缴"以及"按照上一纳税年度应纳税所得额平均额预缴"的纳税人,根据本表相关行次计算填报。第16行=第12-13-14-15行,当第12-13-14-15行<0时,本行填0。其中,企业所得税收入全额归属中央且按比例就地预缴企业的分支机构,以及在同一省(自治区、直辖市、计划单列市)内的按比例就地预缴企业的分支机构,第16行=第12行×就地预缴比例-第13行×就地预缴比例-第14行-第15行,当第12行×就地预缴比例-第13行×就地预缴比例-第14行-第15行<0时,本行填0。

预缴方式为"按照税务机关确定的其他方法预缴"的纳税人,本行填报本期应纳企业所得税的金额。

五、汇总纳税企业总分机构税款计算

"跨地区经营汇总纳税企业总机构"的纳税人填报第17、18、19、20行;"跨地区经营汇总纳税企业分支机构"的纳税人填报第21、22行。

(1) 第17行"总机构本期分摊应补(退)所得税额":跨地区经营汇总纳税企业的总机构根据相关行次计算结果填报,第17行=第18+19+20行。

(2) 第18行"总机构分摊应补(退)所得税额(16×总机构分摊比例%)":根据相关行次计算结果填报,第18行=第16行×总机构分摊比例。其中:跨省、自治区、直辖市和计划单列市经营的汇总纳税企业"总机构分摊比例"填报25%,同一省(自治区、直辖市、计划单列市)内跨地区经营汇总纳税企业"总机构分摊比例"按照各省(自治区、直辖市、计划单列市)确定的总机构分摊比例填报。

(3) 第19行"财政集中分配应补(退)所得税额(16×财政集中分配比例%)":根据相关行次计算结果填报,第19行=第16行×财政集中分配比例。其中:跨省、自治区、直辖市和计划单列市经营的汇总纳税企业"财政集中分配比例"填报25%,同一省(自治区、直辖市、计划单列市)内跨地区经营汇总纳税企业"财政集中分配比例"按照各省(自治区、直辖市、计划单列市)确定的财政集中分配比例填报。

(4) 第20行"总机构具有主体生产经营职能的部门分摊所得税额(16×全部分支机构分摊比例%×总机构具有主体生产经营职能部门分摊比例%)":根据相关行次计算结果填报,第20行=第16行×全部分支机构分摊比例×总机构具有主体生产经营职能部门分摊比例。其中:跨省、自治区、直辖市和计划单列市经营的汇总纳税企业"全部分支机构分摊比例"填报50%,同一省(自治区、直辖市、计划单列市)内跨地区经营汇总纳税企业"分支机构分摊比例"按照各省(自治区、直辖市、计划单列市)确定的分支机构分摊比例填报;"总机构具有主体生产经营职能部门分摊比例"按照设立的具有主体生产经营职能的部门在参与税款分摊的全部分支机构中的分摊比例填报。

(5) 第21行"分支机构本期分摊比例":跨地区经营汇总纳税企业分支机构填报其总机构出具的本期企业所得税汇总纳税分支机构所得税分配表"分配比例"列次中列示的本分支机构的分配比例。

(6) 第22行"分支机构本期分摊应补(退)所得税额":跨地区经营汇总纳税企业分支机构填报其总机构出具的本期企业所得税汇总纳税分支机构所得税分配表"分配所得税额"列次中列示的本分支机构应分摊的所得税额。

六、实际缴纳企业所得税

适用于民族自治地区纳税人填报。

(1) 第23行"民族自治地方的自治机关对本民族自治地方的企业应缴纳的企业所得税中属于地方分享的部分减征或免征(□免征□减征:减征幅度____%)":根据《中华人民共和国企业所得税法》《中华人民共和国民族区域自治法》《财政部　国家税务总局关于贯彻落实国务院关于实施企业所得税过渡优惠政策有关问题的通知》(财税〔2008〕21号)等规定,实行民族区域自治的自治区、自治州、自治县的自治机关对本民族自治地方的企业应缴纳的企业所得税中属于地方分享的部分,可以决定免征或减征,自治州、自治县决定减征或者免征的,须报省、自治区、直辖市人民政府批准。

　　纳税人填报该行次时,根据享受政策的类型选择"免征"或"减征",两者必选其一。选择"免征"是指免征企业所得税税收地方分享部分;选择"减征:减征幅度＿＿＿％"是指减征企业所得税税收地方分享部分。此时需填写"减征幅度",减征幅度填写范围为 1 至 100,表示企业所得税税收地方分享部分的减征比例。例如:地方分享部分减半征收,则选择"减征",并在"减征幅度"后填写"50％"。

　　本行填报纳税人按照规定享受的民族自治地方的自治机关对本民族自治地方的企业应缴纳的企业所得税中属于地方分享的部分减征或免征额的本年累计金额。

　　(2) 第 24 行"本期实际应补(退)所得税额":本行填报民族自治地区纳税人本期实际应补(退)所得税额。

　　七、表内表间关系

　　(一) 表内关系

　　(1) 第 7 行＝第 7.1＋7.2＋…行。

　　(2) 第 8 行＝第 8.1＋8.2＋…行。

　　(3) 预缴方式为"按照实际利润额预缴"的纳税人,第 10 行＝第 3＋4－5－6－7－8－9 行。

　　(4) 第 12 行＝第 10×11 行。

　　(5) 第 13 行＝第 13.1＋13.2＋…行。

　　(6) 预缴方式为"按照实际利润额预缴""按照上一纳税年度应纳税所得额平均额预缴"的纳税人,第 16 行＝第 12－13－14－15 行。当第 12－13－14－15 行＜0 时,第 16 行＝0。

　　其中,企业所得税收入全额归属中央且按比例就地预缴企业的分支机构,以及在同一省(自治区、直辖市、计划单列市)内的按比例就地预缴企业的分支机构,第 16 行＝第 12 行×就地预缴比例－第 13 行×就地预缴比例－第 14 行－第 15 行。当第 12 行×就地预缴比例－第 13 行×就地预缴比例－第 14 行－第 15 行＜0 时,第 16 行＝0。

　　(7) 第 17 行＝第 18＋19＋20 行。

　　(8) 第 18 行＝第 16 行×总机构分摊比例。

　　(9) 第 19 行＝第 16 行×财政集中分配比例。

　　(10) 第 20 行＝第 16 行×全部分支机构分摊比例×总机构具有主体生产经营职能部门分摊比例。

　　(二) 表间关系

　　(1) 第 6 行＝表 A201020 第 3 行第 5 列。

　　(2) 第 16 行＝表 A202000"应纳所得税额"栏次填报的金额。

　　(3) 第 18 行＝表 A202000"总机构分摊所得税额"栏次填报的金额。

　　(4) 第 19 行＝表 A202000"总机构财政集中分配所得税额"栏次填报的金额。

　　(5) 第 20 行＝表 A202000"分支机构情况"中对应总机构独立生产经营部门行次的"分配所得税额"列次填报的金额。

三、填报企业所得税年度纳税申报表

　　(一) 查账征收方式申报企业所得税

　　实行查账征收方式申报企业所得税的居民企业(包括境外注册中资控股居民企业)在纳税年度终了之日起 5 个月内,在年度中间终止经营活动的在实际终止经营之日起 60 日内,依照税收法律、法规、规章及其他有关规定,自行计算本纳税年度应纳税所得额、应纳所得税额和本纳税年度应补(退)税额,向税务机关填报中华人民共和国企业所得税年度纳税申报表(A 类,2017 年版)(主表)及其他附表等有关资料,所有企业所得税年度纳税申报表填报表单详见表 9-3,进行年度纳税申报。

　　✍ 说明 以下表单编号为国家税务总局企业所得税纳税申报表相关编号,为与实际工作统一,故此未做修改,红字表单为本书涉及的表单,其他表单略。

表 9-3 企业所得税年度纳税申报表填报表单

表单编号	表 单 名 称	是否填报
A000000	企业所得税年度纳税申报基础信息表	✓
A100000	中华人民共和国企业所得税年度纳税申报表（A 类）	✓
A101010	一般企业收入明细表	☐
A101020	金融企业收入明细表	☐
A102010	一般企业成本支出明细表	☐
A102020	金融企业支出明细表	☐
A103000	事业单位、民间非营利组织收入、支出明细表	☐
A104000	期间费用明细表	☐
A105000	纳税调整项目明细表	☐
A105010	视同销售和房地产开发企业特定业务纳税调整明细表	☐
A105020	未按权责发生制确认收入纳税调整明细表	☐
A105030	投资收益纳税调整明细表	☐
A105040	专项用途财政性资金纳税调整明细表	☐
A105050	职工薪酬支出及纳税调整明细表	☐
A105060	广告费和业务宣传费等跨年度纳税调整明细表	☐
A105070	捐赠支出及纳税调整明细表	☐
A105080	资产折旧、摊销及纳税调整明细表	☐
A105090	资产损失税前扣除及纳税调整明细表	☐
A105100	企业重组及递延纳税事项纳税调整明细表	☐
A105110	政策性搬迁纳税调整明细表	☐
A105120	贷款损失准备金及纳税调整明细表	☐
A106000	企业所得税弥补亏损明细表	☐
A107010	免税、减计收入及加计扣除优惠明细表	☐
A107011	符合条件的居民企业之间的股息、红利等权益性投资收益优惠明细表	☐
A107012	研发费用加计扣除优惠明细表	☐
A107020	所得减免优惠明细表	☐
A107030	抵扣应纳税所得额明细表	☐
A107040	减免所得税优惠明细表	☐
A107041	高新技术企业优惠情况及明细表	☐
A107042	软件、集成电路企业优惠情况及明细表	☐
A107050	税额抵免优惠明细表	☐
A108000	境外所得税收抵免明细表	☐
A108010	境外所得纳税调整后所得明细表	☐
A108020	境外分支机构弥补亏损明细表	☐
A108030	跨年度结转抵免境外所得税明细表	☐
A109000	跨地区经营汇总纳税企业年度分摊企业所得税明细表	☐
A109010	企业所得税汇总纳税分支机构所得税分配表	☐
说明：企业应当根据实际情况选择需要填报的表单。		

A000000：企业所得税年度纳税申报基础信息表

基本经营情况（必填项目）				
101 纳税申报企业类型（填写代码）		102 分支机构就地纳税比例（%）		
103 资产总额（填写平均值，单位：万元）		104 从业人数（填写平均值，单位：人）		
105 所属国民经济行业（填写代码）		106 从事国家限制或禁止行业		□是 □否
107 适用会计准则或会计制度（填写代码）		108 采用一般企业财务报表格式（2019 年版）		□是 □否
109 小型微利企业	□是 □否	110 上市公司	□是（□境内□境外） □否	
有关涉税事项情况（存在或者发生下列事项时必填）				
201 从事股权投资业务	□是	202 存在境外关联交易		□是
203 境外 所得信息	203-1 选择采用的境外所得抵免方式	□分国（地区）不分项 □不分国（地区）不分项		
	203-2 新增境外直接投资信息	□是（产业类别：□旅游业 □现代服务业□高新技术产业）		
204 有限合伙制创业投资企业的法人合伙人	□是	205 创业投资企业		□是
206 技术先进型服务企业类型（填写代码）		207 非营利组织		□是
208 软件、集成电路企业类型（填写代码）		209 集成电路生产项目类型	□130 纳米　□65 纳米 □28 纳米	
210 科技型 中小企业	210-1 ＿年（申报所属期年度）入库编号 1		210-2 入库时间 1	
	210-3 ＿年（所属期下一年度）入库编号 2		210-4 入库时间 2	
211 高新技术企业申报所属期年度有效的高新技术企业证书	211-1 证书编号 1		211-2 发证时间 1	
	211-3 证书编号 2		211-4 发证时间 2	
212 重组事项税务处理方式	□一般性 □特殊性	213 重组交易类型（填写代码）		
214 重组当事方类型（填写代码）		215 政策性搬迁开始时间		＿年 ＿月
216 发生政策性搬迁且停止生产经营无所得年度	□是	217 政策性搬迁损失分期扣除年度		□是
218 发生非货币性资产对外投资递延纳税事项	□是	219 非货币性资产对外投资转让所得递延纳税年度		□是
220 发生技术成果投资入股递延纳税事项	□是	221 技术成果投资入股递延纳税年度		□是
222 发生资产（股权）划转特殊性税务处理事项	□是	223 债务重组所得递延纳税年度		□是
224 研发支出辅助账样式	□2015 版　　□2021 版　　□自行设计			

主要股东及分红情况(必填项目)					
股东名称	证件种类	证件号码	投资比例/%	当年(决议日)分配的股息、红利等权益性投资收益金额	国籍(注册地址)
其余股东合计	—	—			—

A100000:中华人民共和国企业所得税年度纳税申报表(A类)(主表)

行次	类别	项 目	金 额
1	利润总额计算	一、营业收入(填写 A101010/101020/103000)	
2		减:营业成本(填写 A102010/102020/103000)	
3		减:税金及附加	
4		减:销售费用(填写 A104000)	
5		减:管理费用(填写 A104000)	
6		减:财务费用(填写 A104000)	
7		减:资产减值损失	
8		加:公允价值变动收益	
9		加:投资收益	
10		二、营业利润(1-2-3-4-5-6-7+8+9)	
11		加:营业外收入(填写 A101010/101020/103000)	
12		减:营业外支出(填写 A102010/102020/103000)	
13		三、利润总额(10+11-12)	
14	应纳税所得额计算	减:境外所得(填写 A108010)	
15		加:纳税调整增加额(填写 A105000)	
16		减:纳税调整减少额(填写 A105000)	
17		减:免税、减计收入及加计扣除(填写 A107010)	
18		加:境外应税所得抵减境内亏损(填写 A108000)	
19		四、纳税调整后所得(13-14+15-16-17+18)	

续表

行次	类别	项　目	金　额
20	应纳税所得额计算	减：所得减免（填写 A107020）	
21		减：弥补以前年度亏损（填写 A106000）	
22		减：抵扣应纳税所得额（填写 A107030）	
23		五、应纳税所得额（19－20－21－22）	
24	应纳税额计算	税率（25%）	
25		六、应纳所得税额（23×24）	
26		减：减免所得税额（填写 A107040）	
27		减：抵免所得税额（填写 A107050）	
28		七、应纳税额（25－26－27）	
29		加：境外所得应纳所得税额（填写 A108000）	
30		减：境外所得抵免所得税额（填写 A108000）	
31		八、实际应纳所得税额（28＋29－30）	
32		减：本年累计实际已缴纳的所得税额	
33		九、本年应补（退）所得税额（31－32）	
34		其中：总机构分摊本年应补（退）所得税额（填写 A109000）	
35		财政集中分配本年应补（退）所得税额（填写 A109000）	
36		总机构主体生产经营部门分摊本年应补（退）所得税额（填写 A109000）	
37	实际应纳税额计算	减：民族自治地区企业所得税地方分享部分：（□免征 □减征：减征幅度＿＿＿%）	
38		十、本年实际应补（退）所得税额（33－37）	

✍ 说明　其他附表：A101010：一般企业收入明细表、A102010：一般企业成本支出明细表、A104000：期间费用明细表、A105000：纳税调整项目明细表、A106000：企业所得税弥补亏损明细表、A107012：研发费用加计扣除优惠明细表、A107020：所得减免优惠明细表、A107030：抵扣应纳税所得额明细表、A107040：减免所得税优惠明细表、A107050：税额抵免优惠明细表、A108000：境外所得税收抵免明细表等表单及填报说明详见二维码链接。

【表单说明】

A000000：企业所得税年度纳税申报基础信息表填报说明

纳税人在企业所得税年度纳税申报时应当向税务机关申报或者报告与确定应纳税额相关的信息。本表包括基本经营情况、有关涉税事项情况、主要股东及分红情况三部分内容。有关项目填报说明如下：

一、基本经营情况

本部分所列项目为纳税人必填（必选）内容。

(1)"101 纳税申报企业类型"：纳税人根据申报所属期年度的企业经营方式情况，从跨地区经营企业类型代码表中选择相应的代码填入本项。

链接：企业所得税纳税服务手册

跨地区经营企业类型代码表

代码	类型		
	大 类	中 类	小 类
100	非跨地区经营企业		
210	跨地区经营企业总机构	总机构(跨省)适用《跨地区经营汇总纳税企业所得税征收管理办法》	
220		总机构(跨省)不适用《跨地区经营汇总纳税企业所得税征收管理办法》	
230		总机构(省内)	
311	跨地区经营企业分支机构	需进行完整年度纳税申报	分支机构(须进行完整年度申报并按比例纳税)
312			分支机构(须进行完整年度申报但不就地缴纳)

代码说明:

"非跨地区经营企业":纳税人未跨地区设立不具有法人资格分支机构的,为非跨地区经营企业。

"总机构(跨省)适用《跨地区经营汇总纳税企业所得税征收管理办法》":纳税人为《国家税务总局关于印发〈跨地区经营汇总纳税企业所得税征收管理办法〉的公告》(2012年第57号发布,国家税务总局公告2018年第31号修改)规定的跨省、自治区、直辖市和计划单列市设立不具有法人资格分支机构的跨地区经营汇总纳税企业的总机构。

"总机构(跨省)不适用《跨地区经营汇总纳税企业所得税征收管理办法》":纳税人为《国家税务总局关于印发〈跨地区经营汇总纳税企业所得税征收管理办法〉的公告》(2012年第57号发布,国家税务总局公告2018年第31号修改)第二条规定的不适用该公告的跨地区经营汇总纳税企业的总机构。

"总机构(省内)":纳税人为仅在同一省、自治区、直辖市和计划单列市内设立不具有法人资格分支机构的跨地区经营汇总纳税企业的总机构。

"分支机构(须进行完整年度申报并按比例纳税)":纳税人为根据相关政策规定须进行完整年度申报并按比例就地缴纳企业所得税的跨地区经营企业的分支机构。

"分支机构(须进行完整年度申报但不就地缴纳)":纳税人为根据相关政策规定须进行完整年度申报但不就地缴纳企业所得税的跨地区经营企业的分支机构。

(2)"102分支机构就地纳税比例":"101纳税申报企业类型"为"分支机构(须进行完整年度申报并按比例纳税)"需要同时填报本项。分支机构填报年度纳税申报时应当就地缴纳企业所得税的比例。

(3)"103资产总额":纳税人填报资产总额的全年季度平均值,单位为万元,保留小数点后2位。具体计算公式如下:

$$季度平均值＝(季初值＋季末值)÷2$$
$$全年季度平均值＝全年各季度平均值之和÷4$$

年度中间开业或者终止经营活动的,以其实际经营期作为一个纳税年度确定上述相关指标。

(4)"104从业人数":纳税人填报从业人数的全年季度平均值,单位为人。从业人数是指与企业建立劳动关系的职工人数和企业接受的劳务派遣用工人数之和,依据和计算方法同"103资产总额"。

(5)"105所属国民经济行业":按照《国民经济行业分类》标准,纳税人填报所属的国民经济行业明细代码。

(6)"106从事国家限制或禁止行业":纳税人从事行业为国家限制和禁止行业的,选择"是";其他选择"否"。

(7)"107适用会计准则或会计制度":纳税人根据会计核算采用的会计准则或会计制度从会计准则或会计制度类型代码表中选择相应的代码填入本项。

会计准则或会计制度类型代码表

代码	类型	
	大类	小类
110	企业会计准则	一般企业
120		银行
130		证券
140		保险
150		担保
200	小企业会计准则	
300	企业会计制度	
410	事业单位会计准则	事业单位会计制度
420		科学事业单位会计制度
430		医院会计制度
440		高等学校会计制度
450		中小学校会计制度
460		彩票机构会计制度
500	民间非营利组织会计制度	
600	村集体经济组织会计制度	
700	农民专业合作社财务会计制度(试行)	
800	政府会计准则	
999	其他	

(8)"108采用一般企业财务报表格式(2019年版)":纳税人根据《财政部关于修订印发2019年度一般企业财务报表格式的通知》(财会〔2019〕6号)和《财政部关于修订印发2018年度金融企业财务报表格式的通知》(财会〔2018〕36号)规定的格式编制财务报表的,选择"是",其他选择"否"。

(9)"109小型微利企业":纳税人符合小型微利企业普惠性所得税减免政策条件的,选择"是",其他选择"否"。

(10)"110上市公司":纳税人在中国境内上市的选择"境内";在中国境外上市的选择"境外";在境内外同时上市的可同时选择;其他选择"否"。纳税人在中国香港上市的,参照境外上市相关规定选择。

二、有关涉税事项情况

本部分所列项目为条件必填(必选)内容,当纳税人存在或发生下列事项时,必须填报。纳税人未填报的,视同不存在或未发生下列事项。

(1)"201从事股权投资业务":纳税人从事股权投资业务的(包括集团公司总部、创业投资企业等),选择"是"。

(2)"202存在境外关联交易":纳税人存在境外关联交易的,选择"是"。

(3)"203境外所得信息":填报纳税人与来源于中国境外所得的相关信息。

①"203-1选择采用的境外所得抵免方式":纳税人适用境外所得税收抵免政策,且根据《财政部 国家税务总局关于企业境外所得税收抵免有关问题的通知》(财税〔2009〕125号)、《财政部 税务总局关于完善企业境外所得税收抵免政策问题的通知》(财税〔2017〕84号)文件规定选择按国(地区)别分别计算其来源于境外的应纳税所得额,即"分国(地区)不分项"的,选择"分国(地区)不分项";纳税人适用境外所得税收抵免政策,且根据财税〔2009〕125号、财税〔2017〕84号文件规定选择不按国(地区)汇总计算其来源于境外的应纳税所得额,即"不分国(地区)不分项"的,选择"不分国(地区)不分项"。境外所得抵免方式一经选择,5年内不得变更。

②"203-2新增境外直接投资信息":填报纳税人符合享受境外所得免征企业所得税优惠政策条件的相关信息。本项目由在海南自由贸易港等特定地区设立的旅游业、现代服务业、高新技术产业且新增境外直接投资的企业填报。"产业类别"填报纳税人经营的产业类别,按"旅游业""现代服务业""高新技术产业"选择填报。

(4)"204有限合伙制创业投资企业的法人合伙人":纳税人投资于有限合伙制创业投资企业且为其法人合伙人的,选择"是"。本项目中的有限合伙制创业投资企业的法人合伙人是指符合《中华人民共和国合伙企业法》《创业投资企业管理暂行办法》(国家发展和改革委员会令第39号)、《外商投资创业投资企业管理规定》(外经贸部　科技部　工商总局　税务总局　外汇管理局令2003年第2号发布,商务部令2015年第2号修改)、《私募投资基金监督管理暂行办法》(证监会令第105号)关于创业投资基金的特别规定等规定的创业投资企业法人合伙人。有限合伙制创业投资企业的法人合伙人无论是否享受企业所得税优惠政策,均应填报本项。

(5)"205创业投资企业":纳税人为创业投资企业的,选择"是"。本项目中的创业投资企业是指依照《创业投资企业管理暂行办法》(国家发展和改革委员会令第39号)和《外商投资创业投资企业管理规定》(外经贸部　科技部　工商总局　税务总局　外汇管理局令2003年第2号发布,商务部令2015年第2号修改)、《私募投资基金监督管理暂行办法》(证监会令第105号)关于创业投资基金的特别规定等规定,在中华人民共和国境内设立的专门从事创业投资活动的企业或其他经济组织。创业投资企业无论是否享受企业所得税优惠政策,均应填报本项。

(6)"206技术先进型服务企业类型":纳税人为经认定的技术先进型服务企业的,从技术先进型服务企业类型代码表中选择相应的代码填报本项。本项目中的经认定的技术先进型服务企业是指符合《财政部　税务总局　商务部　科技部　国家发展改革委关于将技术先进型服务企业所得税政策推广至全国实施的通知》(财税〔2017〕79号)、《财政部　税务总局　商务部　科技部　国家发展改革委关于将服务贸易创新发展试点地区技术先进型服务企业所得税政策推广至全国实施的通知》(财税〔2018〕44号)等文件规定的企业。经认定的技术先进型服务企业无论是否享受企业所得税优惠政策,均应填报本项。

技术先进型服务企业类型代码表

代码	类型	
	大　类	小　类
110	服务外包类	信息技术外包服务(ITO)
120		技术性业务流程外包服务(BPO)
130		技术性知识流程外包服务(KPO)
210	服务贸易类	计算机和信息服务
220		研究开发和技术服务
230		文化技术服务
240		中医药医疗服务

(7)"207非营利组织":纳税人为非营利组织的,选择"是"。

(8)"208软件、集成电路企业类型":适用纳税人根据企业所得税年度纳税申报基础信息表(A000000)"208软件、集成电路企业类型"填报的企业类型和实际经营情况,从国家税务总局的软件、集成电路企业优惠方式代码表(本书略)"代码"列中选择相应代码填报。软件、集成电路企业若符合相关企业所得税优惠政策条件的,无论是否享受企业所得税优惠,均应填报本项,且仅可从中选择一项列示。

(9)"209集成电路生产项目类型":纳税人投资集成电路线宽小于130纳米(含)、集成电路线宽小于65纳米(含)或投资额超过150亿元、线宽小于28纳米(含)的集成电路生产项目,项目符合有关文件规定的税收优惠政策条件,且按照项目享受企业所得税优惠政策的,应填报本项。纳税人投资线宽小于130纳米(含)的集成电路生产项目的,选择"130纳米(含)",投资线宽小于65纳米(含)或投资额超过150亿元的集成电路生产项目的,选择"65纳米";投资线宽小于28纳米(含)的集成电路生产项目的,选择"28纳米";同时投资上述两类以上项目的,可同时选择。

纳税人既符合"208 软件、集成电路企业类型"项目又符合"209 集成电路生产项目类型"项目填报条件的,应当同时填报。

(10)"210 科技型中小企业":纳税人根据申报所属期年度和申报所属期下一年度取得的科技型中小企业入库登记编号情况,填报本项目下的"210-1""210-2""210-3""210-4"。例如,纳税人在进行 2018 年度企业所得税汇算清缴纳税申报时,"210-1(申报所属期年度)入库编号"首先应当填列"2018 年(申报所属期年度)入库编号","210-3(所属期下一年度)入库编号"首先应当填列"2019 年(所属期下一年度)入库编号"。若纳税人在 2018 年 1 月 1 日至 2018 年 12 月 31 日之间取得科技型中小企业入库登记编号的,将相应的"编号"及"入库时间"分别填入"210-1"和"210-2"项目中;若纳税人在 2019 年 1 月 1 日至 2018 年度汇算清缴纳税申报日之间取得科技型中小企业入库登记编号的,将相应的"编号"及"入库时间"分别填入"210-3"和"210-4"项目中。纳税人符合上述填报要求的,无论是否享受企业所得税优惠政策,均应填报本项。

(11)"211 高新技术企业申报所属期年度有效的高新技术企业证书":纳税人根据申报所属期年度拥有的有效期内的高新技术企业证书情况,填报本项目下的"211-1""211-2""211-3""211-4"。在申报所属期年度,如企业同时拥有两个高新技术企业证书,则两个证书情况均应填报。例如:纳税人 2015 年 10 月取得高新技术企业证书,有效期 3 年,2018 年再次参加认定并于 2018 年 11 月取得新高新技术企业证书,纳税人在进行 2018 年度企业所得税汇算清缴纳税申报时,应将两个证书的"编号"及"发证时间"分别填入"211-1""211-2""211-3""211-4"项目中。纳税人符合上述填报要求的,无论是否享受企业所得税优惠政策,均应填报本项。

(12)"212 重组事项税务处理方式":纳税人在申报所属期年度发生重组事项的,应填报本项。纳税人重组事项按一般性税务处理的,选择"一般性";重组事项按特殊性税务处理的,选择"特殊性"。

(13)"213 重组交易类型"和"214 重组当事方类型":填报"212 重组事项税务处理方式"的纳税人,应当同时填报"213 重组交易类型"和"214 重组当事方类型"。纳税人根据重组情况从重组交易类型和当事方类型代码表中选择相应代码分别填入对应项目中。重组交易类型和当事方类型根据《财政部　国家税务总局关于企业重组业务企业所得税处理若干问题的通知》(财税〔2009〕59 号)、《财政部　国家税务总局关于促进企业重组有关企业所得税处理问题的通知》(财税〔2014〕109 号)、《国家税务总局关于企业重组业务企业所得税征收管理若干问题的公告》(2015 年第 48 号发布,国家税务总局公告 2018 年第 31 号修改)等文件规定判断。

重组交易类型和当事方类型代码表

重组交易		重组当事方	
代码	类型	代码	类型
100	法律形式改变	—	—
200	债务重组	210	债务人
		220	债权人
300	股权收购	310	收购方
		320	转让方
		330	被收购企业
400	资产收购	410	收购方
		420	转让方
500	合并	510	合并企业
		520	被合并企业
		530	被合并企业股东

续表

重 组 交 易		重组当事方	
代码	类　　型	代码	类　　型
600	分立	610	分立企业
		620	被分立企业
		630	被分立企业股东

(14)"215 政策性搬迁开始时间"：纳税人发生政策性搬迁事项且申报所属期年度处在搬迁期内的，填报政策性搬迁开始的时间。

(15)"216 发生政策性搬迁且停止生产经营无所得年度"：纳税人的申报所属期年度处于政策性搬迁期内，且停止生产经营无所得的，选择"是"。

(16)"217 政策性搬迁损失分期扣除年度"：纳税人发生政策性搬迁事项出现搬迁损失，按照《企业政策性搬迁所得税管理办法》(2012 年第 40 号发布)等有关规定选择自搬迁完成年度起分 3 个年度均匀在税前扣除的，且申报所属期年度处在分期扣除期间的，选择"是"。

(17)"218 发生非货币性资产对外投资递延纳税事项"：纳税人在申报所属期年度发生非货币性资产对外投资递延纳税事项的，选择"是"。

(18)"219 非货币性资产对外投资转让所得递延纳税年度"：纳税人以非货币性资产对外投资确认的非货币性资产转让所得，按照《财政部　国家税务总局关于非货币性资产投资企业所得税政策问题的通知》(财税〔2014〕116 号)、《国家税务总局关于非货币性资产投资企业所得税有关征管问题的公告》(2015 年第 33 号)等文件规定，在不超过 5 年期限内分期均匀计入相应年度的应纳税所得额的，且申报所属期年度处在递延纳税期间的，选择"是"。

(19)"220 发生技术成果投资入股递延纳税事项"：纳税人在申报所属期年度发生技术入股递延纳税事项的，选择"是"。

(20)"221 技术成果投资入股递延纳税年度"：纳税人发生技术入股事项，按照《财政部　国家税务总局关于完善股权激励和技术入股有关所得税政策的通知》(财税〔2016〕101 号)、《国家税务总局关于股权激励和技术入股所得税征管问题的公告》(2016 年第 62 号)等文件规定选择适用递延纳税政策，即在投资入股当期暂不纳税，递延至转让股权时按股权转让收入减去技术成果原值和合理税费后的差额计算缴纳所得税的，且申报所属期年度为转让股权年度的，选择"是"。

(21)"222 发生资产(股权)划转特殊性税务处理事项"：纳税人在申报所属期年度发生《财政部　国家税务总局关于促进企业重组有关企业所得税处理问题的通知》(财税〔2014〕109 号)、《国家税务总局关于资产(股权)划转企业所得税征管问题的公告》(2015 年第 40 号)等文件规定的资产(股权)划转特殊性税务处理事项的，选择"是"。

(22)"223 债务重组所得递延纳税年度"：纳税人债务重组确认的应纳税所得额按照《财政部　国家税务总局关于企业重组业务企业所得税处理若干问题的通知》(财税〔2009〕59 号)、《财政部　国家税务总局关于促进企业重组有关企业所得税处理问题的通知》(财税〔2014〕109 号)等文件规定，在 5 个纳税年度的期间内，均匀计入各年度的应纳税所得额的，且申报所属期年度处在递延纳税期间的，选择"是"。

(23)"224 研发支出辅助账样式"：按照《国家税务总局关于企业研究开发费用税前加计扣除政策有关问题的公告》(2015 年第 97 号)、《国家税务总局关于进一步落实研发费用加计扣除政策有关问题的公告》(2021 年第 28 号)文件规定，纳税人选择使用 2015 版研发支出辅助账样式及其优化版(如上海市 2018 优化版研发支出辅助账样式)的，选择"2015 版"；纳税人选择 2021 版研发支出辅助账样式，选择"2021 版"；纳税人自行设计研发支出辅助账样式的，选择"自行设计"。

三、主要股东及分红情况

纳税人填报本企业投资比例位列前 10 位的股东情况。包括股东名称，证件种类(营业执照、税务登记证、组织机构代码证、身份证、护照等)，证件号码(统一社会信用代码、纳税人识别号、组织机构代码号、身份证号、护照号等)，投资比例，当年(决议日)分配的股息、红利等权益性投资收益金额，国籍(注册地址)。纳税人股东数量超过10位的，应将其余股东有关数据合计后填入"其余股东合计"行次。

纳税人股东为非居民企业的，证件种类和证件号码可不填报。

A100000：中华人民共和国企业所得税年度纳税申报表（A 类）（主表）填报说明

本表为企业所得税年度纳税申报表的主表，纳税人应当根据《中华人民共和国企业所得税法》及其实施条例、相关税收政策，以及国家统一会计制度(企业会计准则、小企业会计准则、企业会计制度、事业单位会计准则和民间非营利组织会计制度等)的规定，计算填报利润总额、应纳税所得额和应纳税额等有关项目。

纳税人在计算企业所得税应纳税所得额及应纳税额时，会计处理与税收规定不一致的，应当按照税收规定计算。税收规定不明确的，在没有明确规定之前，暂按国家统一会计制度计算。

一、有关项目填报说明

（一）表体项目

本表是在纳税人会计利润总额的基础上，加减纳税调整等金额后计算出"纳税调整后所得"。会计与税法的差异(包括收入类、扣除类、资产类等差异)通过纳税调整项目明细表(A105000)集中填报。

本表包括利润总额计算、应纳税所得额计算、应纳税额计算三个部分。

（1）"利润总额计算"中的项目，按照国家统一会计制度规定计算填报。实行企业会计准则、小企业会计准则、企业会计制度、分行业会计制度的纳税人，其数据直接取自利润表(另有说明的除外)；实行事业单位会计准则的纳税人，其数据取自收入支出表；实行民间非营利组织会计制度的纳税人，其数据取自业务活动表；实行其他国家统一会计制度的纳税人，根据本表项目进行分析填报。

（2）"应纳税所得额计算"和"应纳税额计算"中的项目，除根据主表逻辑关系计算以外，通过附表相应栏次填报。

（二）行次说明

第1～13行参照国家统一会计制度规定填写。本部分未设"研发费用""其他收益""资产处置收益"等项目，对于已执行《财政部关于修订印发2019年度一般企业财务报表格式的通知》(财会〔2019〕6号)的纳税人，在利润表中归集的"研发费用"通过期间费用明细表(A104000)第19行"十九、研究费用"的管理费用相应列次填报；在利润表中归集的"其他收益""资产处置收益""信用减值损失""净敞口套期收益"项目则无需填报，同时第10行"二、营业利润"不执行"第10行＝第1－2－3－4－5－6－7＋8＋9行"的表内关系，按照利润表"营业利润"项目直接填报。

（1）第1行"营业收入"：填报纳税人主要经营业务和其他经营业务取得的收入总额。本行根据"主营业务收入"和"其他业务收入"的数额填报。一般企业纳税人根据一般企业收入明细表(A101010)填报；金融企业纳税人根据金融企业收入明细表(A101020)填报；事业单位、社会团体、民办非企业单位、非营利组织等纳税人根据事业单位、民间非营利组织收入、支出明细表(A103000)填报。

（2）第2行"营业成本"：填报纳税人主要经营业务和其他经营业务发生的成本总额。本行根据"主营业务成本"和"其他业务成本"的数额填报。一般企业纳税人根据一般企业成本支出明细表(A102010)填报；金融企业纳税人根据金融企业支出明细表(A102020)填报；事业单位、社会团体、民办非企业单位、非营利组织等纳税人，根据事业单位、民间非营利组织收入、支出明细表(A103000)填报。

（3）第3行"税金及附加"：填报纳税人经营活动发生的消费税、城市维护建设税、资源税、土地增值税和教育费附加等相关税费。本行根据纳税人相关会计科目填报。纳税人在其他会计科目核算的税金不得重复填报。

（4）第4行"销售费用"：填报纳税人在销售商品和材料、提供劳务的过程中发生的各种费用。本行根据期间费用明细表(A104000)中对应的"销售费用"填报。

（5）第5行"管理费用"：填报纳税人为组织和管理企业生产经营发生的管理费用。本行根据期间费用明细表(A104000)中对应的"管理费用"填报。

（6）第6行"财务费用"：填报纳税人为筹集生产经营所需资金等发生的筹资费用。本行根据期间费用明细细表(A104000)中对应的"财务费用"填报。

(7) 第 7 行"资产减值损失":填报纳税人计提各项资产准备发生的减值损失。本行根据企业"资产减值损失"科目上的数额填报。实行其他会计制度的比照填报。

(8) 第 8 行"公允价值变动收益":填报纳税人在初始确认时划分为以公允价值计量且其变动计入当期损益的金融资产或金融负债(包括交易性金融资产或负债,直接指定为以公允价值计量且其变动计入当期损益的金融资产或金融负债),以及采用公允价值模式计量的投资性房地产、衍生工具和套期业务中公允价值变动形成的应计入当期损益的利得或损失。本行根据企业"公允价值变动损益"科目的数额填报,损失以"一"号填列。

(9) 第 9 行"投资收益":填报纳税人以各种方式对外投资所取得的收益或发生的损失。根据企业"投资收益"科目的数额计算填报,实行事业单位会计准则的纳税人根据"其他收入"科目中的投资收益金额分析填报,损失以"一"号填列。实行其他会计制度的纳税人比照填报。

(10) 第 10 行"营业利润":填报纳税人当期的营业利润。根据上述项目计算填报。已执行《财政部关于修订印发 2019 年度一般企业财务报表格式的通知》(财会〔2019〕6 号)和《财政部关于修订印发 2018 年度金融企业财务报表格式的通知》(财会〔2018〕36 号)的纳税人,根据利润表对应项目填列,不执行本行计算规则。

(11) 第 11 行"营业外收入":填报纳税人取得的与其经营活动无直接关系的各项收入的金额。一般企业纳税人根据一般企业收入明细表(A101010)填报;金融企业纳税人根据金融企业收入明细表(A101020)填报;实行事业单位会计准则或民间非营利组织会计制度的纳税人根据事业单位、民间非营利组织收入、支出明细表(A103000)填报。

(12) 第 12 行"营业外支出":填报纳税人发生的与其经营活动无直接关系的各项支出的金额。一般企业纳税人根据一般企业成本支出明细表(A102010)填报;金融企业纳税人根据金融企业支出明细表(A102020)填报;实行事业单位会计准则或民间非营利组织会计制度的纳税人根据事业单位、民间非营利组织收入、支出明细表(A103000)填报。

(13) 第 13 行"利润总额":填报纳税人当期的利润总额。根据上述项目计算填报。

(14) 第 14 行"境外所得":填报已计入利润总额以及按照税法相关规定已在纳税调整项目明细表(A105000)进行纳税调整的境外所得金额。本行根据境外所得纳税调整后所得明细表(A108010)填报。

(15) 第 15 行"纳税调整增加额":填报纳税人会计处理与税收规定不一致,进行纳税调整增加的金额。本行根据纳税调整项目明细表(A105000)"调增金额"列填报。

(16) 第 16 行"纳税调整减少额":填报纳税人会计处理与税收规定不一致,进行纳税调整减少的金额。本行根据纳税调整项目明细表(A105000)"调减金额"列填报。

(17) 第 17 行"免税、减计收入及加计扣除":填报属于税收规定免税收入、减计收入、加计扣除金额。本行根据免税、减计收入及加计扣除优惠明细表(A107010)填报。

(18) 第 18 行"境外应税所得抵减境内亏损":当纳税人选择不用境外所得抵减境内亏损时,填报 0;当纳税人选择用境外所得抵减境内亏损时,填报境外所得抵减当年度境内亏损的金额。用境外所得弥补以前年度境内亏损的,还需填报企业所得税弥补亏损明细表(A106000)和境外所得税收抵免明细表(A108000)。

(19) 第 19 行"纳税调整后所得":填报纳税人经过纳税调整、税收优惠、境外所得计算后的所得额。

(20) 第 20 行"所得减免":填报属于税收规定的所得减免金额。本行根据所得减免优惠明细表(A107020)填报。

(21) 第 21 行"弥补以前年度亏损":填报纳税人按照税收规定可在税前弥补的以前年度亏损数额。本行根据企业所得税弥补亏损明细表(A106000)填报。

(22) 第 22 行"抵扣应纳税所得额":填报根据税收规定应抵扣的应纳税所得额。本行根据抵扣应纳税所得额明细表(A107030)填报。

(23) 第 23 行"应纳税所得额":填报第 19−20−21−22 行金额。按照上述行次顺序计算结果为负数的,本行按 0 填报。

(24) 第 24 行"税率":填报税收规定的税率 25%。

（25）第 25 行"应纳所得税额"：填报第 23×24 行金额。

（26）第 26 行"减免所得税额"：填报纳税人按税收规定实际减免的企业所得税额。本行根据减免所得税优惠明细表（A107040）填报。

（27）第 27 行"抵免所得税额"：填报企业当年的应纳所得税额中抵免的金额。本行根据税额抵免优惠明细表（A107050）填报。

（28）第 28 行"应纳税额"：填报第 25－26－27 行金额。

（29）第 29 行"境外所得应纳所得税额"：填报纳税人来源于中国境外的所得，按照我国税收规定计算的应纳所得税额。本行根据境外所得税收抵免明细表（A108000）填报。

（30）第 30 行"境外所得抵免所得税额"：填报纳税人来源于中国境外所得依照中国境外税收法律以及相关规定应缴纳并实际缴纳（包括视同已实际缴纳）的企业所得税性质的税款（准予抵免税款）。本行根据境外所得税收抵免明细表（A108000）填报。

（31）第 31 行"实际应纳所得税额"：填报第 28＋29－30 行金额。其中，跨地区经营企业类型为"分支机构（须进行完整年度申报并按比例纳税）"的纳税人，填报（第 28＋29－30 行）×"分支机构就地纳税比例"金额。

（32）第 32 行"本年累计实际已缴纳的所得税额"：填报纳税人按照税收规定本纳税年度已在月（季）度累计预缴的所得税额，包括按照税收规定的特定业务已预缴（征）的所得税额，建筑企业总机构直接管理的跨地区设立的项目部按规定向项目所在地主管税务机关预缴的所得税额。

（33）第 33 行"本年应补（退）所得税额"：填报第 31 行－第 32 行金额。

（34）第 34 行"总机构分摊本年应补（退）所得税额"：填报汇总纳税的总机构按照税收规定在总机构所在地分摊本年应补（退）所得税额。本行根据跨地区经营汇总纳税企业年度分摊企业所得税明细表（A109000）填报。

（35）第 35 行"财政集中分配本年应补（退）所得税额"：填报汇总纳税的总机构按照税收规定财政集中分配本年应补（退）所得税款。本行根据跨地区经营汇总纳税企业年度分摊企业所得税明细表（A109000）填报。

（36）第 36 行"总机构主体生产经营部门分摊本年应补（退）所得税额"：填报汇总纳税的总机构所属的具有主体生产经营职能的部门按照税收规定应分摊的本年应补（退）所得税额。本行根据跨地区经营汇总纳税企业年度分摊企业所得税明细表（A109000）填报。

（37）第 37 行"减：民族自治地区企业所得税地方分享部分：（□免征□减征：减征幅度＿＿＿％）"：根据《中华人民共和国企业所得税法》《中华人民共和国民族区域自治法》《财政部国家税务总局关于贯彻落实国务院关于实施企业所得税过渡优惠政策有关问题的通知》（财税〔2008〕21 号）等规定，实行民族区域自治的自治区、自治州、自治县的自治机关对本民族自治地方的企业应缴纳的企业所得税中属于地方分享的部分，可以决定减征或免征，自治州、自治县决定减征或者免征的，须报省、自治区、直辖市人民政府批准。

纳税人填报该行次时，根据享受政策的类型选择"免征"或"减征"，两者必选其一。选择"免征"是指免征企业所得税税收地方分享部分；选择"减征：减征幅度％"是指减征企业所得税税收地方分享部分。此时需填写"减征幅度"，减征幅度填写范围为 1～100，表示企业所得税税收地方分享部分的减征比例。例如：地方分享部分减半征收，则选择"减征"，并在"减征幅度"后填写"50％"。

企业类型为"非跨地区经营企业"的，本行填报"实际应纳所得税额"×40％×减征幅度－本年度预缴申报累计已减免的地方分享部分减免金额的余额。企业类型为"跨地区经营汇总纳税企业总机构"的，本行填报跨地区经营汇总纳税企业年度分摊企业所得税明细表（A109000）第 20 行"总机构因民族地方优惠调整分配金额"的金额。

（38）第 38 行"本年实际应补（退）所得税额"：填报纳税人当期实际应补（退）的所得税额。企业类型为"非跨地区经营企业"的，本行填报第 33～37 行金额。企业类型为"跨地区经营汇总纳税企业总机构"的，本行填报跨地区经营汇总纳税企业年度分摊企业所得税明细表（A109000）第 21 行"八、总机构本年实际应补（退）所得税额"的金额。

二、表内、表间关系

（一）表内关系

（1）第 10 行＝第 1－2－3－4－5－6－7＋8＋9 行。已执行《财政部关于修订印发 2019 年度一般企业财务报表格式的通知》(财会〔2019〕6 号)和《财政部关于修订印发 2018 年度金融企业财务报表格式的通知》(财会〔2018〕36 号)的纳税人,不执行本规则。

(2) 第 13 行＝第 10＋11－12 行。

(3) 第 19 行＝第 13－14＋15－16－17＋18 行。

(4) 第 23 行＝第 19－20－21－22 行。

(5) 第 25 行＝第 23×24 行。

(6) 第 28 行＝第 25－26－27 行。

(7) 第 31 行＝第 28＋29－30 行。其中,跨地区经营企业类型为"分支机构(须进行完整年度申报并按比例纳税)"的纳税人,第 31 行＝(第 28＋29－30 行)×表 A000000"102 分支机构就地纳税比例"。

(8) 第 33 行＝第 31－32 行。

(9) 企业类型为"非跨地区经营企业"的,第 38 行＝第 33－37 行。

(二) 表间关系

(1) 第 1 行＝表 A101010 第 1 行或表 A101020 第 1 行或表 A103000 第 2＋3＋4＋5＋6 行或表 A103000 第 11＋12＋13＋14＋15 行。

(2) 第 2 行＝表 A102010 第 1 行或表 A102020 第 1 行或表 A103000 第 19＋20＋21＋22 行或表 A103000 第 25＋26＋27 行。

(3) 第 4 行＝表 A104000 第 26 行第 1 列。

(4) 第 5 行＝表 A104000 第 26 行第 3 列。

(5) 第 6 行＝表 A104000 第 26 行第 5 列。

(6) 第 9 行＝表 A103000 第 8 行或者第 16 行(仅限于填报表 A103000 的纳税人,其他纳税人根据财务核算情况自行填写)。

(7) 第 11 行＝表 A101010 第 16 行或表 A101020 第 35 行或表 A103000 第 9 行或第 17 行。

(8) 第 12 行＝表 A102010 第 16 行或表 A102020 第 33 行或表 A103000 第 23 行或第 28 行。

(9) 第 14 行＝表 A108010 第 14 列合计－第 11 列合计。

(10) 第 15 行＝表 A105000 第 46 行第 3 列。

(11) 第 16 行＝表 A105000 第 46 行第 4 列。

(12) 第 17 行＝表 A107010 第 31 行。

(13) 第 18 行:

① 当第 13－14＋15－16－17 行≥0,第 18 行＝0;

② 当第 13－14＋15－16－17＜0 且表 A108000 第 5 列合计行≥0,表 A108000 第 6 列合计行＞0 时,第 18 行＝表 A108000 第 5 列合计行与表 A100000 第 13－14＋15－16－17 行绝对值的孰小值;

③ 当第 13－14＋15－16－17＜0 且表 A108000 第 5 列合计行≥0,表 A108000 第 6 列合计行＝0 时,第 18 行＝0。

(14) 第 20 行:

当第 19 行≤0 时,第 20 行＝0;

当第 19 行＞0 时,

① 第 19 行≥表 A107020 合计行第 11 列,第 20 行＝表 A107020 合计行第 11 列;

② 第 19 行＜表 A107020 合计行第 11 列,第 20 行＝第 19 行。

(15) 第 21 行＝表 A106000 第 11 行第 10 列。

(16) 第 22 行＝表 A107030 第 15 行第 1 列。

(17) 第 26 行＝表 A107040 第 33 行。

(18) 第 27 行＝表 A107050 第 7 行第 11 列。

(19) 第 29 行＝表 A108000 合计行第 9 列。

(20) 第 30 行＝表 A108000 合计行第 19 列。

（21）第 34 行＝表 A109000 第 12＋16 行。

（22）第 35 行＝表 A109000 第 13 行。

（23）第 36 行＝表 A109000 第 15 行。

（24）企业类型为"跨地区经营汇总纳税企业总机构"的，第 37 行＝表 A109000 第 20 行。

（25）企业类型为"跨地区经营汇总纳税企业总机构"的，第 38 行＝表 A109000 第 21 行。

（二）企业所得税纳税申报表主表填报举例

🖎 **说明** A000000：企业所得税年度纳税申报基础信息表根据企业自身情况依据填报说明自行填报即可。以下仅根据导入案例填报 A100000：中华人民共和国企业所得税年度纳税申报表（A 类）（主表）内容，其他附表依据相关填报说明填写即可。

根据"技能提升"导入案例的计算结果，对甲公司 2024 年度企业所得税纳税申报表进行填报。结果如下。

A100000：中华人民共和国企业所得税年度纳税申报表（A 类）（主表）　　单位：万元

行次	类别	项　目	金　额
1	利润总额计算	一、营业收入（填写 A101010/101020/103000）	35 000
2		减：营业成本（填写 A102010/102020/103000）	15 925
3		减：税金及附加	3 925.88
4		减：销售费用（填写 A104000）	560
5		减：管理费用（填写 A104000）	1 235
6		减：财务费用（填写 A104000）	280
7		减：资产减值损失	0
8		加：公允价值变动收益	0
9		加：投资收益	540
10		二、营业利润（1－2－3－4－5－6－7＋8＋9）	13 614.12
11		加：营业外收入（填写 A101010/101020/103000）	0
12		减：营业外支出（填写 A102010/102020/103000）	0
13		三、利润总额（10＋11－12）	13 614.12
14	应纳税所得额计算	减：境外所得（填写 A108010）	0
15		加：纳税调整增加额（填写 A105000）	4 467
16		减：纳税调整减少额（填写 A105000）	0
17		减：免税、减计收入及加计扣除（填写 A107010）	1 340
18		加：境外应税所得抵减境内亏损（填写 A108000）	0
19		四、纳税调整后所得（13－14＋15－16－17＋18）	16 741.12
20		减：所得减免（填写 A107020）	0
21		减：弥补以前年度亏损（填写 A106000）	420
22		减：抵扣应纳税所得额（填写 A107030）	0
23		五、应纳税所得额（19－20－21－22）	16 321.12

续表

行次	类别	项　目	金　额
24	应纳税额计算	税率(25%)	25%
25		六、应纳所得税额(23×24)	4 080.28
26		减:减免所得税额(填写 A107040)	0
27		减:抵免所得税额(填写 A107050)	28
28		七、应纳税额(25－26－27)	4 052.28
29		加:境外所得应纳所得税额(填写 A108000)	0
30		减:境外所得抵免所得税额(填写 A108000)	0
31		八、实际应纳所得税额(28+29－30)	4 052.28
32		减:本年累计实际已缴纳的所得税额	3 200
33		九、本年应补(退)所得税额(31－32)	852.28
34		其中:总机构分摊本年应补(退)所得税额(填写 A109000)	0
35		财政集中分配本年应补(退)所得税额(填写 A109000)	0
36		总机构主体生产经营部门分摊本年应补(退)所得税额(填写 A109000)	0
37	实际应纳税额计算	减:民族自治地区企业所得税地方分享部分:(□免征　□减征:减征幅度%)	0
38		十、本年实际应补(退)所得税额(33－37)	852.28

解释说明:

第1行:根据企业填列 A101010/101020/103000 的结果汇总可得营业收入＝35 000 万元。(本例已知条件)

第2行:根据企业填列 A102010/102020/103000 的结果汇总可得营业成本＝15 925 万元。(本例已知条件)

第3行:根据本例已知条件可得税金及附加＝2 625.88(可扣其他税种)＋1 300(消费税)＝3 925.88(万元)。

第4行:根据企业填列 A104000 的结果汇总可得销售费用＝560 万元。(本例已知条件)

第5行:根据企业填列 A104000 的结果汇总可得管理费用＝1 235 万元。(本例已知条件)

第6行:根据企业填列 A104000 的结果汇总可得财务费用＝280 万元。(本例已知条件)

第7行:资产减值损失,本例并未涉及。

第8行:公允价值变动收益,本例并未涉及。

第9行:根据本例已知条件可得投资收益＝200＋340＝540(万元)。

第10行:根据计算,营业利润＝35 000－15 925－3 925.88－560－1 235－280＋540＝13 614.12(万元)。

第11行:根据企业填列 A101010/101020/103000 的结果汇总可得营业外收入,本例并未涉及。

第12行:根据企业填列 A101010/101020/103000 的结果汇总可得营业外支出,本例并未涉及。

第13行:根据计算,利润总额＝13 614.12 万元。

第14行:根据企业填列 A108010 的结果汇总可得境外所得,本例并未涉及。

第15行:根据企业填列 A105000 的结果汇总可得纳税调整增加额＝6＋152＋144＋20＋2 825＋750＋70＋150＋350＝4 467(万元)。

第16行:根据企业填列 A105000 的结果汇总可得纳税调整减少额＝0 万元。

第17行:根据企业填列 A107010 的结果汇总可得免税、减计收入及加计扣除＝200＋340＋800＝1 340(万元)。

第18行:根据企业填列 A108000 的结果汇总可得境外应税所得抵减境内亏损,本例并未涉及。

第 19 行：根据计算，纳税调整后所得＝13 614.12＋4 467－0－1 340＝16 741.12（万元）。

第 20 行：根据企业填列 A107020 的结果汇总可得所得减免，本例并未涉及。

第 21 行：根据企业填列 A106000 的结果汇总可得弥补以前年度亏损＝420 万元。

第 22 行：根据企业填列 A107030 的结果汇总可得抵扣应纳税所得额，本例并未涉及。

第 23 行：根据计算，应纳税所得额＝16 741.12－420＝16 321.12（万元）。

第 24 行：根据《中华人民共和国企业所得税法》规定，本企业适用企业所得税税率为 25％。

第 25 行：根据计算，应纳所得税额＝16 321.12×25％＝4 080.28（万元）。

第 26 行：根据企业填列 A107040 的结果汇总可得减免所得税额，本例并未涉及。

第 27 行：根据企业填列 A107050 的结果汇总可得抵免所得税额＝28 万元。

第 28 行：根据计算，应纳税额＝4 080.28－28＝4 052.28（万元）。

第 29 行：根据企业填列 A108000 的结果汇总可得境外所得应纳所得税额，本例并未涉及。

第 30 行：根据企业填列 A108000 的结果汇总可得境外所得抵免所得税额，本例并未涉及。

第 31 行：根据计算，实际应纳所得税额＝4 052.28 万元。

第 32 行：根据本例已知条件，本年累计实际已缴纳的所得税额＝3 200 万元。

第 33 行：根据计算，本年应补（退）所得税额＝4 052.28－3 200＝852.28（万元）。

第 34 行：根据企业填列 A109000 的结果汇总可得总机构分摊本年应补（退）所得税额，本例并未涉及。

第 35 行：根据企业填列 A109000 的结果汇总可得财政集中分配本年应补（退）所得税额，本例并未涉及。

第 36 行：根据企业填列 A109000 的结果汇总可得总机构主体生产经营部门分摊本年应补（退）所得税额，本例并未涉及。

第 37 行：根据企业实际情况，确定民族自治地区企业所得税地方分享部分减免，本例并未涉及。

第 38 行：根据计算，本年实际应补（退）所得税额＝852.28 万元。

（三）核定征收办法缴纳企业所得税申报

按照企业所得税核定征收办法缴纳企业所得税的居民企业年度终了之日起 5 个月内或在年度中间终止经营活动的自实际终止经营之日起 60 日内，依照税收法律、法规、规章及其他有关企业所得税的规定，向税务机关填报中华人民共和国企业所得税月（季）度预缴和年度纳税申报表（B 类，2018 年版）（表 9-4）及其他相关资料，向税务机关进行企业所得税年度申报。实行核定定额征收企业所得税的纳税人，不进行汇算清缴。

表 9-4　中华人民共和国企业所得税月（季）度预缴和年度纳税申报表（B 类，2018 年版）

税款所属期间：　　年　月　日至　　年　月　日

纳税人识别号（统一社会信用代码）：□□□□□□□□□□□□□□□□□□

纳税人名称：　　　　　　　　　　　　　　　　金额单位：人民币元（列至角分）

核定征收方式	□核定应税所得率（能核算收入总额的）　□核定应税所得率（能核算成本费用总额的） □核定应纳所得税额								
按季度填报信息									
项　目	一季度		二季度		三季度		四季度		季度平均值
	季初	季末	季初	季末	季初	季末	季初	季末	
从业人数									
资产总额/ 万元									
国家限制或 禁止行业	□是　□否				小型微利企业		□是　□否		

续表

按年度填报信息			
从业人数 (填写平均值)		资产总额(填写平均值,单位:万元)	
国家限制或 禁止行业	□是　□否	小型微利企业	□是　□否
行次	项　　目		本年累计金额
1	收入总额		
2	减:不征税收入		
3	减:免税收入(4＋5＋10＋11)		
4	国债利息收入免征企业所得税		
5	符合条件的居民企业之间的股息、红利等权益性投资收益免征企业所得税 　(6＋7.1＋7.2＋8＋9)		
6	其中:一般股息红利等权益性投资收益免征企业所得税		
7.1	通过沪港通投资且连续持有 H 股满 12 个月取得的股息红利所得免征 　　　企业所得税		
7.2	通过深港通投资且连续持有 H 股满 12 个月取得的股息红利所得免征 　　　企业所得税		
8	居民企业持有创新企业 CDR 取得的股息红利所得免征企业所得税		
9	符合条件的居民企业之间属于股息、红利性质的永续债利息收入免征 　　企业所得税		
10	投资者从证券投资基金分配中取得的收入免征企业所得税		
11	取得的地方政府债券利息收入免征企业所得税		
12	应税收入额(1－2－3)/成本费用总额		
13	税务机关核定的应税所得率(%)		
14	应纳税所得额(第 12×13 行)/[第 12 行÷(1－第 13 行)×第 13 行]		
15	税率(25%)		
16	应纳所得税额(14×15)		
17	减:符合条件的小型微利企业减免企业所得税		
18	减:实际已缴纳所得税额		
L19	减:符合条件的小型微利企业延缓缴纳所得税额(是否延缓缴纳所得税□是□否)		
19	本期应补(退)所得税额(16－17－18－L19)/税务机关核定本期应纳所得税额		
20	民族自治地方的自治机关对本民族自治地方的企业应缴纳的企业所得税中属于 地方分享的部分减征或免征(□免征□减征:减征幅度____%)		
21	本期实际应补(退)所得税额		
谨声明:本纳税申报表是根据国家税收法律、法规及相关规定填报的,是真实的、可靠的、完整的。 　　　　　　　　　　　　　　　　　　　　纳税人(签章):　　年　月　日			
经办人: 经办人身份证号: 代理机构签章: 代理机构统一社会信用代码:		受理人: 受理税务机关(章): 受理日期:　　年　月　日	

国家税务总局监制

【表单说明】

一、适用范围

本表适用于实行核定征收企业所得税的居民企业纳税人在月(季)度预缴纳税申报时填报。此外,实行核定应税所得率方式的纳税人在年度纳税申报时填报本表。

二、表头项目

(一)税款所属期间

1. 月(季)度预缴纳税申报

正常经营的纳税人,填报税款所属期月(季)度第一日至税款所属期月(季)度最后一日;年度中间开业的纳税人,在首次月(季)度预缴纳税申报时,填报开始经营之日至税款所属月(季)度最后一日,以后月(季)度预缴纳税申报时按照正常情况填报。年度中间发生终止经营活动的纳税人,在终止经营活动当期纳税申报时,填报税款所属期月(季)度第一日至终止经营活动之日,以后月(季)度预缴纳税申报表不再填报。

2. 年度纳税申报

正常经营的纳税人,填报税款所属年度1月1日至12月31日;年度中间开业的纳税人,在首次年度纳税申报时,填报开始经营之日至当年12月31日,以后年度纳税申报时按照正常情况填报;年度中间终止经营活动的纳税人,在终止经营活动年度纳税申报时,填报当年1月1日至终止经营活动之日;年度中间开业且当年度中间终止经营活动的纳税人,填报开始经营之日至终止经营活动之日。

(二)纳税人识别号(统一社会信用代码)

填报税务机关核发的纳税人识别号或有关部门核发的统一社会信用代码。

(三)纳税人名称

填报营业执照、税务登记证等证件载明的纳税人名称。

三、有关项目填报说明

(一)核定征收方式

纳税人根据申报税款所属期税务机关核定的征收方式选择填报。

(二)按季度填报信息

本项下所有项目均按季度填报。按月申报的纳税人,在季度最后一个属期的月份填报。实行核定应纳所得税额方式的纳税人仅填报"小型微利企业"选项。

1. 从业人数

纳税人填报第一季度至税款所属季度各季度的季初、季末、季度平均从业人员的数量。季度中间开业的纳税人,填报开业季度至税款所属季度各季度的季初、季末从业人员的数量,其中开业季度"季初"填报开业时从业人员的数量。季度中间停止经营的纳税人,填报第一季度至停止经营季度各季度的季初、季末从业人员的数量,其中停止经营季度"季末"填报停止经营时从业人员的数量。"季度平均值"填报截至本税款所属期末从业人员数量的季度平均值,计算方法如下:

各季度平均值＝(季初值＋季末值)÷2

截至本税款所属期末季度平均值＝截至本税款所属期末各季度平均值之和÷相应季度数

年度中间开业或者终止经营活动的,以其实际经营期计算上述指标。

从业人数是指与企业建立劳动关系的职工人数和企业接受的劳务派遣用工人数之和。汇总纳税企业总机构填报包括分支机构在内的所有从业人数。

2. 资产总额(万元)

纳税人填报第一季度至税款所属季度各季度的季初、季末、季度平均资产总额的金额。季度中间开业的纳税人,填报开业季度至税款所属季度各季度的季初、季末资产总额的金额,其中开业季度"季初"填报开业时资产总额的金额。季度中间停止经营的纳税人,填报第一季度至停止经营季度各季度的季初、季末资产总额的金额,其中停止经营季度"季末"填报停止经营时资产总额的金额。"季度平均值"填报截至本税款所属期末资产总额金额的季度平均值,计算方法如下:

各季度平均值＝(季初值＋季末值)÷2

截至本税款所属期末季度平均值＝截至本税款所属期末各季度平均值之和÷相应季度数

年度中间开业或者终止经营活动的,以其实际经营期计算上述指标。

填报单位为人民币万元,保留小数点后 2 位。

3. 国家限制或禁止行业

纳税人从事行业为国家限制或禁止行业的,选择"是";其他选择"否"。

4. 小型微利企业

本栏次为必报项目。

(1) 实行核定应税所得率方式的纳税人,本纳税年度截至本期末的从业人数季度平均值不超过 300 人、资产总额季度平均值不超过 5 000 万元、本表"国家限制或禁止行业"选择"否"且本期本表第 14 行"应纳税所得额"不超过 300 万元的,选择"是",否则选择"否"。

(2) 实行核定应纳所得税额方式的纳税人,由税务机关在核定应纳所得税额时进行判断并告知纳税人,判断标准按照相关税收政策规定执行。

(三) 按年度填报信息

实行核定应税所得率方式的纳税人年度申报时填报本项,实行核定应纳所得税额方式的纳税人不填报。

(1)"从业人数(填写平均值)":纳税人填报从业人数的全年季度平均值。从业人数是指与企业建立劳动关系的职工人数和企业接受的劳务派遣用工人数之和,计算方法如下:

$$各季度平均值 = (季初值 + 季末值) \div 2$$
$$全年季度平均值 = 全年各季度平均值之和 \div 4$$

年度中间开业或者终止经营活动的,以其实际经营期作为一个纳税年度确定上述相关指标。

(2)"资产总额(填写平均值,单位:万元)":纳税人填报资产总额的全年季度平均值,单位为万元,保留小数点后 2 位,计算方法如下:

$$各季度平均值 = (季初值 + 季末值) \div 2$$
$$全年季度平均值 = 全年各季度平均值之和 \div 4$$

年度中间开业或者终止经营活动的,以其实际经营期作为一个纳税年度确定上述相关指标。

(3)"国家限制或禁止行业":纳税人从事行业为国家限制或禁止行业的,选择"是";其他选择"否"。

(4)"小型微利企业":纳税人符合小型微利企业普惠性所得税减免政策条件的,选择"是",其他选择"否"。

(四) 行次说明

核定征收方式选择"核定应税所得率(能核算收入总额的)"的纳税人填报第 1 行至第 21 行,核定征收方式选择"核定应税所得率(能核算成本费用总额的)"的纳税人填报第 12 行至第 21 行,核定征收方式选择"核定应纳所得税额"的纳税人填报第 L19 行、第 19 行至第 21 行。

(1) 第 1 行"收入总额":填报纳税人各项收入的本年累计金额。

(2) 第 2 行"不征税收入":填报纳税人已经计入本表"收入总额"行次但属于税收规定的不征税收入的本年累计金额。

(3) 第 3 行"免税收入":填报属于税收规定的免税收入优惠的本年累计金额。根据相关行次计算结果填报。本行 = 第 4 + 5 + 10 + 11 行。

(4) 第 4 行"国债利息收入免征企业所得税":填报根据《国家税务总局关于企业国债投资业务企业所得税处理问题的公告》(2011 年第 36 号)等相关税收政策规定,纳税人持有国务院财政部门发行的国债取得的利息收入。本行填报金额为本年累计金额。

(5) 第 5 行"符合条件的居民企业之间的股息、红利等权益性投资收益免征企业所得税":根据相关行次计算结果填报。本行填报第 6 + 7.1 + 7.2 + 8 + 9 行的合计金额。

(6) 第 6 行"其中:一般股息红利等权益性投资收益免征企业所得税":填报根据《中华人民共和国企业所得税法实施条例》第八十三条规定,纳税人取得的投资收益,不含持有 H 股、创新企业 CDR、永续债取得的投资收益。本行填报金额为本年累计金额。

(7) 第 7.1 行"通过沪港通投资且连续持有 H 股满 12 个月取得的股息红利所得免征企业所得税":填报根据《财政部 国家税务总局 证监会关于沪港股票市场交易互联互通机制试点有关税收政策的通知》(财税

〔2014〕81号)等相关税收政策规定,内地居民企业连续持有H股满12个月取得的股息红利所得。本行填报金额为本年累计金额。

(8) 第7.2行"通过深港通投资且连续持有H股满12个月取得的股息红利所得免征企业所得税":填报根据《财政部 国家税务总局 证监会关于深港股票市场交易互联互通机制试点有关税收政策的通知》(财税〔2016〕127号)等相关税收政策规定,内地居民企业连续持有H股满12个月取得的股息红利所得。本行填报金额为本年累计金额。

(9) 第8行"居民企业持有创新企业CDR取得的股息红利所得免征企业所得税":填报根据《财政部 税务总局 证监会关于创新企业境内发行存托凭证试点阶段有关税收政策的公告》(2019年第52号)等相关税收政策规定,居民企业持有创新企业CDR取得的股息红利所得。本行填报金额为本年累计金额。

(10) 第9行"符合条件的居民企业之间属于股息、红利性质的永续债利息收入免征企业所得税":填报根据《财政部 税务总局关于永续债企业所得税政策问题的公告》(2019年第64号)等相关税收政策规定,居民企业取得的可以适用《中华人民共和国企业所得税法》规定的居民企业之间的股息、红利等权益性投资收益免征企业所得税规定的永续债利息收入。本行填报金额为本年累计金额。

(11) 第10行"投资者从证券投资基金分配中取得的收入免征企业所得税":填报纳税人根据《财政部 国家税务总局关于企业所得税若干优惠政策的通知》(财税〔2008〕1号)第二条第(二)项等相关税收政策规定,投资者从证券投资基金分配中取得的收入。本行填报金额为本年累计金额。

(12) 第11行"取得的地方政府债券利息收入免征企业所得税":填报根据《财政部 国家税务总局关于地方政府债券利息所得免征所得税问题的通知》(财税〔2011〕76号)、《财政部 国家税务总局关于地方政府债券利息免征所得税问题的通知》(财税〔2013〕5号)等相关税收政策规定,纳税人取得的2009年、2010年和2011年发行的地方政府债券利息所得,2012年及以后年度发行的地方政府债券利息收入。本行填报金额为本年累计金额。

(13) 第12行"应税收入额/成本费用总额":核定征收方式选择"核定应税所得率(能核算收入总额的)"的纳税人,本行=第1-2-3行。核定征收方式选择"核定应税所得率(能核算成本费用总额的)"的纳税人,本行填报纳税人各项成本费用的本年累计金额。

(14) 第13行"税务机关核定的应税所得率(%)":填报税务机关核定的应税所得率。

(15) 第14行"应纳税所得额":根据相关行次计算结果填报。核定征收方式选择"核定应税所得率(能核算收入总额的)"的纳税人,本行=第12×13行。核定征收方式选择"核定应税所得率(能核算成本费用总额的)"的纳税人,本行=第12行÷(1-第13行)×第13行。

(16) 第15行"税率":填报25%。

(17) 第16行"应纳所得税额":根据相关行次计算填报。本行=第14×15行。

(18) 第17行"符合条件的小型微利企业减免企业所得税":填报纳税人享受小型微利企业普惠性所得税减免政策减免企业所得税的金额。本行填报根据本表第14行计算的减免企业所得税的本年累计金额。

(19) 第18行"实际已缴纳所得税额":填报纳税人按照税收规定已在此前月(季)度预缴企业所得税的本年累计金额。

(20) 第L19行"符合条件的小型微利企业延缓缴纳所得税额":根据《国家税务总局关于小型微利企业和个体工商户延缓缴纳2020年所得税有关事项的公告》(2020年第10号),填报符合条件的小型微利企业纳税人按照税收规定可以延缓缴纳的所得税额。本行为临时行次,自2021年1月1日起,本行废止。

符合条件的小型微利企业纳税人,在2020年第2季度、第3季度预缴申报时,选择享受延缓缴纳所得税政策的,选择"是";选择不享受延缓缴纳所得税政策的,选择"否"。

"是否延缓缴纳所得税"选择"是"时,核定征收方式选择"核定应税所得率(能核算收入总额的)""核定应税所得率(能核算成本费用总额的)"的,第L19行=第16-17-18行。当第16-17-18行<0时,本行填报0。核定征收方式选择"核定应纳企业所得税额"的,本行填报本期应纳企业所得税金额与2020年度预缴申报已延缓缴纳企业所得税金额之和。

"是否延缓缴纳所得税"选择"否"时,本行填0。

(21) 第 19 行"本期应补(退)所得税额\税务机关核定本期应纳所得税额":核定征收方式选择"核定应税所得率(能核算收入总额的)""核定应税所得率(能核算成本费用总额的)"的纳税人,根据相关行次计算结果填报,本行＝第 16－17－18－L19 行。月(季)度预缴纳税申报时,若第 16－17－18－L19 行＜0,本行填报 0。核定征收方式选择"核定应纳所得税额"的纳税人,在 2020 年第 2 季度、第 3 季度预缴申报时,若"是否延缓缴纳所得税"选择"是",本行填 0;若"是否延缓缴纳所得税"选择"否"的,本行填报本期应纳企业所得税金额与2020 年度预缴申报已延缓缴纳企业所得税金额之和。在 2020 年第 4 季度预缴申报时,本行填报本期应纳企业所得税金额与 2020 年度预缴申报已延缓缴纳企业所得税金额之和。自 2021 年第 1 季度预缴申报起,本行填报本期应纳企业所得税的金额。

(22) 第 20 行"民族自治地方的自治机关对本民族自治地方的企业应缴纳的企业所得税中属于地方分享的部分减征或免征(□免征 □减征:减征幅度＿＿＿％)":根据《中华人民共和国企业所得税法》《中华人民共和国民族区域自治法》《财政部 国家税务总局关于贯彻落实国务院关于实施企业所得税过渡优惠政策有关问题的通知》(财税〔2008〕21 号)等规定,实行民族区域自治的自治区、自治州、自治县的自治机关对本民族自治地方的企业应缴纳的企业所得税中属于地方分享的部分,可以决定免征或减征,自治州、自治县决定减征或者免征的,须报省、自治区、直辖市人民政府批准。

纳税人填报该行次时,根据享受政策的类型选择"免征"或"减征",两者必选其一。选择"免征"是指免征企业所得税税收地方分享部分;选择"减征:减征幅度＿＿＿％"是指减征企业所得税税收地方分享部分。此时需填写"减征幅度",减征幅度填写范围为 1 至 100,表示企业所得税税收地方分享部分的减征比例。例如:地方分享部分减半征收,则选择"减征",并在"减征幅度"后填写"50％"。

本行填报纳税人按照规定享受的民族自治地方的自治机关对本民族自治地方的企业应缴纳的企业所得税中属于地方分享的部分减征或免征额的本年累计金额。

(23) 第 21 行"本期实际应补(退)所得税额":本行填报纳税人本期实际应补(退)所得税额。

四、表内关系

(1) 第 3 行＝第 4＋5＋10＋11 行。

(2) 核定征收方式选择为"核定应税所得率(能核算收入总额的)"的,第 12 行＝第 1－2－3 行。

(3) 核定征收方式选择为"核定应税所得率(能核算收入总额的)"的,第 14 行＝第 12×13 行;核定征收方式选择为"核定应税所得率(能核算成本费用总额的)"的,第 14 行＝第 12 行÷(1－第 13 行)×第 13 行。

(4) 第 5 行＝第 6＋7.1＋7.2＋8＋9 行。

(5) 第 16 行＝第 14×15 行。

(6) "是否延缓缴纳所得税"选择"是"时,核定征收方式选择"核定应税所得率(能核算收入总额的)""核定应税所得率(能核算成本费用总额的)"的,第 L19 行＝第 16－17－18 行。当第 16－17－18 行＜0 时,本行＝0。

"是否延缓缴纳所得税"选择"否"时,第 L19 行＝0。

(7) "是否延缓缴纳所得税"选择"是"时,核定征收方式选择"核定应税所得率(能核算收入总额的)""核定应税所得率(能核算成本费用总额的)"的,第 19 行＝第 16－17－18－L19 行。月(季)度预缴纳税申报时,若第 16－17－18－L19 行＜0,第 19 行＝0。

(8) 核定征收方式选择"核定应税所得率(能核算收入总额的)""核定应税所得率(能核算成本费用总额的)"的,享受"免征"优惠,第 20 行＝(第 16－17－L19 行)×40％;享受"减征"优惠,第 20 行＝(第 16－17－L19 行)×40％×减征幅度。

核定征收方式选择"核定应纳所得税额"的,享受"免征"优惠的,第 20 行＝[核定的年度应纳所得税额÷(4 或者 12)×截止申报所属期的实际应申报属期数－本表第 L19 行]×40％;享受"减征"优惠的,第 20 行＝[核定的年度应纳所得税额÷(4 或者 12)×截至申报所属期的实际应申报属期数－本表第 L19 行]×40％×减征幅度。

(9) 核定征收方式选择"核定应税所得率(能核算收入总额的)""核定应税所得率(能核算成本费用总额的)"的,第 21 行＝第 19－20 行。当第 19－20 行＜0 时,本行＝0。

核定征收方式选择"核定应纳所得税额"的:第 21 行＝[核定的年度应纳所得税额÷(4 或者 12)×截止申

报所属期的实际应申报所属期数]—本表第 L19 行—本表第 20 行—截至上期本表第 21 行合计金额。当计算结果＜0 时,本行＝0。

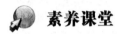 **素养课堂**

"税务＋科技＋工信"合作机制助力企业走好高质量发展之路
辽宁税务落实科技创新税收政策典型案例

一、基本情况

辽宁省税务局会同科技、工信部门,联合制发《关于进一步加大税收优惠政策落实力度促进市场主体自主创新发展二十项措施》,大力构建"税务＋科技＋工信"的"1＋1＋1"合作机制,全面落实落细各项支持企业科技创新的税收政策,切实解决相关诉求,防范涉税风险,用"小支点"撬动科技创新"大战略",为企业高质量发展提供更加优良的税收营商环境,护航企业走好科创路。

二、主要做法

(1) 在共建共享中发挥协同联动作用,促企发展增实力。辽宁省税务局与辽宁省科技厅合作,推动实现高新技术企业资格认定常态化受理和全流程网上办理,向各地市动态推送高新技术企业和科技型中小企业清册,组织开展名单式精准政策服务;沈阳市税务局依托全国巾帼文明岗打造"女性科技创新创业税收服务驿站",与沈阳市科技局、沈阳市工信局和沈阳市妇联联合推出《沈阳市支持女性科技创新十大举措》;抚顺市税务局配合抚顺市科技局推动抚顺市望花区与沈阳市大东区开展跨区域科技合作,推进企业科技创新、产业升级和资源要素双向流动,打造城际合作典范。

(2) 在共治共赢中发挥智税提效作用,助企办税葆活力。辽宁省税务局根据省科技部门提供的企业名单,为重点企业提供"政策风险"提示服务,有效提高了企业的申报数据质量;依托税收大数据,开展动态监控和数据分析,与省科技、工信等部门联合比对高新技术企业、科技型中小企业以及软件和集成电路企业的相关申报信息,对享受优惠政策涉及的税种鉴定、资格认定、资料核查、享受优惠等基础环节和事项开展多方位监控,及时对企业进行提示提醒,降低企业涉税风险;阜新市税务和科技部门联合开发研发费用核算辅助工具,实现研发费用有效归集、纳税申报表自动生成、具体政策一键查询。

(3) 在共谋共商中发挥政策直达作用,惠企创新添动力。辽宁省税务局在与省科技厅就相关政策口径充分沟通后,率先在东北三省＋内蒙古自治区＋大连市的"相约云端"税收政策培训直播中,对研发费用加计扣除最新政策进行解读,13.7 万人在线收看;编印《研发费用加计扣除政策指引》,被省科技厅加印近万册,发送给全省科技创新类重点企业;与省科技厅、工信厅联手,依托东北科技大市场平台,先后三次为全省科技型企业宣讲科技惠企政策。沈阳市税务部门从科技、工信部门获取企业清册,为全市"专精特新"企业科技企业建档立卡,组建 20 个科技创新服务团队,解答涉税问题 952 个,收集意见诉求 128 条;抚顺税务部门与工信部门联合行业协会及企业家协会,共同建立石油行业、机械装备制造行业政策宣讲群,实时线上回复企业涉税疑难问题,并提供上门服务。

三、工作成效

辽宁省税务局党委通过探索,在税务与科技、工信部门落实合作机制的工作实践中,实现了"1＋1＋1＞3"的良好效果。以落实研发费用加计扣除政策为例,2023 年全省企业所得税汇算清缴中,有超过 8400 户企业享受了优惠政策,同比增加 1370 多户;税前加计扣除额 270 多亿元,同比增加 34 亿多元。

　　沈阳东软医疗系统股份有限公司计划财务部门负责人王立楠表示:"税务部门推出的研发费用加计扣除政策专题辅导材料和讲解视频特别实用,为我们办理汇算提供了很大方便。"

　　下一步,辽宁省税务局党委将深入推进主题教育走深走实,与科技、工信等部门精诚合作,推动科技创新税收政策精准落实落地落细,进一步激发经营主体自主创新活力,用部门间协同共治的加法换取经济高质量发展的乘法,助力税收现代化更好地服务中国式现代化。

　　资料来源:https://www.chinatax.gov.cn/chinatax/c102421/c5210982/content.html.

项目九即测即评

项目九参照规范

项目十 个人所得税计算与申报

◗ 知识目标

1. 掌握个人所得税的纳税人与纳税义务、征税范围、税率、税收优惠等基本理论知识。
2. 掌握个人所得税各征税项目的计算方法。
3. 掌握个人所得税征收管理的基本规定。

◗ 技能目标

1. 能够结合实际准确判定纳税人与纳税义务,准确计算各征税项目的个人所得税应纳税额。
2. 能够结合实际运用各类个人所得税优惠政策。
3. 能够完成个人所得税预扣预缴和年度汇算清缴的申报表填写及纳税申报操作。
4. 能够提高与税务机关沟通的能力,培养团队合作能力。
5. 能够运用最新税务政策的能力,能够向他人宣传个人所得税税收政策。

◗ 素养目标

1. 了解个人所得税综合税制改革对促进社会公平正义的重要意义。
2. 通过学习个人所得税相关知识,培养纳税意识,理解纳税是每个公民的义务和责任。
3. 通过学习个人所得税相关法律、法规,增强法治意识,理解法律对个人行为的规范作用。
4. 通过模拟纳税申报和税务筹划等实践活动,提高职业判断能力和解决实际问题的能力。

◗ 导入案例

王明是甲汽车集团股份有限公司的技术管理人员。2024 年度王明的收入和缴税等情况如下。

(1) 王明每月从甲公司取得工资收入 20 000 元,1—12 月工资具体情况详见表 10-1(1—11 月累计预缴个人所得税 5 180 元,个人每月缴纳基本养老保险、基本医疗保险、失业保险分别为 1 150 元、800 元、50 元)。

(2) 王明为独生子女,父亲当年已经 65 周岁。王明有一个上小学的女儿。

(3) 4 月,为某单位提供兼职技术服务,取得收入 3 500 元。

(4)5月,应邀给某外单位做技术培训,取得培训收入 30 000 元。

表 10-1 工资表

月份	工资	补贴	应发工资	社会保险费		住房公积金		个人所得税
				单位	个人	单位	个人	
1 月	18 000	2 000	20 000	5 000	2 000	1 000	1 000	210
2 月	18 000	2 000	20 000	5 000	2 000	1 000	1 000	210
3 月	18 000	2 000	20 000	5 000	2 000	1 000	1 000	210
4 月	18 000	2 000	20 000	5 000	2 000	1 000	1 000	210
5 月	18 000	2 000	20 000	5 000	2 000	1 000	1 000	210
6 月	18 000	2 000	20 000	5 000	2 000	1 000	1 000	630
7 月	18 000	2 000	20 000	5 000	2 000	1 000	1 000	700
8 月	18 000	2 000	20 000	5 000	2 000	1 000	1 000	700
9 月	18 000	2 000	20 000	5 000	2 000	1 000	1 000	700
10 月	18 000	2 000	20 000	5 000	2 000	1 000	1 000	700
11 月	18 000	2 000	20 000	5 000	2 000	1 000	1 000	700
12 月	18 000	2 000	20 000	5 000	2 000	1 000	1 000	
合计	216 000	24 000	240 000	60 000	24 000	12 000	12 000	

(5)6月,利用业余时间出版一本诗集,获得稿酬收入 3 000 元。

(6)9月,出版一本专著,获得稿酬收入 10 000 元。

(7)9月,王明将自己的著作权的使用权提供给某单位,取得所得 3 800 元。

(8)10月,王明向某单位提供非专利技术一项,取得所得 20 000 元。

(9)王明拥有商铺一套对外出租,2024 年 1—6 月扣除已缴相关税费后的每月租金所得 3 800 元。6 月支付房屋修缮维修费 600 元,取得正式凭证。

(10)2024 年 7 月起,王明出租的商铺扣除已缴相关税费后每月租金所得上涨至 4 200 元。11 月,支付取暖费 2 700 元,取得正式凭证。

(11)12月,王明将所拥有的商铺转让,转让收入 1 000 000 元。该营业用房购置原值 850 000 元,处置过程中产生其他税费合计 10 000 元。

(12)12月,取得国债投资利息 3 500 元。

(13)王明持有某企业发行的公司债券,12 月取得债券利息收入 1 000 元。

(14)王明于 2021 年购入某境内上市股票 20 000 股,2024 年 12 月取得该股票分红所得 3 000 元,随后将该股票卖出,取得股票转让所得 5 000 元。

(15)12月,王明购买福利彩票,取得中奖收入 30 000 元。

假设相关专项附加扣除均选择由王明 100% 扣除,并已向单位报送全部专项附加扣除信息。除个人所得税外,暂不考虑其他税种。相关支付单位均按税法规定履行了代扣代缴义务。

要求:王明取得了哪些个人所得税应税所得?应当如何计算、申报缴纳个人所得税?

思维导图 ┈┈┈┈┈┈┈

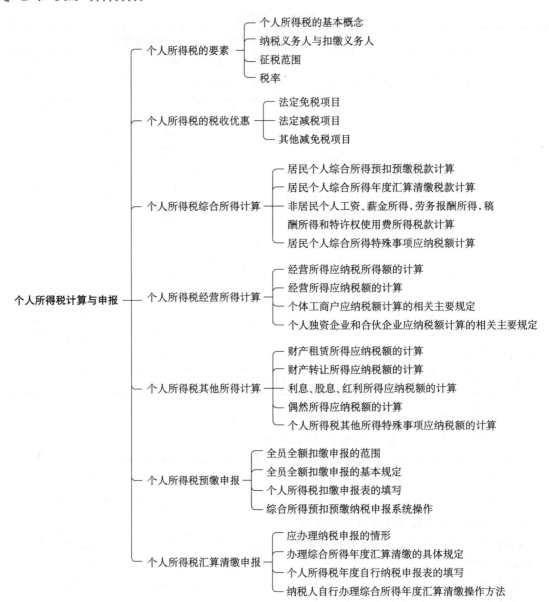

任务一　个人所得税的要素

一、个人所得税的基本概念

个人所得税主要是以自然人取得的各类应税所得为征税对象而征收的一种所得税。我国于 1980 年 9 月 10 日,颁布了《中华人民共和国个人所得税法》,多年来历经七次修改,现行个人所得税法于 2018 年 8 月 31 日由第十三届全国人民代表大会常务委员会第五次会议修改通过,并于 2019 年 1 月 1 日正式施行。

二、纳税义务人与扣缴义务人

个人所得税以所得人为纳税人,以支付所得的单位或者个人为扣缴义务人。

(一) 纳税义务人

个人所得税的纳税义务人,包括中国公民、个体工商户、个人独资企业、合伙企业投资者、在中国有所得的外籍人员(包括无国籍人员,下同)和香港、澳门、台湾同胞。上述纳税义务人依据住所和居住时间两个标准,区分为居民个人和非居民个人,分别承担不同的纳税义务。

1. 居民个人与非居民个人的判定标准

居民个人是指在中国境内有住所,或者无住所而一个纳税年度在中国境内居住累计满183日的个人。

非居民个人是指在中国境内无住所又不居住,或者无住所而一个纳税年度内在境内居住累计不满183日的个人。

在中国境内有住所的个人,是指因户籍、家庭、经济利益关系,而在中国境内习惯性居住的个人。一个纳税年度在境内居住累计满183日,是指在一个纳税年度(即公历1月1日起至12月31日止)内,在中国境内居住累计满183日。自2019年1月1日起,无住所个人一个纳税年度内在中国境内累计居住天数,按照个人在中国境内累计停留的天数计算。在中国境内停留的当天满24小时的,计入中国境内居住天数,在中国境内停留的当天不足24小时的,不计入中国境内居住天数。

2. 居民个人和非居民个人的纳税义务

居民个人承担无限纳税义务。其所取得的应纳税所得,无论是来源于中国境内还是中国境外,都要在中国缴纳个人所得税。

非居民个人承担有限纳税义务,即仅就其来源于中国境内的所得,向中国缴纳个人所得税。

3. 所得来源地的确定

除国务院财政、税务主管部门另有规定外,下列所得,不论支付地点是否在中国境内,均为来源于中国境内的所得。

(1) 因任职、受雇、履约等在中国境内提供劳务取得的所得。

(2) 将财产出租给承租人在中国境内使用而取得的所得。

(3) 许可各种特许权在中国境内使用而取得的所得。

(4) 转让中国境内的不动产等财产或者在中国境内转让其他财产取得的所得。

(5) 从中国境内企业、事业单位、其他组织以及居民个人取得的利息、股息、红利所得。

【例10-1】　甲公司有一台进口设备于2025年3月出现了技术问题,境外供应商派一名技术专家彼得来到甲公司协助解决问题。彼得于3月5日入境,工作结束后于3月10日离境。甲公司一次性支付报酬10万元。根据上述资料,判定外籍工作人员彼得是否属于居民个人?对此笔报酬10万元是否负有纳税义务?

解: 外籍工作人员彼得于3月5日入境,3月10日离境。一个纳税年度内在中国境内累计居住天数为4日,累计居住不满183日,属于非居民个人。

非居民个人应就其来源于中国境内的所得,向中国缴纳个人所得税。因此,彼得应就该笔劳务报酬缴纳个人所得税。

（二）扣缴义务人

我国个人所得税实行代扣代缴和个人申报纳税相结合的征收管理制度。《中华人民共和国个人所得税法》及其实施条例规定，个人所得税以所得人为纳税人，以支付所得的单位或个人为扣缴义务人。扣缴义务人在向纳税人支付应税款项时，应当依照《中华人民共和国个人所得税法》的规定预扣或者代扣税款，按时缴库，并专项记载备查。

> **诚信纳税** 纳税人、扣缴义务人均应按照税法规定，履行纳税义务或代扣代缴义务。财务与会计人员应协助所在机构严格遵守国家税收法律、法规和政策，坚持依法诚信纳税。

三、征税范围

根据《中华人民共和国个人所得税法》的有关规定，下列各项个人所得，应当缴纳个人所得税。

1．工资、薪金所得

工资、薪金所得是指个人因任职或者受雇取得的工资、薪金、奖金、年终加薪、劳动分红、津贴、补贴以及与任职或者受雇有关的其他所得。一般来说，工资、薪金所得属于非独立个人劳动所得。除工资、薪金以外，奖金、年终加薪、劳动分红、津贴、补贴也被确定为工资、薪金范畴。其中，年终加薪、劳动分红不分种类和取得情况，一律按工资、薪金所得课税。奖金是指所有具有工资性质的奖金，免税奖金的范围在税法中另有规定。

根据我国目前个人收入的构成情况，规定对于一些不属于工资、薪金性质的补贴、津贴或者不属于纳税人本人工资、薪金所得项目的收入，不予征税。这些项目包括：①独生子女补贴。②执行公务员工资制度未纳入基本工资总额的补贴、津贴差额和家属成员的副食品补贴。③托儿补助费。④差旅费津贴、误餐补助。

2．劳务报酬所得

劳务报酬所得是指个人独立从事各种非雇佣的各种劳务所取得的所得，包括从事设计、装潢、安装、制图、化验、测试、医疗、法律、会计、咨询、讲学、翻译、审稿、书画、雕刻、影视、录音、录像、演出、表演、广告、展览、技术服务、介绍服务、经纪服务、代办服务以及其他劳务取得的所得。

在实际操作过程中，对于难以判定一项所得是属于工资、薪金所得还是劳务报酬所得的情况，可采取如下判定原则：工资、薪金所得是属于非独立个人劳务活动，即在机关、团体、学校、部队、企业、事业单位及其他组织中任职、受雇而得到的报酬；而劳务报酬所得，则是个人独立从事各种技艺、提供各项劳务取得的报酬。

3．稿酬所得

稿酬所得是指个人因其作品以图书、报刊等形式出版、发表而取得的所得。

4．特许权使用费所得

特许权使用费所得是指个人提供专利权、商标权、著作权、非专利技术以及其他特许权的使用权取得的所得；提供著作权的使用权取得的所得，不包括稿酬所得。

5. 经营所得

经营所得包括以下几项。

(1) 个体工商户从事生产、经营活动取得的所得,个人独资企业投资人、合伙企业的个人合伙人来源于境内注册的个人独资企业、合伙企业生产、经营的所得。

(2) 个人依法从事办学、医疗、咨询以及其他有偿服务活动取得的所得。

(3) 个人对企业、事业单位承包经营、承租经营以及转包、转租取得的所得。

(4) 个人从事其他生产、经营活动取得的所得。

6. 利息、股息、红利所得

利息、股息、红利所得是指个人拥有债权、股权而取得的利息、股息、红利所得。

利息是指个人拥有债权而取得的利息,包括存款利息、贷款利息和各种债券的利息。股息、红利是指个人拥有股权取得的股息、红利。按照一定的比率派发的每股息金称为股息;根据公司、企业应分配的超过股息部分的利润,按股份分配的称为红利。

7. 财产租赁所得

财产租赁所得是指个人出租不动产、机器设备、车船以及其他财产取得的所得。

8. 财产转让所得

财产转让所得是指个人转让有价证券、股权、合伙企业中的财产份额、不动产、机器设备、车船以及其他财产取得的所得。

9. 偶然所得

偶然所得是指个人得奖、中奖、中彩以及其他偶然性质的所得。

居民个人取得上述(一)至(四)项所得,按纳税年度合并计算个人所得税;非居民个人取得上述(一)至(四)项所得,按月或者按次分项计算个人所得税。纳税人取得上述(五)至(九)项所得,依照法律规定分别计算个人所得税。

【例 10-2】 中国居民李某 2024 年取得了如下所得。

(1) 取得任职单位发放的工资 10 万元。

(2) 出租自有住房,月租金收入 2 000 元。

(3) 投资 A 股上市公司股票,2023 年取得分红 5 000 元。

(4) 业余时间为某企业提供设计咨询服务,取得收入 1 万元。

(5) 参加商场抽奖活动,获得奖金 1 000 元。

根据上述资料,判定李某有哪些个人所得税应税项目? 属于综合所得的有哪些?

解:(1)属于工资、薪金所得;(2)属于财产租赁所得;(3)属于利息、股息、红利所得;(4)属于劳务报酬所得;(5)属于偶然所得。其中(1)和(4)属于综合所得项目。

四、税率

个人所得税区分不同个人所得项目,规定了超额累进税率和比例税率两种形式。

1. 综合所得适用税率

综合所得适用七级超额累进税率,税率为 3%~45%,如表 10-2 所示。

表 10-2　综合所得个人所得税税率表

级数	全年应纳税所得额	税率/%	速算扣除数
1	不超过 36 000 元的	3	0
2	超过 36 000 元至 144 000 元的部分	10	2 520
3	超过 144 000 元至 300 000 元的部分	20	16 920
4	超过 300 000 元至 420 000 元的部分	25	31 920
5	超过 420 000 元至 660 000 元的部分	30	52 920
6	超过 660 000 元至 960 000 元的部分	35	85 920
7	超过 960 000 元的部分	45	181 920

2. 经营所得适用税率

经营所得适用五级超额累进税率,税率为 5%～35%,如表 10-3 所示。

表 10-3　经营所得个人所得税税率表

级数	全年应纳税所得额	税率/%	速算扣除数
1	不超过 30 000 元的	5	0
2	超过 30 000 元至 90 000 元的部分	10	1 500
3	超过 90 000 元至 300 000 元的部分	20	10 500
4	超过 300 000 元至 500 000 元的部分	30	40 500
5	超过 500 000 元的部分	35	65 500

3. 其他所得适用税率

利息、股息、红利所得,财产租赁所得,财产转让所得和偶然所得适用比例税率,税率为 20%。

> **诚信纳税**　"十三五"期间,我国实行综合与分类相结合的个人所得税改革迈出实质性步伐:2018 年 10 月 1 日,个人所得税第一步改革实施,减除费用标准提高至 5 000 元/月,并适用新税率表;2019 年 1 月 1 日,个人所得税第二步改革实施,增加住房、教育、医疗、赡养老人等专项附加扣除,实现了税制模式的根本性转变,标志着综合与分类相结合的个人所得税制全面实施,百姓获得感不断增强。

技能提升

根据本项目导入案例,判定王明有哪些个人所得税应税所得项目?

属于综合所得的有:(1)工资、薪金所得,(3)、(4)劳务报酬所得,(5)、(6)稿酬所得,(7)、(8)特许权使用费所得。

属于财产租赁所得的有:(9)、(10)。

属于财产转让所得的有:(11)、(14)中的股票转让所得。

属于利息、股息、红利所得的有:(12)～(14)中的股票分红所得。

属于偶然所得的有:(15)。

任务二 个人所得税的税收优惠

一、法定免税项目

下列各项个人所得,免征个人所得税。

（1）省级人民政府、国务院部委和中国人民解放军军以上单位,以及外国组织颁发（颁布）的科学、教育、技术、文化、卫生、体育、环境保护等方面的奖金（奖学金）。

（2）国债和国家发行的金融债券利息。

（3）按照国家统一规定发给的补贴、津贴。按照国家统一规定发给的补贴、津贴,是指按照国务院规定发给的政府特殊津贴、院士津贴,以及国务院规定免予缴纳个人所得税的其他补贴、津贴。

（4）福利费、抚恤金、救济金。福利费是指根据国家有关规定,从企业、事业单位、国家机关、社会团体提留的福利费或者工会经费中支付给个人的生活补助费;救济金是指各级人民政府民政部门支付给个人的生活困难补助费。

（5）保险赔款。

（6）军人的转业费、复员费、退役金。

（7）按照国家统一规定发给干部、职工的安家费、退职费、基本养老金或者退休费、离休费、离休生活补助费。

（8）依照我国有关法律规定应予免税的各国驻华使馆、领事馆的外交代表、领事官员和其他人员的所得。

（9）中国政府参加的国际公约、签订的协议中规定免税的所得。

（10）国务院规定的其他免税所得。该类免税规定,由国务院报全国人民代表大会常务委员会备案。

二、法定减税项目

有下列情形之一的,可以减征个人所得税,具体幅度和期限,由省、自治区、直辖市人民政府规定,并报同级人民代表大会常务委员会备案。

（1）残疾、孤老人员和烈属的所得。

（2）因自然灾害遭受重大损失的。

国务院可以规定其他减税情形,报全国人民代表大会常务委员会备案。

诚信纳税 残疾、孤老人员和烈属等个人所得税减征政策的出台,体现了国家对残孤烈等特殊群体的关爱和照顾,是对国务院优惠民生的政策精神的贯彻落实,进一步降低残疾人等特殊群体的个人所得税负,推动社会保障事业与经济社会的协调发展。

三、其他减免税项目

（1）对乡、镇（含乡、镇）以上人民政府或经县（含县）以上人民政府主管部门批准成立的有机构、有章程的见义勇为基金或者类似性质组织,奖励见义勇为者的奖金或奖品,经主管税务机关核准,免征个人所得税。

(2)企业和个人按照省级以上人民政府规定的比例缴付的住房公积金、医疗保险金、基本养老保险金、失业保险金,允许在个人应纳税所得额中扣除,免予征收个人所得税。超过规定的比例缴付的部分应并入个人当期的工资、薪金收入,计征个人所得税。

个人领取原提存的住房公积金、医疗保险金、基本养老保险金时,免予征收个人所得税。

对按照国家或省级地方政府规定的比例缴付的住房公积金、医疗保险金、基本养老保险金和失业保险金存入银行个人账户所取得的利息收入,免征个人所得税。

(3)对个人取得的教育储蓄存款利息所得以及国务院财政部门确定的其他专项储蓄存款或者储蓄性专项基金存款的利息所得,免征个人所得税。居民储蓄存款利息,暂免征收个人所得税。

(4)储蓄机构内从事代扣代缴工作的办税人员取得的扣缴利息税手续费所得,免征个人所得税。

(5)生育妇女按照县级以上人民政府根据国家有关规定制定的生育保险办法,取得的生育津贴、生育医疗费或其他属于生育保险性质的津贴、补贴,免征个人所得税。

(6)对工伤职工及其近亲属按照《工伤保险条例》规定取得的工伤保险待遇,免征个人所得税。

(7)对个体工商户或个人,以及个人独资企业和合伙企业从事种植业、养殖业、饲养业和捕捞业取得的所得暂不征收个人所得税。

(8)个人举报、协查各种违法、犯罪行为而获得的奖金。

(9)个人办理代扣代缴税款手续,按规定取得的扣缴手续费。

(10)个人转让自用达5年以上,并且是唯一的家庭生活用房取得的所得。

(11)达到离休、退休年龄,但确因工作需要,适当延长离休、退休年龄的高级专家(指享受国家发放的政府特殊津贴的专家、学者,中国科学院、中国工程院院士),其在延长离休、退休期间的工资、薪金所得,视同离休工资、退休工资免征个人所得税。

(12)外籍个人从外商投资企业取得的股息、红利所得。

(13)凡符合下列条件之一的外籍专家取得的工资、薪金所得可免征个人所得税:

① 根据世界银行专项贷款协议由世界银行直接派往我国工作的外国专家。

② 联合国组织直接派往我国工作的专家。

③ 为联合国援助项目来华工作的专家。

④ 援助国派往我国专为该国无偿援助项目工作的专家。

⑤ 根据两国政府签订文化交流项目来华工作2年以内的文教专家,其工资、薪金所得由该国负担的,免征个人所得税。

⑥ 根据我国大专院校国际交流项目来华工作2年以内的文教专家,其工资、薪金所得由该国负担的,免征个人所得税。

⑦ 通过民间科研协定来华工作的专家,其工资、薪金所得由该国政府机构负担的,免征个人所得税。

(14)对被拆迁人按照国家有关城镇房屋拆迁管理办法规定的标准取得的拆迁补偿款(含因棚户区改造而取得的拆迁补偿款),免征个人所得税。

(15)对个人投资者从投保基金公司取得的行政和解金,暂免征收个人所得税。

（16）对个人转让上市公司股票取得的所得暂免征收个人所得税。自 2008 年 10 月 9 日起，对证券市场个人投资者取得的证券交易结算资金利息所得，暂免征收个人所得税。

（17）个人从公开发行和转让市场取得的上市公司股票，持股期限超过 1 年的，股息、红利所得暂免征收个人所得税。个人从公开发行和转让市场取得的上市公司股票，持股期限在 1 个月以内（含 1 个月）的，其股息、红利所得全额计入应纳税所得额；持股期限在 1 个月以上至 1 年（含 1 年）的，股息、红利所得暂减按 50% 计入应纳税所得额；上述所得统一适用 20% 的税率计征个人所得税。

自 2019 年 7 月 1 日起至 2024 年 6 月 30 日止，全国中小企业股份转让系统挂牌公司股息、红利差别化个人所得税政策也按上述政策执行。

（18）个人取得的下列中奖所得，暂免征收个人所得税：

① 单张有奖发票奖金所得不超过 800 元（含 800 元）的，暂免征收个人所得税；个人取得单张有奖发票奖金所得超过 800 元的，应全额按照税法规定的"偶然所得"项目征收个人所得税。

② 购买社会福利有奖募捐奖券、体育彩票一次中奖收入不超过 10 000 元的暂免征个人所得税；对一次中奖收入超过 10 000 元的，应按税法规定全额征税。

（19）乡镇企业的职工和农民取得的青苗补偿费，属种植业的收益范围，同时，也属经济损失的补偿性收入，暂不征收个人所得税。

（20）对由亚洲开发银行支付给我国公民或国民（包括为亚行执行任务的专家）的薪金和津贴，凡经亚洲开发银行确认这些人员为亚洲开发银行雇员或执行项目的专家的，其取得的符合我国税法规定的有关薪金和津贴等报酬，免征个人所得税。

（21）对法律援助人员按照《中华人民共和国法律援助法》规定获得的法律援助补贴，免征个人所得税。

（22）个人投资者持有 2024—2027 年发行的铁路债券取得的利息收入，减按 50% 计入应纳税所得额计算征收个人所得税。

（23）一个纳税年度内在船航行时间累计满 183 日的远洋船员，其取得的工资薪金收入减按 50% 计入应纳税所得额，依法缴纳个人所得税。远洋船员是指在海事管理部门依法登记注册的国际航行船舶船员和在渔业管理部门依法登记注册的远洋渔业船员。在船航行时间是指远洋船员在国际航行或作业船舶和远洋渔业船舶上的工作天数。一个纳税年度内的在船航行时间为一个纳税年度内在船航行时间的累计天数。本政策执行至 2027 年 12 月 31 日。

（24）自 2023 年 1 月 1 日至 2027 年 12 月 31 日，对个体工商户年应纳税所得额不超过 200 万元的部分，减半征收个人所得税。

诚信纳税　近年来，我国减税降费规模不断扩大、受惠主体不断增多，减税降费政策实现宏观降税负与微观降成本的统一，并与税制改革形成联动效应。

技能提升

根据本项目导入案例，判定王明的收入中是否有可享受个人所得税税收优惠政策的项目？

（12）国债利息收入免征个人所得税。

（14）个人从公开发行和转让市场取得的上市公司股票，持股期限超过 1 年的，股息红利所得暂免征收个人所得税。个人转让境内上市公司股票免征个人所得税。

任务三　个人所得税综合所得计算

居民个人综合所得是指居民个人取得的工资、薪金所得，劳务报酬所得，稿酬所得，特许权使用费所得。扣缴义务人在向居民个人支付工资、薪金所得，劳务报酬所得，稿酬所得，特许权使用费所得时，应按规定分月或者分次预扣预缴个人所得税；居民个人需要办理综合所得汇算清缴的，应当在取得所得的次年 3 月 1 日至 6 月 30 日办理汇算清缴。因此居民个人综合所得个人所得税的计算方法包括预扣预缴税款的计算方法和综合所得汇算清缴的计算方法。

一、居民个人综合所得预扣预缴税款计算

扣缴义务人向居民个人支付工资、薪金所得，劳务报酬所得，稿酬所得，特许权使用费所得时，按有关规定预扣预缴个人所得税，并向主管税务机关报送个人所得税扣缴申报表。

1. 居民个人工资、薪金所得预扣预缴税款计算

扣缴义务人向居民个人支付工资、薪金所得时，应当按照累计预扣法计算预扣税款，并按月办理扣缴申报。

累计预扣法是指扣缴义务人在一个纳税年度内预扣预缴税款时，以纳税人在本单位截至当前月份工资、薪金所得累计收入减除累计免税收入、累计减除费用、累计专项扣除、累计专项附加扣除和累计依法确定的其他扣除后的余额为累计预扣预缴应纳税所得额，适用居民个人工资、薪金所得预扣预缴率表，计算累计应预扣预缴税额，再减除累计减免税额和累计已预扣预缴税额，其余额为本期应预扣预缴税额。余额为负值时，暂不退税。纳税年度终了后余额仍为负值时，由纳税人通过办理综合所得年度汇算清缴，税款多退少补。

具体计算公式如下：

本期应预扣预缴税额＝（累计预扣预缴应纳税所得额×预扣率－速算扣除数）
　　　　　　　　－累计减免税额－累计已预扣预缴税额
累计预扣预缴应纳税所得额＝累计收入－累计免税收入－累计减除费用
　　　　　　　　－累计专项扣除－累计专项附加扣除
　　　　　　　　－累计依法确定的其他扣除

（1）累计减除费用，按照 5 000 元/月乘以纳税人当年截至本月在本单位的任职受雇月份数计算。

（2）专项扣除，包括居民个人按照国家规定的范围和标准缴纳的基本养老保险、基本医疗保险、失业保险等社会保险费和住房公积金等。

（3）专项附加扣除，包括子女教育、继续教育、大病医疗、住房贷款利息或者住房租金、赡养老人、3 岁以下婴幼儿照护等支出。

① 子女教育。纳税人年满 3 岁的子女接受学前教育和学历教育的相关支出，按照每个子女每月 2 000 元的标准定额扣除。

学前教育包括年满 3 岁至小学入学前教育。学历教育包括义务教育（小学、初中教育）、高中阶段教育（普通高中、中等职业、技工教育）、高等教育（大学专科、大学本科、硕士研究生、博士研究生教育）。

父母可以选择由其中一方按扣除标准的100%扣除,也可以选择由双方分别按扣除标准的50%扣除,具体扣除方式在一个纳税年度内不能变更。

纳税人子女在中国境外接受教育的,纳税人应当留存境外学校录取通知书、留学签证等相关教育的证明资料备查。

② 继续教育。纳税人在中国境内接受学历(学位)继续教育的支出,在学历(学位)教育期间按照每月400元定额扣除。同一学历(学位)继续教育的扣除期限不能超过48个月。纳税人接受技能人员职业资格继续教育、专业技术人员职业资格继续教育的支出,在取得相关证书的当年,按照3 600元定额扣除。

个人接受本科及以下学历(学位)继续教育,符合税法规定扣除条件的,可以选择由其父母扣除,也可以选择由本人扣除。

纳税人接受技能人员职业资格继续教育、专业技术人员职业资格继续教育的,应当留存相关证书等资料备查。

③ 大病医疗。在一个纳税年度内,纳税人发生的与基本医保相关的医药费用支出,扣除医保报销后个人负担(指医保目录范围内的自付部分)累计超过15 000元的部分,由纳税人在办理年度汇算清缴时,在80 000元限额内据实扣除。

纳税人发生的医药费用支出可以选择由本人或者其配偶扣除;未成年子女发生的医药费用支出可以选择由其父母一方扣除。纳税人及其配偶、未成年子女发生的医药费用支出,应按前述规定分别计算扣除额。

纳税人应当留存医药服务收费及医保报销相关票据原件(或者复印件)等资料备查。

④ 住房贷款利息。纳税人本人或者配偶,单独或者共同使用商业银行或者住房公积金个人住房贷款为本人或者其配偶购买中国境内住房,发生的首套住房贷款利息支出,在实际发生贷款利息的年度,按照每月1 000元的标准定额扣除,扣除期限最长不超过240个月。纳税人只能享受一次首套住房贷款的利息扣除。

所称首套住房贷款是指购买住房享受首套住房贷款利率的住房贷款。

经夫妻双方约定,可以选择由其中一方扣除,具体扣除方式在一个纳税年度内不能变更。

夫妻双方婚前分别购买住房发生的首套住房贷款,其贷款利息支出,婚后可以选择其中一套购买的住房,由购买方按扣除标准的100%扣除,也可以由夫妻双方对各自购买的住房分别按扣除标准的50%扣除,具体扣除方式在一个纳税年度内不能变更。

纳税人应当留存住房贷款合同、贷款还款支出凭证备查。

⑤ 住房租金。纳税人在主要工作城市没有自有住房而发生的住房租金支出,可以按照以下标准定额扣除。

a. 直辖市、省会(首府)城市、计划单列市以及国务院确定的其他城市,扣除标准为每月1 500元。

b. 除上述所列城市以外,市辖区户籍人口超过100万的城市,扣除标准为每月1 100元;市辖区户籍人口不超过100万的城市,扣除标准为每月800元。

市辖区户籍人口,以国家统计局公布的数据为准。

所称主要工作城市是指纳税人任职受雇的直辖市、计划单列市、副省级城市、地级市(地区、州、盟)全部行政区域范围;纳税人无任职受雇单位的,为受理其综合所得汇算清缴的税务机关所在城市。

夫妻双方主要工作城市相同的,只能由一方扣除住房租金支出。

住房租金支出由签订租赁住房合同的承租人扣除。

纳税人及其配偶在一个纳税年度内不能同时分别享受住房贷款利息和住房租金专项附加扣除。

纳税人应当留存住房租赁合同、协议等有关资料备查。

⑥ 赡养老人。纳税人赡养一位及以上被赡养人的赡养支出,统一按照以下标准定额扣除:

a. 纳税人为独生子女的,按照每月 3 000 元的标准定额扣除。

b. 纳税人为非独生子女的,由其与兄弟姐妹分摊每月 3 000 元的扣除额度,每人分摊的额度不能超过每月 1 500 元。可以由赡养人均摊或者约定分摊,也可以由被赡养人指定分摊。约定或者指定分摊的须签订书面分摊协议,指定分摊优先于约定分摊。具体分摊方式和额度在一个纳税年度内不能变更。

被赡养人是指年满 60 岁的父母,以及子女均已去世的年满 60 岁的祖父母、外祖父母。

⑦ 3 岁以下婴幼儿照护。纳税人照护 3 岁以下婴幼儿子女的相关支出,按照每个婴幼儿每月 2 000 元的标准定额扣除。

父母可以选择由其中一方按扣除标准的 100% 扣除,也可以选择由双方分别按扣除标准的 50% 扣除,具体扣除方式在一个纳税年度内不能变更。

诚信纳税 2023 年 8 月 31 日,国务院决定,提高 3 岁以下婴幼儿照护、子女教育、赡养老人 3 项专项附加扣除,有利于进一步减轻家庭抚养赡养负担,更好保障和改善民生,也有利于提高居民消费意愿和能力。

(4) 依法确定的其他扣除,包括个人缴付符合国家规定的企业年金、职业年金,个人购买的符合国家规定的商业健康保险、税收递延型商业养老保险的支出,以及国务院规定可以扣除的其他项目。

计算居民个人工资、薪金所得预扣预缴税额适用的预扣率、速算扣除数,按七级超额累进预扣率执行。

【例 10-3】 居民个人刘某为独生子,父母均已年满 60 周岁,有一个上初中的女儿。2024 年每月工资收入 30 000 元(含"三险一金"3 000 元/月)。

结合上述资料,回答如下问题。

(1) 刘某可以享受哪些专项附加扣除项目?扣除标准分别是多少?

(2) 刘某 2024 年 1—3 月分别应预扣预缴税额是多少?

解: (1) 刘某可以享受的专项附加扣除项目包括赡养老人专项附加扣除和子女教育专项附加扣除,扣除标准分别为 3 000 元/月和 2 000 元/月。

(2) 刘某 2024 年 1 月应预扣预缴税额=(30 000−5 000−3 000−3 000−2 000)×3%
$$=510(元)$$

刘某 2024 年 2 月应预扣预缴税额=(30 000×2−5 000×2−3 000×2−3 000×2−2 000×2)×3%−510=510(元)

刘某 2024 年 3 月应预扣预缴税额=(30 000×3−5 000×3−3 000×3−3 000×3−2 000×3)×10%−2 520−510−510=1 560(元)

2. 居民个人劳务报酬所得预扣预缴税款计算

劳务报酬所得应预扣预缴税额=预扣预缴应纳税所得额(收入额)×预扣率−速算扣除数

（1）收入额：劳务报酬所得以收入减除费用后的余额为收入额。

（2）减除费用：预扣预缴税款时，劳务报酬所得每次收入不超过 4 000 元的，减除费用按 800 元计算；每次收入 4 000 元以上的，减除费用按收入的 20%计算。

（3）预扣率：劳务报酬所得适用 20%～40%的三级超额累进预扣率，如表 10-4 所示。

表 10-4　居民个人劳务报酬所得预扣预缴率表

级数	预扣预缴应纳税所得额	预扣率/%	速算扣除数
1	不超过 20 000 元的	20	0
2	超过 20 000 元至 50 000 元的部分	30	2 000
3	超过 50 000 元的部分	40	7 000

【例 10-4】　居民个人李某一次性取得劳务报酬收入 3 000 元。依照现行税法规定计算该所得应预扣预缴税额。

解：应预扣预缴税额＝（3 000－800）×20%＝ 440(元)

3. 居民个人稿酬所得预扣预缴税款计算

稿酬所得应预扣预缴税额＝预扣预缴应纳税所得额(收入额)×20%

（1）收入额：稿酬所得以收入减除费用后的余额为收入额，并减按 70%计算。

（2）减除费用：预扣预缴税款时，稿酬所得每次收入不超过 4 000 元的，减除费用按 800 元计算；每次收入 4 000 元以上的，减除费用按收入的 20%计算。

（3）预扣率：稿酬所得适用 20%的比例预扣率。

【例 10-5】　居民个人李某一次性取得稿酬收入 30 000 元。依照现行税法规定计算该所得应预扣预缴税额。

解：应预扣预缴税额＝30 000×(1－20%)×70%×20% ＝ 3 360(元)

4. 居民个人特许权使用费所得预扣预缴税款计算

特许权使用费所得应预扣预缴税额＝预扣预缴应纳税所得额(收入额)×20%

（1）收入额：特许权使用费所得以收入减除费用后的余额为收入额。

（2）减除费用：预扣预缴税款时，特许权使用费所得每次收入不超过 4 000 元的，减除费用按 800 元计算；每次收入 4 000 元以上的，减除费用按收入的 20%计算。

（3）预扣率：特许权使用费所得适用 20%的比例预扣率。

劳务报酬所得、稿酬所得、特许权使用费所得，属于一次性收入的，以取得该项收入为一次；属于同一项目连续性收入的，以一个月内取得的收入为一次。

二、居民个人综合所得年度汇算清缴税款计算

年度终了后，居民个人需要汇总全年取得的工资薪金、劳务报酬、稿酬、特许权使用费等四项综合所得的收入额，减除费用 6 万元以及专项扣除、专项附加扣除、依法确定的其他扣除和符合条件的公益慈善事业捐赠后，适用综合所得个人所得税税率并减去速算扣除数，计算最终应纳税额，再减去全年已预缴税额，得出应退或应补税额，向税务机关申报并办理退税或补税。具体计算公式如下：

汇算应退或应补税额＝[(综合所得收入额－60 000 元－"三险一金"等专项扣除

－子女教育等专项附加扣除－依法确定的其他扣除

　　　　　　—符合条件的公益慈善事业捐赠)×适用税率—速算扣除数]

　　　　　　—已预缴税额

　　1. 综合所得收入额的确定

　　(1) 工资、薪金所得,以年度工资、薪金收入减去不征税收入、免税收入的余额为收入额。

　　(2) 劳务报酬所得、稿酬所得、特许权使用费所得,以各自的收入减除 20% 的费用后的余额为收入额。其中,稿酬所得的收入额减按 70% 计算。

　　(3) 汇算不涉及纳税人的财产租赁等分类所得,以及纳税人按规定选择不并入综合所得计算纳税的所得(如选择不并入综合所得计算纳税的全年一次性奖金所得)。

　　2. 扣除项目的确定

　　专项扣除、专项附加扣除、依法确定的其他扣除按前述规定处理。汇算清缴时,可依法扣除的捐赠,是指当年符合条件的公益慈善事业捐赠。

　　3. 税率的确定

　　适用税率和速算扣除数,按照综合所得个人所得税税率表七级超额累进税率确定。

　　【例 10-6】 居民个人刘某为独生子,父母均已年满 60 周岁,有一个上初中的女儿。2024 年全年工资收入合计 200 000 元(含"三险一金"共计 30 000 元),所在单位全年累计已预扣预缴工资、薪金个人所得税 2 480 元。此外,刘某取得一次性特许权使用费收入 10 000 元(含应预扣预缴的个人所得税)。

　　结合上述资料,回答下列问题。

　　(1) 计算刘某取得特许权使用费收入预扣预缴的个人所得税。

　　(2) 计算刘某全年综合所得汇算清缴应补或应退税额。

　　解:(1) 特许权使用费收入预扣预缴个人所得税=10 000×(1−20%)×20% = 1 600(元)

　　(2) 全年应纳税所得额=200 000+10 000×(1−20%)−60 000−30 000−3 000×12

　　　　　　　　　　　　−2 000×12=58 000(元)

　　全年综合所得汇算清缴应补(应退)税额=58 000×10%−2 520−2 480−1 600 =−800(元),即综合所得汇算清缴应退税 800 元。

三、非居民个人工资、薪金所得,劳务报酬所得,稿酬所得和特许权使用费所得税款计算

　　非居民个人取得工资、薪金所得,劳务报酬所得,稿酬所得和特许权使用费所得,有扣缴义务人的,由扣缴义务人按月或者按次代扣代缴税款,不办理汇算清缴。

　　1. 应纳税所得额的确定

　　(1) 非居民个人的工资、薪金所得,以每月收入额减除费用 5 000 元后的余额为应纳税所得额。

　　(2) 劳务报酬所得、稿酬所得、特许权使用费所得,以每次收入额为应纳税所得额。劳务报酬所得、稿酬所得、特许权使用费所得以收入减除 20% 费用后的余额为收入额,其中,稿酬所得的收入额减按 70% 计算。

　　2. 税率的确定

　　非居民个人工资、薪金所得,劳务报酬所得,稿酬所得和特许权使用费所得,分别适用按月

换算后的非居民个人月度税率表,如表 10-5 所示。

表 10-5 非居民个人工资、薪金所得,劳务报酬所得,稿酬所得和特许权使用费所得适用税率表

级数	应纳税所得额	税率/%	速算扣除数
1	不超过 3 000 元的	3	0
2	超过 3 000 元至 12 000 元的部分	10	210
3	超过 12 000 元至 25 000 元的部分	20	1 410
4	超过 25 000 元至 35 000 元的部分	25	2 660
5	超过 35 000 元至 55 000 元的部分	30	4 410
6	超过 55 000 元至 80 000 元的部分	35	7 160
7	超过 80 000 元的部分	45	15 160

3. 应纳税额的计算

非居民个人工资、薪金所得,劳务报酬所得,稿酬所得和特许权使用费所得应纳税额＝应纳税所得额×税率－速算扣除数

诚信纳税 近年来,税务部门严格规范税收执法,营造法治公平税收环境,依法查处并披露多起文娱领域重大涉税违法案件。税务部门持续曝光偷逃税案件,释放出税务部门"抓大不放小""违法偷漏税必罚"的信号,无论名气大小、流量高低,只要违法都将受到处罚。

四、居民个人综合所得特殊事项应纳税额计算

1. 全年一次性奖金的征税方法

全年一次性奖金是指行政机关、企事业单位等扣缴义务人根据其全年经济效益和对雇员全年工作业绩的综合考核情况,向雇员发放的一次性奖金,也包括年终加薪、实行年薪制和绩效工资办法的单位根据考核情况兑现的年薪和绩效工资。

居民个人取得全年一次性奖金,在 2027 年 12 月 31 日前,可选择不并入当年综合所得,以全年一次性奖金收入除以 12 个月得到的数额,按照按月换算后的综合所得税率表,确定适用税率和速算扣除数,单独计算纳税。计算公式为

应纳税额＝全年一次性奖金收入×适用税率－速算扣除数

居民个人取得全年一次性奖金,也可以选择并入当年综合所得计算纳税。

居民个人取得除全年一次性奖金以外的其他各种名目奖金,如半年奖、季度奖、加班奖、先进奖、考勤奖等,一律与当月工资、薪金收入合并,按税法规定缴纳个人所得税。

在一个纳税年度内,对每一个纳税人,该计税办法只允许采用一次。

按月换算后的综合所得税率表如表 10-6 所示。

表 10-6 按月换算后的综合所得税率表

级数	月应纳税所得额	税率/%	速算扣除数
1	不超过 3 000 元的	3	0
2	超过 3 000 元至 12 000 元的部分	10	210

级数	月应纳税所得额	税率/%	速算扣除数
3	超过 12 000 元至 25 000 元的部分	20	1 410
4	超过 25 000 元至 35 000 元的部分	25	2 660
5	超过 35 000 元至 55 000 元的部分	30	4 410
6	超过 55 000 元至 80 000 元的部分	35	7 160
7	超过 80 000 元的部分	45	15 160

2. 个人因解除劳动合同取得经济补偿金的征税方法

（1）企业依照国家有关法律规定宣告破产，企业职工从该破产企业取得的一次性安置费收入，免征个人所得税。

（2）个人与用人单位解除劳动关系取得一次性补偿收入（包括用人单位发放的经济补偿金、生活补助费和其他补助费），在当地上年职工平均工资 3 倍数额以内的部分，免征个人所得税；超过 3 倍数额的部分，不并入当年综合所得，单独适用综合所得税率表，计算纳税。

3. 关于企业减员增效和行政事业单位、社会团体在机构改革过程中实行内部退养办法人员取得收入的征税问题

实行内部退养的个人在其办理内部退养手续后至法定离退休年龄之间从原任职单位取得的工资、薪金，不属于离退休工资，应按"工资、薪金所得"项目计征个人所得税。

个人在办理内部退养手续后从原任职单位取得的一次性收入，应按办理内部退养手续后至法定离退休年龄之间的所属月份进行平均，并与领取当月的"工资、薪金"所得合并后减除当月费用扣除标准，以余额为基数确定适用税率，再将当月工资、薪金加上取得的一次性收入，减去费用扣除标准，按适用税率计征个人所得税。

个人在办理内部退养手续后至法定离退休年龄之间重新就业取得的"工资、薪金"所得，应与其从原任职单位取得的同一月份的"工资、薪金"所得合并，并依法自行向主管税务机关申报缴纳个人所得税。

4. 个人提前退休取得补贴收入征收个人所得税的规定

个人办理提前退休手续而取得的一次性补贴收入，应按照办理提前退休手续至法定离退休年龄之间实际年度数平均分摊，确定适用税率和速算扣除数，单独适用综合所得税率表，计算纳税。计算公式：

应纳税额＝[（一次性补贴收入÷办理提前退休手续至法定退休年龄的实际年度数
　　　　　　－费用扣除标准）×适用税率－速算扣除数]
　　　　　　×办理提前退休手续至法定退休年龄的实际年度数

✍ **技能提升**

根据本项目导入案例，判定王明能够享受的专项附加扣除项目及额度。

王明可享受赡养老人、子女教育两项专项附加扣除，自 2023 年 1 月 1 日起，每月可扣除标准分别为 3 000 元/月和 2 000 元/月。

根据导入案例（1）、（2），使用累计预扣法计算王明的工资薪金收入 12 月应当预扣预缴的

个人所得税。

$$全年工资薪金收入累计 \atop 预扣预缴应纳税所得额 = 20\,000 \times 12 - 5\,000 \times 12 - (2\,000 + 1\,000) \times 12 - 3\,000 \times 12$$

$$- 2\,000 \times 12$$

$$= 84\,000(元)$$

全年工资薪金收入累计应预扣预缴个人所得税 $= 84\,000 \times 10\% - 2\,520 = 5\,880(元)$

12 月工资薪金收入应预扣预缴个人所得税 $= 5\,880 - 5\,180 = 700(元)$

根据导入案例(3),计算王明提供兼职技术服务收入个人所得税应纳税额。

$$应纳税所得额 = 3\,500 - 800 = 2\,700(元)$$

$$应纳税额 = 2\,700 \times 20\% = 540(元)$$

根据导入案例(4),计算王明培训收入个人所得税应纳税额。

$$应纳税所得额 = 30\,000 \times (1 - 20\%) = 24\,000(元)$$

$$应纳税额 = 24\,000 \times 30\% - 2\,000 = 5\,200(元)$$

根据导入案例(5),计算王明诗集稿酬个人所得税应纳税额。

$$应纳税所得额 = (3\,000 - 800) \times 70\% = 1\,540(元)$$

$$应纳税额 = 1\,540 \times 20\% = 308(元)$$

根据导入案例(6),计算王明专著稿酬收入个人所得税应纳税额。

$$应纳税所得额 = 10\,000 \times (1 - 20\%) \times 70\% = 5\,600(元)$$

$$应纳税额 = 5\,600 \times 20\% = 1\,120(元)$$

根据导入案例(7),计算王明特许权使用费收入个人所得税应纳税额。

$$应纳税所得额 = 3\,800 - 800 = 3\,000(元)$$

$$应纳税额 = 3\,000 \times 20\% = 600(元)$$

根据导入案例(8),计算王明提供非专利技术取得收入个人所得税应纳税额。

$$应纳税所得额 = 20\,000 \times (1 - 20\%) = 16\,000(元)$$

$$应纳税额 = 16\,000 \times 20\% = 3\,200(元)$$

根据导入案例,计算王明全年综合所得汇算清缴个人所得税应补或应退税额。

$$全年综合所得应纳税所得额 = 84\,000 + 3\,500 \times (1 - 20\%) + 30\,000 \times (1 - 20\%) + 3\,000$$

$$\times (1 - 20\%) \times 70\% + 10\,000 \times (1 - 20\%) \times 70\% + 3\,800$$

$$\times (1 - 20\%) + 20\,000 \times (1 - 20\%) = 137\,120(元)$$

全年综合所得应纳税额 $= 137\,120 \times 10\% - 2\,520 = 11\,192(元)$

$$全年综合所得累计已预扣预缴税额 = 5\,880 + 540 + 5\,200 + 308 + 1\,120 + 600 + 3\,200$$

$$= 16\,848(元)$$

全年综合所得汇算清缴应补(退)税额 $= 11\,192 - 16\,848 = -5\,656(元)$,即王明 2024 年度综合所得汇算清缴应退税 5\,656 元。

任务四 个人所得税经营所得计算

一、经营所得应纳税所得额的计算

经营所得以每一纳税年度的收入总额减除成本、费用以及损失后的余额为应纳税所得额。

所称成本、费用是指生产、经营活动中发生的各项直接支出和分配计入成本的间接费用以及销售费用、管理费用、财务费用;所称损失,是指生产、经营活动中发生的固定资产和存货的盘亏、毁损、报废损失,转让财产损失,坏账损失,自然灾害等不可抗力因素造成的损失以及其他损失。

取得经营所得的个人,没有综合所得的,在计算其每一纳税年度的应纳税所得额时,应当减除费用 60 000 元、专项扣除、专项附加扣除以及依法确定的其他扣除。专项附加扣除在办理汇算清缴时减除。

纳税人从事生产、经营活动,未提供完整、准确的纳税资料,不能正确计算应纳税所得额的,由主管税务机关核定应纳税所得额或者应纳税额。

二、经营所得应纳税额的计算

经营所得应纳税额的计算公式为

$$应纳税额＝全年应纳税所得额×适用税率－速算扣除数$$

或

$$应纳税额＝（全年收入总额－成本、费用以及损失）×适用税率－速算扣除数$$

三、个体工商户应纳税额计算的相关主要规定

根据《个体工商户个人所得税计税办法》的有关规定,实行查账征收的个体工商户应当按照相关规定,计算并申报缴纳个人所得税。具体主要规定如下。

(1) 个体工商户的生产、经营所得,以每一纳税年度的收入总额,减除成本、费用、税金、损失、其他支出以及允许弥补的以前年度亏损后的余额,为应纳税所得额。

(2) 个体工商户下列支出不得扣除:①个人所得税税款;②税收滞纳金;③罚金、罚款和被没收财物的损失;④不符合扣除规定的捐赠支出;⑤赞助支出;⑥用于个人和家庭的支出;⑦与取得生产经营收入无关的其他支出;⑧国家税务总局规定不准扣除的支出。

(3) 个体工商户生产经营活动中,应当分别核算生产经营费用和个人、家庭费用。对于因生产经营与个人、家庭生活混用难以分清的费用,其 40% 视为与生产经营有关的费用,准予扣除。

(4) 个体工商户纳税年度发生的亏损,准予向以后年度结转,用以后年度的生产经营所得弥补,但结转年限最长不得超过五年。

(5) 个体工商户实际支付给从业人员的、合理的工资薪金支出,准予扣除。个体工商户业主的费用扣除标准,确定为 60 000 元/年。个体工商户业主的工资薪金支出不得税前扣除。

(6) 除个体工商户依照国家有关规定为特殊工种从业人员支付的人身安全保险费和财政部、国家税务总局规定可以扣除的其他商业保险费外,个体工商户业主本人或者为从业人员支付的商业保险费,不得扣除。

(7) 个体工商户向当地工会组织拨缴的工会经费、实际发生的职工福利费支出、职工教育经费支出分别在工资薪金总额的 2%、14%、2.5% 的标准内据实扣除。

(8) 个体工商户发生的与生产经营活动有关的业务招待费,按照实际发生额的 60% 扣除,但最高不得超过当年销售(营业)收入的 5‰。

(9) 个体工商户每一纳税年度发生的与其生产经营活动直接相关的广告费和业务宣传费不超过当年销售(营业)收入 15% 的部分,可以据实扣除;超过部分,准予在以后纳税年度结转

扣除。

(10) 个体工商户代其从业人员或者他人负担的税款,不得税前扣除。

(11) 个体工商户通过公益性社会团体或者县级以上人民政府及其部门,用于《中华人民共和国公益事业捐赠法》规定的公益事业的捐赠,捐赠额不超过其应纳税所得额30%的部分可以据实扣除。财政部、国家税务总局规定可以全额在税前扣除的捐赠支出项目,按有关规定执行。个体工商户直接对受益人的捐赠不得扣除。

(12) 个体工商户研究开发新产品、新技术、新工艺所发生的开发费用,以及研究开发新产品、新技术而购置单台价值在10万元以下的测试仪器和试验性装置的购置费准予直接扣除;单台价值在10万元以上(含10万元)的测试仪器和试验性装置,按固定资产管理,不得在当期直接扣除。

> **诚信纳税** 近日,财政部、国家税务总局联合发布多个公告,明确一系列支持小微企业和个体工商户发展有关税费政策。量大面广的个体工商户是我国社会经济发展的活力、潜力和韧性所在,国家提高税收政策优惠力度,能进一步支持个体工商户发展,为其生存发展减负担、增动能。

【例10-7】 王某为个体工商户业主,主要从事餐饮业务。2024年度有关收支情况如下。

(1) 取得餐饮服务收入500 000元。

(2) 发生成本、费用350 000元,其中包括雇员工资70 000元、王某本人工资80 000元。

王某2024年度没有综合所得,专项扣除合计30 000元。

根据上述资料,计算王某2024年度经营所得个人所得税应纳税额。

解: 经营所得应纳税所得额=500 000-(350 000-80 000)-60 000-30 000=140 000(元)

经营所得应纳税额=(140 000×20%-10 500)×50%=8 750(元)

四、个人独资企业和合伙企业应纳税额计算的相关主要规定

根据《关于个人独资企业和合伙企业投资者征收个人所得税的规定》,个人独资企业以投资者为纳税义务人,合伙企业以每一个合伙人为纳税义务人,计算缴纳个人所得税。具体主要规定如下。

(1) 自2019年1月1日起,个人独资企业和合伙企业投资者的生产经营所得依法计征个人所得税时,个人独资企业和合伙企业投资者本人的费用扣除标准统一确定为60 000元/年,即5 000元/月。投资者的工资不得在税前扣除。

(2) 企业向其从业人员实际支付的合理的工资、薪金支出,允许在税前据实扣除。

(3) 投资者及其家庭发生的生活费用不允许在税前扣除。投资者及其家庭发生的生活费用与企业生产经营费用混合在一起,并且难以划分的,全部视为投资者个人及其家庭发生的生活费用,不允许在税前扣除。

(4) 企业生产经营和投资者及其家庭生活共用的固定资产,难以划分的,由主管税务机关根据企业的生产经营类型、规模等具体情况,核定准予在税前扣除的折旧费用的数额或比例。

(5) 企业拨缴的工会经费、发生的职工福利费、职工教育经费支出分别在工资、薪金总额的2%、14%、2.5%的标准内据实扣除。

(6) 企业每一纳税年度发生的广告费和业务宣传费用不超过当年销售(营业)收入15%的

部分,可据实扣除;超过部分,准予在以后纳税年度结转扣除。

(7)企业每一纳税年度发生的与其生产经营业务直接相关的业务招待费支出,按照发生额的60%扣除,但最高不得超过当年销售(营业)收入的5‰。

(8)企业计提的各种准备金不得扣除。

> **诚信纳税** 新个人所得税法的实施,为个体工商户业主、个人独资企业和合伙企业自然人投资者等带来了政策红利,激发企业员工的活力和干劲,为企业新一轮发展积蓄内在动力。

【例10-8】 李先生是某个体饭店的业主,该个体饭店账证健全。2024年12月取得营业收入80 000元,发生原材料成本40 000元,支付工资合计20 000元(含李先生本人工资6 000元),支付其他费用2 000元。

2024年1—11月累计应纳税所得额为158 000元(未扣除业主费用减除标准),累计预缴个人所得税21 100元。

除经营所得外,李先生没有其他收入,有一个读小学的儿子,享受子女教育专项附加扣除。不考虑其他因素,计算李先生2024年度汇算清缴时应补或应退税额。

解: 全年累计应纳税所得额=80 000-40 000-(20 000-6 000)-2 000+158 000

$$-60 000-2 000 \times 12$$

$$=98 000(元)$$

全年累计应纳个人所得税=(98 000×20%-10 500)×(1-50%)=4 550(元)

2024年度汇算清缴应申请的个人所得税退税额=21 100-4 550=16 550(元)

任务五   个人所得税其他所得计算

一、财产租赁所得应纳税额的计算

1. 应纳税所得额的确定

财产租赁所得一般以个人每次取得的收入,定额或定率减除规定费用后的余额为应纳税所得额。每次收入不超过4 000元的,定额减除费用800元;每次收入在4 000元以上的,定率减除20%的费用,其余额为应纳税所得额。财产租赁所得,以一个月内取得的收入为一次。

在确定财产租赁的应纳税所得额时,出租财产过程中缴纳的税费,可持完税(缴款)凭证,从其财产租赁收入中扣除。准予扣除的项目除规定费用和有关税费外,还准予扣除能够提供有效、准确凭证,证明由纳税义务人负担的该出租财产实际开支的修缮费用。允许扣除的修缮费用,以每次800元为限,一次扣除不完的,准予在下一次继续扣除,直至扣完为止。

个人将承租房屋转租取得的租金收入,属于个人所得税应税所得,应按"财产租赁所得"项目计算缴纳个人所得税。取得转租收入的个人向房屋出租方支付的租金,凭房屋租赁合同和合法支付凭据允许在计算个人所得税时,从该项转租收入中扣除。

有关财产租赁所得个人所得税税前扣除税费的扣除次序:①财产租赁过程中缴纳的税费;②向出租方支付的租金;③由纳税人负担的租赁财产实际开支的修缮费用;④税法规定的费用扣除标准。

应纳税所得额的计算公式如下。

(1) 每次(月)收入不超过 4 000 元的:

$$应纳税所得额＝每次(月)收入额－准予扣除项目－修缮费用－800$$

(2) 每次(月)收入超过 4 000 元的:

$$应纳税所得额＝[每次(月)收入额－准予扣除项目－修缮费用]×(1－20\%)$$

2. 应纳税额的计算

财产租赁所得适用 20% 的比例税率。对于个人按市场价格出租的居民住房取得的所得,暂减按 10% 的税率征收个人所得税。其应纳税额的计算公式为

$$应纳税额＝应纳税所得额×适用税率$$

【例 10-9】 中国公民王某 1 月 1 日起将其位于市区的一套住房按市价出租,每月收取不含增值税租金 3 800 元。1 月因卫生间漏水发生修缮费用 1 200 元,已取得合法有效的支出凭证,不考虑其他费用扣除。计算前两个月应缴纳的个人所得税。

解:应纳税额＝(3 800－800－800)×10%＋(3 800－400－800)×10%＝480(元)

二、财产转让所得应纳税额的计算

1. 应纳税所得额的确定

财产转让所得是指个人转让有价证券、股权、合伙企业中的财产份额、不动产、机器设备、车船以及其他财产取得的所得。财产转让所得以转让财产的收入额减除财产原值和合理费用后的余额,为应纳税所得额。

财产原值,按照下列方法确定。

(1) 有价证券,为买入价以及买入时按照规定交纳的有关费用。

(2) 建筑物,为建造费或者购进价格以及其他有关费用。

(3) 土地使用权,为取得土地使用权所支付的金额、开发土地的费用以及其他有关费用。

(4) 机器设备、车船,为购进价格、运输费、安装费以及其他有关费用。

(5) 其他财产,参照以上方法确定财产原值。

纳税人未提供完整、准确的财产原值凭证,不能按照上述(1)~(4)项规定的方法确定财产原值的,由主管税务机关核定财产原值。

合理费用是指卖出财产时按照规定支付的有关税费。

应纳税所得额的计算公式为

$$应纳税所得额＝每次收入额－财产原值－合理费用$$

2. 应纳税额的计算

财产转让所得适用 20% 的比例税率。其应纳税额的计算公式为

$$应纳税额＝应纳税所得额×适用税率$$

【例 10-10】 中国公民王某 3 月转让购买的营业用房一套,售价 2 300 000 元,转让过程中支付的相关税费为 138 000 元。该营业用房的购进价为 1 000 000 元。购房过程中支付的相关税费为 30 000 元。所有税费支出均取得合法凭证。计算王某应缴纳的个人所得税。

解:应纳税额＝(2 300 000－1 000 000－30 000－138 000)×20%＝226 400(元)

三、利息、股息、红利所得应纳税额的计算

1. 应纳税所得额的确定

利息、股息、红利所得，以每次收入额为应纳税所得额，不扣除任何费用。每次收入额是指支付单位或个人每次支付利息、股息、红利时，个人所取得的收入。

2. 应纳税额的计算

利息、股息、红利所得适用 20% 的比例税率。其应纳税额的计算公式为

$$应纳税额＝应纳税所得额×适用税率$$

【例 10-11】　中国公民刘某 2024 年度取得如下三笔利息收入：国债利息收入 5 000 元、银行存款利息 1 500 元、投资 A 汽车公司债券取得利息收入 3 500 元。计算刘某上述收入应缴纳的个人所得税税额。

解：个人取得的国债利息收入、储蓄存款利息收入免税。

$$刘某取得利息收入应纳税额＝3 500×20\%＝700（元）$$

四、偶然所得应纳税额的计算

1. 应纳税所得额的确定

偶然所得是指个人得奖、中奖、中彩以及其他偶然性质的所得。偶然所得，以每次收入额为应纳税所得额，不扣除任何费用。除有特殊规定外，偶然所得以每次取得该项收入为一次。

2. 应纳税额的计算

偶然所得适用 20% 的比例税率。其应纳税额的计算公式为

$$应纳税额＝应纳税所得额×适用税率$$

【例 10-12】　中国公民张某在某商场购物，消费满 2 000 元参加抽奖活动，中奖冰箱一台，价值 5 000 元。张某领奖时支付 200 元运输费用。计算张某中奖个人所得税应纳税额。

解：偶然所得不得扣除任何费用，以每次取得的收入全额征税。

$$应纳税额＝5 000×20\%＝1 000（元）$$

诚信纳税　从一摞证明到一纸承诺，纳税人获得感更强了。自 2021 年 7 月 1 日起，国家税务总局在全国范围内对家庭唯一生活用房证明等多项税务证明事项实行告知承诺制，进一步降低制度性交易成本。告知承诺制是税务部门推进"减证便民"的重要举措。"减证便民"的不断深化，不仅为老百姓带来了极大便利，也促进了税收管理理念和方式手段变革。

五、个人所得税其他所得特殊事项应纳税额的计算

1. 个人以非货币性资产投资和终止投资经营收回款项个人所得税规定

个人以非货币性资产投资，属于个人转让非货币性资产和投资同时发生。对个人转让非货币性资产的所得，应按照"财产转让所得"项目，依法计算缴纳个人所得税。个人以非货币性资产投资，应按评估后的公允价值确认非货币性资产转让收入。非货币性资产转让收入减除该资产原值及合理税费后的余额为应纳税所得额。个人以非货币性资产投资，应于非货币性资产转让、取得被投资企业股权时，确认非货币性资产转让收入的实现。

　　个人因各种原因终止投资、联营、经营合作等行为,从被投资企业或合作项目、被投资企业的其他投资者以及合作项目的经营合作人取得股权转让收入、违约金、补偿金、赔偿金及以其他名目收回的款项等,均属于个人所得税应税收入,应按照"财产转让所得"项目适用的规定计算缴纳个人所得税。

　　2. 促销礼品——偶然所得

　　对企业和单位(包括企业、事业单位、社会团体、个人独资企业、合伙企业和个体工商户等)在营销活动中以折扣折让、赠品、抽奖等方式,向个人赠送现金、消费券、物品、服务等(以下简称礼品)有关个人所得税具体规定如下。

　　(1)企业和单位在销售商品(产品)和提供服务过程中向个人赠送礼品,属于下列情形之一的,不征收个人所得税。

　　① 企业和单位通过价格折扣、折让方式向个人销售商品(产品)和提供服务。

　　② 企业和单位在向个人销售商品(产品)和提供服务的同时给予赠品,如通信企业对个人购买手机赠话费、入网费,或者购话费赠手机等。

　　③ 企业和单位对累积消费达到一定额度的个人按消费积分反馈礼品。

　　(2)企业和单位向个人赠送礼品,属于下列情形之一的,取得该项所得的个人应依法缴纳个人所得税,税款由赠送礼品的企业代扣代缴。

　　① 企业和单位在业务宣传、广告等活动中,随机向本单位以外的个人赠送礼品(包括网络红包),以及企业和单位在年会、座谈会、庆典以及其他活动中向本单位以外的个人赠送礼品,个人取得的礼品收入,按照"偶然所得"项目计算缴纳个人所得税,但企业和单位赠送的具有价格折扣或折让性质的消费券、代金券、抵用券、优惠券等礼品除外。

　　② 企业和单位对累积消费达到一定额度的顾客,给予额外抽奖机会,个人的获奖所得,按照"偶然所得"项目,全额适用 20% 的税率缴纳个人所得税。

　　(3)企业和单位赠送的礼品是自产产品(服务)的,按该产品(服务)的市场销售价格确定个人的应税所得;是外购商品(服务)的,按该商品(服务)的实际购置价格确定个人的应税所得。

　　诚信纳税　财税从业人员应树立持续学习理念,坚持与时俱进、不断更新业务知识与技能,提高专业胜任能力。

技能提升

　　根据本项目导入案例(9),计算王明 6 月房租收入的个人所得税应纳税额。

$$应纳税所得额=3\ 800-600-800=2\ 400(元)$$
$$应纳税额=2\ 400\times20\%=480(元)$$

　　根据导入案例(10),计算王明 11 月房租收入的个人所得税应纳税额。

$$应纳税所得额=4\ 200\times(1-20\%)=3\ 360(元)$$
$$应纳税额=3\ 360\times20\%=672(元)$$

　　根据导入案例(11),计算王明处置商铺应缴纳的个人所得税。

$$财产转让应纳税所得额=1\ 000\ 000-850\ 000-10\ 000=140\ 000(元)$$
$$财产转让应纳税额=140\ 000\times20\%=28\ 000(元)$$

根据导入案例（12）、（13），计算王明取得利息收入应缴纳的个人所得税。

国债利息收入免征个人所得税。

$$债券利息收入应纳税额＝1\ 000×20\%＝200（元）$$

根据导入案例（14），计算王明股票相关交易应缴纳的个人所得税。

王明股息所得和股票转让所得均不需缴纳个人所得税。

个人从公开发行和转让市场取得的上市公司股票，持股期限超过1年的，股息红利所得暂免征收个人所得税。个人转让境内上市公司股票免征个人所得税。

根据导入案例（15），计算王明彩票中奖收入个人所得税应纳税额。

$$应纳税额＝30\ 000×20\%＝6\ 000（元）$$

任务六　个人所得税预缴申报

我国个人所得税有两种征收方法，分别是全员全额扣缴申报纳税和自行申报纳税。本节重点介绍全员全额扣缴申报的基本规定，并阐述综合所得预扣预缴的纳税申报操作方法。

个人所得税以所得人为纳税人，以支付所得的单位或个人为扣缴义务人。扣缴义务人应当依法办理全员全额扣缴申报。

全员全额扣缴申报，是指扣缴义务人应当在代扣税款的次月15日内，向主管税务机关报送其支付所得的所有个人的有关信息、支付所得数额、扣除事项和数额、扣缴税款的具体数额和总额以及其他相关涉税信息资料。

诚信纳税　涉税专业服务机构及其涉税服务人员应当诚实守信、正直自律、勤勉尽责，遵守职业道德，维护行业形象。

一、全员全额扣缴申报的范围

实行个人所得税全员全额扣缴申报的应税所得包括：①工资、薪金所得；②劳务报酬所得；③稿酬所得；④特许权使用费所得；⑤利息、股息、红利所得；⑥财产租赁所得；⑦财产转让所得；⑧偶然所得。

二、全员全额扣缴申报的基本规定

（1）扣缴义务人向居民个人支付工资、薪金所得时，应当按照累计预扣法计算预扣税款，并按月办理扣缴申报。

居民个人向扣缴义务人提供有关信息并依法要求办理专项附加扣除的，扣缴义务人应当按照规定在工资、薪金所得按月预扣预缴税款时予以扣除，不得拒绝。

（2）扣缴义务人向居民个人支付劳务报酬所得、稿酬所得、特许权使用费所得时，应当按照规定的方法按次或者按月预扣预缴税款。

（3）扣缴义务人向非居民个人支付工资、薪金所得，劳务报酬所得，稿酬所得和特许权使用费所得时，应当按照规定的方法按月或者按次代扣代缴税款。

非居民个人在一个纳税年度内税款扣缴方法保持不变，达到居民个人条件时，应当告知扣缴义务人基础信息变化情况,年度终了后按照居民个人有关规定办理汇算清缴。

（4）扣缴义务人支付利息、股息、红利所得,财产租赁所得,财产转让所得或者偶然所得时,应当依法按次或者按月代扣代缴税款。

扣缴申报流程如图 10-1 所示。

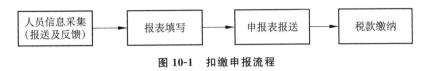

图 10-1　扣缴申报流程

三、个人所得税扣缴申报表的填写

1. 适用范围

本表适用于扣缴义务人向居民个人支付工资、薪金所得,劳务报酬所得,稿酬所得和特许权使用费所得的个人所得税全员全额预扣预缴申报;向非居民个人支付工资、薪金所得,劳务报酬所得,稿酬所得和特许权使用费所得的个人所得税全员全额扣缴申报;以及向纳税人(居民个人和非居民个人)支付利息、股息、红利所得,财产租赁所得,财产转让所得和偶然所得的个人所得税全员全额扣缴申报。

2. 报送期限

扣缴义务人应当在每月或者每次预扣、代扣税款的次月 15 日内,将已扣税款缴入国库,并向税务机关报送本表。

以导入案例中的"工资、薪金所得"项目为例,填报个人所得税扣缴申报表,如表 10-7 所示。

四、综合所得预扣预缴纳税申报系统操作

为了优化办税服务,促进依法纳税,国家税务总局统一开发了自然人电子税务局扣缴客户端,主要功能包括人员信息采集、申报表填写、优惠信息采集、税款缴纳和查询统计等,扣缴单位等可使用该软件自行完成申报缴税全过程。

本部分以综合所得预扣预缴纳税申报工作为例,简要介绍通过扣缴客户端进行纳税申报的操作流程。主要操作步骤如下。

下载并安装自然人电子税务局扣缴客户端,完成系统登录、人员信息采集、专项附加扣除信息采集等工作后,在扣缴客户端首页功能菜单下单击"综合所得申报"按钮,进入"综合所得预扣预缴表"页面,根据"1 收入及减除填写""2 税款计算""3 附表填写"和"4 申报表报送"四步流程完成综合所得预扣预缴申报。

1. 收入及减除填写

用于录入综合所得各项目的收入及减除项数据,单击页面下方综合所得申报表名称或"填写"进入表单,即可进行数据的录入,各项表单的填写方式,都可选择使用单个添加,或下载模板批量导入,如图 10-2 所示。

未申报状态下进入"正常工资薪金所得"和"劳务报酬(保险营销员、证券经纪人、其他连续劳务)"页面时,系统自动检测是否有新的"专项附加扣除信息"或"个人养老金扣除信息"需要下载更新。如果有,则弹出下载提示框。

表10-7　个人所得税扣缴申报表

税款所属期:2024年12月1日至2024年12月31日

扣缴义务人名称:甲汽车集团股份有限公司

扣缴义务人纳税人识别号(统一社会信用代码):□□□□□□□□□□□□□□□□□□

金额单位:人民币元(列至角分)

序号	姓名	身份证件类型	身份证件号码	纳税人识别号	是否为非居民个人	所得项目	收入额计算				专项扣除				其他扣除						累计收入额	累计减除费用	累计专项扣除	累计专项附加扣除						累计其他扣除	减按计税比例	准予扣除的捐赠额	应纳税所得额	税率/预扣率	速算扣除数	应纳税额	减免税额	已缴税额	应补/退税额	备注
							收入	费用	免税收入	减除费用	基本养老保险费	基本医疗保险费	失业保险费	住房公积金	年金	商业健康保险	税延养老保险	财产原值	允许扣除的税费	其他				子女教育	继续教育	住房贷款利息	住房租金	赡养老人	3岁以下婴幼儿照护											
1	2	3	4	5	6	7	8	9	10	11	12	13	14	15	16	17	18	19	20	21	22	23	24	25	26	27	28	29	30	31	32	33	34	35	36	37	38	39	40	41
1	王明	居民身份证	210X XXXX XXXX XXXX XX	210X XXXX XXXX XX	否	工资、薪金所得	20 000			5 000	1 150	800	50	1 000							240 000	60 000	36 000	24 000				36 000					84 000	10%	2 520	5 880		5 180	700	
合计																																								

谨声明:本表是根据国家税收法律法规及相关规定填报的,是真实的、可靠的、完整的。

经办人签字:

代理机构签章:

代理机构统一社会信用代码:

扣缴义务人(签章):

年　月　日

受理人:

受理税务机关(章):

受理日期:　年　月　日

国家税务总局监制

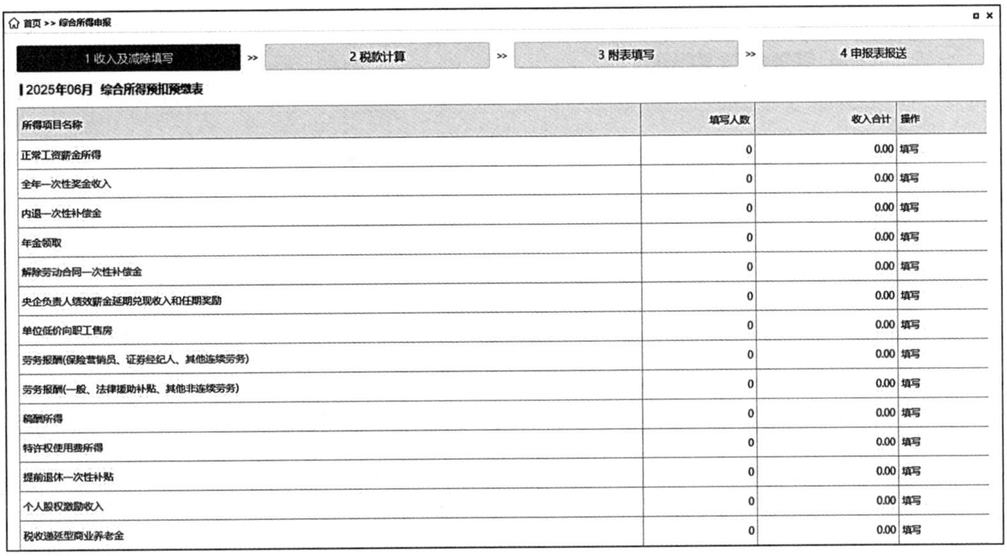

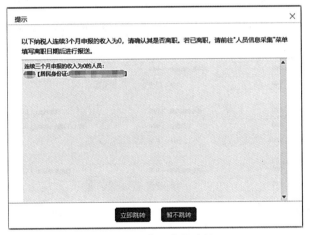

图 10-2　收入及减除填写

对于身份证件类型为"居民身份证"、任职受雇从业类型为"雇员"、最近三个月综合所得申报收入为 0 的纳税人,在其扣缴义务人进入"收入及减除填写"页面后,弹出"确认员工是否离职"提示框,由扣缴义务人确认相应人员是否离职。单击"立即跳转"按钮,则自动跳转至"人员信息采集"页面,如图 10-3 所示。

图 10-3　离职人员确认

单击"正常工资薪金所得"按钮,进入"正常工资薪金所得"页面。包括"返回""添加""导入""预填扣除信息""导出""展开查询条件"和"更多操作"功能。

单击"导入"→"模板下载"按钮下载标准模板,录入数据后,单击"导入数据"→"标准模板导入"单选项选择模板文件批量导入数据,如图 10-4 所示。

单击"导入"→"导入数据"按钮弹出新页面,若上月没有数据,则"复制上月当期数据"的单选内容置灰,且提示"暂无上月数据,无法复制";上期有数据的,可正常选中"复制上月当期数据"单选项,单击"立即复制数据"按钮,则将上月的数据复制到本月所属期报表中。复制成功后,若有员工涉及专项附加扣除和个人养老金扣除的,需再单击"预填扣除信息"按钮;如果该

图 10-4　导入正常工资薪金所得数据

属期零工资的员工较多,也可以选择"生成零工资"选项,为全员生成零收入记录,生成后再手动对非零工资的员工进行修改。

单击"添加"按钮,弹出"正常工资薪金所得 新增"页面,进行单个数据录入,如图 10-5 所示。

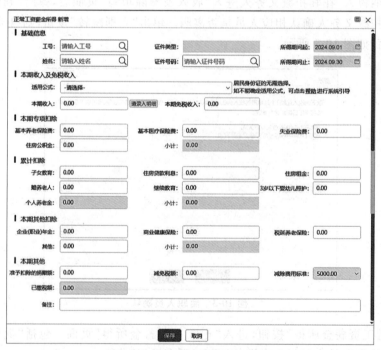

图 10-5　新增正常工资薪金所得

填写说明:

"适用公式":根据实际情况选择,若不能确定适用公式,可单击右侧的"帮助"按钮,根据系统引导提示选择。

"本期收入":未选择"适用公式"或选择公式时直接录入。其他情形则通过单击"请录入明细"按钮填写相关数据。

"基本养老保险费""基本医疗保险费""失业保险费""住房公积金"：按国家有关规定缴纳三险一金，填写个人承担且不超过当地规定限额的部分。

"子女教育""继续教育""住房贷款利息""住房租金""赡养老人""3 岁以下婴幼儿照护"：单击"正常工资薪金所得"页面"预填扣除信息"按钮，自动获取填充报送成功人员的可扣除额度，也可手动录入。根据政策要求，住房租金支出、住房贷款利息支出不允许同时扣除。

"个人养老金"：系统自动计算，不可修改。

"商业健康保险"：填写按税法规定允许税前扣除的商业健康保险支出金额，扣除限额2 400 元/年（200 元/月）。

"税延养老保险"：仅试点地区可录入。填写按税法规定允许税前扣除的税延商业养老保险支出金额，扣除限额为当月工资收入的 6% 与 1 000 元之间的孰小值。

"准予扣除的捐赠额"：按照税法规定，个人将其所得对教育、扶贫、济困等公益慈善事业进行捐赠，捐赠额未超过纳税人申报的应纳税所得额 30% 的部分，可以从其应纳税所得额中扣除；国务院规定对公益慈善事业捐赠实行全额税前扣除的，从其规定。

单击"预填扣除信息"按钮，弹出提示框，选择预填内容和预填人员范围后，单击"确认"按钮，可自动将采集的专项附加扣除信息或个人养老金扣除信息下载到对应纳税人名下，自动填入申报表，如图 10-6 所示。若纳税人采集的专项附加扣除被税务机关暂停享受，则预填金额为0；恢复后，可正常预填。

图 10-6 预填扣除信息

其他综合所得项目数据采集方式基本一致。

（1）劳务报酬项目的数据采集方式，如图 10-7 所示。

"所得项目"：包含"一般劳务报酬所得""法律援助补贴劳务报酬""其他非连续劳务报酬"。其中"法律援助补贴劳务报酬"，仅 2022 年 1 月及以后税款所属期可填报。

"费用"：每次收入不超过 4 000 元的，费用按 800 元计算；每次收入 4 000 元以上的，费用按收入的 20% 计算。法律援助补贴劳务报酬的费用为 0 元。

"免税收入"："所得项目"为"法律援助补贴劳务报酬"时，"免税收入"默认等于"收入"且不可修改。

"允许扣除的税费"：填写按照个人所得税法及其他法律、法规规定的，实际可扣除的税费。

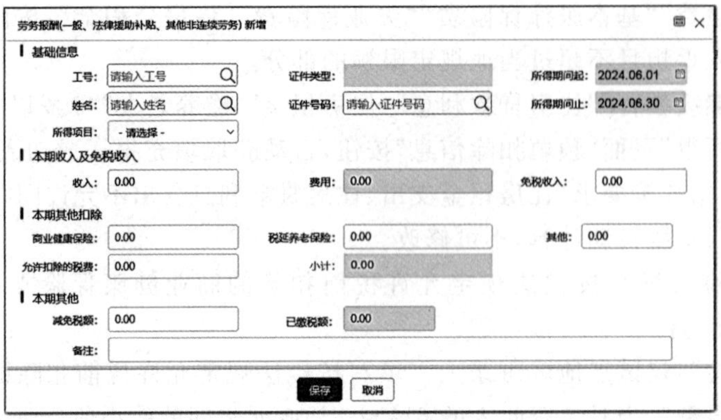

图 10-7 劳务报酬所得

（2）稿酬项目的数据采集方式，如图 10-8 所示。

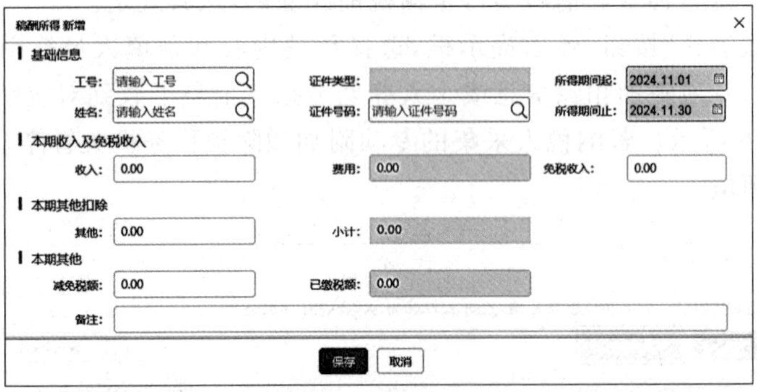

图 10-8 稿酬所得

"免税收入"：稿酬所得的收入额减按 70% 计算（30% 做免税收入处理），即显示本期收入减除费用后的 30% 部分，可修改。

（3）特许权使用费项目的数据采集方式，如图 10-9 所示。

图 10-9 特许权使用费所得

"费用"：每次收入不超过 4 000 元的，费用按 800 元计算；每次收入 4 000 元以上的，费用按收入的 20% 计算。

2. 税款计算

单击"税款计算"按钮，系统自动对"收入及减除填写"模块中填写的数据进行计税，其中

"正常工资薪金所得"和"劳务报酬(保险营销员、证券经纪人、其他连续劳务)"会下载本纳税年度上期累计数据,再与当期填写的数据合并累计计税(税款所属期为一月时,只检查是否有待计算数据,有则进行算税),如图 10-10 所示。

图 10-10 税款计算

"税款计算"页面中所得项目显示对应项目的明细数据和合计数据,右上角显示综合所得的合计数据,包括申报总人数、本期收入总额和应补退税额。

单击右上角的"导出"按钮,可将目前显示的所得项目报表明细导出为 Excel 电子表格进行查看或存档,如图 10-11 所示。

图 10-11 工资薪金明细查看

双击其中一条数据,可以查看该行人员具体的计税项,包括当期各类明细数据和年内累计数据。明细查看页面,只允许查看数据,不允许修改。

3. 附表填写

在收入及减除中填写了免税收入、减免税额、商业健康保险、税延养老保险和准予扣除的捐赠额情况下,需要在相应附表里面完善附表信息。本部分以减免事项附表为例,简要介绍相关操作流程。

(1) 免税收入。用户补充免税收入对应的具体免税事项信息,如图 10-12 所示。

综合所得中填写过免税收入的人员,系统会自动在减免事项附表"免税收入"页面生成一

图 10-12　免税收入附表

条该人员本次填写的免税收入记录，双击该条记录补充完善对应的免税事项名称等内容，如图 10-13 所示。

图 10-13　免税收入明细编辑

填写说明：

"所得项目"：根据综合所得中填写的所得项目自动带出。

"总免税收入"：根据综合所得项目中该人员填写的免税收入自动合计带出。

"免税事项"：下拉选择可享受的免税事项。

"免税性质"：根据选择的免税事项自动匹配对应的免税性质。

按照税法规定，稿酬所得的收入额可减按 70% 计算。针对 30% 的免税收入，可选择自动生成免税收入附表，如图 10-14 所示。

图 10-14　稿酬所得免税收入确认

（2）减免税额。用于补充减免税额对应的具体减免事项信息，如图 10-15 所示。

综合所得中填写过减免税额的人员，系统会自动在减免事项附表页面生成一条该人员本次填写的减免税数据，如图 10-15 所示。双击该条记录补充完善对应的减免税事项名称等内容，如图 10-16 所示。

填写说明：

"总减免税额"：根据综合所得项目中该人员填写的减免税额自动合计带出。

"减免事项"：下拉选择人员可享受的减免税对应事项。

"减免性质"：根据选择的减免税事项自动匹配对应的减免性质。

图 10-15 减免税额附表

图 10-16 减免税额明细编辑

4. 申报表报送

申报表填写、税款计算完成后,单击"申报表报送"按钮进入报表申报页面。该页面可完成综合所得预扣预缴的正常申报、更正申报以及作废申报操作。当月第一次申报发送时,进入"申报表报送"页面,默认申报类型为正常申报,申报状态为未申报,显示"发送申报",如图 10-17 所示。

图 10-17 申报表报送

填写说明:

"申报类型":申报类型有"正常申报"和"更正申报"两种申报类型,默认为"正常申报"。

"申报状态":主要有"待申报""申报处理中""申报失败""申报成功"等状态。

"是否可申报":系统自动校验综合所得申报表填写的数据都填写完整并符合相关逻辑校验后,显示为"是";反之,则显示为"否",下方提示区显示具体提示信息。只有当所有申报表均为"是"时,"发送申报"才可单击。

"导出申报表"：当申报数据全都校验通过之后，单击该按钮，可以生成综合所得申报表（标准表样格式和大厅报送格式）；否则，系统会提示"有申报数据校验未通过，请先核对申报数据"。

"获取反馈"：单击"发送申报"按钮后，局端服务器会提示正在处理申报数据，若系统未能自动获取到税务机关反馈信息，可稍后单击"获取反馈"按钮查看申报结果。当前所得月份申报状态为"申报处理中""作废处理中"时，"获取反馈"按钮可用，单击它即可下载获取税务机关系统反馈的该表申报操作结果，如图 10-18 所示。

图 10-18　获取反馈

获取反馈后，申报类型为"正常申报"，申报状态为"申报成功，未缴款"（若申报税款为 0 时，显示无需缴款状态），显示"作废申报"和"更正申报"，如图 10-19 所示。

图 10-19　申报成功

"作废申报""更正申报"：申报成功后，可单击"作废申报"或"更正申报"按钮，对已申报的数据进行作废处理或修改已申报的数据。

任务七　个人所得税汇算清缴申报

自行申报纳税是指在税法规定的纳税期限内，由纳税人自行向税务机关申报取得的应税所得项目和数额，如实填写个人所得税纳税申报表，并按税法规定计算应纳税额，据此缴纳个人所得税的一种纳税方法。

链接：个人所得税综合所得年度汇算

诚信纳税　作为居民个人，要按照国家有关规定依法纳税、诚信纳税，敬畏法律，遵纪守规，做文明纳税的好公民。

一、应办理纳税申报的情形

有下列情形之一的,纳税人应当依法办理纳税申报:①取得综合所得需要办理汇算清缴;②取得应税所得没有扣缴义务人;③取得应税所得,扣缴义务人未扣缴税款;④取得境外所得;⑤因移居境外注销中国户籍;⑥非居民个人在中国境内从两处以上取得工资、薪金所得;⑦国务院规定的其他情形。

二、办理综合所得年度汇算清缴的具体规定

1. 办理期限

个人所得税综合所得汇算清缴办理时间为取得所得年度的次年3月1日至6月30日。在中国境内无住所的纳税人在3月1日前离境的,可以在离境前办理。

2. 需要办理汇算的情形

取得综合所得且符合下列情形之一的,纳税人需办理汇算:①已预缴税额大于汇算应纳税额且申请退税的;②纳税年度取得的综合所得收入超过12万元且汇算需要补税金额超过400元的。因适用所得项目错误或者扣缴义务人未依法履行扣缴义务,造成纳税年度少申报或者未申报综合所得的,纳税人应当依法据实办理汇算。

3. 办理方式

纳税人可自主选择下列办理方式:①自行办理。②通过任职受雇单位(含按累计预扣法预扣预缴其劳务报酬所得个人所得税的单位)代为办理。③委托受托人(含涉税专业服务机构或其他单位及个人)办理,纳税人需与受托人签订授权书。

三、个人所得税年度自行纳税申报表的填写

1. 适用范围

本表适用于居民个人纳税年度内仅从中国境内取得工资薪金所得、劳务报酬所得、稿酬所得、特许权使用费所得(以下称"综合所得"),按照税法规定进行个人所得税综合所得汇算清缴。居民个人纳税年度内取得境外所得的,不适用本表。

2. 报送期限

居民个人取得综合所得需要办理汇算清缴的,应当在取得所得的次年3月1日至6月30日内,向主管税务机关办理个人所得税综合所得汇算清缴申报,并报送本表。

以导入案例中的"工资、薪金所得"项目为例,填报个人所得税年度自行纳税申报表,如表10-8所示。

表 10-8 个人所得税年度自行纳税申报表(A 表)
(仅取得境内综合所得年度汇算适用)

税款所属期:2024 年 1 月 1 日至 2024 年 12 月 31 日
纳税人姓名:王明
纳税人识别号:210×××××××××××××××× 　　　　金额单位:人民币元(列至角分)

基本情况					
手机号码	130××××××××	电子邮箱	××××@××××.com	邮政编码	××××××

续表

联系地址	××省(区、市)××市××区(县)××街道(乡、镇)××		
纳税地点(单选)			
1. 有任职受雇单位的,需选本项并填写"任职受雇单位信息":			☑ 任职受雇单位所在地
任职受雇单位信息	名称	甲汽车集团股份有限公司	
	纳税人识别号	□□□□□□□□□□□□□□□□□□	
2. 没有任职受雇单位的,可以从本栏次选择一地:			□户籍所在地　□经常居住地 □主要收入来源地
户籍所在地/经常居住地/主要收入来源地	_____省(区、市)_____市_____区(县)_____街道(乡、镇)_____		
申报类型(单选)			
☑首次申报		□更正申报	
综合所得个人所得税计算			

项　目	行次	金　额
一、收入合计(第1行=第2行+第3行+第4行+第5行)	1	310 300
(一)工资、薪金	2	240 000
(二)劳务报酬	3	33 500
(三)稿酬	4	13 000
(四)特许权使用费	5	23 800
二、费用合计〔第6行=(第3行+第4行+第5行)×20%〕	6	14 060
三、免税收入合计(第7行=第8行+第9行)	7	3 120
(一)稿酬所得免税部分〔第8行=第4行×(1−20%)×30%〕	8	3 120
(二)其他免税收入(附报《个人所得税减免税事项报告表》)	9	
四、减除费用	10	60 000
五、专项扣除合计(第11行=第12行+第13行+第14行+第15行)	11	36 000
(一)基本养老保险费	12	13 800
(二)基本医疗保险费	13	9 600
(三)失业保险费	14	600
(四)住房公积金	15	12 000
六、专项附加扣除合计(附报《个人所得税专项附加扣除信息表》)(第16行=第17行+第18行+第19行+第20行+第21行+第22行+第23行)	16	60 000
(一)子女教育	17	24 000
(二)继续教育	18	
(三)大病医疗	19	
(四)住房贷款利息	20	
(五)住房租金	21	
(六)赡养老人	22	36 000
(七)3岁以下婴幼儿照护	23	
七、其他扣除合计(第24行=第25行+第26行+第27行+第28行+第29行+第30行)	24	0

续表

项　　目	行次	金　额
（一）年金	25	
（二）商业健康保险（附报商业健康保险税前扣除情况明细表）	26	
（三）税延养老保险（附报个人税收递延型商业养老保险税前扣除情况明细表）	27	
（四）允许扣除的税费	28	
（五）个人养老金	29	
（六）其他	30	
八、准予扣除的捐赠额（附报个人所得税公益慈善事业捐赠扣除明细表）	31	
九、应纳税所得额（第 32 行＝第 1 行－第 6 行－第 7 行－第 10 行－第 11 行－第 16 行－第 24 行－第 31 行）	32	137 120
十、税率/％	33	10
十一、速算扣除数	34	2 520
十二、应纳税额（第 35 行＝第 32 行×第 33 行－第 34 行）	35	11 192
全年一次性奖金个人所得税计算 （无住所居民个人预判为非居民个人取得的数月奖金，选择按全年一次性奖金计税的填写本部分）		
一、全年一次性奖金收入	36	
二、准予扣除的捐赠额（附报个人所得税公益慈善事业捐赠扣除明细表）	37	
三、税率（％）	38	
四、速算扣除数	39	
五、应纳税额［第 40 行＝（第 36 行－第 37 行）×第 38 行－第 39 行］	40	
税额调整		
一、综合所得收入调整额（需在"备注"栏说明调整具体原因、计算方式等）	41	
二、应纳税额调整额	42	
应补/退个人所得税计算		
一、应纳税额合计（第 43 行＝第 35 行＋第 40 行＋第 42 行）	43	11 192
二、减免税额（附报个人所得税减免税事项报告表）	44	
三、已缴税额	45	16 848
四、应补/退税额（第 46 行＝第 43 行－第 44 行－第 45 行）	46	－5 656
无住所个人附报信息		
纳税年度内在中国境内居住天数　　　　　　已在中国境内居住年数		
退税申请 （应补/退税额小于 0 的填写本部分）		
☑ 申请退税（需填写"开户银行名称""开户银行省份""银行账号"）　　□ 放弃退税		
开户银行名称　　××银行　　开户银行省份　　××省		
银行账号　　6222××××××××××××××××		
备注		

续表

谨声明:本表是根据国家税收法律、法规及相关规定填报的,本人对填报内容(附带资料)的真实性、可靠性、完整性负责。	
	纳税人签字:王明　　　　2025 年 3 月 30 日
经办人签字: 经办人身份证件类型: 经办人身份证件号码: 代理机构签章: 代理机构统一社会信用代码:	受理人: 受理税务机关(章): 受理日期:　　年　月　　日

国家税务总局监制

四、纳税人自行办理综合所得年度汇算清缴操作方法

为便利纳税人,税务机关为纳税人提供高效、快捷的网络办税渠道。纳税人可优先通过手机个人所得税 App、自然人电子税务局网站办理汇算,也可以通过邮寄方式或到办税服务厅办理。本部分结合个人所得税法相关规定,以 2024 年度个人所得税综合所得汇算清缴为例,介绍纳税人通过个人所得税 App 自行办理年度综合所得汇算清缴的操作方法。

纳税人通过账号密码、指纹、扫脸等方式登录个人所得税 App 后,查看首页"2024 综合所得年度汇算"专题,单击"开始申报"按钮。或通过"重点服务推荐——综合所得年度汇算",选择"申报年度"为"2024"年度,单击"开始申报"按钮,如图 10-20 所示。

图 10-20　个人所得税综合所得
年度汇算首页

1. 阅读申报须知

系统弹出"标准申报须知(申报表预填服务)",单击"我已阅读并知晓"按钮,如图 10-21 所示。

⚡**注意** 使用"预填服务",纳税人也需要据实对预填的信息进行确认、补充或完善。

2. 基本信息确认

进入标准申报基本信息页面,可查看个人基础信息,选择或确认"任职受雇单位",仔细核对、确认无误后单击"下一步"按钮。没有任职受雇单位的,可选择主要收入来源地、户籍所在地或经常居住地作为汇算地,如图 10-22 所示。

3. 全年一次性奖金计税方式选择

进入收入和税前扣除页面,纳税人如果存在"全年一次性奖金",则单击"收入——工资薪金"进入详情页进行设置,如图 10-23 所示。"全年一次性奖金"计税方式有两种:可以选择一笔作为全年一次性奖金单独计算纳税,也可以全部并入综合所得。

4. 核对信息

纳税人进行"收入"和"费用、免税收入和税前扣除"项目核对,核对无误后单击"保存"按

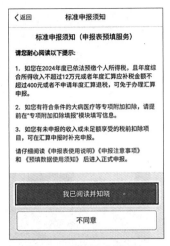

图 10-21　标准申报须知

图 10-22　基本信息确认

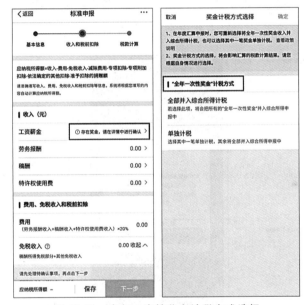

图 10-23　全年一次性奖金计税方式选择

钮,再单击"下一步"按钮,系统弹出提示框,单击"继续"按钮,如图 10-24 所示。如需新增专项附加扣除项目,可单击"专项附加扣除"→"新增"按钮,跳转至专项附加扣除采集页面进行填报。

5. 税款计算

进入税款计算页面,根据上一步的收入及减除数据显示应纳税额、减免税额和已缴税款,根据计算结果,左下方显示"应补税额"或"应退税额",单击"保存"→"提交申报"按钮。

系统弹出"声明",纳税人阅读后勾选"我已阅读并同意"复选框,单击"确认"按钮。操作如图 10-25 所示。

6. 退税或补税

若退税则跳转到退税页面,单击"申请退税"按钮,系统弹出特别提醒,单击"继续退税"按

图 10-24　核对信息

图 10-25　税款计算与申报

钮。选择绑定的银行卡,单击"提交"按钮,系统弹出提示框,单击"继续退税"按钮,完成退税申请,如图 10-26 所示。

如果需要补缴税款,则跳转到申报成功—缴税页面,单击"立即缴税"按钮,可缴纳税款,如图 10-27 所示。

如纳税人存在应补税额但补税金额不超过 400 元且已依法预缴个人所得税的,可免予年度汇算,纳税人可以选择"享受免予年度汇算(推荐)",无需缴纳税款;若纳税人选择"无需享受",则需要进行税款缴纳,请选择后单击"确认提交"按钮。

如纳税人存在应补税额但综合所得收入全年不超过 12 万元且已依法预缴个人所得税的,可单击"享受免申报"按钮,如图 10-28 所示。

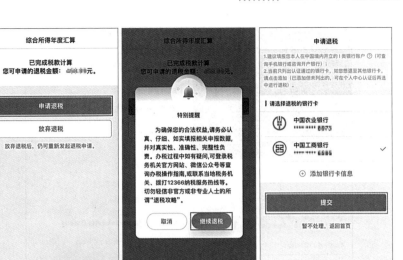

图 10-26 申请退税

图 10-27 补缴税款

图 10-28　免予汇算和免申报

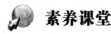 **素养课堂**

推进个人所得税改革　促进社会公平正义

站在新的历史方位,2018 年 10 月 1 日和 2019 年 1 月 1 日,我国分两步实施了自中华人民共和国成立以来覆盖面最广、力度最大、以减税为主题的个人所得税改革。这次改革坚持以人民为中心的发展思想,紧扣我国社会主要矛盾变化,着眼解决原来个人所得税制中存在的突出问题,在促进社会公平方面实现了很多突破性进展。

在改革的切入点上顺应人民呼声,着力解决影响社会公平的突出问题。个税改革从解决人民群众最期盼的问题入手,实现人民有所呼,改革有所应。一是首次建立了综合与分类相结合的个人所得税制,将工资薪金、劳务报酬、稿酬和特许权使用费 4 项主要劳动性所得纳入综合所得征税范围,实行统一的 7 级超额累进税率并按年计税,促进了相同收入劳动者的横向公平。二是大幅度提高基本减除费用标准,由原来 3 500 元/月提高到 5 000 元/月。三是增加子女教育、赡养老人、住房贷款、住房租金、继续教育、大病医疗、婴幼儿照护 7 个与人民群众生活密切相关的专项附加扣除,一些项目允许夫妻或兄弟姐妹进行共同扣除,满足了不同人群的个性化扣除需求。

在改革的价值导向上注重公平兼顾效率,使个人所得税的调节作用更为有效。此次个税改革中,一方面,注重统筹横向公平与纵向公平,坚持让中低收入劳动者获益更多的导向,大幅拉大了综合所得 20% 以下各档次税率级距和生产经营所得税率级距,进一步降低中低收入劳动者的税负。同时保持对高收入者的调节力度,维持 45% 的最高边际税率不变,符合我国"调高、扩中、提低"的收入分配基本方针。另一方面,兼顾增长效率的需要,统筹劳动所得与资本所得、境内所得与境外所得的税负平衡,保持我国税制的国际竞争力。参考多数国家对资本所得采用比例税率的惯例,保持对股息红利、财产转让等资本所得 20% 的比例税率不变,使我国对资本所得的征税水平与世界各主要国家基本相当,释放稳定投资预期的积极信号。

在改革的全过程尊重民意,切实让人民群众感受到制度正义。此次个税改革真正体现改革依靠人民。一是广泛公开征求意见,让人民群众真切感受到改革诚意。全国人大常委会将《中华人民共和国个人所得税法修正案(草案)》向社会历时一个月公开征求意见,收集意见建议 13 万多条,成为迄今为止我国立法史上公开征集意见最多的一部法律草案。根据全国人大常委会的授权,国务院为制定首次实施的专项附加扣除政策,委托财政部、国家税务总局面向专家学者、不同人群、社会组织和相关部门首次采取无方案方式征求意见,而后再根据民意集中程度提出具体改革方案向社会公开征求意见,收集社会公众意见建议 1.6 万余条,让人民群众在参与改革的过程中增强对改革的认同感。二是及时有效回应,体现对人民群众意愿的切实尊重。法案征求意见期间,人民群众对于增加赡养老人专项扣除的呼声很高,虽然实践中赡养关系很难确认,但操作困难让位于群众意愿,最终将赡养老人纳入专项附加扣除项目。在国务院公开征求《个人所得税专项附加扣除暂行办法》意见后,大病医疗扣除限额由 6 万元提高至 8 万元,扣除范围也从纳税人本人扩大到其配偶和未成年子女;住房租金扣除,直辖市、计划单列市、省会城市的扣除标准从 1 200 元提高至 1 500 元等。每一项内容调整的背后,彰显的都是对民意的尊重和为民减税降负的诚意。三是便捷高效实施方式,让人民群众应享尽享税改红利。对专项附加扣除政策,税务部门以诚信推定为原则,实行"申报就能扣除、预缴就能享受、未扣可以退税"。为便利纳税人填报信息,开发应用自然人税收征管系统(ITS 系统),最大限度地"让信息多跑网路,让纳税人少跑马路",让人民群众便捷地享受改革红利。

在改革的实效中体现全民共享,增强人民群众的改革获得感。2018 年 10 月 1 日至 2019 年 5 月底,个税改革实施 8 个月已累计新增减税 3 841.09 亿元。一是调节收入分配作用明显。在所有工薪所得纳税人税负普遍降低的情况下,月均收入 2 万元以下的纳税人新增减税幅度超过 65%,而月均收入 10 万元以上的纳税人新增减税幅度为 5%,中低收入群体成为个税改革的最大受益者。二是精准调节作用开始发挥。从享受专项附加扣除政策的人群分布情况看,30~45 岁的中青年人群是主体,政策覆盖面达 76.9%,人均享受 2 项专项附加扣除,主要集中在赡养老人、子女教育和住房,对于生活负担较重、支出较多的中年群体可谓"雪中送炭"。三是政策外溢效应积极有效。商务部流通产品促进中心研究数据显示,我国城镇居民长期边际消费倾向介于 0.71~0.75,相对而言,中低收入人群边际消费倾向更高,带动消费作用更为明显。

资料来源:https://www.chinatax.gov.cn/chinatax/n810219/n810744/n4016641/n4016676/c4561990/content.html.

项目十即测即评

项目十参照规范

参 考 文 献

[1] 中国注册会计师协会．税法[M]．北京:中国财政经济出版社,2024.

[2] 东奥会计在线．2024年注册会计师考试应试指导及全真模拟测试:税法[M]．北京:北京科学技术出版社,2024.

[3] 全国税务师职业资格考试教材编写组．税法Ⅰ[M]．北京:中国税务出版社,2023.

[4] 全国税务师职业资格考试教材编写组．税法Ⅱ[M]．北京:中国税务出版社,2023.

[5] 全国税务师职业资格考试教材编写组．涉税服务实务[M]．北京:中国税务出版社,2023.

[6] 东奥会计在线．2023年税务师职业资格考试应试指导及全真模拟测试:税法Ⅰ[M]．北京:北京科学技术出版社,2023.

[7] 东奥会计在线．2023年税务师职业资格考试应试指导及全真模拟测试:涉税服务实务[M]．北京:北京科学技术出版社,2023.

[8] 梁伟样．税费计算与申报[M]．5版．北京:高等教育出版社,2023.

[9] 梁伟样．税费计算与申报实训[M]．5版．北京:高等教育出版社,2023.

[10] 梁文涛．中国税收:税费计算与申报[M]．6版．北京:中国人民大学出版社,2024.

[11] 梁文涛．《中国税收:税费计算与申报(第五版)》习题集[M]．北京:中国人民大学出版社,2021.

| 高等职业教育数智化财经系列教材 |

大数据技术在财务中的应用

大数据技术应用基础

RPA财务机器人应用

财务大数据分析与可视化

财务共享实务

Excel在数智会计中的应用

会计实务与业财数智化

大数据会计基础

智能财务会计实务

企业财务会计

大数据财务管理

数字化财务管理

财务管理实务

智慧化税费申报与管理

企业纳税实务

税法与实务（第五版）

智能化成本核算与管理

成本核算与管理（第三版）

成本核算与管理知识点练习与全真实操（第三版）

业财一体信息化应用

会计信息系统应用

企业内部控制

大数据管理会计

管理会计实务

出纳实务（第四版）

审计基础

审计实务（第四版）

审计业务全真实训（第三版）

教学服务　　　　清华大学出版社

官方微信号

ISBN 978-7-302-68672-9

9 787302 686729 >

定价：69.00元